1973

Estações da Vida

1973
Estações da Vida

Mila Xavier

Edição Independente

Dados Internacionais de Catalogação na Publicação (CIP)
(Câmara Brasileira do Livro, SP, Brasil)

```
Xavier, Emiliana
    1973 : estações da vida / Emiliana Xavier. --
São Paulo : Ed. da Autora, 2023.

    ISBN 978-65-00-87403-7

    1. Biografias 2. Histórias de vidas 3. Memórias
4. Narrativas pessoais 5. Relatos pessoais
I. Título.

23-187644                                    CDD-920
```

Índices para catálogo sistemático:

1. Histórias de vidas : Biografia   920

Aline Graziele Benitez - Bibliotecária - CRB-1/3129

4

Dedicatória

Dona Adrina, minha Rainha

Agradeço

A Deus, por todas as bençãos que despeja em
minha vida, todos os dias.

Meus amigos
(Em ordem alfabética, pois todos estão no mesmo nível de importância
em meu coração): Carlos, Carmem, Daidi, Djanira, Ivan, Ivete, Márcia,
Margareth, Merci, Regina, Rita, Rosana, Susete, Tomaz e Wanderley.

Rede Globo
Repórter: Mateus Luz
Diretor: Carlos Augusto Nunes
Produtor: Rod Baquer
Joyce Sales, que foi o nosso elo
inicial com a Rede Globo.

Diretoria da Escola Olga Marinovic D'oro
na pessoa da Diretora
Cristina Valeria M Trindade Martins e
Vice-Diretora Gabriela Cavalcante Marques da Silva.

Epígrafe

"Quem negligencia as manifestações de amizade, acaba por perder esse sentimento."

Willian Shakespeare

Prefácio

Dentro das páginas deste livro, desdobram-se os capítulos de uma amizade que transcendeu o tempo e desafiou as reviravoltas da vida. No ano de 1973, nos corredores da Escola 'Olga', um grupo de jovens iniciou uma jornada que se tornaria a base de uma conexão duradoura. O despertar da consciência, as descobertas e os aprendizados marcaram o início dessa trajetória única.

Os anos, contudo, os levaram por caminhos distintos. Trinta e quatro anos após o início dessa jornada, 16 amigos se reencontraram em uma festa épica, mergulhando nas memórias de uma juventude vibrante. O destino, com sua astúcia peculiar, reservou-lhes uma surpresa adicional. Dezesseis anos após esse reencontro, o mesmo número mágico de amigos se reuniria novamente, celebrando cinco décadas de amizade indelével.

Movidos por essa celebração e pelo desejo de perpetuar os laços que os unem, decidiram reacender anualmente a chama da amizade. Este livro é o cumprimento dessa promessa, uma jornada literária que desvenda as trajetórias singulares de cada membro desse grupo extraordinário. Entre escolhas e oportunidades, ganhos e perdas, estas páginas guardam não apenas relatos, mas o pulsar emocional de uma amizade que resistiu ao teste inevitável do tempo.

Aqui, cada capítulo revela as consequências moldadas pelas decisões que esculpiram suas vidas. É uma tapeçaria de experiências, uma crônica que retrata não apenas as histórias individuais, mas a tessitura coletiva de meio século de jornada compartilhada. Neste livro, as palavras se entrelaçam como fios que formam uma tapeçaria única, um testemunho da força inquebrantável da amizade que persiste, imortal, ao longo das estações da vida, com histórias incrivelmente fascinantes e lições de vida.

Sumário

1973

Estações da Vida

O ano era 2007 e eu, que vivia imersa na atmosfera cosmopolita de Londres, me vi cativada por uma imagem peculiar enquanto navegava pelas redes sociais. Um olho, meticulosamente capturado em uma foto, despertou uma onda de nostalgia que me transportou para os corredores da Escola Olga Marinovic D'oro. Não poderia ser de ninguém além da Susete, uma amiga querida com quem havíamos perdido o contato ao longo dos anos.

A magia das palavras digitadas nos levou a uma longa e emocionante conversa. As memórias fluíam como rios de saudade, e a promessa de reencontro começou a ganhar forma. Decidimos, com entusiasmo palpável, que quando eu retornasse ao Brasil, reuniríamos a turma que compartilhou conosco os dias efervescentes da nossa juventude no Olga.

A ansiedade crescia a cada dia que nos separava desse tão aguardado reencontro. As risadas ecoavam em nossas lembranças, e as histórias entrelaçavam nossos corações, criando uma teia de afeto que resistiu ao teste do tempo. Mesmo à distância, a conexão entre nós permanecia vívida, alimentada pela promessa de revivermos juntas os dias dourados de nossa juventude.

E assim, com a passagem marcada para o Brasil, carregando na bagagem não apenas roupas e pertences, mas também a expectativa de reacender laços há muito adormecidos, embarquei em uma jornada de reencontro com o passado. A turbulência do voo era insignificante comparada à turbulência de emoções que se agitavam em meu peito.

Ao pousar em solo brasileiro, a sensação era agridoce, um misto de familiaridade e novidade. Sabia que essa viagem transcenderia as fronteiras do tempo, fundindo passado e presente em um abraço caloroso. Susete e eu, cúmplices da ansiedade e da alegria, compartilhávamos a certeza de que aquele seria um capítulo especial em nossas vidas, escrito com a tinta da amizade que resistira a todas as distâncias.

E assim começava a jornada, um mergulho nostálgico no rio das lembranças, rumo ao reencontro com rostos familiares que ganharam contornos mais suaves ao longo dos anos. A Escola Olga Marinovic D'oro, um cenário onde as sementes da amizade foram plantadas, aguardava ansiosamente para testemunhar o ressurgimento da turma que, mesmo separada pelo tempo e pela geografia, continuava a pulsar como um coração uníssono.

Novembro chegou carregado de expectativas, pelo encontro que se desenhava como um capítulo especial em nossas vidas. A responsabilidade de organizar tudo recaiu sobre os ombros dedicados da Susete, uma verdadeira mãestrina na arte de reunir corações dispersos.

Sua missão: resgatar os laços de amizade que o tempo e a distância haviam afastado. Os amigos da quinta série, dispersos por diferentes pontos do país e do mundo, eram como peças de um quebra-cabeça a serem reunidas.

A batalha começou. Ela mergulhou nas profundezas da internet, rastreando cada pista que pudesse levar a um amigo perdido. Convites foram enviados, insistências foram feitas, e aos poucos, como peças de um quebra-cabeça que se encaixam, a turma foi se formando. Dezesseis almas, dispersas por bairros, cidades, estados e países, foram unidas pelo elo da amizade que resistira ao teste do tempo.

O dia 18 de novembro de 2007 foi marcado por um reencontro que transcenderia qualquer cerimônia. Éramos 16 amigos e familiares, reunidos em um abraço coletivo que desafiava as fronteiras geográficas. A emoção pairava no ar quando nos deparamos com rostos que há muito não víamos, sorrisos que iluminaram nossa juventude e histórias que ganharam vida novamente.

Foi mais do que um encontro; foi uma jornada no tempo. As memórias, há muito adormecidas, ressurgiram como estrelas cadentes no céu da nossa amizade. Conversas animadas misturavam-se a risadas, e cada relembrança era como uma página desgastada de um livro que, ao ser virada, revelava histórias ainda vivas em nossos corações.

Sim, combinamos ali, entre abraços calorosos e lágrimas de alegria, que este seria apenas o primeiro de muitos encontros. A promessa de futuros capítulos escritos em risos e lembranças estava no ar, alimentada pela chama reacendida da amizade que, como uma estrela guia, nos levaria em direção a mais reencontros, mais histórias compartilhadas e mais laços que transcenderiam as distâncias.

O tempo, implacável, continuou seu curso, e como uma sombra, a pandemia lançou seu manto sobre nossas vidas, levando consigo entes queridos e deixando uma tristeza palpável em seu rastro. Foi um período de reflexão profunda, quando a fragilidade da vida se revelou diante de nossos olhos. Dezesseis anos se passaram desde aquele primeiro reencontro que aqueceu nossos corações.

Em meio às perdas e à realidade dolorosa que a pandemia nos trouxe, uma chama de esperança se acendeu. Em um ímpeto de nostalgia e determinação, combinei com Susete: era hora de repetir a mágica do reencontro. Embarquei rumo ao Brasil, não apenas para abraçar o solo familiar, mas também para reabrir o livro das memórias compartilhadas.

E assim, como se o tempo houvesse rebobinado, começamos tudo de novo. O segundo capítulo dessa história de reencontros se desdobrava, e as redes sociais se tornaram a ponte que ligava corações distantes. Números de telefone, perfis, fotos antigas: cada detalhe era uma peça do quebra-cabeça que estava prestes a se reunir novamente.

O dia 25 de março de 2023 foi marcado em nossos corações como o renascimento de uma tradição preciosa. A ansiedade flutuava no ar enquanto aguardávamos o tão esperado encontro. Os rostos familiares, agora refletidos em telas digitais, eram uma promessa de calor humano em meio à frieza da distância.

E lá estávamos nós, conectados não apenas pelos cabos da internet, mas por laços profundos de amizade. O segundo reencontro era um tributo à resiliência do tempo, à força das memórias compartilhadas e à importância de nos reconectarmos mesmo em meio às adversidades. Era como se o tempo tivesse parado por aqueles preciosos momentos, e as risadas, os sorrisos e as lágrimas se misturavam em uma sinfonia de emoções.

A vida, muitas vezes desafiadora, nos presenteou com a oportunidade de reviver a magia da amizade, mesmo que fosse através de telas e pixels. E assim, firmamos o compromisso de continuar essa tradição, alimentando a chama que a pandemia tentou apagar. Porque, no final das contas, a verdadeira riqueza está nos laços que cultivamos ao longo dos anos, resistindo aos capítulos difíceis da vida. O segundo reencontro não era apenas um evento, era um testemunho da nossa determinação em manter acesa a chama da amizade, independentemente dos desafios que a vida nos apresentasse.

O segundo capítulo de nossos reencontros foi uma tela rica em nuances, onde as cores da emoção se misturavam em um quadro inesquecível. Muitos rostos queridos do primeiro encontro não puderam estar presentes, mas o destino, com sua ironia encantadora, trouxe outros que não haviam compartilhado conosco aquele primeiro abraço caloroso. Dezesseis alunos, mais uma vez, formavam a constelação de amizade que iluminava nossas histórias.

Entre as ausências notáveis, a presença de Augusta, que havia estado conosco no primeiro reencontro, era sentida mesmo à distância. A doença a impediu de estar fisicamente conosco, mas seu espírito, entrelaçado ao nosso, pairava sobre o evento. Foi uma ausência sentida, um lembrete de nossa própria fragilidade e da passagem implacável do tempo.

A emoção que permeava o ar ganhou novas dimensões quando alguns de nós se depararam pela primeira vez em mais de meio século. Rostos que o tempo esculpira de maneiras diversas, mas cujos olhares ainda carregavam a familiaridade da juventude compartilhada no Olga.

A grandiosidade de nosso encontro alcançou proporções nacionais, pois a Rede Globo, capturando a magnitude do momento, transmitiu nossa história e a história de nossa escola em um programa especial. Nossas risadas, lágrimas e memórias foram compartilhadas com o país, transformando nosso reencontro em um testemunho público da força da amizade que transcende as décadas.

A saúde, infelizmente, privou-nos da presença física de três amigas queridas, aquelas que haviam planejado estar conosco desde o primeiro encontro. Contudo, em um ato de perseverança e adaptação, conectamo-nos com uma delas através do milagre do vídeo chamada, uma inovação catalisada pelo desafiador contexto da pandemia de COVID-19.

Alguns não puderam comparecer por motivos diversos, uma dança complexa entre as obrigações da vida e os inúmeros caminhos que cada um trilhou ao longo dos anos. Mas, mais uma vez, Susete, nossa anfitriã exímia, superou todas as expectativas, tecendo laços invisíveis que uniam corações mesmo através da distância.

O segundo encontro, marcado por uma aura especial, celebrou o feito notável de cinquenta anos de amizade entre nós. Era uma jornada que transcendia o tempo, uma tapeçaria de experiências e risos compartilhados e laços que resistiram às intempéries da vida. Susete, a mãestrina da amizade que guiou nossos reencontros, mais uma vez ergueu o estandarte da hospitalidade em sua casa.

O lar de Susete, meticulosamente preparado para a ocasião, tornou-se o epicentro de nossa celebração. Com a colaboração inestimável de seu filho Rodrigo, a casa foi transformada em um portal que nos transportou diretamente para 1973. Cada detalhe, cada toque decorativo, era uma homenagem aos anos que nos viram crescer juntos na Escola Olga Marinovic D'oro.

A decoração, como uma máquina do tempo, nos envolveu em uma atmosfera nostálgica. Os temas dos anos 70 permeavam o ambiente, evocando memórias há muito adormecidas. Era como se as paredes da casa fossem testemunhas silenciosas do nosso crescimento, guardando segredos e risos que ecoavam pelos corredores do tempo.

A música, fiel guardiã das emoções, preencheu o espaço com notas que desencadearam danças animadas. Todos, jovens de espírito, participaram dessa celebração única. Os passos de dança ecoavam os ritmos da nossa juventude, e, por um momento, éramos novamente os adolescentes que sonhavam com um futuro repleto de promessas.

Cinquenta anos de amizade eram visíveis nos sorrisos compartilhados, nos olhares cúmplices e nas histórias que se entrelaçavam como fios de uma tapeçaria colorida. O tempo, que muitas vezes é cruel em sua passagem, não conseguiu apagar a chama da camaradagem que nos unia.

Susete, não apenas nos recebeu em sua casa, mas nos presenteou com uma viagem no tempo que transcendeu o material e tocou as fibras mais profundas de nossa alma. O segundo encontro não era apenas uma celebração de cinco décadas de amizade; era um testemunho de que, mesmo após tantos anos, nossos corações ainda batiam em uníssono, ecoando a melodia eterna da verdadeira camaradagem.

E assim, entre encontros e desencontros, risos e lágrimas, celebramos nosso segundo reencontro como um tributo à resiliência da amizade que, mesmo diante das adversidades da vida, permanece como um farol a guiar nossos corações. A saga continua, pois, a verdadeira magia da vida reside na capacidade de nos conectarmos, de escrevermos juntos os capítulos inéditos que o futuro nos reserva.

Carlos

Maria - Uma Jornada de Amor e Lembranças

Minha mãe, Maria, foi uma presença constante e amorosa em nossas vidas. Seu nome ecoa em nossas memórias como a personificação do carinho, da humildade e do amor incondicional. Ela partiu em julho de 2023, aos 95 anos, após bravamente enfrentar 16 anos de uma batalha dolorosa contra o Alzheimer. Durante todo esse tempo, nós, seus filhos e noras, unimo-nos em um compromisso inabalável de cuidar dela da melhor forma possível.

A imagem de minha mãe na cadeira de rodas, olhando para o mundo sem reconhecimento, mas ainda irradiando uma gentileza inata, é algo que permanecerá gravado em minha mente para sempre. Tornou-se uma rotina alimentá-la, conversar com ela como se ela pudesse entender cada palavra, e mesmo que não pudesse responder da maneira convencional, podíamos sentir sua presença.

O relacionamento que compartilhei com minha mãe sempre foi especial. Uma mulher nascida em Taquaritinga, interior de São Paulo, trouxe consigo valores simples e a sabedoria que só a vida no interior pode oferecer. Quando se casou com meu pai, abandonaram suas raízes e embarcaram na jornada de construir uma vida em São Paulo. No entanto, mesmo nas ruas movimentadas da cidade grande, minha mãe nunca perdeu sua essência tranquila e sua habilidade de falar com qualquer pessoa.

Ela era uma daquelas pessoas que só queriam o melhor para seus filhos. Sempre. Suas aspirações eram modestas, suas expectativas, realistas. Ela nos ensinou o valor do trabalho árduo e a importância da família. Com meu pai, que era um habilidoso pedreiro, eles construíram uma vida sólida. Primeiro no Pacaembu, depois na Vila Eutália, próximo à Vila Dalila.

Foi durante esse período que meu pai, já estabelecido, tomou a decisão corajosa de investir em um terreno no Jardim Maringá. Naquela época, não havia nada aqui, mas ele visualizou um lar para nossa família. Construção após construção, aquele terreno transformou-se no alicerce das nossas vidas. E assim, nasceu o lugar que chamo de lar até hoje.

Todos nós, irmãos, viemos ao mundo em São Paulo, testemunhando a determinação e o sacrifício de nossos pais. Hoje, com 64 anos, percebo que herdei não apenas a casa onde moro, mas também os valores e o legado que minha mãe deixou. Ela pode ter partido, mas seu espírito, seu amor e seu exemplo continuam a moldar a história da nossa família. Minha mãe, uma mulher extraordinária, cuja presença serão eternamente sentidas em cada canto deste lar que ela ajudou a construir.

Pai

Meu pai era Antônio, uma figura imponente em nossa casa e na vida dos meus irmãos e eu. Sua presença era como um farol, emitindo uma luz de autoridade e segurança. Era curioso notar como essa aura mudava dependendo do destinatário. Com meus irmãos, ele era firme, às vezes até enérgico. No entanto, comigo, o caçula da família, as regras pareciam ser um tanto flexíveis.

Talvez fosse porque eu sempre fui o benjamim da família, aquele que, de alguma forma, conquistava um olhar mais suave e uma mão menos pesada. O relacionamento entre meu pai e eu era bom, talvez até mais descontraído do que com os outros. Era como se eu carregasse comigo o privilégio de ser o caçula, e meu pai, de alguma forma, entendia que eu precisava de uma abordagem diferente.

Lembro-me vividamente dos dias em que éramos inseparáveis. Onde quer que meu pai fosse, lá estava eu ao seu lado. Desde os primeiros passos até os primeiros tropeços, meu pai era a constante que me guiava através da jornada da infância. Uma das lembranças mais vívidas era de nossa proximidade com minha avó, que morava nas imediações da Vila Matilde.

Crescer na sombra protetora do meu pai me proporcionou uma sensação de segurança e confiança. Ele era meu herói, aquele que podia consertar qualquer coisa e resolver qualquer problema. À medida que o tempo avançava, as rugas começavam a esculpir histórias em seu rosto, mas sua determinação permanecia inabalável.

Em 1983, meu pai partiu deste mundo aos 62 anos. Foi um momento difícil para todos nós, marcado pela saudade e pela lembrança de um homem que moldou nossas vidas de maneiras incontáveis. Seu legado perdura em nossas memórias, nas lições que ele nos ensinou e no amor que ele sempre nos ofereceu, mesmo que expresso de maneiras únicas para cada um de nós.

A despedida foi difícil, mas o que ele nos deixou foi uma bagagem valiosa de sabedoria, amor e a lembrança de um pai que caminhou ao meu lado desde os primeiros passos até a vida adulta. O capítulo do meu pai é um tributo à figura que moldou meu mundo e deixou um impacto eterno em meu coração.

Irmãos

O capítulo dos irmãos na minha autobiografia é um mosaico de histórias entrelaçadas, cheias de amor, perdas e laços que resistem ao tempo. Ivone, minha querida irmã, partiu em 2018, deixando um vazio que nenhum relato pode preencher completamente. Ela foi uma mulher extraordinária, uma mãe dedicada e, acima de tudo, uma irmã que compartilhou comigo os altos e baixos da vida.

Ivone foi abençoada com dois conjuntos de gêmeos ao longo de sua jornada. A primeira vez, a alegria foi ofuscada pela tristeza quando perdemos a menininha que veio ao mundo junto com seu irmão. O segundo conjunto de gêmeos, dois meninos, cresceu para serem homens de mais de 50 anos. O primogênito, agora pai de dois, enquanto os gêmeos, ambos pais também, têm um filho cada. O ciclo da vida se desdobrou de maneira única, formando uma teia familiar que continua a se expandir.

Logo após Ivone, surge na trama familiar meu irmão Wilson. Ele, pai de um casal, continua a tradição da família. Sua filha, mãe de dois filhos, e seu filho, pai de uma filha, expandem ainda mais o círculo de parentesco. O Wilson escolheu ficar no mesmo quintal, na mesma casa que nosso pai ergueu com tanto esmero. Após a partida de nosso pai, ele veio para perto da mãe, formando uma sólida base familiar que perdura.

E o Valdevi, residente na Patriarca, também faz parte da nossa história. Sua presença constante, especialmente durante minhas idas à AACD para tratamento, é um testemunho do vínculo que transcende a distância física. Com uma filha casada e um filho, ele é mais uma peça fundamental no quebra-cabeça da nossa família.

Assim, os capítulos da nossa história familiar se desdobram, repletos de saudades, risos compartilhados e o inegável elo que nos mantém unidos, independentemente das circunstâncias. A jornada dos irmãos é uma narrativa de amor, compaixão e a força inabalável dos laços familiares.

Avós

O meu vínculo com os meus avós foi uma interseção entre o efêmero e o impactante. Por parte do meu pai, o meu avô permaneceu uma figura enigmática, uma presença que eu nunca pude abraçar ou compreender. A sua partida precoce, ocorrida quando o meu pai ainda era uma criança, deixou um vazio que as histórias familiares não conseguiram preencher por completo.

A minha avó, conhecida como Avo Aurélia, era um retrato nebuloso na minha memória infantil. Visitá-la com o meu pai era uma experiência enigmática, permeada pela minha inocência de criança. Lembro-me apenas do seu sorriso caloroso, das suas palavras gentis e, estranhamente, da alcunha carinhosa que a família lhe dera: avó gorda. Contudo, mesmo nesses fragmentos de lembrança, há uma nuvem que envolve as minhas memórias, uma falta de clareza que só os olhos de uma criança podem tolerar.

Houve um dia particular, entretanto, que permanece nítido na minha mente. Lá fomos nós, eu e o meu pai, visitar a avó Aurélia. Ela já estava tomada por uma doença implacável, um lembrete doloroso da finitude da vida. A atmosfera estava carregada de tristeza quando ela nos deixou naquele mesmo dia em que a visitamos. É estranho como a morte pode escolher os momentos mais inesperados, costurando tristezas nos lugares onde antes havia risos.

Por parte da minha mãe, a história repetiu-se de uma maneira diferente. O meu avô partiu cedo, mas a minha avó, Dona Conceição, permaneceu como uma presença constante na minha infância. Ela era mais do que uma avó; era uma força gentil e radiante que preenchia os dias com alegria. Conceição era boa, carinhosa e brincalhona, uma combinação perfeita que transformava cada visita à sua casa em uma experiência memorável.

As lembranças da Dona Conceição são como um caleidoscópio de momentos felizes. Ela era a contadora de histórias perfeita, entrelaçando narrativas de tempos passados com as suas próprias vivências. As suas mãos, gentis e enrugadas, eram hábeis em criar carinho com um simples afago. As tardes passadas em sua companhia eram repletas de risadas, histórias e, é claro, os quitutes que só ela sabia fazer.

Daidi, Minha Parceira

Daidi entrou na minha vida na época do Olga, uma fase que marcaria o início de uma história que perdura até os dias de hoje. Naquela época, estudávamos juntos. Ela, com seus olhos curiosos e sorriso encantador, também fazia parte do meu cotidiano. Éramos apenas crianças de doze anos quando iniciamos um namoro que, por razões da vida, desmanchou-se. No entanto, o destino tinha outros planos para nós.

Apesar de termos seguido caminhos distintos por um tempo, morávamos perto um do outro, e as ruas do nosso bairro se tornaram testemunhas silenciosas dos nossos encontros casuais. O tempo passou, experiências foram vividas, mas o elo entre nós permaneceu, resistente às reviravoltas da vida.

Anos depois, nossos caminhos se entrelaçaram novamente, e decidimos que era hora de construir algo mais duradouro. Retomamos o que tínhamos deixado para trás e decidimos dar um passo mais sério: nos casamos. O próximo capítulo da nossa jornada começou quando decidimos fazer da casa da minha mãe o nosso lar. Até hoje, esse lar é o santuário que compartilhamos.

O nosso relacionamento é como uma árvore que cresceu firme ao longo dos anos. Apesar das tempestades e dos desafios que a vida nos apresentou, nós nos damos bem. Daidi, minha parceira, é uma presença constante e reconfortante na minha vida. Às vezes, ela pode ser nervosa, mas seu coração é puro. Ela é uma boa pessoa, cheia de compaixão e disposta a estender a mão para ajudar sempre que possível.

Juntos, frequentamos a igreja, buscando inspiração e fortalecimento espiritual. A nossa fé é um alicerce que nos sustenta nos momentos difíceis e nos lembra da importância do amor e da compreensão mútua.

Ao longo de duas décadas, dedicamos nossas vidas ao transporte escolar. Eu, assumindo o volante como motorista, e Daidi, desempenhando o papel de monitora. Essa experiência não apenas nos proporcionou meios de subsistência, mas também fortaleceu nossa parceria. Juntos, enfrentamos os desafios diários, compartilhamos risos com as crianças que transportamos e construímos memórias que são tesouros em nossa jornada conjunta.

Daidi, minha companheira de vida, é mais do que uma parceira no trabalho. Ela é meu suporte, minha confidente e a luz nos dias mais sombrios. Nossa jornada está longe de ser perfeita, mas é autêntica, repleta de amor e crescimento mútuo. A cada dia, agradeço por ter Daidi ao meu lado, tornando esta vida mais significativa e completa.

Filhos

Neste capítulo, quero dedicar um espaço especial para falar sobre meus filhos, que são fontes inesgotáveis de orgulho e alegria em minha vida. Cada um deles trilhou seu próprio caminho, contribuindo para o mosaico único que compõe a história da nossa família.

Victor, aos 39 anos é um jovem determinado e dedicado, ele se formou em Publicidade e Marketing após superar desafios e dedicar um tempo considerável para encontrar sua verdadeira paixão profissional. Há quase um ano, Victor integra uma empresa na qual se encaixou perfeitamente. Sua jornada até aqui foi marcada por aprendizados e conquistas, e eu celebro cada passo que ele dá em direção ao seu crescimento profissional e pessoal.

Carlos Henrique, aos 32 anos, escolheu seguir um caminho mais próximo da área da saúde. Carlos é psicólogo e encontrou seu propósito trabalhando no CAPS em São Miguel, um local que ele escolheu com carinho. Sinto orgulho ao ver o comprometimento dele com sua profissão e o auxílio que proporciona àqueles que precisam de apoio emocional. Sua escolha de se especializar em saúde mental reflete sua empatia e dedicação ao bem-estar dos outros.

Ambos os meus filhos, mesmo trilhando caminhos diferentes, compartilham uma característica fundamental: a busca pela realização pessoal e profissional. É maravilhoso testemunhar o desenvolvimento deles ao longo dos anos e ver como suas escolhas refletem quem são como indivíduos únicos.

Vida Escolar

Estudei o primário completo na Escola Olga. Foram anos marcados por desafios e aprendizados. Lembro-me vividamente do terceiro ano, quando fui acometido pelo sarampo. Aquela doença não apenas afetou minha saúde, mas também teve um impacto direto em meus estudos. O tempo que passei afastado da escola resultou na reprovação, um golpe que inicialmente me desanimou.

No ano seguinte, na quarta série, deparei-me novamente com a reprovação. A matemática sempre foi um desafio para mim, uma barreira difícil de transpor.

Ao ingressar no ginásio, a luta contra as disciplinas se intensificou. Cheguei até a sétima série, mas as adversidades pareciam crescer exponencialmente. Foi então que tomei uma decisão difícil: abandonar o ginásio e buscar novos horizontes.

Optei por me matricular no supletivo do Colégio Virgem do Pilar. Esta mudança representou não apenas uma transição de instituição, mas também uma mudança de mentalidade. O supletivo trouxe consigo a oportunidade de conciliar os estudos com o trabalho, uma combinação desafiadora, mas que se mostrou crucial para minha jornada.

Enquanto trabalhava durante o dia, dedicava as noites aos estudos, seguindo o sistema de eliminação de matérias. Foi uma jornada árdua, repleta de noites sem dormir e sacrifícios, mas o desejo de concluir o segundo grau era a força motriz que impulsionava meu esforço.

Finalmente, após superar obstáculos, desafios e reveses, consegui concluir o segundo grau. Essa conquista não representou apenas a obtenção de um diploma, mas sim a demonstração de que a persistência e a determinação podem transformar as dificuldades em oportunidades.

Vida Profissional

Ingressar no Banco Itaú marcou o início de uma jornada desafiadora, e aos 18 anos, dei os primeiros passos na vida profissional como contínuo. A rotina bancária me ensinou os meandros do sistema financeiro, proporcionando-me uma compreensão valiosa do mundo corporativo. Com dedicação e empenho, avancei para o cargo de escriturário, uma conquista que refletia meu comprometimento com o trabalho.

Durante os anos de 1978 a 2000, vivi intensamente minha trajetória no Banco Itaú. A experiência foi enriquecedora, mas como a vida é feita de mudanças, o Programa de Demissão Voluntária (PDV) chegou, impactando a vida de mais de 100 colegas, incluindo a minha. Aos 40 anos, encerrei esse capítulo e busquei novos horizontes.

Minha transição para a prefeitura como agente de saúde, ainda que como contratado, trouxe uma perspectiva diferente. Uma breve pausa que permitiu explorar outras áreas e contribuir de maneira direta para a comunidade. Entretanto, o chamado do empreendedorismo falou mais alto, e com as economias do tempo no banco, adquiri uma linha de transporte escolar em 2000.

Os próximos 18 anos foram dedicados a garantir que as crianças chegassem com segurança aos seus destinos. Em 2018, senti que era o momento de passar a linha de transporte escolar para frente, abrindo espaço para novos desafios. A pandemia trouxe incertezas, e, adaptando-me ao cenário, explorei as oportunidades nos grupos de WhatsApp, encontrando uma maneira de vender produtos.

No ano seguinte, em 2022, uma nova oportunidade surgiu ao trabalhar registrado em uma empresa que prestava serviços de transporte para crianças com deficiência. O trabalho era significativo, mas infelizmente, a vida reservava uma reviravolta. Uma trombose e a subsequente amputação da perna tornaram-se obstáculos inesperados.

O impacto dessa reviravolta me afastou do trabalho, e enquanto eu lutava para me adaptar à nova realidade, a Daidi assumiu a responsabilidade com outra motorista. Tentar aposentar-me por invalidez foi um processo desgastante, revelando que a amputação do membro inferior não era considerada motivo suficiente. O arrependimento se fez presente, especialmente por não ter contribuído com o INSS durante os 18 anos no transporte escolar, quando já havia acumulado 22 anos de contribuição.

Essa fase da minha vida profissional foi repleta de desafios, conquistas e reviravoltas inesperadas. Aprendi que, mesmo diante das adversidades, é possível encontrar novos caminhos e oportunidades de reinventar-se.

Viagens que Tecem Memórias

As páginas da minha vida são marcadas por capítulos repletos de histórias e, entre eles, destaco com carinho as viagens que se transformaram em vivências inesquecíveis. Uma delas, gravada nas linhas da minha memória, nos levou a uma colônia de férias do banco Itaú, onde eu exercia minhas atividades profissionais naquela época.

Lembro-me vividamente da alegria estampada nos rostos dos meus filhos, ainda pequenos naquela ocasião. As risadas ecoavam pelos corredores da colônia, e a energia contagiante da juventude enchia nossos dias de sol e brincadeiras. Foram momentos de descontração e união, um retrato de felicidade que ainda se reflete nas fotografias que guardamos com tanto carinho.

Anos se passaram, os filhos cresceram, e com eles, cresceu também o escopo das nossas viagens familiares. Em uma ocasião especial, decidimos explorar os encantos de Holambra. Nossa comitiva, agora ampliada pelas adoráveis namoradas dos meus filhos, transformou a viagem em uma jornada de conexão e descobertas.

Holambra, conhecida por seus campos floridos e atmosfera acolhedora, ganhou um brilho especial aos olhos da Daidi, que nutre um amor genuíno por plantas e flores. Seus olhos brilhavam enquanto explorava os jardins e viveiros, absorvendo cada detalhe com uma paixão que aquecia nossos corações. Essa viagem ficou marcada não apenas pelas paisagens deslumbrantes, mas também pelo fato de que, naquela semana, emergíamos de um período desafiador de isolamento imposto pela pandemia do Coronavírus.

Nossa jornada não se limita a destinos exuberantes, mas também nos conduz a lugares onde as raízes da família se entrelaçam. É o caso das nossas visitas frequentes à cidade de Marília, onde residem os parentes queridos da Daidi.

Essas viagens, sejam elas repletas de risos infantis em uma colônia de férias, de descobertas florais em Holambra ou de abraços afetuosos em Marília, tecem as páginas da nossa biografia familiar. São capítulos que narram não apenas as paisagens exploradas, mas os laços fortalecidos, as memórias entrelaçadas e a beleza de uma vida vivida em conjunto.

Projetos para futuro

A fase de reabilitação na AACD representa um capítulo crucial na minha jornada. Tenho a oportunidade de trabalhar com profissionais dedicados, desde psicólogos até fisioterapeutas, que se empenham em me ajudar a reconquistar minha autonomia. Cada sessão é um passo em direção à reconstrução da minha vida após o desafio que a vida me impôs.

Entre os objetivos traçados, a conquista de uma nova mobilidade ganha destaque. A equipe de fisioterapeutas, com toda sua expertise, está direcionando meus esforços para que eu possa, em breve, caminhar apoiado em uma prótese. As perspectivas são animadoras, e a esperança de voltar a viver plenamente começa a tomar forma.

Contudo, a jornada não se limita apenas à fisioterapia. Conversas com o psicólogo fazem parte do meu cotidiano na AACD, proporcionando uma compreensão mais profunda das minhas emoções, ansiedades e anseios. É uma terapia que transcende o físico, explorando as camadas mais profundas da minha resiliência e força interior.

Olhando para o futuro, a aposentadoria se perfila como uma possibilidade próxima. É um momento que eu espero ansiosamente, não como um fim, mas como um novo começo. A oportunidade de descansar, de me recuperar plenamente, aguarda-me no horizonte.

Entretanto, descansar não significa ficar estagnado. Há sonhos que ainda pulsam em meu coração. O desejo de voltar a dirigir, de sentir a liberdade das estradas novamente, tornou-se uma meta concreta. A ideia de ter um carro adaptado para as minhas necessidades específicas é mais do que uma aspiração; é um projeto de vida em movimento.

Assim, com fé e determinação, visualizo-me ao volante, explorando novos horizontes. As limitações físicas não podem ser barreiras intransponíveis, mas desafios a serem superados com paciência e persistência.

Em cada passo, agradeço a Deus pela saúde que Ele me concede e pela força que Ele me proporciona a cada dia. Sei que, independentemente do caminho à frente, Ele será meu guia. A jornada rumo à recuperação e à retomada da normalidade é longa, mas a chama da esperança arde forte em meu coração.

E assim, com a prótese a caminho, a aposentadoria no horizonte e o sonho de dirigir como uma meta, encerro este capítulo da minha vida. Que as próximas páginas sejam escritas com histórias de superação, conquistas e alegrias renovadas. Que Deus continue a iluminar meu caminho, conduzindo-me até o dia que Ele quiser. Este é o meu projeto para o futuro, moldado pela resiliência e pela crença inabalável de que cada desafio é uma oportunidade para crescer e prosperar.

Carmem

Origem

Meu nome é Carmen Lúcia de Lima, e ele foi escolhido para mim pela minha irmã. Nasci em Igreja Nova, uma pequena cidade aconchegante no estado de Alagoas. Quando cheguei ao seio da nossa família, minha mãe estava inclinada a me dar o nome de Madalena, uma homenagem à sua própria mãe. Mas a vontade de minha irmã prevaleceu, e o destino me uniu ao nome que carregaria por toda a vida.

Troca de Mães

No dia 31 de outubro de 1959, nasci em Igreja Nova, uma cidade pitoresca em Alagoas, próxima a Penedo, Palmeira dos Índios e Arapiraca. Minha história começa com uma reviravolta familiar que moldaria o curso da minha vida de maneira inimaginável. Minha mãe biológica teve um relacionamento com meu pai biológico, que, complicando ainda mais as coisas, era casado com a irmã dela. Esse ato ilícito resultou em uma gravidez inesperada que desencadearia uma saga familiar.

Quando os pais dela ficaram sabendo da situação, começou uma verdadeira novela. Naquela época, em casos como esse, a tradição ditava que o homem fosse obrigado a casar com a mulher grávida. Entretanto, neste caso, essa opção não era viável, já que ele já era casado com a irmã da minha mãe biológica. Meu avô materno, um homem de influência na cidade e oficial de justiça, tomou uma decisão drástica para resolver a situação: ele me separou de minha mãe biológica para que ela não criasse um vínculo afetivo comigo, pois a intenção era me colocar para adoção. E havia uma condição severa: ninguém da família estava autorizado a me adotar, ou enfrentaria o exílio da família.

Minha bisavó, mãe do meu avô, conhecia minha futura mãe adotiva desde os tempos de escola, quando estudaram juntas. Ela sabia que minha mãe adotiva havia chegado recentemente de São Paulo e já tinha adotado uma criança. Movida pela necessidade de resolver essa complicada situação familiar, minha bisavó decidiu fazer uma visita à casa dela.

Minha mãe adotiva ficou chocada com a proposta. Ela argumentou: "Como assim? Eu adotei uma criança em São Paulo, mas ela já tinha 3 anos de idade. Como vou saber lidar com um recém-nascido? Além disso, meu marido não está em casa. Como vou cuidar dela?" Minha bisavó insistiu até que minha mãe adotiva concordou: "Não é um animal, você pode trazer, mas eu quero tudo formalizado em papel. Quando cuidamos de alguém, o amor cresce."

Não se passou uma hora, e minha bisavó, juntamente com minha mãe biológica, apareceu em minha nova casa, comigo nos braços. Assim que entrei, dizem que, mesmo com os olhos fechados, os abri imediatamente. Foi como se eu tivesse dito: "Cheguei ao meu lar, à minha família." Essa foi a minha chegada ao lar que moldaria meu destino de maneira inimaginável, onde o amor floresceria de maneira surpreendente.

Minha mãe adotiva, a partir de agora chamada apenas de mãe, já havia providenciado tudo o que eu precisava: roupas, mamadeira, fraldas. Compras e mais compras. Eu estava com fome, e minha mãe me segurou nos braços, oferecendo a mamadeira. Aquela foi a minha primeira refeição em minha nova casa, e eu estava faminta.

Minha mãe sempre foi uma mulher incrível, e ela estava me criando com todo o amor e cuidado que uma mãe poderia dar. Ela estava lá para todas as noites em que eu chorava, para cada troca de fralda, para me fazer dormir e acordar com um sorriso. Ela era a minha âncora, minha protetora e, de muitas maneiras, minha heroína.

Muito Prazer Papai

Foi assim que minha história com meu pai adotivo começou, a partir de agora chamado apenas de pai. Eu era apenas um bebê recém-nascido quando ele chegou em casa vindo do sítio. Ele era um homem trabalhador, dedicado à fazenda que tinha nos arredores da cidade. Quando soube da minha chegada, ele veio direto para casa e se deparou com minha mãe, segurando-me nos braços.

"Maria, é verdade que você pegou um menino para criar?", ele perguntou, com um toque de surpresa em sua voz. Minha mãe sorriu e respondeu com firmeza, "Não, eu peguei uma menina."

Meu pai ficou pensativo por um momento e então perguntou: "E quem é a família dela?"

Minha mãe hesitou por um instante, pois ela própria não sabia muito sobre minha história antes de ser adotada. Ela finalmente respondeu: "A família do Messias?"

Meu pai assentiu, parecendo satisfeito com a resposta. Ele era um homem de poucas palavras, mas seu olhar transmitia uma sensação de aceitação. Ele se aproximou de nós duas e me olhou com carinho. "Está bem, Maria", ele disse, com um sorriso gentil. "Vamos cuidar dela juntos."

Naquele momento, a dinâmica da minha família estava estabelecida. Eu tinha uma mãe amorosa e um pai que estava disposto a aceitar uma criança que não era seu sangue, mas que se tornaria sua filha de coração. Foi o começo de uma jornada incrível, cheia de desafios e alegrias, e eu estava ansiosa para descobrir o que o futuro reservava para todos nós. Afinal, a vida é cheia de surpresas, e essa foi apenas a primeira delas.

Oficialmente Eu

Os dias continuavam seu curso implacável, e o meu avô ainda não havia chamado minha mãe para o cartório. O tempo passava, as estações se sucediam, mas a promessa persistia não cumprida. Até que um dia, cansada de esperar, minha mãe decidiu tomar as rédeas da situação.

Ela se dirigiu ao cartório, determinada a resolver aquela questão de uma vez por todas. Chegou lá com firmeza, com a convicção de que era chegada a hora de oficializar minha existência. Ela se aproximou do balcão e, com voz decidida, disse ao funcionário:

"Eu preciso registrar a menina, imediatamente. É urgente, pois preciso levá-la ao posto para tomar as vacinas." O funcionário, talvez surpreso pela determinação de minha mãe, respondeu: "Vá amanhã, à tal hora. A mãe estará lá, e nós faremos os trâmites necessários."

Finalmente, a espera estava prestes a terminar. O tão aguardado momento estava marcado para o dia seguinte. Minha mãe não perdeu tempo e compareceu ao cartório na hora marcada. Era o dia em que eu me tornaria oficialmente "eu".

Lá, diante de documentos e testemunhas, fui registrada com o nome que carrego até hoje: Carmen Lúcia de Lima.

Assim, naquele cartório, com o peso da papelada e a seriedade do momento, eu me tornei oficialmente quem sou. E ali, naquele instante marcante, começou a jornada de uma vida que estava apenas começando.

O Início de Uma Vida

Cresci nesse ambiente amoroso, mas não foi sem desafios. Minha mãe me contava de um período em que tive uma disenteria tão grave que quase perdi a vida. Fui batizada às pressas porque minha condição era crítica, e minha mãe resolveu fazer algumas lavagens para tentar me salvar. Foi um momento de grande aflição, mas aquilo me trouxe de volta à vida, e agradeço todos os dias por essa segunda chance.

Vivi minha infância em uma cidade pequena, onde todos se conheciam. Íamos juntos à feira, às lojas e passeávamos pelo centro da cidade. Meus avós viviam um pouco mais afastados, mas em uma cidade pequena, todos se encontram eventualmente. Minha mãe nunca escondeu a verdade de que eu não era sua filha biológica, e sempre apresentava orgulhosamente sua "filha do coração" a todos que cruzávamos pelo caminho.

Cresci sabendo que não fui gerada no ventre de minha mãe, mas fui gerada em seu coração. E isso nunca fez diferença para mim. Fui criada com amor, carinho e com valores sólidos. Minha mãe não me corrigia com palavras, mas sim com suas atitudes, com a correção no momento certo e no lugar certo. Aprendi a importância da disciplina e do respeito observando meus pais.

Um dia, meus pais decidiram voltar para São Paulo, e minha mãe biológica foi informada da nossa partida e teve a oportunidade de se despedir de mim. Naquela época, ela já tinha uma nova família, com outro relacionamento e trouxe uma filha consigo. Era uma menina loirinha que nunca me esqueço. Mesmo assim, a despedida foi emocional e marcante.

Assim, viemos para São Paulo, e aqui eu continuei a crescer. Cresci com amor, mas também com a disciplina e a orientação necessárias para me tornar a pessoa que sou hoje. A principal lição que levei da minha infância foi o exemplo de meus pais, não apenas em suas palavras, mas em como eles viviam suas vidas. Esse exemplo moldou minha personalidade e meu caráter, e sou eternamente grata por ter sido criada com tanto amor e carinho. Hoje, olho para trás com gratidão por todas as experiências que moldaram minha jornada até aqui.

Mãe do Coração - Maria Rosa

Minha mãe, Maria Rosa, era uma mulher extraordinária, um verdadeiro exemplo de amor e generosidade. Ela não me gerou em seu ventre, mas sim em seu coração. Ela me deu a vida, e me mostrou como viver uma vida plena, repleta de compaixão e cuidado pelos outros.

Minha mãe foi uma companheira leal em um casamento que durou 57 anos. Ela sempre foi justa em suas ações e palavras, nunca deixando que o egoísmo ou o orgulho se interpusessem em suas relações. Ela se comovia profundamente com a dor dos outros e sempre buscava maneiras de ajudar.

Ela era uma mulher de princípios sólidos, uma pessoa extremamente organizada e econômica. Mas, acima de tudo, ela era uma mulher de coração generoso, que se dedicava aos filhos de maneira às vezes até exagerada, mas sempre com o melhor interesse no coração. Ela era uma verdadeira protetora, uma amiga leal e alguém que nunca desistia de ajudar.

Ela era uma vizinha excepcional, sempre pronta para ajudar quando alguém precisava. Ela emprestava sem hesitar e muitas vezes se recusava a aceitar pagamento, enfatizando a importância de compartilhar o que tínhamos com os outros.

E me ensinou importantes lições financeiras. Ela enfatizava a importância de priorizar nossas obrigações financeiras antes de gastar dinheiro em coisas supérfluas. "Primeiro a obrigação, depois a devoção", ela costumava dizer.

Minha mãe tinha uma filosofia simples, mas poderosa: "Quando eu tenho, todos têm; quando eu não tenho, ninguém tem." Essa atitude altruísta é um reflexo de sua generosidade inabalável.

Ela era uma mulher cristã devota, tendo aceitado Jesus em sua vida aos 18 anos. Sua fé a acompanhou ao longo de sua jornada, e ela morreu aos 88 anos como uma testemunha da fidelidade de Deus em sua vida.

Minha mãe partiu, mas seu legado de amor, generosidade e compaixão permanece vivo em nossos corações. Ela foi um anjo enviado por Deus para caminhar entre nós, e por isso, só posso sentir profunda gratidão por ter tido a honra de tê-la como minha mãe. Maria Rosa, um exemplo de mulher, uma inspiração para todos nós, e seu amor continua a nos guiar em nossas vidas.

Na medida do possível, ele me dava tudo o que eu precisava e queria. Ela só não me deu bicicleta porque tinha medo de eu sair na rua com a bicicleta e me machucar ou sofrer um acidente. Mas eu tive uma boa alimentação, roupas boas, a educação, a correção na hora certa, o amor na hora certa também. Então, havia um equilíbrio da correção, amor e verdade.

Minha mãe sempre foi o alicerce da honestidade em minha vida. Ela nunca mentiu para mim, dizendo que eu era filha legítima dela. Sempre falou a verdade, e essa sinceridade, enraizada desde a infância, moldou minha compreensão do mundo. Onde você é criada com a verdade e com amor, não há espaço para sequela emocional.

Em relação à minha mãe biológica, morando na mesma cidade, minha mãe sempre me orientava a pedir a benção e apresentava todos da minha família biológica: "Essa aqui é sua mãe, esse aqui é seu pai, essa aqui é sua avó, esse aqui é seu tio" e assim por diante. Ela nunca permitiu que eu sentisse que pertencer a duas famílias fosse uma fonte de conflito. Em vez disso, tornou esse relacionamento natural e cheio de amor.

Conforme eu crescia, percebia que minha mãe não apenas me proporcionava uma infância repleta de amor e cuidado, mas também me ensinava a virtude da empatia. Ela nunca disse nada negativo sobre minha mãe biológica, mesmo que a vida dela fosse marcada por desafios e dificuldades. Em vez disso, ela expressava tristeza pelas pessoas que precisavam enfrentar tais obstáculos. O exemplo que ela me deu foi de compaixão, respeito e entendimento, independentemente das circunstâncias da vida.

Minha mãe era, e sempre será, uma inspiração para mim. Ela não apenas me criou com amor e honestidade, mas também me mostrou como ser uma pessoa melhor, alguém capaz de aceitar e amar, independentemente das origens ou das adversidades.

Meu Pai do Coração

Deus juntou duas almas extraordinárias. Um encaixe perfeito, como se tivessem sido criados um para o outro. Meu pai era um homem de grande retidão, integridade e pureza. Ele era alguém que valorizava as coisas certas na vida e detestava ver os outros sofrendo. Ele e minha mãe, também alagoana, vieram juntos para São Paulo, onde construíram uma vida sólida. Meu pai trabalhou em uma fábrica durante 19 anos, frequentemente fazendo horas extras e muitas vezes ganhando mais com elas do que com o próprio salário base.

Certa vez, ele ouviu falar de uma família que desejava dar uma menininha de três anos para adoção. Chegou em casa, encontrou minha mãe e perguntou: "Vamos adotá-la?" Ambos trabalhavam, e ele até tinha um emprego noturno, mas decidiram trazer minha irmã para nossa família. Quantas noites ele dormiu apenas duas horas, pois minha irmã, com seus três aninhos, queria brincar. Minha mãe trabalhava no turno da tarde e cuidava dela de manhã. Ela ansiava pela companhia e brincadeiras do pai. Era assim que ele era. Sempre disposto a fazer tudo por nós. Mais tarde, eles voltaram para Alagoas, onde a mesma pergunta foi feita a minha mãe sobre me adotar. Eles eram um time, apoiando-se mutuamente, com meu pai sempre ouvindo minha mãe.

No entanto, havia uma sombra em sua vida, um vício em bebida. Ele bebia uma bebida chamada quinado, uma espécie de vinho, e quando a consumia, espíritos obscuros se manifestavam. Esses espíritos só traziam desordem e aflição à nossa casa, e minha mãe não encontrava paz. Foi por isso que eles deixaram São Paulo e retornaram a Alagoas, onde estavam bem financeiramente. Tinham plantações de arroz, gado e uma casa com onze cômodos. Mas, mesmo com todas as riquezas materiais, minha mãe ainda não tinha paz de espírito, pois esses espíritos continuavam a atormentar meu pai. Minha mãe, sempre devota, não desistiu e, através de suas orações, conseguiu finalmente libertá-lo desses espíritos malignos.

Meu pai era um trabalhador incansável, um agricultor que sempre se certificava de pagar seus empregados pontualmente, pois sabia que eles tinham famílias para sustentar. Ele possuía um sítio com cerca de 500 pés de manga e sempre permitia que as pessoas entrassem e colhessem frutas. Era uma pessoa justa, amável e generosa, sempre pronta para ajudar os outros. Ele ficava angustiado quando as intempéries arruinavam suas plantações de arroz, mas garantia que seus empregados fossem recompensados, mesmo que ele próprio tivesse que suportar privações.

A política sempre foi um fator presente em suas vidas, e minha mãe desejava voltar a São Paulo. Eles sempre tomavam decisões juntos, discutindo os prós e contras, e mesmo que ocasionalmente discordassem, minha mãe sempre conseguia mostrar a ele outro ponto de vista. Foram 57 anos de casamento, e embora nem sempre tenha sido fácil, minha mãe era a mulher sábia que, muito antes de sua partida, transformou meu pai em um homem que não mais bebia ou fumava.

Enquanto minha mãe trabalhava, meu pai cuidava de mim. Lembro-me de mostrar a ele o primeiro sutiã que usei, enquanto minha mãe estava no trabalho. Ele nunca olhou para mim de outra forma, eu dormia na mesma cama que eles, e nossa relação era de pura confiança e amor. Às vezes, eu os via conversando e rindo da minha inocência.

Mais tarde, ele foi diagnosticado com câncer de próstata, e minha irmã cuidou dele, garantindo que ele tivesse o melhor tratamento possível. Eu fazia sua barba, lavava sua dentadura e o via conversar com minha mãe no quarto, agradecendo por tudo o que minha irmã e eu fazíamos por ele. Ele teve a chance de experimentar uma vida transformada, livre de vícios, antes de nos deixar. Meu pai foi um homem extraordinário, um pai de coração que soube me guiar, me corrigir e me amar. Ele foi um verdadeiro príncipe e um anjo em minha vida. Este foi o meu pai do coração.

Neusa - Minha Irmã de Coração

Falar sobre Neusa é adentrar em um universo de diferenças e similaridades que tornaram nossa relação única ao longo dos anos. Com uma diferença de idade de 11 anos, Neusa sempre foi como uma irmã mais velha que pairava sobre meu mundo, mas que, de certa forma, estava distante.

Nascida aqui em São Paulo, Neusa foi adotada por nossos pais quando tinha apenas 3 anos de idade. Quando eles decidiram mudar para Alagoas, Neusa já estava com 11 anos, e a vida nos separou mais uma vez. Ela frequentava um colégio de freiras na cidade de Penedo, Alagoas, e suas visitas em casa se resumiam às férias escolares. Isso significava que, na maior parte do tempo, eu estava sozinha com meus pais, aprendendo a me virar por conta própria.

Ao voltarmos para São Paulo, Neusa já tinha 21 anos, enquanto eu tinha apenas 7 ou 8. A diferença de idade e as circunstâncias da vida fizeram com que nossa convivência fosse limitada desde o início. Neusa é uma pessoa reservada, que valoriza profundamente a família, mas raramente estende suas relações para além desse círculo. Ela se casou e teve dois filhos, mas nunca foi dada a festas ou bailes. Enquanto eu adorava visitar as casas de minhas amigas, Neusa preferia manter-se reclusa em seu lar.

Essa diferença de personalidade frequentemente causava atritos entre nós. Meu jeito espontâneo e extrovertido contrastava com a seriedade e a reserva de Neusa, e ela frequentemente sentia ciúmes dos amigos que eu tinha e que ela não conseguia cultivar. Ela é uma pessoa extremamente organizada, algo que ficou evidente durante sua carreira como caixa de banco. Além disso, sua dedicação ao trabalho sempre foi admirável, assim como sua obsessão pela limpeza.

Devo ressaltar que Neusa é uma pessoa de caráter íntegro, educou seus filhos com excelência e formou uma família admirável. Seus filhos já estão casados, e ela sempre foi uma mãe e esposa exemplar. No entanto, ela não coloca relacionamentos sociais no topo de suas prioridades. Na verdade, ela até sentia ciúmes de seu próprio marido, uma característica que causava desentendimentos com nossos pais, que sempre me apoiaram em minha busca por relacionamentos e felicidade.

Apesar das diferenças e dos atritos ocasionais, Neusa e eu sempre mantivemos um respeito mútuo. Celebramos o Natal juntas todos os anos, e eu sempre admirei sua integridade, sua justiça e sua capacidade de manter tudo em ordem. Enquanto ela prioriza a tranquilidade de sua vida doméstica, eu busco a alegria nas interações sociais e nas experiências que a vida oferece.

No fim das contas, nossa relação é um equilíbrio delicado entre duas personalidades muito distintas, mas que encontraram um jeito de se entender e respeitar. Neusa sempre foi uma parte importante da minha vida, uma irmã de coração que, apesar das diferenças, compartilhou conosco momentos inestimáveis e contribuiu para a riqueza da nossa história familiar.

Memórias de Infância

A minha primeira infância foi lá em Alagoas, na cidade de Igreja Nova. Nossa casa era um lugar especial, com seus 11 cômodos repletos de lembranças vívidas. Os móveis eram elegantes, os estofados bonitos, e eu podia sentir o aconchego que emanava de cada cantinho da nossa moradia.

Minha mãe era a cozinheira da família e preparava iguarias deliciosas. Lembro-me das tardes em que ela fazia bolos incríveis e da carne de porco gordurosa que comíamos com farinha e feijão. Era uma verdadeira festa para o paladar. O quintal era imenso, com sua própria cacimba e um banheiro espaçoso. Havia um pilão utilizado para moer alimentos como milho e arroz, e minha mãe costumava fazer um cuscuz de arroz, uma iguaria nordestina de dar água na boca.

O quintal também abrigava uma riqueza de árvores frutíferas, como goiabeiras, mangueiras e bananeiras. As frutas eram colhidas diretamente das árvores, proporcionando-nos sabores frescos e naturais. Lembro-me dos potes de água que minha mãe cuidadosamente enchia durante a estação chuvosa, garantindo que tivéssemos água durante os períodos de estiagem.

Minhas brincadeiras eram a alma da infância. Havia um muro e um portão que separavam o quintal de casa do cercado onde meu pai mantinha as 23 vacas e um touro imponente. Além desse cercado, encontrava-se o rio, que, quando o Rio São Francisco transbordava, se estendia ao fundo do meu quintal, atravessando toda a cidade. Era lá que eu tomava meus banhos, enquanto minha mãe observava da porta da cozinha. Aquelas águas límpidas eram meu refúgio, e eu passava horas me divertindo na correnteza.

Minha mãe decidiu me matricular em uma escola particular à tarde para reduzir meu tempo brincando no rio. No entanto, minha imaginação não tinha limites. Lembro-me de como improvisávamos com o tronco de bananeira, flutuando pelo rio, como se fosse uma pequena embarcação.

Certa vez, subi em um galinheiro, onde meu pai criava galinhas, e uma taturana me queimou com sua picada ardente. Eu gritei de dor, e aquela sensação de queimação era insuportável. Minha mãe veio correndo para me socorrer, e foi um alívio quando a dor finalmente passou.

Outra lembrança marcante era a grande Cacimba que tínhamos no quintal. Eu costumava observar meu reflexo na água, enquanto minha mãe, preocupada, me alertava para sair dali, pois era perigoso.

Minha mãe sempre comprava caju e camarões das pessoas que passavam vendendo na porta de casa e, essa é uma memória muito vívida em minhas memórias. Lembro com detalhes dessas imagens na minha infância.

Nossa mesa era sempre farta e repleta de delícias. Até hoje, guardo um amor especial pelo sabor do camarão, pelos bolos que minha mãe fazia e por sua habilidade culinária extraordinária. Sentávamo-nos na porta de casa, sob a luz da lua, conversando e apreciando o momento, já que naquela época não tínhamos televisão para nos distrair.

Minha infância era repleta de brincadeiras ao ar livre. Eu corria pelas ruas com outras crianças, pedalava meu velocípede de um lado para o outro, e até mesmo brincávamos com sapos que saíam dos buracos nas paredes quando chovia. Jogávamos sal sobre eles e assistíamos aos seus saltos inusitados.

No quintal de casa, eu me divertia com folhas de mamona, que se transformavam em guarda-chuvas imaginários. Mas uma das lembranças mais especiais eram as brincadeiras de "show" que fazíamos na casa de uma amiga. Era como um pequeno circo, com uma lona improvisada, luzes e música. Eu era a Wanderleia, uma das famosas cantoras da Jovem Guarda. Minha mãe costurava minhas roupas para essas apresentações, e nós ganhávamos doces e dinheiro, uma verdadeira festa.

Havia também uma moça da vizinhança que trabalhava como empregada em uma casa próxima. Ela costumava reunir um grupo de crianças e contar histórias fascinantes. Lembro-me vividamente de uma história sobre uma princesa que encontrou um príncipe em um cavalo branco chamado Pocotó. Aquela narrativa encantadora ficou gravada em minha memória.

Outro evento que me marcou foi a "farinhada" na casa dos meus tios. Era uma tradição colher a mandioca e ralá-la para produzir farinha. Enquanto as mulheres trabalhavam na mandioca, eu e as outras crianças brincávamos de casinha. Após a árdua tarefa, havia uma deliciosa feijoada para comemorar, e então todos voltavam para suas casas. Eu costumava ficar exausta, e minha mãe me carregava no colo, adormecida, até chegarmos em casa.

Tive uma infância verdadeiramente maravilhosa. No entanto, havia algo que me assustava profundamente: os ciganos. Quando eles apareciam na cidade, eu corria para casa, fechava todas as janelas e portas e ficava quieta, com medo de que me levassem embora. Minha mãe costumava perguntar por que eu fechava tudo, e eu respondia: "Por causa dos ciganos, mãe, eles pegam as crianças!".

Outra memória que não posso esquecer são as festas extravagantes que meu pai organizava. Políticos importantes como o prefeito e deputados vinham, e a comida era simplesmente divina, com buchada de bode e outros pratos típicos do Nordeste. Eu tentava abrir garrafas de refrigerante na pedra, mas geralmente acabava quebrando a boca da garrafa, e minha mãe logo me repreendia, temendo que eu engolisse algum pedaço de vidro. As festas eram grandiosas, com muita música, risadas e alegria.

Lembro-me de uma viagem a Penedo, a cidade vizinha, com minha mãe. Ela ia comprar tecidos e outras mercadorias, e eu estava ansiosa por uma maçã. O curioso é que eu não gostava de maçã, mas naquele momento, eu a queria. Minha mãe comprou a maçã, eu dei a primeira mordida e, como esperado, não gostei. Ela me fez sentar na calçada e disse que eu teria que comer a maçã inteira, senão engoliria até os caroços. A lição foi aprendida da maneira mais difícil, mas a memória persiste.

Na viagem de volta, enquanto passávamos por uma ponte de madeira, eu tinha a sensação de que o carro poderia cair a qualquer momento. Era uma mistura de medo e emoção que me fazia agarrar o banco, mas também me enchia de fascinação.

Aos seis anos, minha vida tomou um novo rumo quando nos mudamos para São Paulo. Foi aí que comecei a conhecer os vizinhos e fiz muitas amizades.

Brincávamos de casinha e eu continuava a explorar o mundo com olhos cheios de curiosidade.

Sinto-me incrivelmente grata por ter tido uma infância tão rica em experiências e memórias afetivas. Minhas lembranças de Alagoas são um tesouro precioso que guardo no coração, um testemunho da beleza da infância simples e feliz que vivi.

Vamos Para a Terra da Garoa

Meus pais sempre cogitavam a possibilidade de voltar para São Paulo. Falavam que São Paulo era um lugar maravilhoso, e que na verdade, eles já tinham até se arrependido de ter deixado São Paulo e ido para Alagoas.

Mas o motivo que os levaram para Alagoas foi porque a minha avó ainda era viva e fazia 22 anos que ela não via a filha, no caso a minha mãe. A família do meu pai já havia falecido. Eles tinham aquele saudosismo, aquela coisa da minha Terra Natal, "vamos pra lá, minha família está lá". E assim seguiram para Alagoas, onde minha mãe pôde aproveitar a convivência com sua mãe, até o final. Porém, meu pai, que sempre foi uma pessoa muito justa e que sofria algumas injustiças da própria família, decidiu voltar para São Paulo.

Eles falavam da cidade grande e das coisas que tinham, então acabei me encantando e querendo vir também. E a minha irmã, como sempre foi meio solitária, nunca tinha muita amizade, e para ela era indiferente.

Então foi aquela empolgação para viajar, vender as coisas, comprando coisas para a viagem. Isso tudo para mim era festa, e minha irmã não reclamava de nada. Para os meus pais, a alegria de poder retornar ao lugar onde eles construíram suas vidas. Foi um momento de muita alegria em nossas vidas, a emoção de voltar para São Paulo, a Terra da Garoa, que sempre pareceu tão distante, mas que agora se tornava um sonho prestes a se realizar.

E São Paulo, Terra Boa

Chegamos em São Paulo no dia 21/04/1968. Estava um frio terrível. Tínhamos uma caminhonete Chevrolet azul e branca, porém, meu pai não dirigia. Então ele contratou um motorista para nos trazer de mudança para São Paulo.

Quando chegamos na divisa de estados, onde iniciava São Paulo, eu lembro do meu pai dizendo: "Agora eu posso morrer tranquilo". Foi muita alegria para eles. Nós fomos para a casa da minha tia, onde ficamos 11 dias hospedados, até que meu pai conseguisse encontrar e comprar a nossa própria casa.

Então era tudo novo. As minhas primas riam do meu sotaque nordestino e isso me deixava um pouco triste. Mas isso foram só alguns dias.

Meu pai comprou a nossa casa e minha mãe já estava na função de mobiliá-la. Saíamos muito para fazer essas compras. Fomos em uma loja em São Bernardo, numa loja de móveis que era fábrica e que meu tio trabalhava.

E foi uma fase muito boa, pois minha mãe sempre me levava para ajudá-la a escolher as coisas para a nossa casa nova. Compramos os móveis, geladeira, fogão, televisão. E assim, aos poucos, eu fui me adaptando à vida em São Paulo.

Nós chegamos num domingo e na segunda-feira minha mãe já foi na escola me matricular e na terça eu já comecei a estudar. No início, eu me sentia um bichinho fora do ninho, mas logo fui me adaptando, pois sempre tive esse jeito fácil de fazer amizades. E assim fui criando vínculos.

Na escola, tive algumas dificuldades no aprendizado, pois era um pouco diferente. Mas deu tudo certo. Minha mãe já foi se apresentando para os vizinhos, e eu já fui fazendo amizade também, e de repente já era conhecida de todo mundo, e minha mãe já tinha descoberto uma igreja para congregar. Nossos vizinhos são considerados da família, pois nos relacionamos desde que chegamos em São Paulo, até os dias de hoje. Fomos crianças, adolescentes, jovens adultos, e até hoje, temos liberdade de ir um na casa do outro como familiares.

Eu brincava muito na rua, empinava pipa, andava de carrinho de rolimã. São Paulo nos recebeu de braços abertos e nos proporcionou todo esse carinho dessas pessoas maravilhosas. E assim, começou nossa jornada na Terra da Garoa, a cidade que nos acolheu e se tornou nosso lar.

Educação Rígida

Minha mãe logo conseguiu emprego, pois era tecelã. Assim, nossa vida continuou a se desenrolar. Meu pai comprou esta casa, onde moro até hoje. Enquanto isso, eu crescia, meus pais me educavam e acompanhavam meu progresso na escola.

Minha irmã mais velha, naquela época, já tinha 20 anos e conseguiu um emprego, acho que nas Lojas Americanas. Mais tarde, ela se tornou caixa do BANCO COMIND. Eu, por outro lado, entrando na minha adolescência, sendo educada e criada com muito carinho. Meus pais tinham um amor super protetivo por mim. Eu não podia ir a bailes, não podia usar shorts. Era um amor que às vezes até parecia exagerado, mas eles faziam isso por puro amor. Não era para controlar ou reprimir, mas sim para me proteger.

Eu sempre soube a verdade sobre minha adoção. Nunca questionei, nem desrespeitei meus pais, porque eles eram tão justos na hora de me corrigir quanto na hora de me amar. Era uma educação que se baseava em valores sólidos. Eu fui muito bem cuidada, tanto no aspecto material quanto emocional. O amor deles era inabalável.

Hoje, tenho uma tranquilidade emocional e uma resolução interior que devo ao alicerce que meus pais construíram para mim. Fui abençoada por receber tanto amor, tanto apoio e tanta orientação deles. Minha educação rígida, com todas as suas restrições e regras, foi o que me moldou e me fez a pessoa que sou hoje. Sou grata por tudo que me deram e por cada lição que me ensinaram ao longo do caminho. E mesmo com todas as diferenças e desafios, nossa família sempre esteve unida pelo amor que nos ligava.

Minha Adolescência Sem Rebeldia

Minha adolescência foi marcada por um senso de normalidade que, à primeira vista, pode parecer incomum para a época. Enquanto a maioria dos adolescentes ansiava por noites agitadas em bailes e festas, eu me encontrava em uma jornada diferente. Meu pai não permitia que eu participasse dessas atividades noturnas, e isso moldou minha juventude de uma maneira única.

Aos 13 e 14 anos, eu ainda estava empinando pipas, capucheta e raia nas ruas do nosso bairro. Eu usava vestidos de menina e estava longe de ser uma típica adolescente rebelde. No entanto, a vida tinha outros planos para mim. Logo depois, minha vizinha me ensinou a dançar samba, e eu descobri o gosto por essa forma de expressão. Além disso, aprendi a fumar, a tragar o cigarro como se fosse uma marca de independência que eu buscava.

Minha paixão por dançar logo me levou a frequentar bailinhos aos domingos à tarde, algo que meu pai permitia, pois era na casa de uma amiga. Foi ali que fiz amizades que perduram até hoje e que moldaram minha vida adulta. Essas amizades, em sua maioria, eram pessoas do Olga, com quem eu compartilhava não apenas os passos de dança, mas também os desafios e sonhos da adolescência.

Em outro momento dessa fase, experimentei uma breve passagem pela igreja. Tocava violão e cantava com fervor. No entanto, logo perdi o interesse e voltei para as brincadeiras de rua, as conversas no portão com os amigos e as tardes ouvindo rádio e lendo fotonovelas. Eu também tinha o hábito de colecionar revistas com os artistas da época, alimentando meus sonhos e fantasias adolescentes.

Lembro-me de ter sido uma dessas adolescentes que tinha um caderno de perguntas, conhecido como Questionário, que passava de mão em mão entre as amigas. Era uma maneira divertida de nos conhecermos melhor e fortalecer ainda mais os laços de amizade.

Era uma época de descobertas, de sentir o coração acelerar diante do primeiro amor, dos primeiros olhares apaixonados e até mesmo do meu primeiro beijo, na quinta série.

Minha paixão pela música crescia a cada dia. Eu sintonizava as rádios Difusora e me encantava com as músicas internacionais que ecoavam pelos alto-falantes. Era uma época de sonhos e aspirações que se desenvolviam ao ritmo das melodias que embalavam minha juventude.

Meu ingresso no mundo do trabalho aconteceu mais tarde do que o de muitos de meus colegas. Meu pai sempre foi protetor e relutante em me deixar trabalhar. Foi somente quando comecei a trabalhar que ganhei um pouco mais de liberdade para sair e conhecer novas pessoas fora do meu círculo habitual.

Minha mãe sempre foi uma figura presente e carinhosa em minha vida. Lembro-me vividamente do meu aniversário de 15 anos, quando ela me presenteou com um anel de ouro com uma pedra vermelha, um gesto que simbolizava a transição para a vida adulta. Minha mãe havia dado à minha irmã mais velha em seu aniversário de 15 anos um anel semelhante. Minha amiga Regina estava presente nesse dia e participou desse evento.

Aos 18 anos, recebi outro presente significativo de minha mãe: um anel de pérola. No entanto, minha busca por liberdade às vezes resultava em desentendimentos com meus pais, especialmente quando eu desejava sair à noite. Minha mãe, sempre preocupada com minha segurança, não me permitia sair após certo horário. Eu me sentia mimada demais na época, e isso acabou me deixando com algumas inseguranças que carrego até hoje.

Minha adolescência pode não ter sido marcada por rebeldia, mas foi uma época de descobertas, sonhos e amizades que moldaram minha jornada rumo à vida adulta. Eu era uma jovem sonhadora, ansiosa para explorar o mundo além dos limites que meus pais estabeleciam. E, como veremos, os desafios e as alegrias dessa fase me prepararam para os desafios que estavam por vir.

Transições

Aí vem o ginásio, as amizades do bairro, as conversas sobre namoradinho. As festas juninas na escola, jogar queima na porta da escola, ficar no portão, conversando. Enfim, eu estava crescendo, me tornando uma moça. A adolescência trouxe consigo um turbilhão de experiências e descobertas. Era uma fase marcada por risos e suspiros, sonhos e ilusões juvenis. As preocupações eram mais leves, e o mundo parecia um lugar cheio de possibilidades.

Mas, como tudo na vida, as estações mudam. Aos 23 anos, algo inesperado aconteceu. Eu decidi me converter e retornar à igreja. Foi um período de transformações profundas em minha vida. Novos princípios e valores começaram a guiar meus passos, e as coisas que antes me agradavam já não tinham o mesmo significado. A vontade de sair e explorar o mundo deu lugar a uma sensação de plenitude. A igreja se tornou o centro da minha vida.

O grupo de jovens, os passeios, os retiros espirituais - tudo isso fazia parte da minha nova jornada. Era uma igreja vibrante, onde eu podia ser verdadeiramente eu mesma. Mais tarde, mudei para outra igreja e me envolvi em diversas atividades, desde fazer parte do coral até realizar evangelismo com fantoches por incríveis 19 anos, levando a mensagem de Deus através desses bonecos.

Foram anos de dedicação à igreja, participando ativamente em projetos sociais, cantando no louvor e cuidando das crianças. Cada momento preenchia meu coração e alma. Minha vida estava centrada em estudar, trabalhar e servir à comunidade.

O Amor

Meu marido Beto, um homem de 62 anos, e é com alegria que dedico este capítulo à história do nosso amor. Nossa jornada de amor começou de uma forma bastante singular, em um cenário que parecia ter sido traçado pelo destino.

Foi no coração da cidade de São Paulo, na movimentada e diversificada Liberdade, que nossos caminhos se cruzaram pela primeira vez. Eu, estava em busca de algo maior, uma conexão espiritual mais profunda, e encontrei isso quando decidi congregar na Assembleia de Deus Nipo-Brasileira. E foi lá, naquele espaço sagrado, que o universo conspirou a nosso favor.

Beto, estava lá na Praça da Sé, tocando sua guitarra com uma paixão que era palpável para todos que passavam por ali. Ele tocava ao ar livre, oferecendo sua música como uma bênção para os transeuntes. Era um daqueles momentos mágicos que São Paulo, com toda sua agitação, podia proporcionar.

Naquele período, eu e algumas amigas tivemos a inspiração de montar um grupo de fantoches com o objetivo de evangelizar, de levar uma mensagem de amor e fé às pessoas que transitavam pela Praça da Sé, principalmente no domingo à tarde. Nossa intenção era simples: convidar todos a se juntarem a nós na igreja, no culto à noite, e compartilhar a luz divina que encontramos em nossas vidas.

Foi nesse contexto que Beto surgiu em nossa história. Nós o convidamos a participar do grupo de fantoches, pois vimos nele um talento especial e uma alma generosa que poderiam contribuir para nossa causa. E assim, ele se juntou a nós, tocando sua guitarra e cantando com toda a sua habilidade.

À medida que ensaiávamos e nos apresentávamos juntos, nossos laços se aprofundavam. As músicas que tocávamos e as histórias que contávamos por meio dos fantoches uniam nossos corações cada vez mais. Os olhares se cruzavam com um brilho especial, e as palavras ganhavam um significado mais profundo do que nunca.

E então, quando menos esperávamos, o inevitável aconteceu. Os sentimentos que cultivamos ao longo daquelas apresentações e ensaios se transformaram em algo mais profundo, algo que não poderíamos mais negar. O amor floresceu entre nós como uma canção suave, envolvendo nossos corações de maneira irreversível.

A partir desse momento, nossa jornada, tomou um rumo diferente, mas igualmente emocionante. O amor que encontramos nas ruas movimentadas de São Paulo, em meio à nossa dedicação à fé e ao serviço, fortaleceu nossos laços e nos deu a coragem de enfrentar todos os desafios que surgiram em nosso caminho.

Nossa história de amor é uma prova de que, às vezes, o amor verdadeiro pode ser encontrado nos lugares mais inesperados e nos momentos mais surpreendentes. Ele nos uniu naquele palco improvisado da Praça da Sé, e desde então, temos compartilhado cada nota e cada acorde dessa melodia da vida com gratidão e alegria. Beto é o amor da minha vida, e esta é a história do nosso amor que transcendeu os palcos e os fantoches, enchendo nossos corações de amor e luz.

Vida de Casada

A transição de solteira para casada trouxe consigo uma série de desafios e mudanças em minha vida. No entanto, uma das decisões mais importantes foi a de convidar o Beto para morar conosco após o casamento. Meu pai foi quem trouxe essa ideia à tona, sugerindo que adaptássemos a casa de forma a acomodar todos nós sem que ninguém perdesse sua liberdade e privacidade.

Nossa casa tinha uma sala comprida, e a proposta era dividir esse espaço ao meio para criar um quarto para o Beto e uma sala de estar. Além disso, tínhamos a sorte de contar com duas cozinhas, uma delas ficaria para mim, e a outra seria usada por minha mãe. Era uma maneira de garantir que todos tivéssemos nosso próprio espaço e, ao mesmo tempo, pudéssemos compartilhar o mesmo teto como uma família unida. Para minha alegria, Beto aceitou a ideia com tranquilidade, mostrando-se sempre disposto a fazer parte de nossa casa e de nossas vidas.

No entanto, eu tinha uma preocupação especial com minha mãe. Ela tinha perdido meu pai há pouco tempo, e eu não queria que ela se sentisse invadida ou perdesse seu espaço e sua liberdade. Era importante para mim que ela se sentisse confortável com essa nova dinâmica familiar.

Minha mãe sempre foi uma figura forte e independente em minha vida. Ela estava acostumada a cuidar de tudo, desde o lar até as necessidades da família. Portanto, não foi surpresa quando ela começou a oferecer ajuda em todas as áreas da minha vida de casada. Ela queria lavar minhas roupas, cozinhar para nós e fazer todas as tarefas domésticas. No entanto, eu sabia que era importante assumir meu papel como mulher casada e não depender mais dela para essas tarefas.

Com muito jeitinho e cuidado, expliquei a ela que agora eu precisava assumir minhas responsabilidades como esposa e dona de casa. Queria que ela entendesse que minha intenção não era rejeitar sua ajuda, mas sim assumir as responsabilidades que vinham com meu novo estado civil. Era uma forma de honrar meu compromisso com Beto e construir nossa própria vida juntos.

Essa transição não foi fácil para mim, pois minha mãe sempre havia feito tudo por mim. No entanto, por amor a ela, estava determinada a seguir em frente e a assumir meu papel de esposa. Sabia que, se permitisse que minha mãe continuasse a fazer tudo, não conseguiríamos construir nossa própria família e vida de casados.

Felizmente, a convivência em nossa casa se tornou um equilíbrio saudável. Minha irmã, que morava nos fundos, passava os finais de semana com minha mãe, proporcionando-lhe companhia e apoio emocional. Durante a semana, era comigo que minha mãe passava a maior parte do tempo. Gradualmente, ela começou a entender que eu havia assumido um novo papel em minha vida, mas isso não significava que eu a amasse menos ou que ela fosse menos importante para mim.

A transição de solteira para casada foi desafiadora, mas com amor, compreensão e comunicação aberta, conseguimos encontrar um equilíbrio que funcionou para todos nós. Eu estava determinada a construir uma vida de casada feliz e harmoniosa, e isso incluía garantir que minha mãe se sentisse amada e respeitada em nossa casa. Assim, mesmo com todas as mudanças, nosso lar continuou a ser um refúgio de amor e união.

A Gravidez

Então eu engravidei aos 32 anos. Não estávamos utilizando nenhum método contraceptivo, e sinceramente, não havíamos planejado muito a chegada do nosso primeiro filho. Na verdade, a decisão de ter um bebê aconteceu de forma bastante espontânea.

Decidi marcar uma consulta com o médico para entender melhor minha situação, já que minha menstruação era bastante irregular. O médico, após alguns exames, recomendou que eu começasse a tomar o anticoncepcional Diane 35. Ele me assegurou que, após seis meses de uso, poderia parar e engravidar sem problemas, pois todos os exames indicavam que estava tudo bem com minha saúde reprodutiva.

Segui as orientações do médico, tomei o anticoncepcional religiosamente durante os seis meses recomendados. E não demorou muito depois de parar o medicamento para que eu ficasse grávida. Era algo que desejávamos profundamente.

Minha gravidez transcorreu tranquilamente, sem grandes complicações. Foi um período de muita alegria e expectativa. Tínhamos preparado o quarto do bebê, comprado roupas, e todos ao nosso redor estavam ansiosos para receber nosso filho.

Em 24 de julho de 1993, nasceu nosso querido João Alexandre de Lima Bruno, as 6h45 por meio de uma cesariana.

A Maternidade

Ser mãe é uma jornada que começa antes mesmo de colocar os olhos no rosto daquele ser que cresce silenciosamente dentro de você. É um amor que surge de palavras escritas em um papel, de um teste positivo, de um exame de gravidez. É um amor que nasce antes do rosto, antes do primeiro choro, antes do toque.

Logo que se descobre a gravidez, um misto de emoções toma conta de você. Há a alegria, é claro, mas também uma certa apreensão. Afinal, você já sabe que há um amor crescendo dentro de você, e esse amor vai precisar de você. Vai precisar do seu corpo, da sua energia, da sua saúde.

O tempo passa, as semanas se sucedem aos meses, e a ansiedade só aumenta. Você anseia por ver aquele amor de carne e osso que você dará à luz. Cada pontapé, cada ultrassom, cada momento de conexão com aquele ser que está se desenvolvendo dentro de você só aumenta o amor e a expectativa.

E então, finalmente, chega o dia em que você se transforma em mãe. Nasce um filho e, com ele, nasce uma mãe. É um nascimento duplo, um renascimento para você e um começo de vida para ele.

Agora, está em suas mãos fazer esse amor crescer. A rotina muda completamente. Sua prioridade é esse amor que você carrega nos braços. Amamentar, banhar, trocar fraldas, cuidar do umbigo, enfrentar aquelas temidas vacinas (e como é triste ouvir o choro de dor, o seu e o dele).

Eu tive a bênção de ficar em casa nos primeiros quatro anos para amamentá-lo e acompanhar seus primeiros passos na jornada da vida. Preparar suas refeições, ensinar suas primeiras palavras, guiá-lo na caminhada espiritual, levá-lo aos check-ups médicos – tudo isso fez parte desse amor que você viu se materializar diante de seus olhos.

À medida que o tempo passava, eu crescia junto com ele. Aprendia, desenvolvia métodos e técnicas que pareciam vir como inspiração divina, garantindo que tudo seguisse os planos de Deus.

Eu me sinto verdadeiramente abençoada, porque minha rede de apoio estava dentro da minha própria casa. Minha mãe e irmã desempenharam papéis essenciais nesse primeiro momento. A jornada da maternidade não foi perfeita, mas foi única e inesquecível.

Ele cresceu e se tornou um grande homem, e eu sou eternamente grata por ter a oportunidade de ser sua mãe e vivenciar essa jornada maravilhosa da maternidade.

João Alexandre - O Jovem Artista

Bom, João Alexandre. era um bebê que as pessoas tentavam fazer sorrir, brincando com seu rostinho, mas ele não expressava emoções com facilidade. Não ria, deixando todos nós um pouco desconcertados. Ele foi crescendo e mantendo essa característica, sempre um pouco reservado em relação às emoções.

No entanto, ele tinha um bom relacionamento com o pai desde cedo. O pai o buscava no colégio e brincava com ele, fazendo de tudo para atender aos desejos do filho. Era incrivelmente envolvido na vida de João Alexandre, assim como eu. Ele guarda muitas memórias afetivas dessa época, especialmente as relacionadas à música, já que seu pai era músico e tocava bateria na igreja.

João Alexandre tinha a sorte de poder acompanhar o pai nas apresentações, e isso era algo especial para ele. Lembro-me de quando ele tinha apenas 3 ou 4 anos e podia ficar no púlpito com seu pai enquanto ele tocava. Eles também costumavam passar pela padaria juntos, tomando café e compartilhando momentos agradáveis.

Hoje em dia, ele é um adolescente tranquilo. Ele sempre me acompanha nas atividades da igreja e desenvolveu um amor pela música, assim como seu pai. No entanto, é bastante seletivo em relação ao gênero musical. Não é fã de sertanejo, funk ou outros estilos populares. Ele prefere bandas de rock como o Angra.

Mas a música não é seu único interesse. João Alexandre é um jovem estudioso, e quando o assunto é puxado, ele começa a falar sobre qualquer coisa. Ele também é apaixonado pela história do Império, especialmente pela família de

Dom Pedro. Ele tem uma Bandeira do Império em casa, que colocou em um mastro no telhado.

Além disso, João Alexandre é politicamente ativo e gosta de discutir política. Ele é uma pessoa investigativa por natureza, sempre querendo entender o porquê das coisas. Ele até mesmo escreveu três livros e é um talentoso ilustrador de livros infantis. Lembro-me de um livro de uma professora em Santa Catarina que ele ilustrou inteiramente.

Ele fez faculdade de fotografia, e sua paixão pelas artes é evidente. Ele não nasceu para seguir carreiras tradicionais como advogado ou engenheiro; ele tem um verdadeiro talento artístico. João Alexandre é um escritor talentoso e ávido leitor, sempre atualizado com as últimas tendências.

Ele também é responsável com suas finanças. Não é do tipo que gasta dinheiro em marcas caras, mas valoriza a qualidade. Ele sabe como gerenciar seu dinheiro e está constantemente pesquisando sobre investimentos, incluindo criptomoedas.

Apesar de não ter muitos amigos, João Alexandre tem dois amigos de longa data que são como irmãos para ele. Eles se conhecem desde o primeiro ano e mantêm essa amizade até hoje. Atualmente, ambos são policiais.

Ele ainda é solteiro, mas de vez em quando o vejo acompanhado de alguém especial. Parece que ele está focado em estabelecer sua vida financeira antes de considerar o casamento. Ele é observador e inteligente, e quando decide algo, geralmente já fez sua lição de casa.

João Alexandre é uma pessoa notável, calma por fora, mas cheia de paixão e talento por dentro. Ele é um jovem especial em todos os sentidos.

Formação Acadêmica

Em Alagoas, minha jornada educacional teve início em uma escola pública pela manhã e em uma escola particular à tarde. Era um período desafiador, mas minha mãe sempre priorizou minha educação. Com 7 anos, nossa mudança para São Paulo marcou uma nova fase em minha formação. Minha mãe, com sua determinação de sempre, me matriculou na escola Olga Marinovic D'oro, onde iniciei minha trajetória educacional até a oitava série.

No entanto, o início não foi fácil. No primeiro ano primário, enfrentei a dificuldade de adaptação ao sistema de ensino paulista e precisei repetir o ano. O desafio não me desanimou, e com perseverança e esforço, terminei a oitava série. Com isso, dei mais um passo em direção ao meu objetivo de educação.

O ensino médio se aproximava, e ingressei na Escola Afonso Pena com muita determinação. No entanto, a química era um obstáculo intransponível na minha mente, naquela época. Lutei e tentei, mas acabei percebendo que era hora de seguir outro caminho. Naquela época, o ginásio era considerado suficiente para muitos, então decidi parar de estudar.

Os anos se passaram, e eu encontrei trabalho em uma creche conveniada com a prefeitura. Na ocasião uma nova lei foi sancionada, exigindo que todos que trabalhassem na rede municipal concluíssem o ensino médio até 2007. Fui então buscar uma maneira de retomar meus estudos.

Matriculei-me em um curso supletivo e, após concluir essa etapa, decidi enfrentar o desafio de um vestibular. Com dedicação e esforço, fui aceita na faculdade de Pedagogia da Universidade de Guarulhos. Foram três anos de estudo intenso, mas, ao final, conquistei meu diploma. Era um marco na minha jornada educacional e profissional.

Com a formação em Pedagogia em mãos, ingressei como professora pedagoga na rede conveniada com a prefeitura, onde estou até hoje. Durante 12 anos, assumi cargos de direção, contribuindo para a educação das novas gerações e desempenhando um papel significativo na comunidade.

Ainda que tenha me aposentado, não parei de trabalhar. A paixão pelo que faço continua acesa. Eu continuo me atualizando e me especializando em minha área, fazendo pós-graduações, cursos paralelos sobre gestão e autismo, e buscando sempre aprender mais. Sou uma profissional realizada e feliz, cercada por uma equipe de trabalho incrível. Minha jornada na educação é uma fonte constante de satisfação e realização, e espero continuar contribuindo para a formação de muitas outras mentes brilhantes no futuro.

Visita Inesperada

E os anos se passaram, chegando eu aos meus 15 anos. A vida parecia seguir um curso relativamente estável, apesar das adversidades que nossa família enfrentava. Meu pai, já com a idade avançada, sofreu um enfarto que nos deixou todos preocupados. Rapidamente, levamo-lo ao médico particular, e assim começou uma nova rotina em nossas vidas. Ele precisava de cuidados constantes, medicamentos e, principalmente, alguém para supervisionar sua saúde durante as 24 horas do dia. Minha mãe, incansável como sempre, continuava a trabalhar na tecelagem lá no Tatuapé, das 6:00 da manhã às 2 da tarde.

Minha responsabilidade cresceu, e agora eu estava encarregada de aquecer a sopa para ele enquanto minha mãe estava ausente. Foi nesse período turbulento que algo inesperado aconteceu.

Eu estava na cozinha, concentrada em garantir que a sopa estivesse na temperatura certa para meu pai, quando ouvi a campainha tocar. Ao abrir a porta, me deparei com uma presença que imediatamente reconheci: era minha mãe biológica. Seus traços eram familiares, afinal, durante o período que vivi em Alagoas, até os 6 anos de idade, eu sempre soube quem ela era. Nos encontrávamos frequentemente nas feiras, nos mercados, nas lojas e até na farmácia. Minha mãe fazia questão de me ensinar a pedir a bênção de todos os adultos da minha família biológica, então eu os conhecia bem.

Ela desceu do táxi carregando uma mala e acertou a corrida com o motorista. Em seguida, olhou para mim e perguntou: "Aqui mora comadre Maria e compadre João?" Abri o portão e respondi: "Sim, minha mãe. Meu pai está dentro, no quarto. Ele teve um infarto, e minha mãe está no trabalho."

Ela se dirigiu ao quarto, cumprimentou meu pai e ele respondeu com surpresa: "Oi, comadre Maria, o que faz por aqui?" Enquanto isso, eu servi a sopa para meu pai e fui preparar o almoço para nós duas. Ela se sentou à mesa para almoçar e, após algumas garfadas, virou-se para mim e perguntou com certa hesitação: "Você sabe quem eu sou?"

Eu não hesitei em responder: "Você é minha mãe, a mulher que me gerou." Naquele momento, eu tinha 15 anos, e minha memória estava clara quanto à imagem da mulher que me deu à luz.

Ela continuou a almoçar em silêncio e depois decidiu tomar um banho. Enquanto isso, o relógio se aproximava das 2 da tarde, o horário em que minha mãe voltava do trabalho na tecelagem. Corri para o ponto de ônibus para encontrar minha mãe e contar sobre a visita inesperada.

Ao avistar minha mãe, percebi sua preocupação imediata. Ela pensou que algo terrível havia acontecido com meu pai. Com pressa, expliquei: "Mãe, a outra mãe está lá em casa." Ela olhou para mim com confusão e perguntou: "Que outra mãe?" Eu respondi: "A minha mãe biológica."

As duas mães conversaram longamente naquele dia, compartilhando histórias, lembranças e muitas lágrimas. No final, minha mãe biológica ficou conosco por alguns dias e até conseguiu um trabalho na cidade. Nos sábados seguintes, ela vinha nos visitar regularmente. Era uma situação um tanto estranha, mas, surpreendentemente, minha mãe não via problema algum nisso. Ela tinha um coração generoso e acolhedor.

Entretanto, com o passar do tempo, a visita da minha mãe biológica se tornou menos frequente, até que um dia ela simplesmente parou de vir. A vida continuou seu curso, e as lembranças desse breve encontro permaneceram conosco, como um capítulo inesperado e surpreendente da minha história.

Manoel Messias

Então, aos 42 anos, uma prima me deu o número do telefone da Lila (minha mãe biológica) e do Manoel Messias (meu irmão por parte de pai).

Meu irmão mais velho, por parte de pai tem 63 anos atualmente, tem 2 filhos e reside em Guarulhos. Lembro que ele veio me conhecer, mas depois optou por não manter um relacionamento próximo comigo. Acredito que essa decisão possa estar relacionada ao respeito que ele tem pela mãe dele, possivelmente devido aos acontecimentos relacionados ao meu nascimento. Ele nasceu um ano após o meu nascimento. E isso e tudo que sei sobre ele

Reencontrando a Mãe

Era um momento que eu esperava há anos, o reencontro com a mulher que me trouxe ao mundo, minha mãe. A ansiedade estava estampada em cada batida do meu coração quando finalmente tomei coragem para ligar para o número que ela me passou. Minhas mãos tremiam enquanto segurava o telefone.

"Eu quero falar com a Maria de Lourdes, por favor!" disse com voz trêmula quando alguém atendeu do outro lado da linha.

Ela respondeu, "Sou eu."

Respirei fundo e reuni toda a minha coragem. "Então aqui, quem está falando é Carmen Lúcia."

Houve um breve silêncio, e então ela disse: "Que Carmen Lúcia?" A hesitação em sua voz era palpável, e eu sabia que esse momento não seria fácil. Respondi com um nó na garganta, "Como assim que Carmen Lúcia? Não tem nenhuma Carmen Lúcia na sua vida?"

Foi então que a emoção tomou conta dela, e ela começou a chorar. "É você, Carmen?"

E eu, finalmente, pude dizer as palavras que haviam estado trancadas no meu coração por tanto tempo. "É só eu, mãe."

Ela continuou chorando, as lágrimas eram uma mistura de surpresa, felicidade e talvez até um pouco de tristeza por todo o tempo perdido. Então, ela começou a falar, e as palavras fluíram como um rio de emoções represadas.

Ela começou a dizer assim: "Eu fui à igreja semana passada e o pastor revelou que eu ia ganhar um presente. Não era nada material que o dinheiro pudesse comprar. Você é o presente!"

A gravidade dessas palavras me atingiu profundamente. Eu era o presente que a vida estava dando a ela, a filha que ela não via há tanto tempo. Começamos a conversar longamente sobre meus irmãos, os meios-irmãos que eu nem sabia que existiam.

Perguntei sobre aquela irmãzinha que, quando ela veio se despedir de mim antes de eu vir para São Paulo, trouxe a minha irmã, filha dela, que tinha uns 4 anos. Foi então que soube que ela estava em São Paulo e já tinha dois filhos. E ela começou a falar dos meus outros irmãos do segundo relacionamento que teve, mais três filhos. E depois, aqui em São Paulo, quando ela veio, quando eu tinha 15 anos, ela arrumou outra pessoa e teve mais dois filhos. E esses cinco filhos que ela tinha, nenhum sabia da minha existência."

Ouvir sobre a vida que minha mãe construiu e as crianças que ela trouxe ao mundo sem que soubessem sobre mim era uma revelação chocante. Aquele momento era apenas o começo de uma jornada emocional que estava por vir, uma jornada para reunir uma família que havia sido separada por tantos anos.

No entanto, mesmo com todas as perguntas e emoções que pairavam no ar, uma coisa estava clara naquele momento: eu tinha encontrado minha mãe novamente, e isso era um presente que nenhuma de nós jamais esqueceria.

Revelação Silenciosa

Então, minha mãe começou a falar dos meus irmãos. Um deles é gerente da padaria, outro tem uma empresa de segurança no bairro da Liberdade e o terceiro ainda não trabalha. Minhas duas irmãs estão casadas, e eu estava começando a acreditar que eles sabiam sobre a minha adoção. Mas, na verdade, ninguém sabia. Era um segredo bem guardado.

Após nossa conversa, marcamos um encontro e ela me deu o endereço da casa dela em Guarulhos. Aquela noite parecia congelar o tempo enquanto eu processava tudo o que tinha ouvido. Minha mente estava repleta de perguntas, mas eu tinha que esperar até o nosso encontro para encontrar respostas.

Quando finalmente encerramos a conversa, desliguei o telefone e decidi entrar em contato com meu meio-irmão, por parte de pai. Eu não sabia ao certo como ele reagiria, mas senti que era o momento certo para compartilhar essa informação. A ligação foi tensa, mas depois de nos identificarmos, ele revelou algo surpreendente.

"Eu escutava as conversas por trás das portas," ele confessou. "Eu sabia que você existia. Você sabe que até tentei te procurar, mas não tinha como." Então, acabamos nos encontrando para nos conhecer.

Aquelas palavras ecoaram em meus ouvidos. Meu irmão tinha estado tão perto, e eu nunca soube disso. Mas ele não parou por aí. Ele imediatamente ligou para os outros irmãos para compartilhar a notícia da minha existência, pois eles também não tinham conhecimento desse segredo.

Uma das irmãs dele, decidiu ligar para uma das minhas irmãs por parte de mãe -aquela pequena loirinha que esteve na minha despedida de Alagoas. A tensão era palpável enquanto ela começava a falar.

"Você está sentada?" ela perguntou, preocupada. "Porque vou te contar algo que vai te surpreender."

Minha irmã, visivelmente intrigada, respondeu: "Sim, estou sentada. Pode falar."

A voz da minha meia-irmã estava carregada de emoção enquanto ela prosseguia: "Nós temos uma irmã, filha da sua mãe com o meu pai."

Foi como se uma bomba tivesse explodido novamente, mas dessa vez, a explosão foi de choque e incredulidade. A notícia se espalhou rapidamente, e eu estava no centro de uma revelação silenciosa que viria a mudar nossas vidas para sempre.

Entre Irmãos

Foi então que todos os meus irmãos por parte de mãe começaram a me ligar. Sou seu irmão, parte de mãe, sou fulano, sou beltrano. E isso me abalou de tal maneira que meu corpo e meu emocional reagiram a ponto de ficar acamada e com febre por 3 dias. As ligações inesperadas trouxeram à tona uma onda de emoções que eu não estava preparada para enfrentar naquele momento.

Entre os telefonemas e mensagens, havia um que chamou minha atenção de maneira especial. Era de meu irmão que era dono de uma empresa de segurança na Liberdade, um bairro icônico de São Paulo. Conversamos por telefone, e ele expressou sua vontade de me ver. Marcamos de nos encontrar na segunda-feira seguinte para que ele pudesse me levar até nossa mãe. Naquele momento, ele residia na Vila Maria, e eu estava ansiosa para a oportunidade de nos conhecermos.

O destino da visita era a cidade de Guarulhos, onde nossa mãe morava. Afinal, o irmão gerente de uma padaria estaria de folga naquela data, o que significava que todos nós poderíamos nos reunir. A ideia de conhecer meus irmãos e reencontrar minha mãe era emocionante, mas também gerava uma certa apreensão.

Meu irmão traçou um plano para a nossa jornada. Ele sugeriu: "Eu vou até a estação Armênia e a gente pega o ônibus direto para Guarulhos. Assim, poderemos estar lá para nossa mãe o mais rápido possível." A simplicidade do plano escondia a complexidade das emoções que eu estava prestes a enfrentar.

Quando finalmente chegou o dia da nossa reunião, todos estavam ansiosos. Na casa da minha mãe, prepararam um churrasco para nos receber. Era uma forma de celebrar nosso reencontro e me dar as boas-vindas à família que eu não via há tanto tempo. A churrasqueira estava acesa, a comida saborosa, e o coração cheio de expectativas.

À medida que me aproximava da estação Armênia, minha ansiedade aumentava. Enquanto o ônibus se aproximava de Guarulhos, eu pensava em como seria o encontro com meus irmãos, em como eles haviam mudado ao longo dos anos, assim como eu. Era um misto de emoções, um turbilhão de sentimentos que me acompanhava naquela jornada.

Agora, com o ônibus seguindo seu caminho para Guarulhos, eu me preparava para reencontrar meus irmãos e, finalmente, reconectar-me com minha família. O churrasco estava à nossa espera, mas o verdadeiro banquete era o amor e a união que encontraríamos entre irmãos que, por tanto tempo, estiveram distantes uns dos outros.

Damião

Naquele domingo, eu estava cheia de expectativas e ansiosa para finalmente conhecer meu irmão Damião. Tinha conversado com minha amiga sobre a ideia, e ela concordou em me acompanhar até o shopping para perguntar se havia algum Damião trabalhando lá. Tudo o que eu sabia sobre ele até então era o que meu outro irmão tinha me contado, que ele era um homem muito bonito.

Nós visitamos vários shoppings na Galvão Bueno, procurando por aquele rosto que eu tanto ansiava ver. Até que finalmente entramos em um shopping grande, com vista para a Galvão Bueno. Decidi fazer um plano com minha amiga. Eu disse a ela: "Vou ficar olhando essas bijuterias aqui, e você vai até o rapaz da segurança e pergunta se tem algum Damião trabalhando aqui. Se não tiver, nós partimos para outro shopping." Ela concordou e foi fazer a pergunta.

Ela voltou com um sorriso no rosto e me disse que havia um Damião trabalhando ali. O coração acelerou, e a emoção tomou conta de mim. Então, o rapaz da segurança fez um bip para chamar Damião e disse que duas mulheres o procuravam. Subimos a escada rolante que nos levou ao primeiro andar, e uma porta se abriu. Foi quando ele disse "Carmen?" e eu respondi "Damião?". Nos abraçamos e lágrimas começaram a rolar. Ele era realmente um homem bonito.

No shopping, Damião já tinha comentado sobre mim, e ele me levou para conhecer tudo. Ele tinha 32 anos, e aquele momento era a primeira vez que nos víamos na vida. As pessoas ao nosso redor diziam que aquilo era coisa de Deus, e algumas até choravam de emoção.

Enfim Juntos

Na segunda-feira, nos encontramos novamente, desta vez na Armênia. Já nos conhecíamos, mas ainda tínhamos muito o que conversar e compartilhar. Juntos, fomos para Guarulhos, para a casa da minha mãe, onde nossa história em família estava apenas começando.

Chegando lá. Meus irmãos estavam todos lá. O mais novo tinha 16. Foi uma choradeira. Todos choraram. Minha mãe, já com uma certa idade, me abraçou, e começamos a conversar, meus sobrinhos chegando, minhas irmãs chegando e foi aquela alegria.

Depois disso, minha mãe adotiva ainda estava viva, e fez a maior festa. E não minha mãe, meus irmãos vieram para cá. Foi uma festa, né?

Falei com a minha vó lá no Norte, liguei para ela, minha mãe daqui conversou com ela. E hoje eu. Vivo muito bem com os meus irmãos, como se a gente tivesse sido criado juntos.

Hoje, sou muito bem aceita. Hoje a gente se dá muito bem, é Natal e Ano-Novo. Eles vêm para cá

Eles infelizmente falam, "Você não sabe o que a gente sofreu com a mãe. O fato de você ter sido adotada, você ganhou na loteria sozinha, minha irmã, mas tudo bem, já passou." Nesse momento, percebo que o tempo e a distância não podem apagar as cicatrizes do passado, mas podem suavizar as feridas e unir corações outrora separados.

A união da nossa família, após tantos anos de separação, é como uma segunda chance que a vida nos deu. Aprendemos a valorizar o presente e deixar o passado onde ele pertence. Mesmo com as histórias difíceis que meus irmãos carregam, agora compartilhamos sorrisos, abraços calorosos e momentos felizes juntos. Somos uma família, não importa como chegamos a esse ponto, e isso é o que realmente importa.

Neste Natal e Ano-Novo, com todos nós juntos, celebramos não apenas as festas, mas também a nossa reconstruída e fortalecida relação familiar. A jornada para chegarmos aqui pode ter sido difícil, mas finalmente estamos juntos, unidos pelo amor e pela compreensão mútua. O passado não pode ser apagado, mas o futuro é nosso para criar, cheio de esperança e felicidade, como uma página em branco esperando para ser preenchida com novas memórias e momentos especiais.

Família de Sangue

Neste capítulo da minha autobiografia, gostaria de compartilhar a história da mulher que deu à luz a uma história que ainda está sendo escrita. Minha mãe, Maria de Lordes Santos, com seus 81 anos de vida, é a protagonista desta parte tão importante de minha jornada.

Maria de Lordes, ou simplesmente Lourdes como a maioria a conhece, teve a coragem de trilhar um caminho desafiador desde tenra idade. Ela se tornou mãe aos 17 anos, quando ainda era solteira. Imagino que essa fase de sua vida tenha sido repleta de incertezas e desafios, mas ela enfrentou tudo com a determinação que é sua marca registrada.

Depois de me dar à luz, Lourdes casou-se e deu as boas-vindas a mais dois filhos, mostrando seu amor incondicional pela maternidade. No entanto, a vida a levaria a novos horizontes. Aos 35 anos, ela deixou o Norte e veio para São Paulo com seus filhos, em busca de novas oportunidades e um futuro melhor.

Foi aqui, na selva de concreto, que Lourdes encontrou alguém muito especial e casou-se novamente. Juntos, eles construíram uma nova família e tiveram mais três filhos. Ela nunca parou de ser uma mãe dedicada e amorosa, apesar de todos os desafios que a vida lhe impôs.

O que me impressiona em minha mãe é sua capacidade de ser alegre, mesmo diante das dificuldades. Ela teve uma vida repleta de desafios e sofrimentos, mas sua determinação e amor pela vida nunca vacilaram. Sua alegria é contagiante, e seu sorriso ilumina qualquer ambiente.

O relacionamento que hoje tenho com minha mãe é algo que valorizo profundamente. É uma conexão que vai além do sangue, é um vínculo construído com amor, respeito e admiração mútua, depois que nos reencontramos. Recentemente, tive a honra de testemunhar o poder do tempo e da evolução. Minha mãe assistiu ao "Segundo Encontro da Quinta Série de 1973", transmitido pelo programa "É de Casa" da Rede Globo.

Depois de assistir ao programa, ela me enviou uma mensagem que tocou meu coração. Ela disse: "Você tinha que vir ao mundo. Você não sabe o que eu passei quando você nasceu, mas hoje, vendo a mulher que você se tornou, tenho a certeza de que você tinha que vir ao mundo. Eu te amo."

Aquelas palavras carregadas de emoção e amor materno foram como um bálsamo para minha alma. Elas representaram uma recompensa pelo caminho que percorri, uma validação do que me tornei. Ela continuou: "A alegria que sinto ao te ver e saber o quanto você se parece comigo é indescritível. Tenho orgulho de ser sua mãe."

Essa mensagem ressoou profundamente em meu coração. A relação que tenho com minha mãe é um presente inestimável que ganhei depois de adulta.

Se hoje sou uma pessoa feliz, de coração aberto, que as pessoas gostam de ter por perto, é porque fui criada em um ambiente de amor e apoio. Se sou quem sou, é em grande parte graças à família que me acolheu e me moldou.

Minha mãe, Maria de Lordes, é a personificação da resiliência, da alegria e do amor. Este capítulo é dedicado a ela, à minha mãe do ventre, à mulher incrível que me deu a vida e a oportunidade de ter sido criada pela melhor família do mundo.

Obrigada, mãe, DEUS sempre escreve certo, mesmo que as linhas sejam tortas. Eu te amo.

Irmãos

Da parte da minha mãe, sou a mais velha entre os irmãos. Logo após mim, vem a Maria Severina, uma mulher comunicativa, separada do marido e dedicada aos filhos. Ela tem três filhos: a Talita, de 32 anos, casada; o Lucas, de 30 anos; e a Ana Júlia, de 15 anos. A vida da Maria Severina, apesar das dificuldades, é marcada por sua vivacidade e amor pela família.

Em seguida, temos o Damião, um irmão de 53 anos, casado pela segunda vez. Com uma filha de 20 anos do primeiro casamento e três do segundo, Damião vive em Santos com sua esposa japonesa. Proprietário de uma distribuidora de doces, ele desfruta de uma vida estável. Damião é conhecido por seu senso de humor cativante, amor por filmes e, acima de tudo, por tratar minha mãe com grande carinho. Nossa relação é marcada por risos e cumplicidade.

Naty, com seus 51 anos, é uma viúva que criou sete filhos. Com três filhas e quatro filhos, cinco deles já casados, ela é uma pessoa quieta, observadora e dedicada ao lar. Mesmo sendo reservada, Naty é acolhedora e sempre me recebe calorosamente em sua casa. Seu talento como dona de casa é admirável, e nossa relação é marcada por um carinho mútuo.

Simão, de 48 anos, é um exemplo notável de resiliência e sucesso. Com três filhos, ele passou por desafios na vida, mas soube transformar os limões em limonada. Começou como gerente de padaria e, graças ao seu empenho, tornou-se engenheiro químico em uma empresa de destaque em Guarulhos. Simão é um pai exemplar, mesmo após uma separação, e hoje mantém um relacionamento feliz com uma pessoa que veio somar à sua vida. Nossa ligação é especial, como se tivéssemos crescido juntos.

Por último, mas não menos importante, há Silvio, com seus 36 anos. Atualmente, reside na casa de minha mãe. O amor e a preocupação estão presentes, mas a incerteza paira sobre o que o futuro reserva para Silvio e como podemos ajudá-lo a reconstruir sua vida.

Pai Biológico

Durante os seis anos que vivemos em Alagoas, meu pai biológico permanecia na mesma cidade, desempenhando o papel de policial. Minha mãe, como tantas outras mães, utilizava uma estratégia para nos manter em casa: "Se você sair, o policial vai te pegar" – ou, às vezes, ela ameaçava com "o homem do saco". Era um daqueles truques que as mães usam para manter seus filhos a salvo e dentro de casa, mas, no meu caso, isso criou um medo profundo do meu pai biológico.

Lembro-me claramente de que, sempre que minha mãe estava comigo em público e meu pai biológico nos avistava, ele se aproximava e começava a conversar comigo, sempre acompanhado por minha mãe. Ele passava a mão em minha cabeça e tentava amenizar a situação, mas eu ficava tão nervosa que minha mãe costumava brincar, dizendo que eu estava prestes a me esconder debaixo de sua saia. Esses encontros eram raros, mas deixaram uma marca em mim, e por causa desse medo, não tenho lembranças claras de seu rosto.

Eu nutria uma profunda curiosidade em relação a ele. Queria conhecer meu pai biológico e descobrir quais eram os traços que herdara dele. Como ele seria? Existiriam semelhanças entre nós? Enfim, ansiava por descobrir as características que compartilhávamos.

À medida que o tempo passava, e eu já com meus quarenta e poucos anos, surgiram oportunidades para procurar meu pai biológico. Lembro-me de assistir ao programa do Ratinho, no qual as pessoas escreviam para tentar encontrar parentes perdidos. Eu costumava dizer: "Um dia eu gostaria de conhecer meu pai". Curiosamente, foi um primo que me informara sobre o possível falecimento de minha mãe biológica, e ele, por sua vez, viajou para Alagoas e chegou à casa de minha tia, cujo pai era irmão de minha mãe adotiva. Ele compartilhou com minha tia o meu desejo de encontrar meu pai.

A irmã desse primo encontrou uma prima minha, que era parente de minha mãe biológica, e disse: "Nós temos uma prima incomum." A moça, confusa, questionou como isso poderia ser possível, já que eu não parecia ser sua parente. A resposta veio: "Então, a minha tia, irmã do meu pai adotivo, adotou uma prima sua. Ela é prima de sangue, filha da sua tia com o marido da sua outra tia."

Essa revelação surpreendente chocou a todos e trouxe à tona uma turbulência na família. As relações e laços familiares que eu nunca imaginara se revelaram, e a busca por meu pai biológico tomou um novo rumo. Era um momento de descobertas profundas e de questionamentos sobre minha própria identidade e história. O que mais viria à tona nessa jornada em busca das minhas raízes?

Encontro com o Passado

Minha jornada pela vida me levou por caminhos inesperados, e em um daqueles momentos em que o destino parece brincar conosco, tomei a decisão de ligar para meu pai biológico. A sensação era estranha, como se estivesse abrindo uma porta que por muito tempo permanecera fechada. Sabia que não estava em busca de um pai ou de uma herança, mas sim da oportunidade de conhecer o homem que havia desempenhado um papel crucial na minha existência.

Com um nó na garganta, peguei o telefone e disquei o número que eu havia conseguido com a ajuda dos familiares. As batidas do meu coração ecoavam nos meus ouvidos enquanto o telefone tocava. Ele finalmente atendeu, e a voz do outro lado da linha era firme, mas distante. A conversa foi tensa no início, repleta de silêncios desconfortáveis e palavras cuidadosamente escolhidas.

Eu disse a ele que tinha a vontade de conhecê-lo, de entender a história que compartilhávamos, mas também deixei claro que não estava buscando nada além disso. Não queria dinheiro, não queria que ele preenchesse um vazio na minha vida, apenas queria saber quem ele era.

No entanto, ele não demonstrou o mesmo interesse em me conhecer. Fiquei desapontada, mas ao mesmo tempo, não podia forçar alguém a aceitar algo que não desejava. Ele não demonstrou vontade de vir até São Paulo, de se encontrar comigo, e, por mais doloroso que fosse, tive que aceitar sua decisão. Talvez a vida dele já estivesse repleta de seus próprios desafios e dilemas, e eu era apenas mais um capítulo na sua história.

Apesar disso, eu não me senti derrotada. Afinal, ao longo dos anos, aprendi que a vida nos apresenta muitas situações imprevisíveis, e não podemos controlar as escolhas dos outros. Decidi seguir em frente com a minha vida, concentrando-me na família que me acolheu e me amou incondicionalmente.

Hoje, tenho o privilégio de conviver com minha mãe, uma mulher incrivelmente divertida, e com meus irmãos. Um deles, em especial, é como um amigo inseparável, e compartilhamos laços que o tempo só fortaleceu. Todos eles tiveram sucesso em suas vidas, cada um à sua maneira.

A vida tem uma maneira enigmática de nos surpreender, e ao longo dessa jornada, aprendi que a família não se limita ao sangue que corre em nossas veias. Acredito naquela passagem da Bíblia que diz: "Ainda que teu pai e tua mãe te abandonem, o Senhor te recolherá." Deus me guiou até uma família maravilhosa, onde encontrei amor, apoio e aceitação. Sou grata não apenas aos meus pais adotivos, mas também aos meus pais biológicos, por terem contribuído de alguma forma para a pessoa que me tornei.

A jornada da vida é complexa e repleta de surpresas, e cada capítulo molda quem somos. Eu escolhi honrar todos os elementos da minha história, porque eles me trouxeram até aqui, e cada experiência, boa ou má, me fez crescer.

Conhecendo o Pai Biológico

Há três anos, quando eu estava com 62 anos, algo extraordinário aconteceu na minha vida. Recebi uma ligação que marcaria o início de um novo capítulo na minha história pessoal. Era o meu pai. Um homem que eu nunca havia conhecido, um estranho que de repente se tornou uma peça vital no quebra-cabeça da minha vida.

Aquele primeiro telefonema foi um turbilhão de emoções. Ele se desculpou, pediu perdão por todo o tempo que havia passado sem que nos

56

conhecêssemos. E assim começamos a conversar, longamente, sobre as nossas vidas.

Eu descobri que tinha mais oito irmãos por parte de pai, uma revelação que abriu uma porta para um mundo de relações familiares até então desconhecidas. No entanto, esse irmão que veio me visitar há algum tempo atras, naquela época não se aproximou mais, não fez mais contato. Talvez, para não magoar a mãe ou por razões que só ele compreendia, ele optou por manter a distância.

Mas o pai que surgiu na minha vida não ficou apenas nas palavras ao telefone. Logo, fizemos uma chamada de vídeo, e finalmente nos vimos, ele com seus 85 anos e eu com 62. Eu disse a ele: "Pai, estamos nos conhecendo agora, e eu estou feliz por isso." E sua resposta foi calorosa e genuína: "Nossa, você é bonita, nem parece a idade que tem."

Brinquei com ele naquele momento, lembrando-o de que se alguém sabia exatamente qual era a minha idade, esse alguém era ele. E assim, compartilhamos risos e uma conversa que finalmente começava a tecer os fios do relacionamento que estávamos construindo.

Contei a ele sobre minha formação e minha carreira, e foi então que ele começou a chorar. Ele disse: "Puxa vida, de todos os meus filhos, ninguém fez faculdade, e você me deu esse orgulho. Estou muito feliz em saber disso." Eu respondi com um sorriso: "Pai, eu sou uma mulher realizada e feliz."

Nossas conversas se tornaram uma rotina diária. Ele me ligava com regularidade. Com o tempo, no entanto, algo começou a mudar. Ele passou a me pedir coisas, como um celular Samsung, e essa mudança me incomodou profundamente.

Eu soube que ele teria ficado viúvo e estava muito bem de vida, que havia casado novamente e tido mais filhos em seu segundo casamento. As notícias sobre suas aquisições, como um sítio lindo, eram frequentes. Comecei a questionar suas intenções. Será que ele estava tentando me explorar financeiramente?

Eu o procurei uma vez, mas ele não demonstrou interesse em me conhecer pessoalmente. Foi então que eu decidi manter minha distância. Eu já havia tido a oportunidade de conhecer o rosto e a voz do meu pai, de compartilhar histórias e memórias, mas também havia percebido que suas intenções podiam não ser puras. A gratidão que sinto por Deus é imensa, pois Ele fez com que meu pai biológico me procurasse, realizando meu desejo de conhecer a pessoa que estava ausente na minha vida. Mas, ao mesmo tempo, aprendi a aceitar que nem todas as relações são perfeitas, e algumas podem ser motivadas por interesses financeiros.

Hoje em dia, meu pai biológico tem 88 anos, está saudável e lúcido. Eu oro por ele todos os dias, pedindo que Deus o abençoe e o guie em seu caminho.

O relacionamento que construímos pode não ser o que eu esperava, mas é uma parte importante da minha jornada, uma parte que me ensinou a valorizar as pessoas que estão ao meu lado pelo que são, não pelo que têm. Deus é verdadeiramente surpreendente, fazendo coisas que vão além do que pedimos ou imaginamos. E, no final das contas, está tudo certo.

Daidi

Minha Mãe

Minha mãe, Jovina, que faleceu aos 57 anos, era uma mulher alegre e batalhadora. Ela se destacava não apenas por sua vivacidade, mas também pela amizade que cultivava. Apesar de ser analfabeta, surpreendia a todos com conversas profundas, revelando uma espécie de cultura elevada que poucos esperavam.

O relacionamento que mantínhamos era verdadeiramente maravilhoso. Ela era não apenas minha mãe, mas também minha amiga. Com os vizinhos, ela construía amizades sólidas, sendo bem quista por todos. Sua habilidade de se dar bem com as pessoas era notável, uma característica que carregava consigo independentemente das circunstâncias.

Minha mãe, apesar de sua natureza amigável, não hesitava em expressar seu desagrado diante de comportamentos inadequados e fofocas. Ela tinha princípios sólidos e uma ética que guiava suas interações. Contudo, sua bondade se estendia a tudo que ela podia fazer pelo próximo, tornando-a uma figura amorosa e zelosa, especialmente para com seus filhos.

Foi uma mãe que, mesmo enfrentando as inevitáveis adversidades da vida, sempre encontrava maneiras de transmitir amor e cuidado. Seu legado de carinho e compaixão continua a ser uma fonte de inspiração em minha vida.

Meu Pai

Meu pai, que hoje teria 104 anos, deixou este mundo aos 92. Recordo-me de uma época em que nosso relacionamento era harmonioso, repleto de carinho e compreensão. No entanto, algo mudou nas entranhas da nossa família durante a minha adolescência, desencadeando uma transformação que o fez tornar-se um pai controlador e, por vezes, violento.

O vício no álcool se apoderou dele, transformando sua personalidade e levando-o a descarregar sua frustração por meio da violência doméstica. Minha mãe e nós, seus filhos, éramos as vítimas dessa tempestade. A situação chegou a um ponto insustentável, e minha mãe, corajosa, decidiu separar-se dele para proteger a nós e a ela mesma.

Anos se passaram, e o tempo não foi benevolente com meu pai. A velhice e a doença enfraqueceram sua presença intimidadora. Foi nesse momento que, apesar das cicatrizes emocionais do passado, assumi a responsabilidade de cuidar dele. A ironia da vida, que nos coloca diante daqueles que nos causaram dor, me fez enfrentar essa jornada de cuidados.

Cuidei do meu pai com compaixão, mesmo após tudo o que aconteceu. Nos últimos momentos da sua vida, estive ao seu lado, proporcionando conforto e assistência. O ciclo da vida nos apresenta desafios inesperados, e lidar com as consequências do passado muitas vezes exige uma compaixão profunda.

Surpreendentemente, apesar de tudo, ouvi repetidamente de outros membros da família e amigos que eu era a melhor filha que ele tinha. Como se, naqueles momentos de escuridão, eu fosse a única luz que ele podia enxergar. Meus filhos, por sua vez, tornaram-se os netos que ele mais apreciava, preenchendo um vazio que o tempo e as circunstâncias haviam criado.

Neste capítulo da minha história, reflito sobre a complexidade das relações familiares, sobre como o tempo pode transformar a dinâmica entre pais e filhos. Mesmo nos momentos mais sombrios, encontrei forças para perdoar e cuidar, aceitando que a vida é um contínuo aprendizado de compaixão e resiliência.

A Jornada da Família Migrante

Após a formação da família, meu pai e minha mãe decidiram empreender uma jornada rumo a Dracena, uma pacata cidade no interior de São Paulo. Essa decisão, motivada pelo desejo de proporcionar melhores oportunidades tanto para os filhos quanto para eles próprios, marcou o início de uma fase desafiadora, mas repleta de esperanças.

Anteriormente, na Bahia, minha mãe trabalhava na feira ao lado de sua mãe, enquanto meu pai desempenhava o papel de motorista de jardineira. Juntaram cada centavo conquistado e, munidos de sonhos, embarcaram com a família em direção a Dracena, onde alguns parentes já haviam estabelecido raízes.

Em Dracena, meu pai continuou a trabalhar como motorista de jardineira, e a família desfrutava de uma vida relativamente confortável, contando com um sítio que fornecia a maior parte dos alimentos necessários. No entanto, a vontade de buscar mais oportunidades os levou a tomar uma decisão ousada: migrar para a capital, São Paulo.

Ao chegarem em São Paulo, um parente próximo permitiu que construíssem uma casa nos fundos de seu terreno. Assim, em pouco tempo, meus pais viram-se estabelecidos na cidade, prontos para enfrentar novos desafios. Contudo, a vida, por vezes, nos surpreende com reviravoltas inesperadas.

Um golpe traiçoeiro desferido por meu tio, que autorizou meu pai a construir nossa própria casa em seu terreno, mas, ao concluir a construção, exigiu a propriedade, levando nossa família à falência. Esse capítulo sombrio jamais se apagou da minha memória.

Com esse golpe inesperado, minha família se viu sem casa, sem o dinheiro economizado e sem perspectivas imediatas. Essa reviravolta os colocou em uma posição delicada, como se tivessem retornado à estaca zero. Contudo, em meio às adversidades, meu pai assumiu a postura resiliente de fazer serviços como eletricista e encanador, enquanto o restante da família contribuía como podia. Alugou uma casa, até conseguir se erguer novamente e adquirir uma nova propriedade para a família

Essa fase difícil tornou-se um período de aprendizado e superação, onde a união da família se mostrou fundamental. A determinação de meu pai em enfrentar os desafios, combinada com o apoio mútuo da família, permitiu que superássemos as adversidades e construíssemos uma nova história em terras paulistas. A jornada da família migrante, repleta de altos e baixos, moldou nosso caráter e fortaleceu os laços familiares, transformando desafios em oportunidades de crescimento.

Infância

Em Dracena, recordo-me dos dias em que minha mãe, necessitando trabalhar no sítio, me deixava sob os cuidados da Dona Amélia, uma vizinha solícita que não tinha filhos. Ela dedicava toda sua atenção a mim, me paparicando incessantemente.

Também guardo memórias da nossa residência alugada em São Paulo. Lá, uma menina de 13 anos cruzou meu caminho quando eu tinha apenas 4 anos, durante a celebração do meu aniversário. Ganhei uma boneca, um presente especial que, infelizmente, se transformou em tristeza. Aquela adolescente, de forma cruel, arrancou os cabelos da minha boneca e os lançou ao fogo. Minhas lágrimas brotaram, e a lembrança dessa experiência dolorosa permanece viva em minha mente.

Recordo-me da expectativa ingênua da infância quando minha mãe, grávida, afirmava que um avião traria meu aguardado irmãozinho. Quando ela chegou de carro com o recém-nascido, eu, inocentemente, procurava o tal avião que imaginava trazer meu novo companheiro.

O carinho amoroso da minha irmã mais velha também é digno de menção. Ela cuidava de mim, e quando começou a trabalhar, utilizou seu primeiro salário para comprar roupas de frio para nós. Mamãe, por sua vez, confeccionava várias peças de flanela, consciente das diferenças climáticas entre São Paulo e nossa terra natal.

Apesar de minha mãe enfrentar desafios em auxiliar-nos nas tarefas escolares, ela possuía uma habilidade natural notável. Ensinava-nos a arte da coordenação motora fina, orientando-nos na criação de bolinhas, risquinhos e cobrinhas. Esse era o seu jeito único de manifestar sua inteligência natural.

Guardo com carinho as lembranças da ternura que minha mãe dispensava a todos nós. Esses momentos simples, mas repletos de amor, moldaram os alicerces da minha infância e ficaram gravados em meu coração.

Vida Escolar

Lembro-me do momento em que fui matriculada na escola, já contava com sete anos. Era outubro, e as aulas haviam começado em fevereiro, mais ou menos nessa época. Fui colocada na mesma classe que minha irmã. Minha professora se chamava Ivete, e naquela época, não havia muita ênfase em questões psicológicas ou algo que pudesse ter ajudado.

Foi uma experiência única olhar para cima, para trás e para os lados. Minha mãe era compreensiva, mesmo que na escola as coisas fossem um tanto desafiadoras. Lembro-me das aulas, da professora Jupira, que lecionava na sala ao lado. Reprovei no primeiro e no segundo ano.

A vida escolar seguiu seu curso. No quinto ano, as coisas foram mais tranquilas, sem repetições. Foi nessa fase que conheci alguns de vocês. Lembro-me da entrada na sala de aula, da Rosana, que me referi a ela para você, como barata descascada, sem saber que vocês eram amigas. E de como nos conhecemos. No sexto ano, recordo-me das risadas e das brincadeiras, especialmente da vez em que subi as escadas com um copo d'água para a professora, fazendo malabarismos para não derramar nada. E depois, informando que teria caído um mosquito na água, mas que eu já teria retirado ele.

Nossa professora de educação física tinha operado o joelho, e uma substituta loirinha assumiu por um tempo. No último dia, ela nos abraçou, elogiando nossos trajes caipiras da quadrilha. O vestido da Ivete foi feito por minha mãe. Nunca esquecerei desse momento. E realmente estávamos todas ótimas, pois foi o fechamento de uma campanha para arrecadar fundos para a construção da quadra de esportes.

Esta campanha foi elaborada num sistema de competições entre as salas, quando pedíamos produtos de limpeza nas casas da redondeza, que viravam prendas na citada festa junina. Até os professores entravam na brincadeira, como o professor Celso Brasil, que trouxe uns profissionais da construção para executar a quadra.

E a nossa professora de música, que era tímida e usava o livro de chamada para se camuflar.

A vida escolar foi repleta de desafios, risadas, e momentos que ficarão eternamente marcados em minhas lembranças. Cada capítulo, cada ano, está gravado em minha memória.

Minha trajetória na escola foi marcada por diversas etapas e desafios, e uma delas foi a conclusão do segundo grau. Após esse marco, decidi me dedicar ainda mais aos estudos, buscando aprimorar minhas habilidades, principalmente na área da culinária.

Investi tempo em inúmeros cursos, tornando-me uma confeiteira qualificada. O aprendizado foi intenso, e, para aprimorar minha expertise, participei de dois cursos específicos na área de confeitaria. Essa experiência não apenas ampliou meus conhecimentos, mas também me impulsionou a seguir adiante.

Paralelamente, explorei a possibilidade de me tornar técnica em gastronomia. Realizei o curso técnico, e, embora tenha iniciado um percurso na área de publicidade, não consegui concluir esse caminho. Contudo, não me detive por aí. Decidi completar o segundo grau, um passo essencial em minha formação.

Durante esse período, destaco também minha incursão no curso de confeiteira, uma escolha que se revelou acertada diante da paixão que eu desenvolvera pela arte da culinária. Os desafios foram muitos, mas cada curso contribuiu para a construção da profissional que sou hoje.

Além disso, explorei por um ano o universo da gastronomia, mas, por razões de preferência e custo, optei por não prosseguir nesse caminho. Acredito que cada escolha deve ser ponderada, visando o aproveitamento máximo de cada oportunidade.

Quando terminei a oitava série no Olga, decidi buscar novos horizontes no Virgem do Pilar. Ali, concluí o ensino fundamental e mergulhei de cabeça no mundo do conhecimento. Em seguida, parti para o Esconde, no Cairo, onde me aprofundei na técnica de publicidade. Enfrentei desafios, desistências, mas a carne da perseverança me incentivou a retomar os estudos.

Ao retornar, fiz o colegial e o segundo grau no Pena. O tempo passava, eu já estava casada quando decidi me dedicar novamente aos estudos. Entre os afazeres de esposa e mãe, não deixei de buscar conhecimento, realizando cursos e explorando minha paixão pela culinária. Da confecção de bolos salgados a diversas outras habilidades, eu estava sempre pronta para aprender e criar. Hoje, olhando para trás, reconheço que a jornada foi repleta de desafios, aprendizados e escolhas conscientes.

O Caminho do Estudo e do Amor

Foi durante a quarta série que conheci Carlos, um jovem que despertou meu interesse. Enquanto minhas coleguinhas paqueravam, eu também não resisti e acabei conquistada por aqueles olhares. No entanto, a inocência da quarta série nos separou por um tempo, até que nos reencontramos na quinta série.

A chama reacendeu, mas enfrentamos desafios. Meus pais achavam que éramos jovens demais, mas a persistência falou mais alto. Namoramos, escondemos o romance, mas um dia meu pai descobriu, e passamos por um período de distância. O tempo, porém, nos uniu novamente.

Ao longo dos anos, encontrei Carlos novamente e percebi que ele era mais do que uma paixão de juventude. Ele se tornou parte de mim, e mesmo com alguns namoros no meio do caminho, nenhum deles se comparava ao que sentia por ele.

Casamos e tivemos dois filhos. E quando completamos 40 anos de casados, refleti sobre o tempo que passou desde que nos conhecemos na quinta série. O primeiro de outubro de 1983 marcou o início de uma jornada que resistiu ao teste do tempo.

Hoje, ao celebrar quatro décadas de casamento, recordo com carinho o dia em que, aos 24 anos, me tornei a esposa de Carlos. As estações da vida nos moldaram, mas o amor perseverou. Olho para trás, vejo nossos filhos e, apesar das incertezas e desafios, sinto gratidão por cada momento compartilhado ao lado daquele que continua a ser o ar que eu respiro, mesmo após tantos anos.

Uma Jornada de Trabalho e Amor

Minha trajetória profissional começou na Philco, onde dediquei quatro meses aprendendo e crescendo. Em seguida, ingressei na Sarel, exercendo o ofício de costureira com determinação. A jornada continuou na Jorma, onde trabalhei por dois anos no setor de circuitos impressos. Posteriormente, adentrei o universo desafiador da contabilidade antes de assumir o papel de promotora de vendas na Tintas Coral.

No entanto, uma nova fase se delineava quando decidi dar um passo significativo na minha vida pessoal. Casei-me, e, nesse momento, fiz a escolha de dedicar-me integralmente aos cuidados dos meus filhos. Ao longo dos anos, vi meus filhos crescerem e atingirem a marca dos 17 anos. Foi nesse período que meu marido e eu decidimos investir no ramo de transporte escolar, uma empreitada que nos absorveu por 19 anos, até que decidimos vender a linha.

Com a venda concretizada, abraçamos uma nova oportunidade, agora trabalhando para uma empresa especializada no transporte de crianças com necessidades especiais. Contudo, como a vida muitas vezes nos surpreende, enfrentamos desafios inesperados quando meu marido teve problemas vasculares que culminaram em uma amputação. Assumindo a responsabilidade da situação, persisti com determinação mesmo diante das adversidades.

Hoje, quase dois anos depois, encontro-me conduzindo esse caminho solo. A jornada, repleta de altos e baixos, tem sido marcada não apenas por desafios profissionais, mas também pela resiliência diante das reviravoltas da vida. Cada capítulo da minha história é um testemunho da minha força interior e do amor que permeia todas as minhas e

Laços Familiares e Gratidão

Meu filho Victor, com 39 anos, trilha seu caminho na área publicitária, um mundo que, devo confessar, pouco compreendo. Às vezes, brinco com ele, dizendo que suas escolhas não têm nada a ver comigo. Ele é um tanto teimoso, mas, acima de tudo, é um filho dedicado e trabalhador, representando bem o perfil dos filhos da atualidade. Ele fala muito, mas também escuta, tem suas opiniões e, o que é importante, respeita as diferenças.

Nosso relacionamento, por vezes, parece um tanto monótono para mim. No entanto, apesar das discordâncias, nos respeitamos mutuamente. Há, claro, ocasiões especiais como o Dia das Mães e seus aniversários, momentos que aD'oro celebrar com festas, parabéns e, é claro, um bolo. Ele tem uma predileção especial pelo bolo floresta negra que faço desde sua infância.

A dinâmica entre nós não é ruim, embora às vezes pareça excessivamente convencional. Talvez seja mais uma questão de convivência do que falta de respeito.

Carlos Henrique, 32 anos. Um psicólogo que, apesar de morar separado, mantém uma relação próxima conosco. Está envolvido com uma jovem japonesa, e, ao que parece, estão se preparando para viver juntos e, quem sabe, casarem-se.

A minha relação com os dois filhos é algo que agradeço a Deus todos os dias. Mesmo com alguns pequenos defeitos, reconheço que o maior defeito é meu. É uma gratidão constante que carrego em meu coração. Victor é o mais velho, um adulto com suas próprias escolhas e decisões. Carlos, o mais novo, é um profissional dedicado, festeiro e, acima de tudo, um psicólogo formado.

A vida em família tem seus altos e baixos, e isso se reflete na relação com meus filhos. Eles têm suas opiniões, suas vidas, e eu tenho a minha. Apesar disso, agradeço a Deus todos os dias pela bênção de tê-los em minha vida. E, mesmo que, em alguns momentos, pareça que não me ouvem, sei que a preocupação e o amor estão presentes em seus corações.

Meus filhos são motivos diários para minha gratidão. A idade avança para todos nós, mas a essência da família permanece, com laços que se fortalecem a cada dia. E, apesar de Victor ainda morar comigo, sei que há um momento para cada um alçar voo e seguir seu próprio caminho. A vida em família é assim, feita de amor, compreensão e, claro, muitas celebrações com bolos de floresta negra.

Uma Jornada Familiar na Casa dos Fundos

Nos primeiros dois anos de casada, estabeleci meu lar na casa da minha sogra. Após esse período, decidimos mudar para a casa dos fundos, buscando independência e espaço para construir nossa própria história. No entanto, o destino reservava surpresas para a nossa jornada.

Após o falecimento do meu sogro, sentimos a responsabilidade de não deixar minha sogra enfrentar a solidão. Assim, meu cunhado, acompanhado de sua família, tomou a decisão de se mudar para a casa da sogra, solidificando os laços familiares em um único espaço.

O tempo passou, e a vida seguiu seu curso inevitável. A casa que inicialmente abrigava minha sogra, meu cunhado e sua família tornou-se um cenário carregado de memórias e transformações. Infelizmente, a inevitabilidade da vida se manifestou novamente com o falecimento da minha sogra.

No entanto, o elo familiar persistiu. Meu cunhado e sua família continuaram a viver na casa que agora carregava as lembranças de gerações passadas. Essa decisão, tomada inicialmente por solidariedade, transformou-se em um legado familiar que transcendeu as mudanças e os desafios que a vida nos apresentou.

Assim, a casa dos fundos tornou-se um testemunho tangível da trajetória da nossa família, onde as histórias se entrelaçaram, e a continuidade do lar transcendeu as fronteiras do tempo. Essa jornada, marcada por perdas e ganhos, nos ensinou a importância da união familiar e da adaptação às mudanças que a vida nos impõe.

Retratos de Vida

Minha irmã Maria Helena, aos 73 anos, é uma mulher singular. Mãe de dois filhos, ambos já formados. Ela desempenhou um papel crucial em nossas vidas, dedicando-se com amor e cuidado. Com o passar do tempo, percebemos mudanças em sua personalidade, como se as nuances da vida a tivessem afetado de alguma forma.

Recordo-me de Irene, com seus 71 anos. Mãe de quatro filhas, Irene enfrenta desafios significativos, encontrando-se agora acamada e limitada em sua mobilidade. Os anos se acumularam, e a vida impôs suas marcas, tornando-a não apenas uma viúva recente, mas também uma senhora um tanto robusta.

O destino também levou Antenor, meu irmão, uma pessoa maravilhosa cuja jornada foi interrompida pela vontade divina. A dor dessa perda ecoa em nossos corações, mas confiamos que Deus o acolheu em Seus braços.

Ao olhar para a família, vejo a ordem das gerações, começando por mim, seguindo para Dayse, a irmã acima de mim, e chegando aos caçulas, Marta e Lauro. Cada um seguiu seu caminho, construindo sua história. Marta casou-se, enquanto Lauro, solteiro, escolheu um rumo que nos mantém um pouco distantes. No entanto, aceitamos essas escolhas com gratidão, pois cada uma busca o seu lugar no mundo.

Assim, a vida se desenrola com suas complexidades, entrelaçando histórias e destinos. Apesar das perdas e das distâncias, permanecemos unidos pela essência do amor familiar. Estamos aqui, vivendo nossas vidas, com a certeza de que, mesmo diante das incertezas, a fé nos sustenta. Amenizamos a saudade com a esperança de reencontros e mantemos viva a chama da família, independentemente das reviravoltas que a vida nos apresenta.

Conexões Familiares ao Longo dos Anos

Ao longo da minha vida, mantive contato com meus tios por muitos anos. Agora, infelizmente, tanto minha mãe quanto meu pai faleceram. Contudo, ainda mantenho vínculo com meus primos, procurando visitá-los de vez em quando, especialmente quando vou ao interior. No entanto, após a pandemia, as coisas ficaram mais complicadas para nos reunirmos.

Costumávamos nos encontrar com frequência, principalmente na casa dos meus primos em Marília. Mesmo aqui em São Paulo, visitava os parentes que eram ligados ao meu pai. A conexão sempre foi mantida, não apenas fisicamente, mas também através de mensagens pelo aplicativo de mensagens instantâneas.

Apesar de não conseguir visitar alguns parentes com a mesma regularidade de antes, como é o caso da Marília, ainda nos falamos e trocamos mensagens pelo WhatsApp. A vida nos impõe desafios, e mesmo com as dificuldades, conseguimos manter essas conexões importantes. Afinal, a vida é repleta de reviravoltas, e eu atravessei diversos desafios até o momento.

Atualmente, estou trabalhando, e graças a Deus, mantemos um bom relacionamento com a família. A amizade que construímos ao longo dos anos é um contrato tácito de apoio mútuo, mesmo diante das adversidades que a vida nos apresenta.

Rumo à Realização dos Sonhos

Desde sempre, dediquei-me com afinco ao meu trabalho. Cada dia representava uma oportunidade de crescimento e aprendizado, e sempre busquei superar desafios com determinação. Agora, vislumbro uma nova fase da minha vida, repleta de sonhos e realizações.

O principal entre eles é ter minha casa própria, onde eu poderei reinar absoluta e imagino os dias serenos em minha casa, um refúgio que reflita minha personalidade e história. Quero vivenciar os momentos especiais ao lado da família, especialmente aguardando a chegada e o crescimento dos meus netos. Sinto-me preparada para esse novo papel, munida não apenas de tricôs, mas também de amor e sabedoria para contribuir na educação deles.

Além disso, uma paixão que vem ganhando espaço em meu coração é o cuidado com as plantas. Quero transformar meu lar em um jardim repleto de vida, onde cada planta seja um testemunho do meu carinho e dedicação. O contato com a natureza é uma fonte renovadora de energia, e pretendo explorar esse interesse de forma mais profunda.

Pensando em ampliar meus horizontes, anseio por passeios que me levem a lugares desconhecidos. Desejo explorar novas culturas, apreciar paisagens que nunca vi, e deixar-me levar ao sabor dos ventos, sem lenço e sem documento. Essa liberdade é um convite para descobertas surpreendentes e experiências enriquecedoras.

Continuar ajudando o próximo é uma constante em meus planos. Acredito que a solidariedade é um elo que fortalece a humanidade, e contribuir para o bem-estar dos outros é uma missão que me inspira. Seja através de pequenos gestos ou envolvimento em projetos sociais, pretendo seguir sendo uma agente de mudanças positivas na vida daqueles que cruzam o meu caminho.

Neste capítulo da minha vida, sinto-me pronta para abraçar cada oportunidade com gratidão e determinação. A jornada rumo à realização dos meus sonhos é um convite para a descoberta de novas facetas de mim mesma e para a construção de memórias que perdurarão ao longo das gerações.

Uma Ponte de Amizade e Crochê

Na minha trajetória, tudo flui bem, e eu só quero compartilhar algo importante. Agradeço à todas vocês, minhas amigas, que marcaram profundamente essa bela passagem da minha vida. Agora, ao relembrar, você também, Susete, me vem à mente.

É engraçado como a vida nos reserva encontros especiais, e Susete foi um desses presentes. Esqueci de mencionar em minha história que ela, responsável e gentil, tornou-se uma ponte valiosa para mim. Foi ela quem me ensinou a arte de fazer pontinhos de crochê e outras habilidades manuais encantadoras.

Lembro-me que, após muito tempo, encontrei a Susete que estava grávida do seu segundo filho, enquanto eu esperava meu primogênito. Ela, com toda a sua paciência, compartilhou comigo os segredos dos casaquinhos e outras peças infantis em crochê. Essa troca de conhecimento foi algo que verdadeiramente marcou a minha vida.

Às vezes, caí em desafios, mas Susete sempre estava lá, pronta para me ajudar e dizer: "Vai lá, que eu te ensino". Sua dedicação e carinho foram fundamentais, e agradeço por cada momento compartilhado.

Na verdade, todas vocês, minhas amigas de lá para cá, foram incríveis comigo. Cada uma deixou uma marca única em minha jornada, e por isso, expresso minha gratidão sincera.

Djanira

Celina, a Mulher Incansável

Minha mãe, Celina, foi a âncora que sustentou nossa família em meio às tempestades. Nascida para a vida em uma pequena cidade, ela enfrentou desafios desde cedo. Hoje, quando olho para trás, vejo-a como uma mulher incrivelmente forte, cuja determinação moldou o que sou.

Celina viveu 76 anos intensos, uma jornada que começou em um mundo muito diferente do meu. Se ela estivesse aqui hoje, celebraríamos seus 90 anos. Sua presença ainda ecoa em meu coração, pois nossa conexão transcendia os limites do tempo.

A relação que compartilhamos era especial, um vínculo que resistiu às adversidades. Ela, uma guerreira incansável, dedicou sua vida aos filhos, mesmo quando confrontada com a crueldade do meu pai. O álcool transformou-o em um monstro que frequentemente descarregava sua raiva sobre ela. Os vestígios das cicatrizes emocionais permanecem, mas a força de minha mãe prevaleceu.

A vida de Celina era um testemunho de resiliência. Ela não era apenas uma sobrevivente, mas alguém que escolheu prosperar apesar das circunstâncias. Sua dignidade nunca foi comprometida, mesmo quando a violência a cercava.

Minha mãe não podia desfrutar plenamente do mundo exterior devido ao controle opressor do meu pai. Ele limitava suas saídas, tornando-a uma prisioneira em sua própria casa. No entanto, isso não impediu que Celina cultivasse amizades. Ela encontrava alegria nas relações que construía com as pessoas que visitavam nossa casa ou que ela conhecia ocasionalmente em suas raras idas ao mercado.

As memórias da minha mãe são tingidas de calor humano. As poucas vezes que ela se aventurava além de nossas paredes, deixava uma impressão duradoura nas pessoas que a conheciam. Sua bondade, que se manifestava nas pequenas interações do dia a dia, reverbera até hoje.

As histórias sobre Celina persistem, um testemunho do impacto que ela teve naqueles que cruzaram seu caminho. Uma mulher de coragem, amor e compaixão, ela deixou um legado que transcende a dor que experimentou. E, apesar das sombras do passado, a luz de sua memória continua a iluminar meu caminho. Até hoje, encontro inspiração na força silenciosa que ela exalava.

Pai - Um Ciclo de Violência

Meu pai se chamava Geraldino. Trabalhava como construtor, Mestre de Obras, e era um bom provedor. No entanto, por trás dessa aparente estabilidade, escondia-se um temperamento extremamente violento. Não se limitava à violência física; havia também o terror psicológico, com proibições e ameaças que tornavam a convivência insuportável.

A casa que deveria ser um refúgio tornou-se um campo de batalha. Murros no rosto, dentes quebrados, chutes e sangue marcavam nossos dias. Na adolescência, reuni forças para enfrentá-lo e proteger minha mãe. Colocava-me entre eles, mas ele não se intimidava. As agressões continuavam atingindo a ambas.

Um episódio marcante foi a internação da minha mãe no Hospital Santa Marcelina, após uma hemorragia. Ela passou por uma cirurgia no estômago, baco dilatado e varizes. O retorno deveria ser um alívio, mas meu pai não perdoou seu estado. A briga alcançou um nível tal que ela começou a passar mal. Foi quando ele apontou uma arma para minha cabeça, ameaçando-me de morte caso ela não sobrevivesse. Um murro na boca deixou uma marca indelével.

O medo de perdê-la para a violência dele me impediu de buscar ajuda. Mesmo quando meu namorado e seu primo ofereceram levar-me à delegacia, recusei, temendo retaliações ainda mais severas.

Minha vida estava aprisionada. Proibições de sair, de ter amizades, controle total. As poucas relações que ele não conseguia controlar, ele manipulava para parecer o melhor pai do mundo.

Se houvesse uma lei naquela época que protegesse as mulheres contra esse tipo de agressão, eu teria denunciado meu pai. Teria lutado para vê-lo na cadeia, longe de nós.

No último dia da vida dele, minha mãe estava deitada na cama, indefesa. Um pontapé cruel a deixou incapacitada de se levantar. Apesar de todo o horror que vivemos, ajudei minha mãe a cuidar dele até o último suspiro.

A vida nos impôs desafios inimagináveis, mas no processo, encontrei a força interior para superar o medo, proteger quem amava e preservar minha própria humanidade. Em meio às sombras, descobri a luz da compaixão e da resiliência.

Irmãos na Vida

Em meio às páginas da minha autobiografia, é impossível deixar de lado a parte essencial da minha história: a presença marcante dos irmãos. Entre eles, destaca-se o José Ferreira, meu irmão querido, cuja memória permanece viva em minhas lembranças.

José, conhecido por todos como um homem dedicado aos estudos, trilhou seus primeiros passos acadêmicos no Afonso Pena. Cada livro que ele folheava, cada aula que assistia, eram peças fundamentais na construção do seu conhecimento. O Afonso Pena foi mais do que uma instituição de ensino para ele; era um solo fértil onde cultivava os sonhos de um futuro promissor.

Lamentavelmente, a vida nos trouxe a dor da despedida, e o José partiu antes do tempo. Seu legado, entretanto, ecoa através dos filhos. Tiago, o primogênito, e Patrícia, ambos carregam consigo um pedaço da história do meu amado irmão.

É curioso notar como as sendas da vida nos levam a destinos distintos. Quando Tiago e Patrícia ainda eram pequenos, viviam aqui, no quintal que compartilhávamos. No entanto, as voltas que o mundo dá muitas vezes nos afastam, e, infelizmente, perdemos o contato ao longo dos anos.

Minha irmã mais velha, Severina, também possui uma história peculiar. Com o tempo, ela construiu sua própria família, sendo mãe do Fabiano, um jovem de 43 anos que é, sem dúvida, uma bênção em nossas vidas. A conexão que temos vai além das palavras; nossos olhares traduzem um entendimento profundo, uma linguagem que só os que compartilham laços sanguíneos podem compreender.

Fabiano é meu xodó, uma fonte constante de alegria e apoio. Ele é como meu primeiro filho, e cada momento ao seu lado é precioso. Sua filha, Bia, completa o quadro familiar com sua beleza e personalidade encantadoras, tendo completado recentemente seus 18 anos.

A esposa de Fabiano também é parte integrante desta trama familiar, uma pessoa de coração generoso que contribui para a harmonia do nosso círculo. Assim, mesmo diante das voltas imprevisíveis da vida, encontro consolo nas relações sólidas que construí com aqueles que permanecem ao meu lado.

A vida, com sua complexidade, nos conduz por caminhos sinuosos, mas é nas relações familiares que encontramos um porto seguro. Assim, sigo contando a história da minha vida, entrelaçada com as narrativas de irmãos, sobrinhos e aqueles que, de alguma forma, deixaram sua marca indelével em meu coração.

Meu Filho, Minha Estrela

Meu filho era um rapaz estudioso, educado, sempre recebi elogio sobre ele. Desde pequeno, ele demonstrava uma curiosidade insaciável pelo mundo ao seu redor. Lembro-me das noites em que eu lia histórias para ele, alimentando sua mente ávida por conhecimento. Cada passo dele na jornada acadêmica era motivo de orgulho para mim, uma confirmação de que estava no caminho certo como mãe solteira.

A gente brigava também. Acredito que as discussões fazem parte da relação entre pais e filhos. As briguinhas, os desentendimentos, eram apenas pequenos obstáculos que fortaleciam nossa ligação. Ríamos juntos depois, aprendíamos um com o outro. Não era sempre fácil, mas era sempre amor.

Ele foi o melhor filho do mundo. Não digo isso com a intenção de desmerecer outros filhos, mas porque, para mim, ele era verdadeiramente excepcional. Sua generosidade, seu sorriso contagiante, eram luzes na minha vida. Ele cresceu com compaixão no coração, sempre disposto a ajudar quem precisasse.

Quando me separei do pai dele, ele tinha apenas 4 anos. A decisão não foi fácil, mas era necessária para ambos os lados. Tornei-me pai e mãe desde então. Foram anos desafiadores, mas nunca duvidei da força do nosso vínculo. Éramos uma equipe, enfrentando o mundo juntos.

A data da morte dele ainda ecoa na minha memória, como uma melodia triste que toca em minha mente. Ele nos deixou aos 29 anos, uma idade em que a vida deveria estar apenas começando. Fazem dois anos desde então, mas a dor da perda permanece fresca em meu coração.

A saudade é como uma sombra constante, seguindo-me a cada passo. Recordo-me dos sonhos que ele tinha, das conquistas que alcançou e do potencial que se perdeu. A vida às vezes é cruel, levando-nos aqueles que mais amamos.

Apesar da dor, guardo as lembranças dos momentos felizes que compartilhamos. Seu legado vive não apenas nas memórias, mas nas vidas que ele tocou. Continuarei a ser grata pelos anos que passamos juntos, mesmo que a despedida tenha sido precoce.

Meu filho, meu amado filho, você será eternamente a luz que guia meu caminho. Mesmo com o tempo que passou, sinto sua presença em cada brisa suave e vejo sua imagem nas estrelas que iluminam o céu noturno. O amor que compartilhamos transcende o tempo e o espaço, e você será para sempre o raio de sol na escuridão da minha saudade.

Memórias de Infância

Eu fui uma criança que cresceu sem a doce companhia das amizades de infância. No quintal da minha casa, não havia risadas compartilhadas nem brincadeiras de criança. Em vez disso, eu passava meus dias ajudando minha mãe, absorvendo as responsabilidades que a vida exigia desde cedo. Era um mundo onde a solidão era minha única amiga constante.

Lembro-me vividamente da única criança com quem tive uma conexão especial naquela época. Um vizinho, que hoje já ultrapassou a marca dos 50 anos, foi a única criança que pude carregar nos braços. Essa lembrança é como um vislumbre de calor e inocência em meio às sombras que permeavam minha infância.

No entanto, as relações fora dos muros de minha casa eram escassas. A única vizinha que eu podia considerar como alguém com quem compartilhar momentos estava ao lado, e mesmo assim, essas interações eram limitadas.

A permissão para fazer amigos não era algo que fazia parte da minha realidade. Minha vida social se restringia aos confins de casa e aos corredores da escola. Naqueles dias, não se falava tanto sobre bullying como agora, mas a dor que experimentei na escola foi tão real quanto. Um incidente em particular permanece cravado na minha memória, como uma cicatriz que não desaparece.

Um menino, cujo nome nem importa mais, usou um lápis como uma arma, apontando-o para mim de uma maneira ameaçadora. Quando tentei me defender, a ponta afiada encontrou o caminho para o meu rosto, deixando uma marca física e emocional indelével. O que mais doeu foi a reação da professora. Em vez de proteger a vítima, ela interpretou mal a situação e relatou à minha mãe que, eu na verdade, estava agredindo o menino.

Aquela foi uma das muitas vezes em que me senti completamente desamparada. A confiança de uma criança é algo frágil, e, naquele Dia das Mães, minha mãe recusou meu presente, rejeitando não apenas o que eu tinha feito com tanto carinho, mas também qualquer vínculo emocional que poderíamos ter compartilhado.

Ao chegar em casa, minha alma pesava com a mágoa. Contei à minha mãe sobre os eventos do dia, despejando minha tristeza, mas suas palavras de conforto estavam ausentes. Aquelas experiências moldaram uma infância marcada pela solidão e pela incompreensão, plantando as sementes de uma força interior que eu nem sabia que possuía na época.

Minha Casa

Até os meus onze anos, nossa vida transcorria entre as sombras das árvores frutíferas que enchiam a frente do terreno. Era como se o quintal fosse um verdadeiro paraíso, repleto de mangas suculentas, limões ácidos, ameixas doces, pêssegos suaves, bananas douradas, café aromático, marmelos mágicos e melões do Nordeste tão doces que faziam a boca salivar só de pensar.

Lembro-me vividamente do galinheiro, lar de várias penosas que ciscavam o chão em busca de grãos. Os coelhinhos brincavam em seus lares aconchegantes, enquanto o preá dava seus saltos rápidos e ágeis. Tartarugas vagavam lentamente pelos cantos, e o fiel cachorro guardava nosso pequeno paraíso com lealdade inabalável.

O terreno era um verdadeiro tesouro, com mandioca crescendo robusta e espigas de milho dançando com o vento. Entre as folhas verdes, surgiam flores de todas as cores: rosas delicadas, cravos vibrantes e a menta perfumada que enchia o ar com seu aroma refrescante.

Meu refúgio favorito era o balanço, pendurado em um galho forte de uma das árvores frondosas. Passava horas balançando-me suavemente, perdido em meus pensamentos enquanto as folhas sussurravam segredos ao vento.

Então, um dia, tudo mudou. Meu pai decidiu que era hora de construir uma casa para nossa família. A decisão trouxe consigo uma mistura de emoções, pois significava dizer adeus ao nosso pequeno paraíso verde.

As árvores foram derrubadas, o galinheiro desmontado, e o balanço retirado. O terreno foi transformado, gradualmente, de uma plantação exuberante em um espaço cimentado. Uma nova casa começou a surgir, resistente contra as chuvas e o sol inclemente, com uma cobertura acolhedora que abrigava a entrada.

Assim, minha infância no meio da natureza deu lugar a uma nova fase, marcada pelas paredes sólidas da nossa casa. Ainda que tenhamos perdido o jardim que um dia foi nosso playground, ganhamos o calor e a segurança do lar que agora chamamos de nosso. E, no coração, guardo as lembranças das árvores, das flores, dos animais, e do balanço que me embalava nos dias ensolarados. Afinal, é na transformação que encontramos o caminho para o futuro.

A Dança Silenciosa

Na escola, uma parte especial sempre foi reservada aos acordes da fanfarra. Era ali, entre os sons vibrantes dos instrumentos e os passos rítmicos da marcha, que eu encontrava meu refúgio. Desfilando com o uniforme da banda, eu me sentia parte de algo maior, algo que transcendia as limitações que a vida impunha.

No entanto, a alegria da fanfarra contrastava com as sombras que pairavam sobre minha vida escolar. Descriminada e afastada por uma imposição paterna, eu vivia na solidão imposta pela proibição de fazer amizades. O vínculo social era uma miragem, e eu passava despercebida nos corredores da escola. A dor da não pertencimento era como um silêncio ensurdecedor.

Foi somente ao mudar para o Olga que as nuvens começaram a se dissipar. Lá, encontrei mentes mais abertas, pessoas que enxergavam além das aparências e dos rótulos. A rigidez das proibições cedia espaço à oportunidade de me envolver mais na vida escolar. Ainda não podia participar de todos os eventos, mas já era um avanço significativo em relação aos anos anteriores.

Minha jornada no Olga foi até a sétima série, e a oitava foi concluída em Pirituba, onde eu então residia. Essa transição trouxe novos desafios, mas também novas oportunidades de crescimento. A mudança de ambiente e a convivência com pessoas diferentes marcaram uma fase crucial em minha formação.

Lembro-me dos dias em que, no Olga e no Penna, eu frequentava a escola, aproveitava os bailinhos, mas precisava partir cedo, acompanhada pelo meu irmão. Minha vida escolar era uma dança silenciosa, uma coreografia restrita pelos laços familiares que, de certa forma, me impediam de vivenciar as aventuras típicas da juventude.

Foi somente aos 16 anos, já estabelecida em Pirituba, que senti o gosto da verdadeira liberdade. As amarras foram desfeitas, e o mundo se expandiu diante de mim. A escola, antes um palco de restrições, tornou-se um terreno fértil para o amadurecimento e a descoberta de novos horizontes. Cada passo, por menor que fosse, era um avanço na minha jornada de autoconhecimento.

Namorando na Adolescência

Meu primeiro namorado, Neco, entrou na minha vida quando eu tinha apenas 14 anos. Foi no Olga, lá no Jardim Maringá, que nossos destinos se cruzaram pela primeira vez. A juventude, repleta de inocência e descobertas, nos uniu em um laço que parecia inquebrável na época.

Os encontros no Olga eram repletos de risadas típicas da adolescência, de olhares tímidos e mãos dadas nos momentos furtivos em que nossos corações batiam em uníssono. O Jardim Maringá testemunhou o florescer desse romance juvenil, onde cada esquina guardava uma memória que se tornaria eterna em nossos corações.

No entanto, a vida é repleta de mudanças, e logo enfrentamos um desafio que parecia insuperável. Quando mudei para Pirituba, a distância entre nós se tornou mais do que física. Os quilômetros pareciam se multiplicar, criando uma barreira que ameaçava nosso amor adolescente.

Não bastasse a distância, também enfrentamos a contraposição da família de Neco. Para eles, éramos jovens demais para carregar o peso de um compromisso sério. A pressão externa e as expectativas familiares pesaram sobre nós, até que, relutantemente, decidimos encerrar nosso namoro.

A vida, no entanto, é uma trama complexa de encontros e despedidas. Neco seguiu seu caminho, conhecendo outra pessoa e construindo um novo capítulo em sua história. Eu também segui adiante, encontrando um novo amor e até mesmo ficando noiva aos 16 anos. No entanto, o destino tinha outros planos para mim, e esse noivado não se transformou em casamento.

A adolescência é um período de descobertas, de amores intensos e de lições valiosas. O namoro com Neco marcou o início dessa jornada para mim, ensinando-me sobre o amor, a distância e as complexidades das relações humanas. Às vezes, os amores da juventude se transformam em memórias ternas, guardadas com carinho em um cantinho especial do coração, enquanto seguimos adiante, prontos para os próximos capítulos que a vida nos reserva.

Relacionamentos

Eu me casei quando tinha 30 anos, uma idade em que a vida parecia se desenhar com promissoras possibilidades. Foi nesse período que conheci meu marido, enquanto trabalhava como funcionária concursada da Secretaria da Saúde. A unidade onde fui designada não só me proporcionou uma carreira estável, mas também cruzou meu caminho com o homem que se tornaria uma parte significativa da minha história.

Ficamos noivos quase quatro anos, período no qual cultivamos sonhos e projetos para o futuro. O casamento aconteceu, e com ele, a expectativa de construir uma família. Nosso relacionamento inicialmente floresceu com promessas e cumplicidade. No entanto, quando estava grávida de oito meses, o destino resolveu testar a solidez dos nossos votos. Meu marido conheceu alguém, alguém que o atraiu de maneira inesperada, e nosso relacionamento começou a desmoronar.

Apesar dos esforços, o casamento não resistiu, e quando meu filho tinha apenas quatro anos, tomei a difícil decisão de seguir adiante, dando início a uma nova fase da minha vida. Foi então que conheci Fernando, uma pessoa maravilhosa que se tornou a melhor parte da minha vida naquele momento. Nosso relacionamento floresceu e perdurou por cinco anos, mas como o curso da vida muitas vezes nos surpreende, também nos separamos.

Em uma tentativa de reconstruir o passado, retomei a ligação com o Neco. Contudo, as páginas viradas não se reescrevem com facilidade, e nossa tentativa de reviver o que um dia foi se mostrou infrutífera.

Passaram-se dois anos, e foi com Fernando que a vida me surpreendeu novamente. No entanto, a alegria desse reencontro foi eclipsada pela dor quando, após algum tempo, ele sofreu um AVC e partiu, deixando um vazio irreparável.

A vida continuou seu curso, e um colega de longa data entrou em cena. Conhecido por mais de 30 anos, parecia ser o momento certo para dar uma chance ao amor novamente. No entanto, como as histórias anteriores já haviam ensinado, nem todos os capítulos têm finais felizes, e nosso relacionamento também terminou em menos de um ano.

Hoje, a história me traz de volta ao início, ao pai do meu filho, com quem construímos uma amizade sólida. Ele pediu perdão, um gesto que trouxe cura às feridas do passado. Estamos bem, graças a Deus. Ele se tornou um apoio constante, levando-me ao médico quando necessário e compartilhando risadas em nossos momentos juntos. Apesar de estarmos em casas separadas, seguimos em frente, mantendo uma amizade que se transformou ao longo do tempo. A vida é imprevisível, e hoje, mais do que nunca, agradeço por cada capítulo, pois cada um deles contribuiu para a mulher que me tornei.

Vida Profissional

Minha jornada profissional começou nas Lojas Americanas, na vibrante região da Lapa, quando ainda morava em Pirituba. Era uma época de desafios e aprendizados, mas a energia do comércio me envolvia, e ali, entre prateleiras repletas de produtos, dei meus primeiros passos no mundo do trabalho.

Em busca de novos horizontes, ingressei na área de publicidade e marketing ao entrar para a equipe da Fernando Chinaglia. Foram sete anos e quatro meses intensos, marcados por uma convivência enriquecedora. Trabalhar aos sábados era parte do compromisso que assumi com a empresa, mas cada esforço dedicado se transformava em experiência e conhecimento.

A transição para o setor público marcou uma mudança significativa em minha trajetória. O Centro de Triagem e Encaminhamento, localizado no Brás, foi meu lar profissional por um tempo. Contribuir para a organização do CETREN foi uma experiência única, onde aprendi sobre a importância do serviço público na vida das pessoas.

Posteriormente, dei um novo passo ao ingressar na área da saúde após conseguir a transferência que buscava. Foram dezenove anos dedicados a essa causa nobre, onde pude contribuir para o bem-estar da comunidade. A jornada foi longa, mas repleta de satisfação por saber que minha atuação fazia a diferença na vida das pessoas.

Hoje, após seis meses de aposentadoria, reflito sobre uma carreira que não foi apenas profissional, mas também uma fonte infindável de experiências humanas. Construí boas amizades ao longo do caminho, laços que perduram até hoje e que são um tesouro inestimável em minha vida. Cada capítulo profissional foi uma página escrita com dedicação, esforço e, acima de tudo, com o desejo de fazer a diferença no mundo ao meu redor.

Perseverando com Gratidão

Chegar à fase da aposentadoria não marcou o fim das minhas jornadas, mas sim o começo de uma nova era repleto de desafios e oportunidades inesperadas. Antes mesmo de encerrar oficialmente minha carreira, já me encontrava na autoescola, aprendendo os detalhes minuciosos de operar um veículo. O motivo era simples e especial: meu filho. Depois que ele nos deixou, queria garantir que o carro que agora estava sob meus cuidados continuasse a se movimentar com segurança, uma maneira de assegurar que nada se perdesse.

Encontrei na autoescola não apenas um curso prático, mas também uma chance de adquirir mais confiança e segurança ao volante. Como alguém que sempre acreditou na importância de se manter em movimento, investir tempo nesse aprendizado foi uma escolha natural. Aprender algo novo, mesmo que aparentemente simples, trouxe um novo fôlego à minha rotina.

Minha busca por atividades significativas não parou por aí. O Centro de Educação Unificado (CEU) tornou-se um refúgio onde eu poderia me expressar através da dança, uma paixão que floresceu mesmo na maturidade. Participar de aulas de dança não era apenas uma maneira de manter a vitalidade física, mas também de conhecer novas pessoas e expandir meu círculo social. Em cada passo, sentia-me rejuvenescida e pronta para enfrentar os desafios cotidianos.

A caminhada, simples, mas poderosa, tornou-se um ritual diário. Era mais do que exercício físico; era um ato de foco e concentração. Eu percebi que, ao direcionar minha mente para algo tão básico quanto caminhar, conseguia encontrar uma forma de distração saudável. Isso se tornou essencial para manter minha mente ativa e equilibrada, especialmente diante das incertezas que a vida nos reserva.

Hoje, vivo uma realidade que não esperava, mas que aceitei com gratidão. Minha família, incluindo meu ex-marido, continua sendo uma fonte constante de apoio e alicerce. Em casa, assumo o papel de cuidadora não apenas do espaço físico, mas também do ambiente emocional. Cuidar da casa tornou-se uma extensão do meu compromisso em manter a harmonia ao meu redor.

Ao contemplar o futuro, não deposito expectativas grandiosas. Chegar aos 63 anos me trouxe uma serenidade que não trocaria por nada. A simplicidade da vida diária tornou-se meu presente mais valioso, e agradeço a Deus por cada dia vivido com saúde e tranquilidade. Não espero mais do futuro, mas estou determinada a aproveitar cada momento, sem pressa, com a certeza de que a jornada é tão valiosa quanto o destino. Assim, sigo, agradecendo por cada capítulo que a vida me reserva.

Emiliana

Mãe

Dona Adrina, era uma mulher linda, seria e não vivia sorrindo, mas não era mau humorada. era uma mulher sabia e compreensiva. ela não era de muitas amizades, mas era leal e sincera. não tinha o hábito de frequentar a casa de vizinhos e não tinha vizinhos que frequentava nossa casa. Foi uma mulher que teve paralisia infantil e teve um braço que não tinha movimentos próprios, apenas forca na mão. criou 10 filhos, ela era uma mulher de hábitos simples, mas exigente em tudo o que fazia. Me lembro que as roupas de toda a família, era lavada e tinha um cheiro tão delicioso de roupa limpa e as roupas brancas eram de doer os olhos de tão branca. E como uma família muito numerosa, não havia condições de comprar bons produtos para essas tarefas. Ela usava um sabão em pedra que se chamava Vencedor e que fazia bem a função de limpar as roupas e as loucas. Era uma costureira espetacular, e criativa pois com cinco filhas e cinco filhos, a produção de roupas era constante. A comida era simples e não tinha muita variedade, mas o sabor, era espetacular.

As Raízes Fortes

Dona Adrina, minha mãe, era uma mulher de beleza serena, distante dos sorrisos fáceis, mas sem carregar mau humor. Sua seriedade escondia uma sabedoria e compreensão profundas. Apesar de não cultivar muitas amizades, sua lealdade e sinceridade eram inabaláveis.

A paralisia infantil marcou sua jornada, deixando um de seus braços sem movimentos próprios, mas com uma força notável na mão. Mesmo assim, ela criou e guiou seus dez filhos com uma determinação admirável. Seus hábitos eram simples, mas sua exigência em cada tarefa era notável.

Lembro-me das roupas da família, lavadas com um sabão em pedra chamado Vencedor, que, apesar das limitações financeiras, impregnava um cheiro delicioso de limpeza. As roupas brancas eram impecavelmente brancas, mesmo em meio às dificuldades. Dona Adrina, uma costureira espetacular e criativa, mantinha nossa numerosa família vestida com roupas feitas com suas próprias mãos.

Era uma época em que a simplicidade da comida não escondia o espetáculo de sabores que emanavam de sua cozinha. Mesmo com pouca variedade, cada refeição trazia consigo um toque de esplendor que transcendia as limitações dos ingredientes. Esses momentos, apesar das adversidades, eram marcados pela união e pelo esforço incansável de uma mãe que, com um braço, costurava os laços mais fortes em nossa família.

Sebastião, O Construtor de Sonhos

Seu Sebastião, um homem de beleza robusta, trabalhador incansável, e por vezes, portador de uma seriedade que escondia um coração caloroso. Ele dedicou sua vida ao avanço da família, seguindo os passos de Dona Adrina. Como ela, não nutria relações próximas com os vizinhos, focando sua energia no trabalho árduo e na criação da família.

Um exemplo de pai, Seu Sebastião era trabalhador, criativo, esforçado e centrado. Quando já tinha seis filhos, decidiu adquirir uma propriedade para a construção do lar da família. Com determinação inabalável, comprometeu-se com um contrato de 250 parcelas de 50 contos de réis, pagando cada uma pontualmente, da primeira à última.

Para alcançar esse feito, não hesitou em assumir três empregos simultâneos. Trabalhou no Serviço de Imigração de São Paulo, no mercado municipal do Parque Dom Pedro como carregador e, ainda, no Edifício Licastro, desempenhando o papel de zelador. Seu Sebastião tornou-se não apenas um construtor de casas, mas um arquiteto de sonhos, moldando o futuro da família com determinação e força de vontade.

Encontro na Feira e a Fuga do Amor

Meus pais habitavam sítios distantes em Presidente Prudente, no interior de São Paulo, onde a feira era o elo que unia os sitiantes em suas trocas de produção. Foi em um desses dias de feira que a história da minha família teve seu início. Na época, minha mãe, com apenas 18 anos, e meu pai, já com 28, encontraram-se perdidamente apaixonados.

Após alguns encontros discretos na feira, decidiram fugir juntos e se casar. Meu pai, com o apoio de um tio advogado, organizou a logística necessária. O tio ofereceu refúgio aos dois, permitindo que construíssem suas vidas juntos. Alugaram um carro com motorista e combinaram um encontro em uma data, hora e local específicos.

Minha mãe, conhecida pela sua dedicação, lavava as roupas da família em uma mina distante. Na data marcada, ela encheu o cesto não apenas com roupas, mas com seus pertences pessoais, e partiu em direção ao encontro do amor. Enquanto lavava suas esperanças, ela ouviu o som de um carro se aproximando.

Era meu pai, pronto para buscá-la e juntos construírem uma linda família. Sem hesitar, ela largou o balde, deixando um bilhete explicativo, e embarcou na jornada que daria vida aos seus sonhos. Assim, na simplicidade de uma feira no interior, a saga da nossa família começou a ser escrita.

A Prole Florescente

Casados e apoiados pelo tio que desempenhava um papel crucial em suas vidas, meus pais deram início à construção de uma família sólida. O primogênito, José Ribama, hoje com 72 anos, trilhou seu próprio caminho, casou-se com Rode e teve dois filhos, Leonardo e Luciana. Ambos casados, e Luciana, por sua vez, mãe de Philip e Louise. Atualmente, José Ribama compartilha sua vida com Janete, filha da notável e inesquecível Dona Jacira, uma presença marcante em minha história.

Na sequência, veio Naia, 70 anos, casada com Norberto, e juntos construíram sua família que inclui o filho Diego. Logo após, Otília, 69 anos, viúva de Aureo, que tiveram o filho Gabriel, que, por sua vez, foi casado com Fernanda e teve duas filhas, Sophia e Sarah. De um relacionamento com Patrícia, nasceu Adrina, que em homenagem a avó, Gabriel colocou o mesmo nome em sua filha.

Em seguida, Venâncio, com seus 67 anos, solteiro, amante da vida à beira mar, enquanto Célio, 65 anos, casado com Neide, expandiu sua família com três filhos: Carlos, que com Marília tem o filho Pedro Vinicius, e com Mayara, teve Mariana; Jéssica casou-se com Alessandro, e dedicam todo seu amor à Nina, sua adorável cachorrinha, formando uma família, e Roberto, que permanece solteiro em companhia de seus pais.

Então, eu, aos 62 anos. divorciada, mãe de duas filhas, Carla e Gabriella. Gabriella, por sua vez, casada com Tatiane desde 2016.

Vivenciamos a tragédia com a perda do irmão Sérgio, que nos deixou aos 2 anos de idade por um acidente.

Silvana, aos 57 anos, entrou em cena, casada com Gilberto. Sua família cresceu com Caio, casado com Vanessa, e João, casado com Sumaya.

Vera, a caçula entre as mulheres, com seus 53 anos, hoje em dia, aproveita sua vida de solteira em Barcelona. Por último, Júlio, aos 49 anos, casado com Raquel, e pai de Juliano. A história da nossa família, rica em laços e experiências, continua a se desenrolar.

Lembranças de Artur Alvim e Nhocuné

Minhas memórias mais antigas residem em uma casa em Artur Alvim, propriedade do meu Tio Souto. Era um lar acolhedor, com um quintal vasto repleto de árvores frutíferas, como dois abacateiros que nos proporcionavam deliciosos abacates para consumo e venda. O quintal abrigava balanços habilmente construídos pelos meninos, onde nos divertíamos. Havia também um pé de ameixa, limão, goiaba, e dois pés de café, entre outras preciosidades.

Na nossa casa no Nhocuné, recordo-me de um pé de amora, onde eu tinha um balanço. Horas eram desfrutadas ali, entre cantorias e suaves balanços. Criávamos galinhas, trocando garrafas por pintinhos, e em pouco tempo, a recompensa chegava à nossa mesa na forma de um frango delicioso. Sem televisão, a casa da Dona Jacira, conhecida como Tia, tornou-se o centro televisivo da vizinhança. Lá, nos reuníamos para assistir a programas como a luta livre, onde Ted Boy Marino era uma estrela.

Eu, uma criança bem-comportada naquela época, não causava grandes problemas para minha mãe. As crianças da rua se uniam para brincar de diversas atividades da época, como "mãe da rua", onde atravessávamos a rua com um pé só, e a próxima mãe da rua era quem conseguisse fazê-lo colocar ambos os pés no chão. Brincadeiras como Pega-Pega, esconde-esconde, amarelinha, pular corda, e andar de bicicleta, quando possível.

Dona Maria, nossa vizinha, tinha uma filha chamada Alayde, e uma neta, a Ângela, que se tornou minha primeira amiga. Juntas, vivemos grandes aventuras. Nas sextas-feiras, eu ficava até tarde na casa da avó dela, assistindo ao Cine Mistério ou jogando tombola com ela e seus dois irmãos, Eduardo (falecido) e Henrique. Juntas, planejamos uma festa para batizar todas as bonecas das meninas da vizinhança, com cada uma trazendo um prato e uma bebida. Assim, além de batizarmos as bonecas, celebramos meu aniversário em grande estilo.

Essa época, apesar das dificuldades, foi uma parte incrivelmente feliz da minha vida. O calor da amizade e as alegrias simples da infância tornaram esses momentos inesquecíveis.

Os Primeiros Passos na Escola

Nasci em julho de 1961, uma época em que a matrícula na escola só era possível quando a criança completava 7 anos. Por esse motivo, iniciei o primeiro ano com 7 anos e meio. A escola mais próxima de casa ficava em Artur Alvim, onde fui matriculada, marcando assim o início da minha jornada escolar.

Ansiosa para aprender, minha mãe me presenteava com lápis e revistas, e eu passava horas copiando palavras. Minha mãe verificava meu trabalho e me parabenizava, cultivando assim em mim o gosto pelo estudo e aprendizado. Com apenas 7 anos, enfrentava um trajeto de 2 km sozinha para chegar à escola em Artur Alvim. Tinha receios, especialmente em relação a pessoas mal-intencionadas, então escolhia as ruas menos movimentadas.

Apesar dos momentos de medo, minha paixão pelos estudos crescia. Com idade um pouco superior à média da sala, já havia treinado a escrita em casa, sendo canhota, o que me habilitava a auxiliar a professora a ensinar os coleguinhas, até mesmo segurando suas mãos (com facilidade por ser canhota) para orientá-los na escrita.

Na lancheira, carregava um leite com groselha, cujo sabor ainda permanece vívido na minha memória. Então, durante dois meses, vivi minha primeira experiência escolar em Artur Alvim. No entanto, a Escola Abraão de Morais logo abriu uma vaga para mim, marcando uma transição em minha jornada educacional.

Tempos de Escola e Ditadura Militar

Agora matriculada mais próxima de casa, o temor em relação a pessoas mal-intencionadas desapareceu. Estávamos em pleno período da ditadura militar, nos anos 1967/68. Toda quarta-feira, cantávamos o hino nacional na escola. Essa era uma época marcada por características singulares.

A merenda escolar era um momento de grande expectativa para a maioria das crianças. Recebíamos todo o material escolar, inclusive uniformes que vinham em cortes de tecidos. Minha mãe, com seu capricho peculiar, costurava a saia e a camisa, incluindo o bolso com o emblema da escola. A escola mantinha um dentista que visitava regularmente as salas de aula, selecionando algumas crianças para consultas e tratamentos, se necessário.

A instituição era organizada, limpa e as crianças eram disciplinadas. No entanto, houve exceções, como o episódio envolvendo Clóvis, um coleguinha da quarta série. Ele decidiu descer a escada escorregando no corrimão, resultando em uma queda grave e ferimentos. Essa cena ficou marcada na memória, contrastando com o ambiente geralmente tranquilo e focado nos estudos da escola.

Conquistas e Despedidas

Meu primeiro ano escolar foi marcado pela doçura da professora Adelina. Uma mulher encantadora. Eu, uma aluna dedicada, comportada, quase uma santa... risos. Estudiosa, sempre fazia a lição de casa, muitas vezes com a ajuda da minha mãe, e obtinha boas notas nas provas.

A professora, em um gesto de incentivo, ofereceu um prêmio para o melhor aluno da sala. Eu, embora reconhecendo minha dedicação, não alimentava grandes expectativas. Havia um menino na classe, muito inteligente e com excelentes notas. Tanto ele quanto toda a classe acreditavam que ele ganharia o prêmio. No entanto, para minha surpresa, fui agraciada como a melhor aluna da classe, recebendo como prêmio um Topo Gigio, personagem infantil da época, que mexia a cabeça com um sistema de mola. Minha felicidade foi imensa, talvez proporcional à decepção do Wilson.

Era o último dia de aula. Ao chegar em casa, mostrei o prêmio à minha mãe, que se encheu de orgulho. No entanto, em meio à alegria, sentei-me quietinha, triste. Quando minha mãe perguntou o que aconteceu, respondi chorando que não teria mais aula e não veria mais a professora. Que amoroso esse vínculo que se formou.

Os Quatro Anos do Primário

Assim transcorreram os quatro anos do primário, um período repleto de descobertas para uma vida que acabava de se abrir para o mundo. Houve muitas alegrias, como a inesquecível experiência com o Topo Gigio. Contudo, também enfrentei frustrações, como o desejo de participar da fanfarra, o qual foi negado porque, sendo canhota, acreditavam que eu só conseguiria tocar o prato, que já estava ocupado por outro aluno.

O trauma do acidente do Clovis deixou marcas profundas, fazendo com que, até hoje, evite situações de risco de acidentes. A Educação Moral e Cívica era enfatizada naquela época, e esse sentimento nacionalista continua presente em mim até hoje.

As férias escolares eram um capítulo à parte, com um programa especial que mantinha as crianças na escola durante o dia inteiro. Ofereciam atividades diversas, desde brincadeiras e jogos até esportes, leitura e uma série de atividades divertidas. Contudo, o ápice do dia sempre era a cobiçada merenda escolar. Esse período foi uma época de crescimento, aprendizado e, é claro, deliciosas refeições escolares.

Novos Caminhos, Velhas Amizades

Estávamos em 1973, e eu avançava para a 5ª série. Contudo, o Abraão não oferecia esse nível escolar, então fui matriculada no Jardim Maringá, na Escola Estadual Olga Marinovic D'oro, que ficava a 2 km de casa. Com quase 12 anos, já não tinha os mesmos receios da infância. Tínhamos passes escolares, não gratuitos, mas com 50% de desconto. A aquisição deles era rara, pois já éramos uma família numerosa, composta por 9 filhos.

O caminho até a escola envolvia a Avenida Itaquera, na época chamada de Estrada de Itaquera, uma pista sem calçada, apenas um asfalto. Uma rota perigosa, ainda mais pela construção em andamento da Avenida. A paisagem era de terra vermelha cavada, materiais de construção e estruturas em formação. Com o trajeto solitário, logo tratei de formar um grupo. Rosana, que eu conhecia apenas superficialmente da quarta série, tornou-se minha companheira. Nos encontrávamos nas atividades de férias, onde ela levava a irmãzinha Kátia, e eu, a Silvana. Assim, começou uma amizade que, embora tenha passado por intervalos, permanece até os dias de hoje.

Na Avenida Itaquera, vivemos experiências incríveis. Aprendemos coisas que talvez nunca ensinassem em sala de aula. Experimentamos o ritual de fumar, usando cigarros Continental sem filtro, uma prática que, na inocência da juventude, parecia ser mais uma forma de aventura do que um hábito prejudicial.

Os postos de gasolina eram palco de nossos jogos da Loteria Esportiva, onde sonhávamos com a sorte de acertar os resultados dos jogos. Íamos aos mercados, testando nossas habilidades ao tentar levar coisas sem pagar, uma travessura que, naquele momento, parecia empolgante e desafiadora.

Essas experiências nas ruas da Avenida Itaquera ficaram marcadas como parte das aventuras de uma juventude repleta de descobertas e aprendizados, mesmo que nem todos fossem os mais apropriados.

Expansão da Turma

Com o início das aulas no Olga, outras pessoas se juntaram à dupla formada por Emiliana e Rosana. Rosaria, que morava nas proximidades, tornou-se parte do grupo, encontrando-se ocasionalmente no ônibus ou no caminho para a escola. Logo, Susete, uma baiana recém-chegada do Nordeste, com seu sotaque encantador, entrou em cena.

Mesmo com mudanças próximas de casa, a Avenida Itaquera continuou sendo o cenário das aventuras do trio original. A chegada de Susete trouxe consigo uma série de novas amizades, incluindo Margareth, Daidi, Ivete, Rosi, Arlete, Mirna, Glaucia, Merci, Penha Augusta, Inesinha, Inesona, Marcia, Fátima, e assim por diante. A turma crescia, e o grupo, que antes era uma dupla, tornou-se quase uma gangue, repleta de risadas e boas memórias.

Travessuras e Conquistas no Olga

Essa turma, cheia de energia e criatividade, não poupava esforços para aprontar das suas. Lembro-me de uma ocasião hilária quando a diretora, Dona Beralda, suspendeu o uso do banheiro devido à bagunça. Sem hesitar, eu e uma das coleguinhas, possivelmente a Merci, afastamos um armário que havia na sala para fazer xixi ali mesmo, debaixo de uma placa que dizia "BANHEIRO". A história causou controvérsia e ficou marcada como mais uma das nossas travessuras.

Outro episódio digno de nota foi a campanha da limpeza, liderada pela professora de educação física, Dona Iraima. A proposta era recolher doações e promover uma festa junina para arrecadar fundos visando a construção de uma quadra de esportes. Essa quadra, com arquibancada, continua em pleno funcionamento até hoje. Na época, as salas competiam entre si, e, claro, a minha sala foi a vencedora. Todos se empenharam de maneira surpreendente. Eu e a Rosana percorremos bairros como Tatuapé e Mooca, batendo de porta em porta, pedindo doações desde caixas de fósforos até qualquer item que as pessoas estivessem dispostas a contribuir.

A festa junina foi um espetáculo à parte, com quadrilha, correio elegante e diversas barracas repletas de variedades. Essas memórias refletem não apenas nossas travessuras, mas também a capacidade da turma de se unir em prol de objetivos importantes para a comunidade escolar.

A Turma Inesquecível

Muitas travessuras se tornaram parte do cotidiano dessa turma incrível. Éramos um grupo diversificado e coeso, composto por meninas brancas, negras, gordas, magras, japonesas, altas, baixas, mais velhas, mais jovens, sardentas, recatadas e escandalosas, estudiosas ou desinteressadas. Cada uma tinha sua personalidade única, mas éramos unidas como uma turma fechada.

Quando jogávamos queimada, era uma celebração. Vestíamos uniformes com shortinho vermelho e saia preguead a branca, um verdadeiro espetáculo para os meninos. À medida que o tempo passava, surgiram os primeiros beijos, os primeiros namoros e até mesmo casamentos que tiveram início naquela época maravilhosa. Esses foram tempos que ficaram marcados por nossas características individuais e, ao mesmo tempo, pela incrível união que compartilhávamos.

Aulas e Professores Inesquecíveis

Nossa jornada escolar foi marcada por professores que deixaram uma impressão duradoura em nossas memórias. Cada um tinha um estilo único que contribuiu para a riqueza de nossa educação.

A Professora Márcia, de Português, era reconhecida pelo seu fusca verde abacate e sua habilidade em manter a classe atenta. O Professor José Luiz, de Ciências, tinha um domínio exemplar da classe, suas aulas eram dinâmicas, envolvendo experiências com sapos e abordagens francas sobre reprodução, sempre trazendo novidades para uma turma sedenta por conhecimento.

A Professora Glória, de Geografia, era conhecida por sua seriedade e discrição, nunca saindo do roteiro da aula. Já a Professora Gare, de francês, ensinava o idioma de forma peculiar, incluindo a expressão facial enquanto falava.

O Professor Celso, de História, sempre tinha uma aluna que registrava suas aulas na lousa enquanto ele ditava. A Professora Joana, de Música, tentava transmitir conhecimentos musicais para a turma, embora poucos entendessem a importância dessas lições.

A Professora Iraima, de Educação Física, era sem dúvida a mais querida, tornando suas aulas um verdadeiro furacão de energia. Com propostas inovadoras, como teatros em que os alunos imitavam os professores, ou danças de roda com o tema "Cavaleiros de Aruanda" na celebração do Dia do Índio, ela foi fundamental para o desenvolvimento de valores que moldaram quem somos hoje. Inclusive, liderou a campanha da limpeza, uma lição prática que marcou a todos.

Dona Ivonice, de Matemática, que posteriormente assumiu a direção após a aposentadoria de Dona Beralda, a Professora Marisa de Geometria, e a Professora Etsui de Educação Artística também desempenharam papéis cruciais, proporcionando lições que muitas de nós, meninas, carregamos conosco até hoje.

Minha Jornada Acadêmica

Minha trajetória escolar foi marcada por diversas etapas e desafios. Iniciei meus estudos na E. M. Prof. Abraão de Moraes, cursando do primeiro ao quarto ano. Nos anos seguintes, da quinta à sétima série, frequentei o Olga Marinovic D'oro. A oitava série foi concluída no Lacerda, em Osasco. Os dois primeiros anos do ensino médio foram realizados no Liceu de Artes e Ofícios de São Paulo, e a conclusão do ensino médio ocorreu no Lellis Ito, em Mairinque, quando já contava com 38 anos.

Aos 40 anos, em 2002, decidi iniciar uma nova etapa acadêmica e ingressei na Faculdade de Direito de Sorocaba. Concluí o curso de Direito em 2006, demonstrando que a busca pelo conhecimento não conhece limites de idade. Em 2009, aos 48 anos, decidi expandir meus horizontes e me matriculei na Universidade Católica de Lisboa, no curso de Direito Forense, um passo ousado que enriqueceu minha perspectiva profissional.

O Legado de Uma Mãe Determinada

Ao folhear as páginas da minha vida, é impossível não destacar um capítulo especial dedicado às minhas filhas, Carla e Gabriella. Sempre fui uma mãe daquelas que não hesita em enfrentar qualquer desafio, desde que se trate da felicidade e do bem-estar das minhas meninas. Uma mãe leoa, que dizia: "Pode me bater, mas não olha torto para as minhas filhas."

Desde o momento em que segurei cada uma nos braços pela primeira vez, soube que minha missão era guiá-las para a independência e a autoconfiança. Decidi que não as criaria em uma bolha, mas sim as encorajaria a explorar o mundo, a descobrir suas paixões e a se tornarem mulheres fortes e determinadas.

A jornada começou desde a infância, quando, mesmo antes de pronunciarem suas primeiras palavras, incentivei-as a desenvolver a fala correta. Acreditava que uma comunicação eficaz era a chave para o sucesso em qualquer empreendimento. Ensinei-as a amarrar os sapatos, a escolher as próprias roupas e a enfrentar os pequenos desafios cotidianos com coragem.

Mas não era apenas sobre habilidades práticas; era sobre cultivar uma mentalidade atenta às nuances da vida. Queria que minhas filhas não apenas vissem, mas observassem o mundo ao seu redor. Desde cedo, ensinei-lhes a importância de prestar atenção aos detalhes, às pessoas e aos acontecimentos, uma lição que acreditava ser vital para sua sobrevivência e sucesso futuro.

Minha motivação era clara: se um dia eu não estivesse mais presente em suas vidas, queria ter a certeza de que seriam capazes não apenas de sobreviver, mas de prosperar. E acima de tudo, desejava que mantivessem entre si uma ligação inquebrantável, uma irmandade que superasse todas as adversidades.

Hoje, ao contemplar a vida adulta das minhas filhas, sinto um orgulho indescritível. A Carla, aos seus 40 anos, escolheu seguir seu caminho no Brasil, após uma longa passagem pela Itália, Inglaterra e Irlanda, tornando-se professora de inglês. Sua independência e paixão pelo que faz são inspiradoras. Ela é uma mulher absolutamente incrível, corajosa, que enfrenta o mundo de cabeça erguida, sem titubear, com a mesma determinação que a guiou desde a infância.

Gabi, por outro lado, traçou seu próprio destino, passando também pela Irlanda, Itália e entre idas e vindas para Inglaterra, depois de se casar com Tatiane, mudaram-se para Londres. Lá, ela não apenas construiu uma carreira de sucesso como Head Center Manager, mas também fortaleceu os laços familiares ao vir para perto de mim para compartilhar sua vida no exterior. Sua capacidade de liderança, empatia e dedicação refletem os valores que eu buscava instilar desde o início.

Ambas são filhas amorosas, irmãs unidas por laços que resistiram ao teste da vida. Olho para trás e percebo que, embora minha jornada como mãe tenha sido repleta de incontáveis desafios, cada obstáculo valeu a pena. Minhas filhas se tornaram não apenas mulheres independentes, fortes e trabalhadoras, mas também fontes de inspiração. E ao testemunhar o sucesso delas, tenha a absoluta certeza de que o verdadeiro legado de uma mãe está nas vidas que ela ajuda a moldar.

Trilhando Meus Caminhos Profissionais

Minha jornada profissional começou cedo, aos 14 anos, quando dei meus primeiros passos no mundo do trabalho. Na época, eu morava em Osasco e encontrei uma oportunidade empolgante em um escritório de engenharia. Assumi o papel de secretária, mergulhando de cabeça no desafiador universo corporativo.

Os primeiros dias nesse escritório foram como uma imersão em um oceano de aprendizado. Aprender os meandros da administração, lidar com correspondências, e, claro, aprimorar minhas habilidades organizacionais como secretária. Essa experiência inicial foi crucial para moldar minha ética de trabalho e me ensinou a importância da perseverança e do profissionalismo.

Ao longo dos anos, percebi que a estabilidade no emprego era um desafio constante. Minha vida profissional era marcada por transições, pois, por razões diversas, raramente permanecia muito tempo em um único trabalho. No entanto, cada oportunidade trouxe consigo valiosas lições e habilidades que moldaram meu crescimento profissional.

Um dos períodos mais desafiadores foi durante meu casamento precoce. Meu parceiro da época tinha um ciúme desmedido, o que criava obstáculos significativos para minha participação no mercado de trabalho. Encontrar e manter um emprego tornou-se um malabarismo delicado entre minhas ambições profissionais e a necessidade de preservar a paz em casa.

Essa fase difícil me obrigou a ser resiliente e criativa em busca de oportunidades que se alinhassem às circunstâncias da época. Trabalhei em diferentes setores, explorando minha versatilidade e adquirindo habilidades que, mais tarde, se revelariam valiosas em minha trajetória profissional.

Apesar das turbulências, nunca abandonei minha busca por crescimento e independência profissional. Cada experiência, mesmo as mais efêmeras, contribuiu para minha bagagem de conhecimento e forjou minha determinação em construir uma carreira sólida.

Ao refletir sobre essa jornada, percebo que a adversidade apenas fortaleceu minha resolução. A vida profissional é repleta de reviravoltas, mas é a maneira como enfrentamos esses desafios que define nosso percurso. Mesmo nos momentos mais difíceis, mantive a chama da ambição acesa, pronta para iluminar o próximo capítulo da minha trajetória profissional.

Ivan

Minha mãe era Irene, uma mulher de Garanhuns, Pernambuco, com raízes profundas na terra e no coração. Nascida e criada em um sítio, ela trazia consigo a força e a simplicidade da vida rural. Faleceu aos 86 anos, há oito anos, mas sua presença ecoa em cada canto da minha memória.

Irene não era conhecida por ser excessivamente carinhosa, algo que eu atribuía à sua criação no interior. O sítio moldou sua personalidade, mas, apesar disso, ela possuía um coração enorme, repleto de bondade e compaixão. Em nossa casa, as expressões de afeto talvez fossem escassas, mas a generosidade e a preocupação sempre se fizeram presentes.

Uma peculiaridade na história da minha mãe era a prevalência de um problema de saúde hereditário entre a maioria dos seus irmãos.

Apesar das diferenças no modo de expressar afeto, mantínhamos um relacionamento sólido. Minha mãe sempre soube transmitir lições valiosas sobre resiliência, trabalho árduo e a importância da família. No fundo, ela entendia que, mesmo diante das adversidades, o amor estava presente em suas formas mais discretas.

A história de amor entre minha mãe e meu pai começou quando ela tinha apenas 17 anos. Em Garanhuns, eles decidiram unir seus destinos e embarcar juntos em uma jornada rumo a São Paulo, em busca de uma vida melhor. Essa decisão marcante os levou a se separarem temporariamente, com meu pai partindo primeiro para estabelecer as bases para nossa família na metrópole.

Dois anos se passaram antes que meu pai voltasse a Garanhuns para buscar minha mãe e meus dois irmãos mais velhos. Essa separação, embora temporária, testou a força do vínculo que compartilhavam. O reencontro, marcado por sorrisos e lágrimas de alegria, simbolizou o início de uma nova fase para a família Teixeira dos Santos.

A mudança para São Paulo foi um desafio, mas minha mãe enfrentou as adversidades com determinação e coragem. Sua história é parte integrante da minha própria jornada, um testemunho de perseverança que moldou os alicerces do homem que me tornei.

Ao recordar a vida de Irene, percebo que sua influência transcende o tempo e as circunstâncias. Ela pode não ter sido a mais efusivamente afetuosa, mas sua essência bondosa e coração generoso continuam a pulsar nas memórias que guardo com carinho.

O Legado de Gerson

Meu pai, Gerson, um habilidoso marceneiro nascido em Garanhuns, trazia consigo uma coragem que moldaria o nosso destino. Quando decidiu rumar para São Paulo, suas mãos talentosas eram tudo o que possuía. Com a coragem como sua única bagagem, ele enfrentou o desconhecido em busca de uma vida melhor para sua família.

Ao chegar em São Paulo, meu pai mergulhou de cabeça no trabalho árduo, encontrando emprego em uma empresa pertencente a um italiano. Com a determinação que sempre o caracterizou, começou a construir não apenas móveis, mas também um futuro para sua família. Nos primeiros anos, cada centavo economizado era como uma peça preciosa, uma gota a mais na realização do sonho que alimentava seu coração.

O retorno a Garanhuns não era apenas uma viagem, mas uma missão para trazer consigo aqueles que ficaram para trás. Minha mãe, e irmãos aguardavam ansiosamente seu retorno, e finalmente, a reunião aconteceu. As histórias de São Paulo, os desafios superados e a promessa de um lar melhor nos aguardavam.

Os primeiros anos na cidade grande foram vividos em moradias alugadas, cada uma marcada pelas lembranças da perseverança de meu pai. Cinco anos se passaram, e, com disciplina e economia, a família dos alcançou um marco significativo: a aquisição de uma propriedade. Era um pedaço de terra que simbolizava não apenas um lugar para chamar de lar, mas a concretização de anos de trabalho árduo e sacrifício.

Éramos seis filhos, cada um de nós uma parte essencial dessa jornada. Meu pai não apenas nos deu um lugar para crescer, mas também nos ensinou o valor da dedicação e do trabalho honesto. Ele construiu mais do que móveis finos; ele construiu um legado de superação e persistência que ecoaria através das gerações.

Gerson não tinha muito além de sua habilidade e determinação, mas esses eram os alicerces de uma história extraordinária que se desdobrava em cada peça de mobília, em cada tijolo de nossa casa própria. Seu capítulo na nossa família era um testemunho do poder de um espírito inquebrável, moldando um destino que ultrapassava as expectativas iniciais daquele jovem marceneiro que chegara a São Paulo com "uma mão na frente e outra atrás".

A Jornada de Ivone

Minha irmã, Ivone, desempenhou um papel fundamental na tapeçaria colorida de nossa família. Quando éramos crianças, lembro-me de como ela irradiava beleza e alegria por onde passava. Contudo, a vida reservava para ela uma jornada marcada por desafios que nenhum de nós poderia antecipar.

Ao atingir a idade de 16 anos, Ivone foi confrontada com um adversário implacável: um problema cardíaco. Um diagnóstico difícil de aceitar para uma jovem cheia de sonhos. Nossa família, então, se viu diante da tarefa de entender e apoiar Ivone em sua batalha contra os altos e baixos dessa condição.

Foi nesse momento que entrou em cena José, um vizinho afetuoso de minha mãe. José não apenas se aproximou de Ivone com compaixão, mas também se apaixonou por ela de maneira profunda e sincera. Uma história de amor que, apesar dos desafios, deu origem a um casamento quando Ivone tinha 22 anos.

A casa que compartilhavam nos fundos da residência da minha mãe tornou-se o palco de uma vida repleta de altos e baixos. José, um homem excepcionalmente dedicado, enfrentou os obstáculos de um problema cardíaco ao lado de Ivone com uma devoção que testemunhei como irmão.

A rotina do casal era marcada por idas e vindas ao hospital, onde Ivone recebia tratamento para conter as crises que a assombravam. A internação era necessária, uma batalha que travavam a cada cinco anos, proporcionando à minha irmã períodos de relativa estabilidade que poderiam durar anos.

Surpreendentemente, Ivone conseguiu uma proeza notável, ficando 12 anos sem experimentar as garras agressivas de um problema cardíaco. Foi um período de respiro para toda a família, mas sabíamos que a batalha não estava totalmente vencida.

Problema cardíaco, infelizmente, se revelou um legado genético em nossa família. Minha mãe, minha avó e algumas tias também carregavam esse fardo. Uma teia complexa de herança que afetou várias gerações de mulheres em nossa linhagem.

A luta de Ivone finalmente terminou, mas seu legado permanece. José, o homem que a amou incansavelmente, continua sendo uma testemunha viva desse amor que transcendeu as limitações impostas pela doença. A história de Ivone é uma parte inesquecível da nossa família, uma narrativa que ressoa com a força do amor, da compaixão e da resiliência diante das adversidades que a vida nos impõe.

Irmão Ivanildo - O Artesão da Vida

Ao folhear as páginas da minha própria história, encontrei um capítulo repleto de madeira trabalhada com esmero, moldada pelas mãos habilidosas de meu querido irmão, Ivanildo. Nascido com o dom da marcenaria, ele transformou sua paixão em profissão desde tenra idade.

Ivanildo era um artesão nato, esculpindo sonhos em cada pedaço de madeira que tocava. Seus dias de juventude foram dedicados ao aprendizado dessa arte, e rapidamente ele se destacou como um dos melhores marceneiros da região. No entanto, a vida o conduziu por caminhos inesperados, e ele encontrou seu lar profissional na Prefeitura.

Naquele ambiente, Ivanildo desempenhou suas habilidades de marceneiro em prol da comunidade. Seus móveis eram mais do que simples peças de madeira; eram testemunhas silenciosas das histórias de muitas famílias locais. Seu comprometimento e dedicação levaram-no até a aposentadoria, mas sua paixão pela marcenaria nunca se aposentou.

Além de ser um exímio marceneiro, Ivanildo construiu uma bela família. Casou-se e foi abençoado com quatro filhos, que cresceram rodeados pelo calor do lar que ele mesmo construíra. O eco das risadas de seus quatro netos preenchia a casa, criando uma sinfonia familiar que só fortalecia os alicerces já robustos.

No entanto, a narrativa da nossa família não está isenta de desafios, e Ivanildo não escapou do legado de saúde delicada que nos acompanha. Diferentemente do que enfrentou minha irmã, Ivanildo viu-se confrontado com um quadro médico gerenciável. Com um controle rigoroso e uma rotina de medicamentos, ele conseguia manter-se bem.

A saúde, embora tenha sido uma sombra em alguns momentos, não definiu a história de Ivanildo. Seu vigor pela vida e sua habilidade de transformar desafios em oportunidades tornaram-no uma inspiração para todos nós. A determinação dele em enfrentar as adversidades, seja na bancada de marcenaria ou na manutenção de sua própria saúde, é uma lição valiosa que carrego no coração.

Nossa relação fraterna floresceu ao longo dos anos. Ivanildo não é apenas meu irmão, mas um amigo leal e constante. Suas visitas regulares são um bálsamo para a alma, momentos em que compartilhamos risadas, memórias e a reconfortante sensação de pertencimento familiar.

Ao contemplar a jornada de Ivanildo, vejo um homem que esculpiu sua própria narrativa, moldando não apenas a madeira, mas também os desafios que a vida lhe apresentou. No coração da nossa autobiografia familiar, o capítulo de Ivanildo é uma ode à resiliência, ao amor e à habilidade de transformar cada pedaço de vida em uma obra-prima única.

Meu Irmão Gilberto

O nome Gilberto sempre foi sinônimo de família para mim. Desde os dias de nossa infância, quando corríamos pelos campos e sonhávamos juntos, até os momentos mais difíceis que a vida nos impôs. Gilberto Teixeira dos Santos, meu irmão mais velho, sempre foi uma figura forte e presente em minha jornada.

Separado da mãe dos seus filhos há muito tempo, encontrou espaço para um novo começo e decidiu se casar novamente. Sua segunda esposa trouxe consigo um filho, expandindo nossa família de maneiras inesperadas. A princípio, parecia que estávamos seguindo em frente, construindo novos laços.

Contudo, o que eu não podia prever era que, enquanto Gilberto construía uma nova vida, ele parecia se afastar da essência que sempre nos uniu como família. A nossa ligação, outrora inquebrável, começou a mostrar sinais de desgaste. Aquele apoio mútuo que sempre caracterizou nossa família estava se perdendo, e o motivo era dolorosamente claro.

Um dos nossos irmãos, lutando contra desafios de saúde significativos, necessitava mais do que nunca do suporte familiar. As dificuldades eram evidentes, as preocupações eram reais, mas Gilberto, infelizmente, parecia ausente quando mais precisávamos dele. Suas prioridades mudaram, e a frustração cresceu em meio ao amor que ainda nutríamos por ele.

A situação chegou a um ponto em que a única escolha que restava era romper os laços que uma vez nos uniram tão fortemente. Era uma decisão difícil, marcada por lágrimas e pesares, mas parecia necessária para preservar a estabilidade emocional e o apoio que tanto precisávamos dar ao nosso irmão doente.

Ao descrever a separação de Gilberto na minha autobiografia, é impossível evitar a dor que acompanha essa narrativa. No entanto, é também um capítulo crucial em minha jornada, onde aprendi que a força da família é muitas vezes testada pelos momentos mais difíceis da vida. Ainda há amor, memórias compartilhadas e uma esperança de reconciliação, mas por enquanto, o capítulo de "Meu Irmão Gilberto" permanece aberto, aguardando sua resolução no livro da vida

Infelizmente, há três anos, perdemos minha cunhada para o implacável "Covid". A perda deixou meus sobrinhos e netos inconsoláveis. Foi um período sombrio para todos nós, mas a vida continuou, como sempre faz.

Meu Irmão Gerson

Na enigmática teia da família, o capítulo de Gerson é como um núcleo sólido, um ponto de equilíbrio entre a tradição e a modernidade que caracteriza nossa linhagem. Gerson, desenha sua própria história em tons de estabilidade e sucesso.

Gerson, o segundo entre os cinco irmãos, sempre se destacou. Desde jovem, mostrou um interesse particular por números e uma habilidade nata para lidar com finanças. Ao contrário de mim, que me afoguei nas palavras, Gerson encontrou seu caminho nos cálculos e nas planilhas.

Ele se casou cedo, uma união que se revelaria duradoura e frutífera ao longo dos anos. Elizabeth, ou Betty como a chamamos carinhosamente, tornou-se sua parceira na jornada da vida. Juntos, construíram um lar sólido, abençoado com dois filhos incríveis e, mais recentemente, dois netos que trouxeram ainda mais luz aos seus dias.

Gerson foi o único entre nós a trilhar os corredores acadêmicos de uma universidade. Concluiu a faculdade com distinção, abraçando o desafio de se formar em Contabilidade. Essa conquista não apenas o diferenciou entre os irmãos, mas também lançou as bases para uma carreira notável.

Sua trajetória profissional floresceu em uma firma local e, eventualmente, o levou a oportunidades globais em uma multinacional de renome. Com uma ética de trabalho impecável e uma mente afiada para os números, Gerson ascendeu nas fileiras corporativas, alcançando posições de liderança que refletiam não apenas sua competência, mas também sua integridade.

A história de Gerson é marcada não apenas por sucessos profissionais, mas também por uma aposentadoria digna. Ele soube equilibrar a vida profissional e pessoal, sempre priorizando a família e os momentos compartilhados ao redor da mesa de jantar.

Hoje, Gerson reside em um bairro próximo, o que nos proporciona a felicidade de compartilhar o dia a dia. Nossa relação é mais do que apenas a conexão de irmãos; é uma amizade cultivada ao longo de décadas. Trocamos risadas, conselhos e experiências, enriquecendo nossas vidas mutuamente.

É fascinante testemunhar como a jornada de Gerson contribui para o tapete colorido de histórias que formam o tecido da família Santos. Seu capítulo é um testemunho de perseverança, dedicação e, acima de tudo, amor pela família. Ao escrever sobre Gerson, percebo que cada um de nós, de uma forma única, adiciona um brilho especial à nossa história coletiva.

Meu Irmão Itamar

Meu irmão caçula, Itamar, sempre foi o xodó da família. Desde pequeno, era um garoto animado e cheio de energia, sempre sorrindo e brincando. No entanto, aos 15 anos, nossa vida tomou um rumo inesperado quando ele foi diagnosticado com um problema cardíaco.

Itamar, o caçula solteiro que nunca teve filhos, tornou-se o desafio mais complexo que nossa família já enfrentou. O problema cardíaco trouxe consigo uma série de desafios que nenhum de nós estava preparado para lidar. Aos poucos, o sorriso animado de Itamar foi substituído por olhares perdidos e momentos de silêncio perturbador.

Desde o diagnóstico, Itamar tem sido internado inúmeras vezes, um total de 58, para ser exato. Cada internação era um desafio para todos nós, mas entendíamos que era necessário para a segurança dele. Itamar não tinha nenhuma condição de viver sozinho; e o problema cardíaco

Nossa família, unida e dedicada, enfrentou cada batalha ao lado de Itamar. As visitas à clínica em Itaquaquecetuba tornaram-se parte integrante de nossas rotinas. Era um misto de esperança e apreensão a cada encontro. Ver Itamar naquelas condições, longe da realidade que todos nós compartilhávamos, partia nosso coração.

Os profissionais de saúde do coração se tornaram figuras familiares para nós. Discutíamos planos de tratamento, entendíamos melhor a condição de Itamar e, acima de tudo, buscávamos maneiras de oferecer algum conforto a ele. O Problema cardíaco transformou meu irmão em alguém que às vezes mal reconhecíamos, mas a ligação familiar era forte demais para ser rompida.

Itamar, mesmo com todas as adversidades, ainda tinha momentos de lucidez que nos faziam sorrir e lembrar do garoto alegre que ele costumava ser. Nessas pequenas vitórias, encontrávamos forças para seguir em frente, para continuar a batalha contra uma doença que teimava em aprisionar em uma cama, o nosso amado irmão.

Atualmente, Itamar está em Itaquaquecetuba, na clínica, dedicando-se ao tratamento que esperamos que o ajude a encontrar estabilidade. Cada dia é uma luta, mas nossa família permanece unida, oferecendo amor e apoio incondicional. Itamar pode não estar conosco fisicamente todos os dias, mas seu espírito vive em cada lembrança que compartilhamos e em cada esperança que depositamos no futuro.

Susete - A Companheira de Vida

Conhecer Susete foi um daqueles momentos na vida que transformam o curso do destino. Nosso caminho se cruzou no Olga em 1973, quando eu era um jovem de 15 anos, cheio de sonhos e expectativas. Não poderia prever naquele momento que ali estava a mulher que se tornaria não apenas minha esposa, mas a companheira de uma jornada repleta de desafios, conquistas e, acima de tudo, amor.

Nosso relacionamento começou de maneira singela, compartilhando a mesma sala de aula e, aos poucos, descobrindo afinidades que iam além do ambiente escolar. Os anos passaram voando, e em 1979, decidimos dar o próximo passo e oficializar nossa união. O matrimônio nos uniu de uma maneira que transcendeu qualquer expectativa que poderíamos ter tido naquela época.

Os primeiros anos de nossa vida conjugal foram marcados por uma convivência próxima com a família dela. Mudamo-nos para a casa da mãe de Susete, situada no acolhedor Jardim Eliane, onde compartilhamos risos, desafios e construímos laços familiares ainda mais profundos. Foi um período de aprendizado mútuo e solidificação do nosso compromisso.

Cinco anos após o casamento, tomamos a decisão de buscar nosso próprio espaço e adquirimos um terreno na Cidade Líder. Esse terreno viria a se tornar o alicerce de nossos sonhos, o lugar onde eu, trabalhando na corporação durante a madrugada e dedicando os dias à construção de nossa casa, moldaria nosso lar. Cada tijolo, cada esforço, era um passo em direção ao futuro que vislumbrávamos juntos.

Durante essa fase desafiadora, a paciência e o apoio incansável de Susete foram fundamentais. Ela não apenas gerenciava as demandas diárias, mas também se tornou uma fonte constante de motivação. Sua presença tornou a jornada mais leve, mesmo nos momentos mais difíceis.

Em meio à construção da casa e ao trabalho na corporação, nossa família crescia. O nascimento de nosso primogênito, Ricardo, em 1980, trouxe uma nova dimensão à nossa vida. Hoje, ele está casado e é pai, tornando-nos avós orgulhosos do primeiro netinho.

O ciclo de bênçãos continuou com o nascimento de nosso segundo filho, Rodrigo, em 1984. A graça de Deus se reflete no fato de que ambos os nossos filhos concluíram o ensino superior, uma conquista que enche nossos corações de gratidão.

Ao olhar para trás, vejo o quanto Susete foi não apenas minha esposa, mas a essência que deu forma à nossa família. Sua dedicação, amor e força foram os pilares que sustentaram nosso lar durante as tempestades e iluminaram os dias mais sombrios.

Hoje, mais do que nunca, reconheço que a vida é uma jornada compartilhada, e é ao lado de Susete que encontrei a verdadeira plenitude. Nossa história é uma tapeçaria de experiências entrelaçadas, e cada capítulo escrito ao seu lado é um testemunho do poder transformador do amor duradouro.

Vida Escolar

Minha jornada acadêmica foi marcada por desafios e reviravoltas que, muitas vezes, pareciam intransponíveis. Ingressei no Olga, uma instituição que testemunhou não apenas meu crescimento, mas também as lutas que enfrentei ao longo dos anos. A escola foi minha segunda casa, palco de aprendizados e obstáculos que moldaram a minha trajetória.

O Olga foi o cenário das minhas primeiras experiências escolares, iniciando na primeira série e avançando até a sétima. No entanto, as repetições se tornaram uma sombra constante em meu percurso. O segundo ano foi um desafio dobrado, repetindo não uma, mas duas vezes. O terceiro ano também testou minha resiliência, e uma repetição foi inevitável. O sexto ano trouxe consigo mais um episódio de superação, uma repetição que me fez refletir sobre minha abordagem aos estudos.

Ao atingir a idade de 21 anos, já casado, uma nova oportunidade educacional surgiu diante de mim: a escola Monte Alverne. Decidi retomar meus estudos e, com determinação renovada, completei a oitava série. Foi uma realização significativa, uma vez que rompi com o ciclo de repetições que marcaram meu passado escolar.

Embora tenha ingressado no primeiro ano do segundo grau, infelizmente, as circunstâncias da vida não permitiram que eu continuasse avançando academicamente. A responsabilidade de sustentar uma família já constituída tornou-se uma prioridade incontornável. Os desafios financeiros e as obrigações familiares se tornaram um fator limitante para minha busca contínua de conhecimento.

Assim, minha vida escolar foi uma montanha-russa de altos e baixos, com vitórias e derrotas, mas cada desafio moldou meu caráter e me proporcionou lições valiosas. Minha jornada educacional pode não ter seguido um caminho convencional, mas cada passo contribuiu para a pessoa que me tornei.

Vida Profissional

Aos 12 anos, enquanto a maioria das crianças se dedicava a brincadeiras e escola, eu já dava meus primeiros passos no mundo do trabalho. Foi na Vila Dalila que iniciei minha trajetória profissional, vendendo sabonetes para uma fábrica local. Apesar da pouca idade, aprendi desde cedo o valor do esforço e da determinação.

Com 13 anos, mudei de ares e me tornei polidor de carros, uma atividade que exigia dedicação e habilidade manual. A Rua Guaiaúna foi palco das minhas primeiras experiências nesse ramo. Enquanto muitos colegas de escola ainda se adaptavam à adolescência, eu já sentia o peso das responsabilidades.

Aos 16, ingressei nas Lojas Garbo, na movimentada Rua 7 de Abril. Ali, passei por diferentes funções, de empacotador a vendedor. As Lojas Garbo eram renomadas, especialmente por sua seleção de roupas masculinas. Durante dois anos, dediquei-me ao comércio, até o momento em que a loja encerrou suas atividades. Foi um capítulo que se encerrou, mas que preparou o terreno para os desafios que estavam por vir.

Diante da necessidade de adquirir novas habilidades, decidi fazer um curso de digitação, na época conhecido como curso de perfuração. Essa capacitação abriu portas para oportunidades na Datamec, onde meu salário estava atrelado à produção. Em paralelo, também trabalhava na Metramec, buscando equilibrar as demandas profissionais com os primeiros passos de um relacionamento e os objetivos que começavam a se delinear em minha vida.

Aos 18 anos, um novo capítulo se abriu quando participei de um processo seletivo e fui aprovado para trabalhar no departamento de digitação da Sharp. Essa experiência me acompanhou até os 20 anos, quando tomei uma decisão que moldaria os anos seguintes: prestei concurso para a Polícia Militar do Estado de São Paulo e fui aprovado.

A Escola de Soldados em Taubaté foi o palco da minha transição para uma carreira militar. O estágio no centro de São Paulo consolidou minha posição, e em pouco tempo, me tornei efetivo. Após quatro anos, percebendo a importância de estar mais próximo de casa com filhos pequenos, pedi transferência para a zona leste.

Durante esse período, os dias eram marcados pela intensidade. Trabalhava à noite na Polícia Militar e durante o dia fazia "bicos" para garantir recursos extras. O objetivo era nobre: construir minha própria casa. Cada tijolo era resultado do suor derramado nos dois turnos de trabalho.

Foram 26 anos dedicados ao serviço na zona leste de São Paulo, um período que exigiu esforço, resiliência e sacrifícios. Aposentei-me após 30 anos de serviço, uma jornada que começou na simplicidade da venda de sabonetes e culminou em uma carreira na segurança pública. Cada capítulo, uma lição; cada desafio, uma oportunidade de crescimento. Minha vida profissional não foi apenas uma sequência de empregos, mas sim a construção de um legado que se perpetua nas histórias que vivi e nas marcas que deixei.

Avós

Os avós sempre desempenharam papéis singulares em minha vida, marcando capítulos de memórias com suas presenças breves e profundas. O lado materno da minha árvore genealógica viu a chegada da avó paterna a São Paulo quando eu tinha doze anos. Era uma época marcada por descobertas e desafios adolescentes, mas o motivo da vinda dela não estava alinhado com o espírito alegre da juventude. Ela veio para enfrentar o implacável adversário chamado câncer.

Lembro-me vividamente dos dias em que minha avó permaneceu em nossa casa. O cheiro de remédios e a atmosfera carregada de preocupação pairavam no ar. Apesar de seus esforços e do tratamento, ela logo retornou ao seu lar em Pernambuco, deixando um rastro de melancolia e incertezas. O destino havia traçado um caminho desafiador para ela, e eu, jovem e ainda aprendendo as complexidades da vida, enfrentei a primeira lição sobre a fragilidade humana.

Pouco depois, a narrativa das visitas de avós à minha casa ganhou um novo capítulo quando meus avós maternos decidiram fazer a viagem até São Paulo. Quinze dias repletos de amor, histórias e risos permearam nossa rotina diária. Contudo, a efemeridade dessa alegria contrastava com a realidade da idade avançada que ostentavam. Após essa breve estadia, eles retornaram à sua terra natal, Pernambuco, deixando um vazio prenunciador.

A passagem do tempo e a implacável marcha da idade fizeram com que meus avós maternos partissem deste mundo. Seus sussurros de sabedoria e abraços afetuosos tornaram-se memórias preciosas, consolando-me nos momentos de solidão e incerteza.

Entretanto, um aspecto peculiar da minha história familiar veio à tona quando, um dia, pouco antes do falecimento de meu pai, decidi confrontá-lo sobre as dificuldades que enfrentamos ao longo dos anos. A resposta dele, permeada por tristeza e resignação, ecoou em meus ouvidos como uma sinfonia de dor. Ele confessou a sua incapacidade financeira e a dura realidade de não poder prover todas as necessidades da família. A dor profunda se intensificou quando ele revelou que nunca conheceu o próprio pai, tendo sido registrado como "pai desconhecido."

Essas palavras foram como facas perfurando meu coração. A carga emocional do passado, a luta silenciosa de um homem que tentou superar as adversidades, tudo se revelou naquele momento de confissão. Aprendi, mais uma vez, que as cicatrizes invisíveis de nossos antepassados moldam o tecido da nossa própria existência.

Os avós, mesmo que tenham desaparecido fisicamente, deixaram um legado de amor, sabedoria e desafios superados. Cada capítulo da minha vida é entrelaçado com as histórias deles, contribuindo para a narrativa única que sou eu.

Sobrevivendo ao Inesperado

Eu vi a morte de perto quando, já aposentado, estava fazendo um bico que mudaria minha vida para sempre. Era uma sexta-feira, e o planejamento minucioso para nossa viagem a Ubatuba estava prestes a se transformar em um capítulo sombrio. Com o código do dinheiro em mãos, entrei no Banco Santander com a confiança de quem já havia enfrentado desafios mais duros. A moça do caixa, entretanto, decidiu testar minha paciência, demorando mais de 40 minutos para liberar o montante que eu precisava.

Ao sair do banco, minha experiência na caserna ainda pulsava em meu ser, e eu estava alerta, sempre atento a qualquer movimento suspeito. No estacionamento, um arrepio percorreu minha espinha, seguido por um gelo na perna. Virei-me para encarar a ameaça e me deparei com um homem armado.

A primeira bala atingiu minha perna, seguida por duas no abdômen e uma na virilha. A dor, intensa e avassaladora, foi quase eclipsada pela minha reação instintiva. Num ato de sobrevivência, alcancei minha própria arma e atirei contra o agressor, que fugiu cambaleando antes de cair adiante.

Minha força se esvaía, mas a adrenalina impulsionava minha vontade de viver. Tentei andar, mas o chão se aproximou rápido demais. No Hospital Tatuapé, uma viatura próxima respondeu ao chamado de emergência. Minha jornada de volta à vida começava ali.

Cinco paradas cardíacas foram apenas obstáculos no caminho da minha recuperação. O tempo no hospital se estendeu por 28 longos dias, onde cada batida do coração era uma vitória sobre a sombra que pairou sobre mim naquele estacionamento.

Uma experiência sobrenatural

Acordei no escuro, meus olhos ajustando-se à penumbra do quarto. Um relógio grandioso, distante a quatro metros da minha cama, marcava o passar do tempo de forma silenciosa. Uma aura sobrenatural parecia preencher o ambiente, criando uma atmosfera mágica.

Enquanto observava o relógio, as horas se desenrolavam diante de mim. Após duas horas, uma figura loira e cativante adentrou o quarto. Era uma jovem de cabelos lisos, daquele loiro intenso que lembrava as personagens de novelas antigas. Ela usava um chapeuzinho com símbolo da Cruz Vermelha remetendo a tempos passados da Segunda Guerra Mundial.

A moça, que falava um italiano enrolado, cuidou de mim durante toda a madrugada. Em um momento, senti uma sede intensa, e ela, com um gesto gentil, molhou uma gazua e umedeceu meus lábios, proporcionando alívio temporário. Fiquei fascinado com a presença dela, mesmo diante da barreira linguística.

Ela continuou a cuidar de mim, mesmo quando a madrugada parecia interminável. Senti uma conexão especial com ela, como se fosse mais do que uma simples enfermeira.

Durante a terceira visita noturna, por volta das três da manhã, ela falou sobre a presença da polícia. Uma delegada e dois investigadores chegaram para colher o meu depoimento. Mesmo com a mão quebrada em dois lugares, relatei os eventos da noite anterior. Assinei documentos, mesmo com a dificuldade, e a delegada partiu com os investigadores, deixando-me em um estado de confusão e incerteza.

Por volta das cinco e meia da manhã, uma enfermeira escura e imponente entrou no quarto. Sentindo muita sede, pedi à enfermeira que me desse água. Contudo, ela negou, alertando-me de que não podia beber água.

Determinado, mencionei a enfermeira loira dos olhos azuis que cuidara de mim durante a noite, e que me umedecera os lábios para aliviar a sede, mas a enfermeira revelou que estava sozinha no plantão a noite toda.

Um arrepio percorreu-me ao perceber que só a loira dos olhos azuis cuidara de mim durante a noite toda. Uma sensação sobrenatural tomou conta de mim, e busquei por respostas sobre a identidade da misteriosa enfermeira.

Projeto para o Futuro

Aos 65 anos, percebi que o tempo passou como um furacão, levando consigo momentos que eu nem sequer percebi. Minha vida foi marcada por uma dedicação incansável ao trabalho, deixando pouco espaço para o lazer e as experiências que realmente importam. Foi preciso encarar a morte de perto para compreender o verdadeiro valor da vida.

No auge da minha jornada profissional, enquanto a Susete levava nossos filhos para passeios inesquecíveis, eu me via preso aos compromissos profissionais, imerso em uma rotina que consumia cada minuto do meu dia. A ideia de tirar um tempo para mim parecia um luxo distante, uma prioridade que sempre ficava em segundo plano.

Foi durante um momento de reflexão, após encarar a fragilidade da existência, que decidi traçar um novo projeto para o futuro. A vida não deveria ser apenas um conjunto de tarefas e obrigações; ela merecia ser vivida plenamente, com momentos que aquecem o coração e constroem memórias duradouras.

O primeiro passo desse projeto foi aprender a dizer "não" ao trabalho excessivo e abraçar as oportunidades de lazer que antes eu deixava escapar. Descobri o prazer de simplesmente estar presente, de sentir o sol acariciar meu rosto em um dia tranquilo no parque, ouvir o som suave das ondas do mar e respirar profundamente o ar puro da natureza.

Ao lado da Susete, reacendi a chama da nossa conexão, explorando novos destinos juntos e fortalecendo os laços que o tempo havia tentado desgastar. Passeamos por lugares que só existiam nos nossos sonhos, provamos sabores exóticos e sorrimos diante das pequenas alegrias que a vida oferece quando paramos para apreciá-las.

Nesses momentos de descoberta, percebi que nunca é tarde para reinventar a própria história. A aposentadoria não significava o fim, mas sim o início de uma nova etapa, repleta de possibilidades e escolhas conscientes. A vida aos 65 anos tornou-se uma celebração diária, um presente valioso que merece ser desfrutado com intensidade.

Assim, com um coração mais leve e a bagagem cheia de vivências enriquecedoras, encaro o futuro com entusiasmo. Meu projeto para os próximos anos é continuar explorando, aprendendo e, acima de tudo, vivendo com plenitude. Cada dia é uma página em branco, pronta para ser preenchida com novas histórias e experiências que fazem valer a pena cada segundo dessa jornada chamada vida.

Ivete

Raízes e Herança

O meu nome, Ivete, de acordo com o relato da minha mãe, o nome foi inspirado na figura de Ivete Vargas. Meu pai era admirador de sua beleza e, juntos, decidiram que esse nome seria uma escolha especial para mim. Através desse nome, sinto-me ligada à história e ao afeto dos meus pais, carregando o nome com orgulho e gratidão.

Mãe

Minha mãe, Marieta, era um ser admirável. Ela trazia consigo uma serenidade que acalmava qualquer tempestade. Tudo em sua vida tinha que estar no lugar certo, cada detalhe alinhado. Ela não tolerava imperfeições, sempre buscando a ordem e a harmonia em tudo que fazia. Com uma força interior notável, ela enfrentou as adversidades da vida com uma coragem silenciosa.

Ela viveu por 94 anos e deixou um legado de determinação e amor incondicional por sua família. Sofreu ao lado do meu pai, que enfrentou as batalhas de saúde mais difíceis. Uma trombose tomou conta de seu corpo, levando à amputação do pé, depois de uma perna, do joelho para baixo e, finalmente, da outra. No entanto, mesmo diante de tal sofrimento, ela permaneceu incansavelmente dedicada a nós, seus filhos.

Era uma mulher do lar, uma figura que equilibrava os desafios de cuidar de uma família de nove filhos com a administração do lar e das tarefas diárias. Seu desejo era nos proporcionar um futuro brilhante, incentivando-nos a buscar a educação e a excelência. Ela nos queria como pessoas de valor, alguém que pudesse deixar uma marca no mundo.

Minha Mãe e Eu

Minha mãe era o coração pulsante da nossa família. Ela sempre soube o que é ser mãe, e seu coração é um exemplo perfeito do que é o amor materno. Ela era uma pessoa muito boa, uma alma gentil e generosa, e sua preocupação constante era o bem-estar de todos nós. Ela queria que estivéssemos sempre bem, que encontrássemos a felicidade em tudo o que fizéssemos.

Ela tinha um dom especial para conversar comigo. Ela era minha confidente, minha orientadora, minha amiga. Minha mãe sempre esteve lá para me aconselhar sobre as coisas boas e ruins da vida. Suas palavras eram como luzes orientadoras em meu caminho, e sua sabedoria sempre foi inestimável.

No entanto, há uma faceta da minha mãe que eu devo mencionar. Ela também tinha seu lado durão, especialmente quando se tratava de mim. Talvez porque eu fosse um pouco sapeca na minha juventude, sempre gostando de estar na rua ou na casa das minhas amigas. Eu era uma namoradeira, uma jovem cheia de energia e curiosidade. Minha mãe, com toda a sua ternura, sabia como segurar as rédeas e me dar limites. Ela me pegava no pé, como costumava dizer, mas era tudo por amor.

Eu adorava minha mãe, de todo o coração. Sinto tanto a falta dela. Ela não tolerava coisas erradas e sempre buscava o melhor para nós. Ela gostava de manter nossa casa impecável, com roupas lavadas e a louça sempre em ordem. Lembro-me de como ela me pedia para varrer o quintal todas as tardes, e eu fazia isso com alegria. Era a forma dela de cuidar de nós e de nossa casa, de garantir que tivéssemos um ambiente limpo e acolhedor.

Minha mãe era uma pessoa extraordinária, uma força da natureza por si só. Ela podia ser mais nervosa do que meu pai, o que às vezes gerava alguma agitação em nossa casa. Mas mesmo com suas preocupações e ansiedades, ela sempre irradiava amor e carinho. Ela era a âncora da nossa família, a pessoa em quem podíamos sempre confiar.

Assim, minha mãe foi uma parte fundamental da minha jornada. Ela era mais do que uma mãe; era minha amiga, minha orientadora e meu exemplo de amor incondicional. Para sempre a amarei e lembrarei com gratidão.

Pai

Meu pai, Abelardo, é um capítulo à parte em nossa história. Seu espírito guerreiro e sua ética de trabalho moldaram a maneira como enfrentamos os desafios. Ele era um funcionário público, dedicando-se incansavelmente ao seu trabalho, até que a doença o forçou a batalhar pela própria sobrevivência.

Partiu deste mundo aos 60 anos, depois de lutar contra uma trombose implacável. Durante esse tempo de dor e angústia, ele nunca permitiu que sua força interior se esvaísse. Seu amor por nós, seus filhos, era visível em cada ato, em cada sacrifício que fazia para garantir que tivéssemos tudo o que precisávamos.

Lembro-me da época em que eu, ainda uma criança de cerca de 12 anos, ia para a escola com lágrimas nos olhos. Meu pai, mesmo em sua condição debilitada, era minha âncora, minha inspiração. Seu amor inabalável me impulsionava a superar minhas próprias batalhas, a perseguir meus sonhos, assim como ele sempre fez.

A passagem do tempo não diminui a presença deles em minha vida. A herança que me deixaram continua a guiar meus passos, lembrando-me da força, da resiliência e do amor que sempre estiveram presentes em nossa história familiar.

Meu Pai e Eu

Meu pai era um homem calmo, tranquilo, apesar de ter enfrentado muitas doenças ao longo da vida. Na história que eu compartilhei, mencionei sobre a sua perna, que tinha sido afetada por uma condição de saúde. Mesmo assim, ele mantinha uma serenidade admirável.

Com os filhos, ele era excepcionalmente carinhoso, especialmente comigo. Ele sempre fazia questão de garantir que estivéssemos bem e que não nos faltasse nada. Meu pai não era uma pessoa ignorante, ele tinha uma abordagem leve para a vida, sempre encarando as coisas com bom humor.

Ele era brincalhão e estava constantemente sorrindo. Ele adorava conversar comigo, e tínhamos longas conversas sobre diversos assuntos. Ele me incentivava a perseguir meus objetivos, a estudar e a buscar o sucesso na vida. Meu pai era um grande apoio para mim.

Lembro-me de como ele ficava feliz quando eu trazia pequenos mimos para ele, como chocolates e os doces que ele tanto gostava. Ele era um pai incrível, sempre presente em todos os aspectos da minha vida. Eu mostrava a ele todas as coisas que conquistava, orgulhosa de compartilhar meu progresso com ele.

Meu pai era uma pessoa maravilhosa, e até hoje sinto muita falta dele. Suas memórias e ensinamentos continuam a me inspirar a ser a melhor versão de mim mesma. Seu amor e apoio moldaram a pessoa que sou hoje, e sempre guardarei um lugar especial no meu coração para ele.

Antônio

Na trajetória da minha vida, um nome sempre se destaca com carinho e admiração: Antônio, o meu irmão mais velho. Desde os primeiros passos da minha jornada, ele esteve ao meu lado, guiando-me com sua sabedoria e exemplo. Nosso vínculo é mais que de sangue, é de cumplicidade, companheirismo e amor fraternal.

Na infância, Antônio era a personificação da energia e alegria. Um verdadeiro "molecão", como gostávamos de dizer naquela época. A bola era sua confidente, e os gramados, seus palcos de sonhos.

Além de seu talento esportivo, Antônio também possuía um coração nobre e generoso. Quando as dores do nosso pai afetavam nossa família, ele não hesitou em se posicionar como um pilar de apoio. Como o irmão mais velho dos homens, tomou sobre si a responsabilidade de trabalhar cedo para aliviar as cargas financeiras que pairavam sobre nós. Seu empenho em feiras e carretos, levando as compras das mulheres da região, não era apenas uma tarefa, era uma expressão de amor e compromisso com nossa família.

Hoje, Antônio tem 72 anos, e seu espírito resiliente continua a brilhar. O tempo lhe trouxe muitas batalhas e vitórias, incluindo a alegria de ser pai e avô. Com sete netos, ele encontrou uma nova forma de espalhar sua sabedoria e carinho, moldando as gerações futuras com suas histórias e lições de vida. A graça de Deus manifestou-se através da dedicação de seus filhos, que agora cuidam dele com amor e gratidão.

Sua jornada é uma fonte inesgotável de inspiração, e seu legado ecoará através das gerações, ensinando-nos que os verdadeiros heróis estão entre nós, compartilhando o amor e a força que moldam famílias e comunidades.

Iverilda

A história de Iverilda é uma narrativa de resiliência e força que se desenrola ao longo de sete décadas de vida. Nascida prematura e delicada, sua jornada é marcada por desafios, superações e a constante demonstração de sua natureza batalhadora.

Quando viu pela primeira vez a luz do dia, Iverilda era um pequeno milagre de vida que cabia dentro de uma caixinha de sapatos. Sua chegada ao mundo foi tão frágil quanto impressionante, e logo se tornou o xodó da família. Sua mãe a protegia como um tesouro precioso, pois sabia que a luta que Iverilda travava era uma luta de sobrevivência desde o início.

A infância de Iverilda foi marcada por desafios de saúde. Uma batalha com meningite a deixou ainda mais frágil, mas ela mostrou desde cedo sua resiliência, resistindo e superando obstáculos que poderiam ter abatido almas menos valentes. Mesmo com sua estatura miudinha, sua inteligência brilhava como uma luz que não podia ser apagada.

O destino a colocou diante de uma tragédia precoce, quando seu marido partiu muito cedo. Um homem afligido por problemas cardíacos, seu falecimento prematuro trouxe à tona a cruel interseção entre a fragilidade e a saúde do coração. Mas mesmo diante de tal perda, Iverilda manteve a cabeça erguida, carregando consigo a memória do amor compartilhado e a responsabilidade de seguir em frente por sua família.

Hoje, aos 73 anos, Iverilda reside em São Mateus, testemunha viva das batalhas que travou e superou. Mãe de três filhas, avó de seis netos, sua vida é um testemunho da força que emana das conexões familiares e do amor incondicional. Sua saúde continua a surpreender a todos, pois ela se recusa a permitir que sua estatura pequena limite suas realizações.

A história de Iverilda nos lembra que não são os desafios que definem uma pessoa, mas sim sua coragem para enfrentá-los. A guerreira miudinha que nasceu prematura e enfrentou a adversidade com determinação e graça, continua a ser uma inspiração para todos que têm o privilégio de conhecê-la. Sua jornada está longe de terminar, e cada novo capítulo é uma celebração da resiliência e amor que ela traz ao mundo.

Ilza

Ela era a primogênita, uma mulher de alma forte que desempenhou um papel crucial em nossa trajetória.

Desde cedo, ela se tornou o alicerce sobre o qual nossa família se apoiava. Com um coração generoso e um senso de responsabilidade inabalável, Ilza foi quem, de fato, sofreu mais. Ela sempre esteve ao lado dos nossos pais, dividindo as tarefas de cuidar dos irmãos mais novos e garantindo que não nos faltasse amor e proteção. Com um sorriso terno nos lábios, ela enfrentou cada desafio com coragem e determinação.

Ilza não hesitou em ingressar no mundo do trabalho cedo para contribuir com as despesas da família. Sua dedicação incansável e sua ética de trabalho exemplar eram inspirações para todos nós. Entre os irmãos, ela era inegavelmente a mais bonita, com uma beleza que transcendia o físico e irradiava a partir de sua alma.

Uma característica marcante de Ilza era sua paixão pela vida social. Ela sabia como aproveitar cada momento, sempre encontrando motivos para sorrir e se divertir.

Ilza tinha um desejo ardente de aprender, e mesmo que sua jornada educacional tenha se limitado ao ensino primário, ela absorveu conhecimento de todas as formas possíveis. Ela experimentou o casamento duas vezes. O primeiro, infelizmente, não perdurou, mas foi o segundo que definiu uma parte significativa de sua vida. Ao lado de seu segundo marido, eles viveram muitos anos de cumplicidade e amor. Uma prova desse amor foi a adoção da pequena Cristiane, que se tornou um raio de sol em suas vidas e cresceu para ser uma mulher admirável.

No entanto, o tempo é implacável, e após 74 anos de uma vida repleta de desafios e realizações, Ilza nos deixou há um ano. Sua partida foi uma perda dolorosa para todos nós, deixando um vazio que nunca poderá ser completamente preenchido. Ilza foi uma pessoa boa, generosa e altruísta, que enfrentou o sofrimento com dignidade e força.

Sua jornada terminou com uma partida súbita, vítima de uma parada cardiorrespiratória. Mas a memória de sua presença inspiradora e seu legado de resiliência permanecem conosco.

Idário

Meu querido irmão Idário, um dos personagens mais vibrantes da minha jornada. Desde criança, Idário foi um moleque peralta, aquele tipo que preferia brincar na rua a ficar enfiado dentro de casa. Ele nunca foi muito fã de estudar, algo que frequentemente gerava desentendimentos com nossa mãe, que tinha a varinha sempre pronta para nos lembrar da importância dos estudos. Era coisa de moleque, mesmo, essa resistência ao lápis e papel.

Seus dias na escola se entrelaçavam com suas obrigações na feira. Meu pai, mesmo enfrentando doenças, continuava sendo o mestre das carroças que serviam de carreto nas feiras. Era um esforço coletivo, e cada um de nós tinha seu papel a desempenhar. Ajuda era a palavra de ordem, e essa mentalidade estava profundamente enraizada em nós. Tínhamos que apoiar nossos pais, e entre as meninas cuidando das tarefas domésticas, os meninos tinham suas responsabilidades a cumprir.

O Idário não escapou das reviravoltas da vida. À medida que crescia, ele se transformou em um jovem namorador, amante das escolas de samba. E então, em meio a essas paixões, ele encontrou uma mulher especial, com quem compartilhou um amor profundo e construiu uma família. Juntos, eles criaram um casal de filhos que, agora, estão casados e deram a Idário a alegria de ser avô. Apesar das intempéries que a vida lhe trouxe, ele permaneceu um guerreiro incansável. Hoje, Idário vive com sua filha, uma parceria cheia de carinho e cumplicidade.

Seu trabalho na arena do Corinthians reflete seu espírito trabalhador. Lá, ele vende capas de chuva, camisas e camisetas de jogos e torcida, algo que, de certa forma, conecta-se com sua paixão por escolas de samba. É carinhosamente chamado de "velhinho", um apelido que revela o respeito e a familiaridade que as pessoas têm por ele.

Hoje, aos 71 anos, Idário é um símbolo de força, resiliência e perseverança. Sua jornada não foi isenta de desafios, mas ele os enfrentou com coragem e persistência.

Hildebrando

Na minha família, entre irmãos tão diferentes, Hildebrando se destacava como o mais clarinho de todos, não apenas na pele, mas também no jeito de ser. Desde cedo, ele sempre foi um moleque ativo, cheio de energia e com uma pitada extra de peraltice. Sua personalidade briguenta e a tendência a arrumar confusões nas ruas eram fonte constante de preocupação para nossa mãe. Eu me lembro das noites em que ela ficava acordada, olhando pela janela, esperando ansiosamente pela volta dele.

Na adolescência, eu estava naquela fase em que queria arrumar um namoradinho, e o Hildebrando tinha seus ciúmes. Às vezes, ele me via conversando com algum rapaz por aí, chegava em casa e contava para minha mãe. Então, a confusão estava armada. Eu também não ficava atrás, pois quando o via na rua com os colegas dele, às vezes achava que estava aprontando algo errado e corria para contar para minha mãe.

E assim começavam nossas brigas, mas eram brigas de palavras, não físicas, nada de xingamentos ou ofensas.

Estudar nunca esteve entre as prioridades de Hildebrando. Enquanto nós nos esforçávamos nos livros, ele preferia estar com a molecada na rua, causando travessuras e rindo de histórias malucas.

Nossa mãe já tinha bastante para lidar, já que nosso pai sofria com problemas de saúde. A responsabilidade de cuidar da família e administrar os desafios do dia a dia pesavam sobre seus ombros. E Hildebrando não facilitava as coisas. Suas ações frequentemente a faziam passar por momentos de nervosismo e preocupação.

Ele conheceu uma moça que se tornaria mãe de seus dois filhos. No entanto, ele nos deixou aos 33 anos. O vazio que ele deixou foi imenso, e todos nós compartilhamos o sofrimento de perder alguém tão jovem e cheio de potencial.

Ele deixou dois filhos pequenos, que agora precisavam enfrentar a vida sem a presença dele. A ausência dele pesava ainda mais sobre nossa mãe, que já havia passado por tantos desafios. A dor de perder um filho é incomparável, e ela precisou ser uma força incrível para manter a família unida diante dessa tragédia.

O tempo passou, e após uma década da partida de Hildebrando, a mãe de seus filhos também nos deixou. Nossa família enfrentou mais uma vez a cruel realidade da perda.

Hoje, se estivesse vivo, ele teria 65 anos. Olho para trás e penso em como as coisas poderiam ter sido diferentes para ele, mas também lembro dele com carinho, porque, ele sempre fez parte da nossa amorosa e tumultuada história familiar.

Iveraldo

Ao longo dos anos, Iveraldo provou ser um homem de valores sólidos e um coração generoso. Sua vida foi moldada por suas escolhas prudentes e um profundo amor por sua família.

Desde os primeiros passos de sua infância, Iveraldo demonstrou uma inclinação natural para a tranquilidade. Diferente de muitos meninos de sua idade, ele não estava interessado em aventuras nas ruas ou em buscar relacionamentos efêmeros. Sua alma encontrava satisfação na simplicidade e na serenidade do ambiente doméstico.

Seu coração foi tocado pelo amor de uma única mulher, que acabou se tornando sua esposa. Iveraldo nunca foi um conquistador de corações, mas encontrou a verdadeira felicidade ao lado de sua companheira de vida

A bênção mais preciosa dessa união foi sua filha, uma jovem de 18 anos que carrega consigo a herança da dedicação e da integridade de seu pai. Assim como Iveraldo, ela compreende o valor do trabalho árduo e o significado de comprometimento. Sua jornada apenas começou, mas ela já está seguindo os passos de seu pai, combinando educação e emprego com graça e determinação.

Os anos não passaram em vão para Iveraldo. Hoje, aos 62 anos, ele continua a ser uma presença constante e reconfortante na vida daqueles ao seu redor. Sua ética de trabalho permanece inabalável, e ele desempenha seu papel como funcionário público com diligência e honestidade.

Mas a história de Iveraldo não se restringe apenas ao mundo profissional. Desde seus dias de juventude, ele encontrou alegria em uma atividade que alimentava tanto sua alma quanto seu sustento. A paixão por vender doces e guloseimas o acompanha desde o circo Carlitos, onde ele vendia maçãs do amor e pipocas para os espectadores encantados. Essa paixão não se dissipou ao longo dos anos, mas sim evoluiu para uma parte importante de sua identidade. Hoje, ele ainda encontra prazer em compartilhar a doçura de seus produtos com os outros, espalhando alegria através de pequenos gestos.

Através das páginas de sua história, podemos vislumbrar não apenas um homem comum, mas um ser humano extraordinário que encontrou a riqueza da vida em seu próprio caminho singular.

Ivanete

A infância de Ivanete foi marcada pela doçura e cuidado que ela sempre demonstrou para com os outros. Como a caçula das mulheres da família, suas responsabilidades giravam em torno do lar e do auxílio constante à mãe nos cuidados com o pai. Embora não trabalhasse fora de casa, suas mãos estavam sempre ocupadas e seu coração cheio de generosidade.

Conforme os anos passaram, a menina se transformou em uma jovem de espírito vibrante e curioso. Aos quinze anos, o destino a levou a um encontro que mudaria sua vida para sempre. Ela conheceu alguém especial, um rapaz que despertou sentimentos que eram novos e emocionantes. O namoro floresceu e se transformou em um amor duradouro, culminando no casamento que perdura até os dias atuais.

A vida de casada trouxe consigo uma série de desafios e alegrias. A juventude trouxe a gravidez, e Ivanete se viu assumindo a responsabilidade de ser mãe em uma idade precoce. No entanto, ela enfrentou cada obstáculo com determinação, apoiada por seu marido e seu amor inabalável pela família que estava construindo.

O tempo não demorou a passar, e logo Ivanete se tornou mãe de três filhos, uma tarefa que ela abraçou com paixão e comprometimento. Enquanto cuidava de sua família, um desejo antigo começou a se realizar. Seu marido finalmente a incentivou a buscar uma carreira fora de casa, uma chance de realizar seu potencial. Decidida a aproveitar essa oportunidade, Ivanete embarcou em uma jornada de autodescoberta.

Ela mergulhou de cabeça em seus estudos, optando por se capacitar como técnica de enfermagem. Cada desafio que surgia em seu caminho era encarado com resiliência e determinação. Quando ela finalmente concluiu seu curso, abriu as portas para um novo capítulo em sua vida. Ivanete encontrou um emprego em uma casa de repouso próxima de sua casa, onde suas habilidades e compaixão eram tão valorizadas quanto sua experiência.

Os anos passaram rapidamente, e a dedicada mãe logo se viu avó, abraçando essa nova fase com a mesma energia e amor que sempre demonstrou por sua família. Com orgulho, ela observa seus seis netos crescerem, cada um trazendo uma nova dimensão de alegria à sua vida.

Hoje, Ivanete é uma mulher de conquistas. Ela não apenas construiu um lar sólido e acolhedor para sua família, mas também construiu sua própria independência. Com sua carreira na área de enfermagem, ela trouxe cuidado e conforto a muitos, como sempre fez com aqueles ao seu redor. Seu coração continua a se expandir para abraçar a todos que têm a sorte de conhecê-la.

Apesar de todos os desafios e conquistas, Ivanete permanece a mesma pessoa humilde e atenciosa que sempre foi. Ela mantém um forte senso de família, visitando regularmente seus irmãos e amigos de tempos passados. Sua casa é seu refúgio, onde ela construiu uma vida que reflete suas aspirações e realizações.

A história de Ivanete é um testemunho inspirador de determinação, amor e persistência. Ela é a personificação de como alguém pode superar obstáculos, abraçar oportunidades e se tornar uma força positiva na vida daqueles ao seu redor. E assim, Ivanete Vieira Pinto continua a traçar sua jornada com um coração generoso e uma alma repleta de gratidão.

Ivaldir

Ivaldir, figura que sempre carregou a doçura de uma criança, mesmo enquanto trilhava os caminhos árduos da vida adulta. Com seus 53 anos, ele permanece o menino de espírito aventureiro que cresceu à sombra dos seus irmãos mais velhos, mas também carrega consigo a bagagem de responsabilidades que a vida lhe conferiu.

Entre todos nós, era ele o xodozinho da mamãe. Ser o caçulinha não apenas lhe garantia atenção especial, mas também a proteção e cuidado extra de uma mãe amorosa que sempre zelou por ele com um carinho incondicional.

Ivaldir não demonstrou grande interesse pelos estudos. Era notório que sua paixão residia em atividades mais práticas e ao ar livre. Esse amor pela ação o conduziu a uma carreira como pedreiro. Embora suas mãos habilidosas fossem capazes de transformar blocos de concreto em edificações sólidas, ele nunca escondeu sua falta de entusiasmo pela sala de aula.

A vida não o conduziu ao casamento convencional. Seu relacionamento mais significativo resultou em uma filha adorável, tornando-o pai solteiro. A responsabilidade de criar e educar a pequena criança trouxe um lado mais maduro a Ivaldir. Com o tempo, ele também se tornou avô de dois netinhos, uma alegria que aquece seus dias.

A moradia compartilhada na casa dos nossos pais se tornou um ponto de encontro para todos nós. Nessa configuração, Ivaldir encontrou seu espaço, um quarto onde aconchegou suas memórias e momentos de tranquilidade.

Este capítulo na minha autobiografia é uma homenagem ao irmão que, apesar das divergências e dificuldades, sempre esteve presente, compartilhando a jornada da vida sob o mesmo teto. Sua história é a prova viva de que a vida é feita de escolhas, obstáculos superados e amor incondicional, uma narrativa que se entrelaça com a minha e com a de nossa família de maneiras que jamais poderiam ser separadas.

A História do meu Pai Gago

A infância é uma época repleta de memórias doces e marcantes, e dentre as lembranças que carrego comigo, as relacionadas ao meu pai ocupam um lugar especial. Meu pai, um homem incrível e cheio de peculiaridades, possuía uma história de superação que o tornava ainda mais admirável aos meus olhos.

Recém-casado com minha mãe e pronto para formar nossa linda família, meu pai enfrentou desafios que moldaram sua trajetória de vida. Ele era gago e essa característica, que poderia ser vista como um obstáculo, foi na verdade resultado de um episódio que testou sua força e determinação.

Foi em Sergipe, no Nordeste do Brasil, onde meu pai viveu uma experiência que mudou sua vida para sempre. Ainda muito jovem, ele tinha um espírito aventureiro e amava se refrescar nas águas do rio local. Um dia, após terminar sua refeição, ele decidiu dar um mergulho. No entanto, o destino pregou-lhe uma peça cruel quando uma convulsão o atingiu abruptamente enquanto ele nadava.

Seus irmãos, testemunhas atônitas do ocorrido, agiram rapidamente para salvá-lo. Eles puxaram sua língua, que começou a enrolar, e isso foi o suficiente para interromper a convulsão. Mas o incidente deixou sequelas profundas, resultando em uma gagueira que afetaria sua fala daquele momento em diante.

Minha irmã mais nova, por sua vez, encontrou um lugar especial no coração do meu pai. Devido à gagueira, ele tinha dificuldade em falar nomes longos e complexos, e assim, nossa caçula ganhou o apelido carinhoso de Fia. A forma como ele a chamava, com todo o amor e dedicação que só um pai pode ter, era algo que tocava nossos corações.

Em momentos de crise ou quando se sentia doente, meu pai encontrava uma maneira única de expressar suas necessidades. Ele começava a gritar o nome dela, repetindo incansavelmente: "Fia, Fia, Fia!" Era como se, ao pronunciar esse apelido, ele encontrasse forças para enfrentar qualquer adversidade. Minha irmã era seu xodó, seu raio de sol nas horas mais sombrias.

À medida que prosseguimos em nossa jornada familiar, lembro-me sempre do legado do meu pai, que nos deixou não apenas uma história de superação, mas também um profundo sentimento de amor e união que perdura através das gerações. E é com esse amor no coração que continuo a escrever minha própria história, honrando a memória de um homem extraordinário que foi, e sempre será, meu pai gago.

As Parteiras da Nossa História

Minha mãe tinha 2 parteiras de confiança, a dona Chica e a dona Severina. Elas eram mulheres incríveis, cheias de sabedoria e compaixão, que desempenharam um papel crucial nos momentos mais importantes da nossa família. Com suas mãos experientes e corações gentis, elas traziam vida ao mundo e garantiam que cada nascimento fosse um evento marcante.

E a chegada de um novo membro à família era motivo de celebração para todos. Era uma tradição que se repetia, sempre com a presença calorosa das parteiras e a colaboração atenta de meu pai.

As donas Chica e Severina traziam consigo sua sabedoria transmitida por gerações, um conhecimento que ia muito além do que qualquer livro ou curso poderia ensinar. Elas sabiam exatamente o que fazer em cada situação, acalmando os nervos de todas as mães e garantindo que cada processo fosse o mais tranquilo possível.

Meus oito irmãos e eu nascemos todos sob o cuidado dessas mulheres incríveis. Lembro-me dos sons suaves de suas vozes enquanto murmuravam palavras de encorajamento para minha mãe, trazendo uma sensação de serenidade e força. Era um ritual que transcendia o simples ato de dar à luz, envolvendo toda a família em uma atmosfera de união e amor.

Naquela casa que hoje eu chamo de lar, testemunhamos o milagre da vida repetidas vezes. O quarto onde dormimos agora foi o mesmo em que meus irmãos e eu chegamos a este mundo. A cama que compartilho com meu marido foi o berço onde nossas vidas começaram, onde nossos destinos foram traçados.

Lembro-me com carinho da minha irmã mais velha, sempre tão dedicada e prestativa. Enquanto as parteiras trabalhavam incansavelmente para trazer um novo bebê ao mundo com o auxílio do meu pai, ela estava no quarto ao lado, cuidando dos irmãos mais novos. Era como se todos nós, desde o momento em que nascemos, fôssemos parte de uma equipe que trabalhava em conjunto para cuidar uns dos outros.

Nossa história é uma mistura de tradição, amor e gratidão. As parteiras, dona Chica e dona Severina, tornaram-se parte de nossa jornada. Elas não apenas trouxeram vidas ao mundo, mas também moldaram nossa família com seu toque gentil e orientação sábia.

Lembranças de Minha Infância

Minha infância, apesar dos sofrimentos que enfrentamos, foi um período marcado por momentos de alegria e simplicidade. Meu pai era o chefe da casa, e mesmo quando a doença o acometeu, ele não desistiu de lutar para nos proporcionar o sustento. Lembro-me das noites em que ele voltava para casa, cansado, mas com um sorriso no rosto ao nos ver.

Éramos crianças, e mesmo diante das dificuldades, éramos felizes. Nossa casa tinha um quintal amplo, onde minha mãe cuidava de suas galinhas e patos. As árvores frutíferas faziam parte da paisagem, com mangueiras, abacateiros, pés de cana e limoeiros. Passávamos os dias sob a sombra dessas árvores, especialmente na época das mangas, quando nos deliciávamos com as frutas, muitas vezes acompanhadas de um toque de sal. Minhas primas e primos vinham nos visitar, e juntos brincávamos de pega-pega e de outras brincadeiras típicas das festas juninas. Meu pai, habilidoso como era, fazia uma fogueira e recebia meus tios, criando uma atmosfera acolhedora que aquecia nossos corações.

Quando entrei na adolescência, comecei a namorar. Tinha meus namoradinhos e saía com minhas amigas para os bailes, onde adorava dançar, uma paixão que ainda carrego comigo. Meus irmãos, apesar das brigas e implicâncias típicas entre irmãos, eram meu apoio. Lembro-me especialmente do meu irmão Hildebrando, que, apesar de durão, gostava de se juntar às nossas brincadeiras e tinha ciúmes de mim quando comecei a namorar.

Também tinha uma irmã mais velha que gostava de sair comigo. Ela trabalhava no Mappin e costumava me levar para passear com ela. Éramos muito apegadas, e ela sempre me enchia de mimos, levando-me para ver o Papai Noel e me presenteando. Esses momentos eram preciosos para mim e marcaram minha infância de maneira profunda

Hoje, quando me sento no beiral da horta que criei em meu quintal, não posso deixar de relembrar esses tempos felizes. Converso com meus netinhos, mostrando-lhes onde ficavam os pés de abacate, manga e limão. Do outro lado, recordo-me do terreno cheio de cana e batata-doce do vizinho. Minha infância foi uma época de simplicidade, de brincadeiras inocentes, de amor em família, e sinto muita falta desses momentos alegres, da sensação de pura felicidade que vivi naquela época.

Tia Angelina

Tia Angelina era uma figura fundamental na minha vida. Ela não era apenas minha tia, era como uma segunda mãe para mim. Morava bem próxima de nossa casa e era a irmã mais velha da minha mãe. Nós éramos incrivelmente próximas, tão próximas que muitos na família diziam que eu era a cópia dela, tanto em aparência quanto em personalidade. Éramos ambas morenas, e eu sempre admirei o jeito extrovertido e alegre dela. Ela não levava a vida muito a sério, estava sempre pronta para uma boa risada e encarava as situações com leveza e graça.

Nossos encontros dominicais eram sagrados para mim. Todos os domingos, eu ia até a casa dela, onde almoçávamos juntas e tomávamos café da manhã. Era um ritual que eu esperava ansiosamente a semana inteira. Sentar-me à mesa com ela, compartilhar histórias e risadas, era o ponto alto da minha semana. Angelina tornava cada momento especial.

Ela faleceu cedo, ainda jovem, e acredito que tinha mais ou menos a mesma idade que eu tenho agora. Uma parada cardíaca a levou embora de forma tão abrupta que foi difícil de aceitar. Lembro-me de como o mundo pareceu um lugar mais sombrio sem a sua presença alegre.

Hoje, quando penso em Tia Angelina, sinto uma saudade profunda. Saudade das conversas, das risadas, do carinho que ela sempre demonstrou por mim. Se ela estivesse viva hoje, estaria celebrando seus noventa anos. E tenho certeza de que sua energia e alegria ainda seriam contagiantes.

Tia Angelina deixou uma marca profunda em minha vida, uma lembrança de como a alegria e a positividade podem fazer diferença no mundo. Ela era uma pessoa boa em todos os sentidos da palavra, e sua falta é sentida até hoje. Mas, apesar da tristeza da sua partida, continuo carregando comigo o amor e a sabedoria que ela compartilhou comigo ao longo dos anos. E, de alguma forma, sinto que ela está sempre presente, olhando por nós e sorrindo, como sempre fazia.

Tia Cecília - 99 Anos

Tia Cecília é uma figura notável em minha vida, um elo precioso com o passado que continua a brilhar mesmo quando o tempo insiste em avançar. Ela é a última sobrevivente de sua geração aqui em São Paulo, uma cidade que viu transformar-se ao longo de quase um século.

Cecília, nascida em 15 de novembro de 1924, celebrará o seu centenário com uma graça e vitalidade que inspiram a todos nós.

Fui visitar Tia Cecília recentemente e, ao chegar à sua casa, fui recebida com um sorriso caloroso. Ela estava sentada em sua poltrona favorita, olhando pela janela para o mundo lá fora. Sua mente, afiada como sempre, brilhava com a lucidez que é característica dela. Era difícil acreditar que aquela senhora enérgica à minha frente estava prestes a completar 100 anos.

Ela se levantou com a ajuda de uma bengala, um acessório que a acompanha nos últimos anos, mas isso não a impede de andar com determinação e graça. Cecília me guiou pela casa, contando histórias que fizeram parte da minha infância e adolescência. Cada canto daquela casa tinha uma história, e ela lembrava de cada detalhe com uma clareza impressionante.

Tia Cecília, aos 99 anos, é um exemplo vivo de como a idade é apenas um número quando se tem a determinação de viver plenamente.

No dia 15 de novembro, celebraremos juntos o centenário de Tia Cecília, não apenas como um marco na linha do tempo, mas como uma celebração da vida, amor e perseverança. Ela é um farol de luz em nossa família, uma conexão com o passado que ilumina nosso presente e nos guia para o futuro.

Filhas - Meu Braço Direito e Esquerdo

Minhas filhas, Suellem e Isabelle, são verdadeiras dádivas em minha vida. Elas são o elo que une o meu passado ao meu presente, carregando consigo a essência da educação e do respeito que sempre foram valores fundamentais em nossa família.

Uma das coisas que mais me enchem de gratidão é a forma como elas se preocupam comigo e com meu marido. Se por acaso sinto uma dorzinha, elas correm ao meu lado, oferecendo seu apoio incondicional. Levam-me ao médico com a mesma dedicação que eu as levei quando eram pequenas. Essa preocupação com nossa saúde e bem-estar é algo que aquece meu coração e me faz sentir abençoada.

Talvez a razão para essa conexão tão profunda e esse senso de responsabilidade mútua esteja enraizada na educação que procurei proporcionar a elas. Sempre acreditei que a base de uma vida plena reside na educação e no respeito. Fui criada com esses princípios e, desde o nascimento de minhas filhas, fiz questão de passá-los adiante.

Elas sabem que o respeito é o alicerce de qualquer relacionamento saudável e que tratar as pessoas com gentileza é a chave para construir uma sociedade melhor.

Elas são meu orgulho e minha alegria, e estou emocionada por tê-las como parte fundamental da minha história e da nossa família.

Minha Filha Suellen

Suellem, aos 36 anos, é uma mulher incrível. Ela sempre foi uma menina super apegada a mim. Não há como negar que ela me ama profundamente, e isso se deve ao fato de eu ter sido sua mãe e pai por muitos anos. Fiz o meu melhor para criá-la sozinha, e hoje ela reconhece todo o esforço que fiz.

Quando tinha apenas 12 anos, ela já começou a trabalhar. Sua primeira experiência foi cuidar de uma criança como babá. Com o tempo, a mãe dessa criança engravidou novamente, mas Suellem continuou cuidando do segundo filho. Logo, essa família teve mais um bebê, e ela se viu cuidando de três crianças ao mesmo tempo. Mesmo com toda essa responsabilidade, ela nunca deixou de ser uma filha dedicada.

Desde pequena, já demonstrava interesse pela ginástica. Lembro-me de levá-la a um clube perto de nossa casa na Cohab quando ela tinha apenas 7 anos, e ela já dizia que queria ser ginasta. Participava das aulas com entusiasmo, e com o tempo, ela cresceu e se tornou uma adolescente determinada. Ela não faltava às aulas e sempre se esforçava ao máximo.

À medida que Suellem se desenvolvia como ginasta, ela começou a fazer apresentações no Anhembi e conheceu professores. Decidida, ela também ingressou na faculdade, embora nem eu nem meu marido tivéssemos condições financeiras para pagar seus estudos. No entanto, ela era determinada e encontrou maneiras de ganhar dinheiro, vendendo chocolates na faculdade para custear sua educação. Ela estava determinada a seguir seu sonho de se tornar ginasta.

Mas um dia, Suellem fez uma declaração que me encheu de orgulho. Ela se aproximou de um de seus professores e disse: "Olha, posso não ser uma ginasta olímpica, mas vou me tornar uma professora de ginástica olímpica". Ela tinha um dom natural para ensinar e compartilhar sua paixão. Além disso, era uma cantora talentosa na igreja, e todos gostavam muito dela.

Durante seus anos na faculdade, conheceu um homem especial, que viria a se tornar seu marido. Ele também era professor de educação física e, mais tarde, tornou-se um narrador de sucesso. Meu genro, Filemon, era de uma família boa e trabalhadora, e eu logo percebi que ele era perfeito para minha filha. Eles construíram uma vida juntos, com sua casinha e um carro.

Hoje, minha filha é uma professora de ginástica olímpica respeitada e leciona em uma escola de educação física. Ela e Filemon têm dois filhos adoráveis,

Mateus, de 10 anos, e Laurinha, de 4 anos. Ele é um homem notável, e eu o admiro profundamente pela maneira carinhosa como trata minha filha e netos.

Minha filha Suellem é um exemplo de determinação, coragem e amor incondicional. Ela superou desafios e alcançou seus sonhos, provando que com perseverança e amor, podemos conquistar o que desejamos na vida. Estou incrivelmente orgulhosa dela e da mulher forte e dedicada que se tornou.

Minha Filha Isabelle

Isabelle, 29 anos, é uma joia preciosa que veio iluminar nossas vidas. Ela é fruto do amor que compartilho com meu marido e chegou para completar nossa família. Pouco tempo depois de nos casarmos, Isabelle veio ao mundo, e desde então, tem sido o nosso xodó.

Desde a infância, ela foi uma criança muito amada, criada junto com sua irmã mais velha. As duas sempre se respeitaram e se amaram profundamente, formando um laço inquebrável. Lembro-me de amamentá-la até os 7 anos de idade, e sua altura já denunciava que ela cresceria para se destacar. Com seus impressionantes 1,80m, ela se tornou uma jovem cheia de sonhos e aspirações.

Um dos seus grandes sonhos era se tornar uma "garota do Fantástico". Com sua estatura, sua elegância natural, e pernas longas, Isabelle tinha todas as características para brilhar na televisão. Lembro-me de fazermos inscrições juntas, mas houve um pequeno contratempo. Ela foi para a inscrição de tênis, quando deveria ter ido de salto alto. Mas a vida tinha outros planos para ela.

Isabelle sempre foi o xodó do pai, um amor que persiste até hoje. E é uma bênção ver como Deus abençoou nossa família com a chegada dos netos. Aos 19 anos, ela se casou, e desse casamento nasceram a Manuela, que hoje tem 9 anos, e o Bryan, que tem apenas 4 aninhos. Mesmo com o fim do relacionamento, as crianças não foram traumatizadas, mantendo um contato constante com o pai.

Mais tarde, Isabelle encontrou o Felipe, com quem se casou e tiveram o Ítalo, meu xodozinho, que agora tem 1 ano e 5 meses. Felipe tem sido um marido incrível e um pai dedicado, cuidando não apenas de minha filha, mas também dos netos.

Isabelle sempre foi uma pessoa de saúde frágil, sofrendo com problemas nas amígdalas durante sua infância. Eu relutava em submetê-la a uma cirurgia, mas um dia, algo inesperado aconteceu. Enquanto eu estava na casa dela, senti um caroço em seu pescoço. Preocupada, insisti que ela procurasse um médico.

Foi uma amiga dela que a convenceu a buscar ajuda médica, suspeitando que algo estava errado. Após uma série de exames, um médico particular diagnosticou um tumor maligno. Foi um choque para todos nós, principalmente porque Isabelle estava grávida do pequeno Bryan, a quem chamamos de "filho da promessa", pois ele trouxe luz e esperança em meio à escuridão.

Diante dessa terrível notícia, buscamos refúgio em nossa fé. Iniciei uma jornada de aproximação com a congregação religiosa, buscando conforto nas palavras divinas. Deus falou conosco de maneira inesperada, enviando jovens à casa de Isabelle, que nos asseguraram que Ele estava no controle e que a cura estava ao nosso alcance.

A trajetória foi difícil, com idas constantes aos hospitais e consultas médicas. Em muitas noites, mal dormíamos e mal comíamos, mas permanecíamos unidas. Alguns médicos diziam que havia esperança, outros não tinham certeza se ela poderia manter a gravidez. Contudo, Deus estava ao nosso lado, usando os médicos como instrumentos para sua cura.

Finalmente, após muitas batalhas, Isabelle passou por uma cirurgia para remover o tumor maligno e a tireoide. E graças a Deus, ela se curou. Hoje, ela vive sua vida plenamente, aproveitando cada momento ao lado de seu marido e filhos. Ela é uma mulher forte, bela e cheia de gratidão pela vida que Deus lhe concedeu. E, sempre que possível, ela faz questão de passar por consultas médicas para garantir que sua saúde esteja em dia.

A experiência que vivemos nos aproximou ainda mais como família e reforçou nossa fé. Aprendemos que, com amor, fé e determinação, podemos superar qualquer desafio que a vida nos apresente. E Isabelle, minha filha querida, é a prova viva de que milagres acontecem. Ela é um raio de luz em nossas vidas, e estamos eternamente agradecidos a Deus por tê-la conosco.

Waldyr – Meu Parceiro de Vida

Quando eu trabalhava no Hospital Nossa Senhora da Penha, e já havia concluído o curso de auxiliar de enfermagem do trabalho, uma oportunidade inesperada surgiu. O chefe da enfermagem comunicou que o shopping Penha estava prestes a inaugurar e necessitava de uma enfermeira para cuidar dos primeiros socorros. Sem pensar duas vezes, levantei a mão e me voluntariei: "Eu quero!"

O chefe do pessoal da segurança do shopping logo me convocou para uma entrevista. Assim, comecei a trabalhar na enfermaria do shopping, um lugar que marcaria o início de uma das histórias mais especiais da minha vida.

Foi lá, na enfermaria do shopping, que conheci o amor da minha vida, Waldyr. Às vezes, enquanto eu estava cuidando dos pacientes, ele colocava música, especialmente a canção "Guarda Costa," para eu ouvir. E toda vez que aquela música ecoava pelos corredores do shopping, ele me mandava esperá-lo na área de teste, conhecida carinhosamente como o "pão de queijo," apenas para podermos flertar.

Ele tinha um jeito encantador de demonstrar seu interesse por mim. Ele ligava para a enfermaria, colocava a música bem alto no shopping e dizia: "Essa música é para você." Foi amor à primeira vista, sem dúvida alguma.

Conforme fomos nos conhecendo, compartilhando nossas histórias de vida, nossa conexão se aprofundou. Waldyr estava separado naquela época e morava com sua família. No entanto, nosso relacionamento começou a crescer, e logo estávamos namorando. Nosso amor se fortaleceu, e decidimos dar um passo adiante. Alugamos uma casa, a mobiliamos juntos e decidimos morar sob o mesmo teto.

Nesse momento, minha filha ainda morava com minha mãe e tinha apenas 7 anos de idade. Era hora de trazê-la para o nosso novo lar. Foi um período de adaptação, mas com amor e paciência, conseguimos formar uma família unida.

Estamos juntos até hoje, e eu não poderia estar mais grata por isso. Foi amor à primeira vista, e meu carinho por Waldyr só cresceu ao longo dos anos. Amo profundamente meu marido, e podemos dizer com toda certeza também sermos melhores amigos.

Cinco anos após o início de nosso relacionamento, ele se divorciou, mas isso só fortaleceu nossa ligação. Nunca permitimos que ciúmes ou inseguranças atrapalhassem nosso amor. Vivemos bem juntos, sempre agradecendo a Deus pela bênção que encontramos um no outro. Nosso relacionamento é forte, baseado no respeito, na confiança e, claro, no amor.

Madrinha e Padrinho

Lembro-me vagamente da época em que eu era uma menininha de apenas três anos, uma lembrança que minha mãe costumava contar com carinho. Meus padrinhos Antonio e Cida eram amigos íntimos da minha mãe, desde os primeiros tempos em que ela veio morar em São Paulo.

Naquela época, eu costumava brincar no quintal, e quando via o carro azul dele se aproximando e parando no portão, eu corria para dentro de casa e me enfiava debaixo da cama da minha mãe.

Mas o que me marcava mais do que tudo era o medo que eu sentia do meu padrinho. Naquela época, eu achava-o feio e esquisito, e sempre que ele vinha me buscar para sairmos juntos, eu começava a gritar e a me espernear, enquanto meu pai tentava me pegar. Ele dizia: "Vem, vem, vem, minha filha!", mas eu recusava e fazia um escândalo e só saia debaixo da cama quando eles finalmente iam embora.

Eu simplesmente achava-o assustador.

A Borboleta

Outra lembrança marcante que carrego comigo ocorreu quando eu era um pouco mais velha, com menos de dez anos. Eu era uma menina grandinha, semelhante à minha neta atualmente. Morávamos em uma área onde os ladrões eram uma preocupação constante. Minha mãe estava prestes a dar à luz minha irmã caçula, e estávamos todos na cozinha, enquanto a parteira fazia o parto.

Naquele dia, houve relatos de um ladrão invadindo a casa de um vizinho e levando tudo. Essa notícia me deixou apreensiva, e eu já tinha medo de fantasmas e de muitas outras coisas na época. Estávamos apertados na cozinha, pois o quarto onde minha mãe estava dando à luz estava ocupado, e o outro quarto estava em reforma. Meu pai trouxe uma máquina de costura antiga da Singer para bloquear a entrada e ficamos todos juntos na cozinha, apertadinhos.

Quando minha irmã nasceu e deu seu primeiro choro, eu levei um susto. Olhei para a janela da cozinha e vi uma borboleta branca. Para mim, naquele momento, aquela borboleta branca era o dedo do ladrão, sua unha. Gritei de susto, e meu grito se misturou ao choro da minha irmã recém-nascida, criando um pandemônio. Todos saíram correndo, incluindo eu, e meu pai agarrou uma garrucha e saiu para fora, disparando tiros para o ar.

Foi um momento de confusão total, com todos correndo e gritando. Eu acabei machucando meu pé na máquina de costura, e o tumulto continuou até finalmente nos acalmarmos. Minha mãe, no meio de tudo isso, perguntava desesperada: "O que está acontecendo?".

Essa lembrança permanece viva em minha memória, uma mistura de medo, confusão e alívio por tudo ter acabado bem.

Memórias de Infância - Batata Doce

Minha infância era marcada por momentos especiais em família, e um deles era a época de São João. Meu pai, mesmo doente, tinha o costume de fazer fogueiras no quintal de casa nas festas juninas. Ele se esforçava ao máximo para criar aquelas fogueiras incríveis. Era um espetáculo ver a chama dançando e aquecendo nossos corações.

Meu irmão Hildebrando, que infelizmente nos deixou cedo, era apenas dois anos mais velho que eu. Ele sempre foi muito esperto e, naquela noite de São João, ele teve uma ideia travessa.

Meu pai pegava as batatas-doces e as colocava na brasa para assar. Era um ritual delicioso, sentir aquele cheiro se espalhando pelo quintal

E então, aconteceu algo que eu nunca esquecerei. Meu irmão, o espertinho, pegou um toco de pau preto e, quando meu pai separou as batatas para dar a cada um de nós, meu irmão deixou um toco preto queimado no meio das batatas.

Meu pai saiu para lavar as batatas e tirar o carvão, mas quando voltei minha atenção para minha batata doce, levei um susto. Havia aquele toco preto no meio lugar da minha batata. Eu chorei tanto naquele momento, pois sabia que meu irmão tinha pegado a minha batata doce e saído com ela para a rua.

Meu pai ficou furioso e disse que assim que a visita fosse embora, meu irmão não escaparia de uma lição.

A infância é repleta de momentos simples e singelos, como assar batatas doces na fogueira em uma noite de São João. Mesmo as travessuras, como a do meu irmão, se tornam memórias preciosas que carregamos conosco ao longo da vida. E assim, seguimos crescendo, aprendendo e relembrando esses momentos que moldaram nossa história.

Irmãs Melhores Amigas

Minha vida foi repleta de momentos especiais e pessoas incríveis, mas se há alguém com quem me dei bem desde o começo e ainda me dou bem até hoje, essa pessoa é a minha irmã caçula, minha irmã mais nova das mulheres, a Ivanete. Compartilhamos uma conexão única que é difícil de explicar, mas que transcende a simples relação de irmãs.

Nossas confidências são como um segredo guardado a sete chaves. Quando enfrentamos algum problema na família, sabemos que podemos contar uma com a outra, independentemente da complexidade da situação. Claro, nossos temperamentos são um pouco diferentes, mas isso nunca foi um obstáculo para a nossa relação. Ivanete é a tranquilidade em pessoa, não importa qual seja a adversidade. Ela é a alma das festas, uma eterna otimista que não se deixa abalar por nada. Enquanto eu, por outro lado, sou um pouco mais ansiosa e agitada, mas isso não afeta nossa ligação.

O temperamento dela é um reflexo da sua serenidade interior, uma qualidade que a admiro profundamente. Ela parece estar imune ao estresse e sempre encontra motivos para sorrir. Claro, ela também tem seus próprios problemas, assim como eu tenho os meus, mas ela lida com tudo de maneira tão admirável. Às vezes, me pergunto como eu era antes, porque, à medida que o tempo passa, parece que estou ficando cada vez mais agitada. No entanto, minha irmã parece estar envelhecendo graciosamente, mantendo-se fiel à sua natureza calma e serena.

Quando compartilhamos segredos e confidências, somos como cúmplices em uma conspiração, unidas por laços indissolúveis. Ela compartilha comigo suas preocupações e alegrias, e eu faço o mesmo com ela. Somos verdadeiras amigas, e a cumplicidade que temos é algo precioso.

Minha irmã é alguém que conheço desde o momento de seu nascimento, ou melhor, desde o momento em que ouvi seu choro pela primeira vez. Eu tinha apenas sete anos naquela época, mas já sentia uma conexão profunda com ela. Crescemos juntas, aprendemos juntas, e estivemos lá uma para a outra nos momentos mais importantes de nossas vidas.

Sempre incentivamos uma à outra a buscar o melhor na vida. Ivanete adora artesanato, e sempre que planejamos festinhas, ela se junta a mim na criação das decorações. Juntas, transformamos ocasiões especiais em momentos memoráveis. É nesses momentos que nossa irmandade brilha ainda mais.

Ivanete é mais do que uma irmã para mim; ela é minha melhor amiga. Nossa jornada tem sido repleta de alegrias, desafios e momentos preciosos. Estamos ligadas por laços de amor, respeito e compreensão, e não importa o que o futuro nos reserve, sei que sempre poderei contar com ela, minha irmã, minha confidente.

Velhas Jovens Amigas - Mércia e Rosária

Quando me lembro dos tempos mais simples e puros da minha vida, duas amigas especiais vêm à mente: Mércia e Rosária.

Mércia, ou Merci como costumava chamá-la, tem sido minha companheira desde os primeiros dias em que comecei a formar memórias. Ela morava na rua de baixo da minha casa, assim como seus pais. Naquela época, quando minha mãe era uma das primeiras moradoras da Vila e os pais dela também, Mércia já fazia parte do cenário. Ela nasceu aqui, tão perto de mim que às vezes parecia que éramos irmãs. E, de certa forma, éramos. Crescemos juntas, experimentando cada fase da vida lado a lado.

Nossos dias eram preenchidos com risadas, brincadeiras e aventuras infindáveis. A Vila era nosso mundo, e Mércia era minha guia através dele. Juntas, explorávamos cada cantinho, criávamos nossas próprias histórias e enfrentávamos desafios imaginários. Nossas vidas escolares também estavam entrelaçadas. Compartilhávamos a mesma sala de aula, as alegrias e as dificuldades da aprendizagem. Não havia segredos entre nós; éramos cúmplices em tudo.

À medida que crescemos, a amizade entre Mércia e eu só se fortaleceu. Os passeios pela Vila continuavam, mas agora incluíam conversas profundas sobre nossos sonhos e planos para o futuro. Juntas, enfrentamos as incertezas da adolescência, descobrindo o mundo e moldando nossa identidade.

E então, surge Rosária. Ela morava no Jardim Eliane, um pouco mais afastado, mas isso nunca foi um obstáculo para que ela se tornasse uma amiga querida. Rosária era uma amigona, alguém com quem compartilhei risos, segredos e muitas aventuras. Ela entrou em minha vida quando eu já estava na adolescência, e sua chegada trouxe uma nova dimensão à nossa amizade.

As três, Mércia, Rosária e eu, formamos uma tríade inseparável. Éramos como três partes de um quebra-cabeça, cada uma encaixando perfeitamente na vida da outra. Juntas, vivemos momentos inesquecíveis, experiências que moldaram nossa juventude e fortaleceram ainda mais nossa amizade.

Hoje em dia, Mércia está distante, morando no interior. As circunstâncias da vida nos levaram por caminhos diferentes, mas nossa amizade continua intacta, como uma fogueira que queima constantemente em nossos corações. E Rosária permanece como uma presença constante em minha vida, um lembrete da importância de cultivar amizades ao longo dos anos.

Tenho muitas amizades, mas Mércia e Rosária são especiais. Elas representam a pureza da amizade infantil e a força dos laços que criamos durante a adolescência.

Preocupações Infantis

Minha mãe matriculou-me no Olga, e ali comecei minha jornada educacional. Fiz o primário lá, e lembro-me das minhas professoras com carinho. Uma delas era a Dona Marisa ou Marília, se não me engano.

Mas, enfim, eu passei da quinta à oitava série com professores que marcaram minha vida. Dona Ivonice, a professora de matemática, Dona Glória, a responsável por história e geografia, o professôr Acácio nas ciências, e a matéria que mais me cativava, o português.

Português era o meu xodó, e a professora Dona Gare era a mestra que despertou minha paixão pelas palavras. Contudo, nem tudo eram flores na escola. Lembro-me claramente da professora Marisa, que parecia adorar nos colocar de castigo, dar croqui, e até puxar nossas orelhas. Eu frequentemente chegava em casa chorando, e minha mãe, preocupada, se reunia com a professora para entender o que estava acontecendo.

Minha vida no primário seguia seu curso, mas há um detalhe muito importante que ainda me emociona profundamente. Quando eu tinha apenas 8 anos, enquanto eu ia para a escola de manhã, eu me preocupava com meu pai. À noite, eu o via retorcendo-se de dor. Essa situação me angustiava tanto que, muitas vezes, eu não conseguia chegar à escola. No meio do caminho, as lágrimas vinham, e eu retornava para casa. Não podia ignorar o sofrimento dele.

O problema era que, quando finalmente conseguia chegar à escola, minha mente estava tão perturbada que não conseguia me concentrar. Não sabia escrever meu próprio nome, não entendia nada do que estava sendo ensinado, pois minha preocupação com meu pai tomava conta de tudo. Chegava em casa chorando, e minha mãe, mesmo compreensiva, não via com bons olhos as minhas faltas na escola. Infelizmente, isso acabou fazendo com que eu perdesse alguns anos letivos.

Mas com perseverança e muito esforço, consegui superar essa fase difícil, e, depois do primário, veio o ginásio e consegui concluir a oitava série. No entanto, ainda enfrentei desafios. Faltava às vezes, repetia de ano, mas sempre voltava a estudar. Foram anos de muita dedicação, especialmente por causa do problema que tive com meu pai.

Essa fase da minha vida moldou minha determinação e me ensinou a enfrentar adversidades. Minha jornada escolar foi repleta de altos e baixos, mas essas preocupações infantis me tornaram mais forte e resiliente para os desafios que estavam por vir.

Abençoada Merenda Escolar

Na verdade, eu não via a hora de ir para a escola também, mas não era pelo amor aos estudos, era pela perspectiva de comida, algo que para nós, que éramos muito pobrezinhos naquela época, era um verdadeiro tesouro. Às vezes, acordávamos de manhã e não tínhamos um simples café com leite para tomar, mas a escola oferecia algo que nos fazia esquecer temporariamente a fome.

Lembro-me da empolgação que tomava conta de todos nós, meu irmão e eu, quando saíamos pela porta de casa, rumo à escola. Não era a aula que esperávamos ansiosos, mas sim a promessa de um refeitório cheio de aromas tentadores e sabores que faziam nossos estômagos roncarem em antecipação. A escola era nosso refúgio da fome que, muitas vezes, assolava nosso lar.

Era quase como se o portão da escola fosse a entrada para um mundo de abundância, pelo menos por algumas horas do dia. Não importava o quanto estivéssemos cansados da caminhada até lá, ou o quão difícil era a vida em casa, a merenda escolar nos trazia um conforto inigualável.

Eu me lembro da sensação de alívio que sentíamos ao cruzar aquele portão. Era como se, por um breve momento, todas as nossas preocupações desaparecessem. Não éramos mais crianças famintas, éramos alunos ansiosos para participar da merenda, como todas as outras crianças.

A comida na escola era mais do que apenas alimento para o corpo; era um alimento para a alma. Era um lembrete de que, apesar das dificuldades, havia momentos de bondade e generosidade no mundo. Era um lembrete de que, mesmo em meio à pobreza, poderíamos desfrutar de algo tão simples como uma refeição quente e reconfortante.

Minha vida no primário foi marcada por esses momentos. As aulas eram importantes, é claro, mas a merenda escolar era o ponto alto do meu dia. Era um momento de comunhão com meus colegas, de compartilhar histórias e risadas enquanto saboreávamos nossa refeição juntos.

Hoje, quando olho para trás, percebo que esses momentos na escola foram mais do que apenas refeições. Eles foram uma lição de solidariedade, empatia e gratidão. Eles me ensinaram a valorizar as pequenas coisas na vida e a nunca esquecer a importância de ajudar os outros em momentos difíceis.

História de Vida

Minha jornada acadêmica começou no Olga, onde concluí a sétima série. Posteriormente, ingressei na escola Afonso Penna e finalizei a oitava série. No entanto, meu verdadeiro chamado sempre foi a área da saúde, com o sonho acalentado desde a infância de me tornar enfermeira.

Desejava ser uma enfermeira Padrão, uma paramédica pronta para socorrer e ajudar o próximo. Contudo, as limitações financeiras tornaram a faculdade inatingível. Determinada a não desistir do meu sonho, comecei minha trajetória como atendente de enfermagem, partindo do zero.

A batalha foi árdua, equilibrando estudo, trabalho e pagamento dos cursos. Meu objetivo sempre foi alcançar a posição de técnica de enfermagem. Queria ser a mão amiga que alivia dores, a socorrista que acalma e auxilia nos momentos de angústia.

Na minha profissão, desde os dias como atendente de enfermagem, não suportava ver ninguém chorar de dor. Queria correr, chamar os médicos, administrar medicamentos e proporcionar alívio às pessoas. A curiosidade e a paixão por ajudar nos hospitais me impulsionavam.

Com muita dedicação, alcancei meu sonho de me tornar técnica de enfermagem. A jornada foi desafiadora, mas hoje, ao segurar meu registro profissional, meu coração se enche de orgulho. Aposentada, olho para trás e vejo que a luta valeu a pena. Conquistei o que desejava, graças à persistência, estudo e determinação. Orgulho-me da trajetória que me trouxe até aqui.

Estágio no Necrotério

Trabalhar na Alpargatas foi o meu ponto de partida, mas meu coração já sonhava com outro caminho. Eu era costureira, mas lá dentro de mim, o desejo de ser enfermeira fervilhava. A busca pelo meu sonho me levou à Staroup, e foi lá que comecei a trilhar o caminho que mudaria minha vida para sempre.

Minha jornada na enfermagem começou com um curso de atendente de enfermagem, que encontrei na Vila Carrão. A professora Carmen e a diretora, Dona Judith, seriam figuras fundamentais nessa fase da minha vida. Eu trabalhava durante o dia na Staroup - uma oficina de costura, mas as noites eram reservadas para os estágios, uma parte essencial do aprendizado.

No entanto, a escola da Vila Carrão não oferecia a oportunidade de estágio durante a noite, e foi a professora Carmen quem me orientou a buscar uma alternativa. Ela me indicou um professor em Guarulhos, no Hospital Geral de Guarulhos, o Professor José Luís. No entanto, a relação entre eles era tensa, e isso acabou se refletindo em mim. Ele parecia encontrar motivos para me testar e me desafiar a cada momento.

Lembro-me das noites em que o álcool, o éter e o sangue impregnavam o ar, tornando impossível qualquer tentativa de alimentação. Eu estava magrinha naquela época, e as circunstâncias só tornavam tudo mais difícil. Um dia, um acidente trágico entrou em cena, um jogador de futebol que teve sua vida ceifada por um carro ao perseguir uma bola. Sua perna havia sido arrancada, e o resgate o trouxe até nós. O professor José Luís, de forma impiedosa, ordenou que eu levasse a perna decepada para o necrotério. Eu era jovem e frágil, e aquela tarefa me parecia insuportável. No entanto, ele não hesitou em colocar um colega ao meu lado para compartilhar o fardo.

Juntos, transportamos a perna daquele homem até o necrotério, onde tivemos que encaixá-la cuidadosamente. Essa experiência chocante apenas preparava o terreno para o que estava por vir.

O tempo passou, e outro acidente ocorreu. Dessa vez, uma japonesa havia sofrido ferimentos terríveis, com parte de seu cérebro exposto. O professor José Luís mais uma vez me chamou e anunciou que eu teria que levá-la ao necrotério. A pressão era intensa, e eu estava determinada a aprender, mesmo que a duras penas.

Chegando ao necrotério, encontrei um segurança na porta, como era de praxe. Contudo, o inesperado aconteceu. Quando o professor saiu e trancou a porta, apagando a luz, percebi que estava presa, sozinha, naquele lugar sombrio, cercada de cadáveres. O desespero tomou conta de mim, e lágrimas rolaram pelos meus olhos enquanto eu buscava uma saída.

Perto de um dos cadáveres, vi um crucifixo de Jesus Cristo. Desesperada, coloquei minha mão sobre ele e orei fervorosamente, pedindo forças para encontrar a luz na escuridão. Minhas mãos trêmulas finalmente encontraram o interruptor atrás da cabeça de um dos cadáveres, e quando a luz se acendeu, percebi que minha mão estava suja de miolos cerebrais.

Ao bater na porta, machuquei meu pulso e o segurança, alertado pelo barulho, voltou correndo para abrir. Quando ele me encontrou desmaiada em seus braços, não sabia o que havia acontecido. Foi então que o professor José Luís apareceu, afirmando que a porta havia sido fechada sem querer. Mas eu sabia a verdade.

De volta à realidade, o professor me questionou: "É assim que você quer ser enfermeira?". A repreensão doeu profundamente, mas eu sabia que tinha que seguir em frente. Era quase meia-noite quando finalmente consegui pegar um ônibus de volta para casa, em uma estrada escura e cheia de medos.

Ao chegar em casa, as lágrimas inundaram meu rosto, e meu coração doía. Meu pai, sempre meu maior apoiador, continuava a me encorajar, dizendo que eu não deveria desistir. Minha mãe, por outro lado, insistia que eu abandonasse esse caminho. Mas eu escutava a voz do meu pai, e a fé em Deus era minha companheira constante.

No dia seguinte, minha mãe me acompanhou até a escola, onde contei tudo à diretora e à professora. Suas emoções foram evidentes, e a ação foi tomada. O professor José Luís foi despedido, teve sua licença cassada e foi expulso da enfermagem por sua conduta inaceitável.

Aquela experiência aterrorizante no necrotério poderia ter me feito desistir, mas só fortaleceu minha determinação. Eu sabia que não era o fim da minha jornada, mas sim o início de uma carreira que estava destinada a mudar vidas. E, com a graça de Deus e o apoio incansável do meu pai, eu estava pronta para seguir em frente.

O Pé

Meu marido tinha sofrido um ferimento no dedo do pé, mas escolheu manter isso em segredo. Quando o clima estava frio, ele usava meias e, mesmo nos dias quentes, frequentemente estava em casa com meias nos pés. Comecei a perceber que ele mancava quando saíamos juntos, e ele sempre me dizia que era por causa de uma unha que estava prestes a cair. No entanto, eu estava começando a desconfiar que havia algo mais sério acontecendo.

O dedo do meu marido começou a infeccionar e a necrosar rapidamente. Foi então que minha irmã veio nos visitar e, em uma manhã, enquanto conversávamos no quarto, ela percebeu um cheiro desagradável. Perguntou o que era, e eu, inicialmente, tentei disfarçar, dizendo que era o esgoto do banheiro. No entanto, minha intuição já me alertava que havia algo mais sério por trás disso. Não consegui mais ignorar e confrontei meu marido, pedindo para ele me mostrar o que estava acontecendo com seu pé.

Finalmente, ele concordou em me mostrar, e quando o fez, eu fiquei chocada com a visão. Seu dedinho já estava completamente necrosado. O desespero tomou conta de mim, e imediatamente corremos para o Hospital Santa Marcelina.

No hospital, um médico vascular examinou o dedo, mas a doença já havia se espalhado para os outros dedos do pé. O médico teve que amputar o dedo, mas a situação era tão grave que ele também precisou amputar os outros dedos e, por fim, parte do pé. Meu marido teve que enfrentar sete vezes na UTI, perdendo muito sangue devido a hemorragias. No entanto, graças a Deus, ele conseguiu superar todos esses desafios, e um verdadeiro milagre aconteceu em sua vida.

Foi somente durante esse período de tratamento que descobrimos que ele tinha diabetes. Sua paixão por doces havia contribuído para o desenvolvimento dessa doença. Hoje, ele é diabético, mas graças a Deus, está bem. Seu pé está cicatrizado, e ele consegue andar com a ajuda de um andador.

E o pé que quase foi perdido se tornou um símbolo da nossa força e resiliência.

Bate e Volta em São Vicente

Costumávamos viajar quando estávamos de folga. Às vezes, fazíamos um bate e volta na praia. Tenho uma sobrinha que mora em São Vicente, bem à beira-mar. Sempre que tínhamos a oportunidade, íamos visitá-la. Geralmente, eram nas minhas férias.

Nós, minha família e eu, adorávamos fazer essas viagens curtas. As meninas eram pequenas naquela época, então era sempre uma aventura emocionante. Íamos para a praia, e a diversão era garantida. Às vezes, ficávamos uma semana inteira na casa da minha sobrinha.

Essas viagens de bate e volta para São Vicente eram como uma pausa revigorante em meio à minha vida agitada. Elas me proporcionavam momentos de paz, diversão e reuniões familiares que sempre ficarão gravadas em minha memória.

Mato Grosso

Fomos para Campo Grande, no Mato Grosso, onde vive a família do meu marido. E a ideia era nos estabelecermos naquele lugar.

A principal razão para nossa mudança era o trabalho. Meu marido tinha planos de trabalhar em um novo shopping que estava prestes a ser inaugurado, e havia a perspectiva de um novo hospital Santa Casa mato-grossense abrir suas portas. Acreditávamos que essa era uma oportunidade para construir nossas vidas em um lugar tão diferente, mas cheio de oportunidades. Além disso, todos os irmãos dele já eram da região, o que nos deu a sensação de estarmos cercados pela família.

Apesar das minhas reservas em relação ao clima extremamente quente, eu tive algumas experiências agradáveis em Mato Grosso. Exploramos fazendas, sítios, chácaras e conhecemos pessoas incríveis. Inicialmente, ficamos hospedados na casa do irmão do meu marido, o que nos proporcionou um lar temporário enquanto nos ajustávamos à nova vida. No entanto, mesmo com esses momentos especiais, a adaptação se provou mais difícil do que imaginávamos.

Nossa filha mais velha, Suellen, estava naquela fase delicada da adolescência, com 15 anos e muitos planos para o futuro. Ela desejava encontrar um emprego como cabeleireira ou manicure, mas também estava tendo dificuldades para se acostumar com o novo ambiente. As amizades que fez e o convívio com as primas ajudaram, mas o choque cultural e climático era inegável.

Eu também não estava me sentindo confortável naquele lugar. Eu sou de São Paulo, e a garoa constante é parte da minha vida. Em contraste, Mato Grosso apresentava um clima implacavelmente quente, algo que meu corpo e mente levaram um tempo e não conseguiram se acostumar. Não era uma questão de ser maltratada pela família do meu marido; eles foram gentis e acolhedores. Era mais sobre a dificuldade de se adaptar a um ambiente tão diferente do que eu estava habituada.

Após cerca de dois meses, tomei uma decisão difícil. Peguei minhas filhas e voltei para São Paulo. Meu marido permaneceu lá por um tempo, concluindo seus compromissos profissionais, mas acabou se juntando a nós mais tarde. A experiência em Mato Grosso nos trouxe aprendizados valiosos, mesmo que não tenha se tornado nosso lar permanente.

Ingratidão

Eu paguei aluguel por 20 longos anos. Enquanto minhas irmãs conquistaram suas casas. Elas também conseguiram uma para mim na Vila Nova Curuçá, em São Miguel. No entanto, havia uma condição peculiar para que eu pudesse tomar posse dessa casa: eu teria que participar pessoalmente das palestras realizadas pela prefeitura. Era um requisito rígido, e eu sabia que não podia falhar.

As palestras eram essenciais para garantir a propriedade da casa, e isso se tornou um dilema para mim. Havia dias em que eu tinha que estar no trabalho, cumprindo meu plantão. Não era algo que eu pudesse simplesmente negligenciar, pois era o que garantia o sustento da minha filha. Manter um emprego e cuidar dela eram minhas prioridades.

Nesse período, surgiu uma situação inesperada. Uma senhora, amiga da minha irmã, estava em uma situação desesperadora. Ela não tinha onde morar, e minha irmã veio até mim com um pedido especial: deixar Dona Fulana ficar morando comigo na casa em que eu vivia e pagava aluguel. Dona Fulana era uma mulher que trabalhava na prefeitura, na equipe de limpeza.

Eu, movida pela compaixão e influenciada pelo pedido da minha irmã, concordei em deixar Dona Fulana se hospedar em minha casa. No entanto, o que aconteceu a seguir foi uma reviravolta inesperada em minha vida. Dona Fulana, de forma sorrateira e sem o meu conhecimento, começou a participar das reuniões e palestras no meu lugar, fazendo com que eu perdesse a oportunidade de garantir a casa que tanto desejava.

A descoberta dessa traição gerou um verdadeiro caos em minha família. Meus irmãos estavam furiosos, querendo confrontar Dona Fulana. Eles estavam dispostos até mesmo a recorrer à violência. A situação ficou tão tensa que, em um momento crítico, a polícia precisou ser chamada para intervir.

Assim, apesar de toda a confusão e das oportunidades perdidas, continuei pagando aluguel. Minha jornada rumo à conquista de uma casa própria teve um revés, mas eu estava disposta a enfrentar as adversidades que a vida me reservava.

A Enxurrada

Recentemente, enquanto eu desfrutava do papel encantador de ser avó, cuidando dos meus netos na casa da minha filha, fui surpreendida por uma tempestade impiedosa que transformou aquele dia ensolarado em um verdadeiro pesadelo aquático. A chuva forte caía de maneira intensa, inundando as ruas e transformando o entorno em uma paisagem líquida.

A residência da minha filha, situada no térreo, abrigava uma casa no primeiro andar, onde morava um vizinho incrivelmente prestativo. Naquele dia, enquanto eu estava distraída com as brincadeiras das crianças, algo inusitado aconteceu: os móveis da casa começaram a flutuar, deslizando pela sala e chamando a atenção dos meus netos, que observavam aquela cena curiosa.

Percebendo a gravidade da situação, entrei em modo de alerta máximo. Instintivamente, peguei meus netos e subi apressadamente no batente da janela. Era uma cena surreal – eu, com meus netos nos braços, olhando para o interior da casa que agora se transformara em um cenário aquático.

Foi então que a solidariedade se manifestou. Meu genro, que estava no andar superior, e os vizinhos, mesmo diante do caos, agiram com uma rapidez admirável. Sem hesitar, eles trouxeram uma escada de madeira e a colocaram estrategicamente para que eu pudesse passar as crianças para a segurança do andar superior.

"Rápido, Ivete! Passe as crianças para nós, vamos levá-las para cima!", clamavam os vizinhos, enquanto eu tentava manter a calma para garantir a segurança dos pequenos. Com um misto de medo e determinação, entreguei meus netos à equipe de resgate improvisada, composta pelo meu genro e pelos vizinhos, que os levaram para a parte alta da casa.

No entanto, a escada estava escorregadia, e a correnteza da água tornava cada passo um desafio. Decidi esperar no batente da janela até que a situação se acalmasse um pouco. A água, implacável em seu avanço, começou a ceder lentamente, permitindo-me descer do meu posto temporário.

Assim que a água alcançou um nível seguro, fiquei calma e agradeci a colaboração dos vizinhos e do meu genro. No entanto, após a tempestade se revelou a extensão dos danos. Móveis flutuando, pertences encharcados e uma bagunça aquática preenchiam o ambiente antes tão aconchegante.

Foi a hora de enfrentar a dolorosa tarefa de contabilizar os estragos. A enxurrada não apenas inundou a casa, mas deixou uma marca traumática e uma lembrança de como, em meio à adversidade, a solidariedade e o apoio podem surgir para nos resgatar dos momentos mais desafiadores da vida.

Meu Jeito de Viver

É o meu jeito de ser. Eu não misturo as coisas. Desde muito cedo, aprendi a separar os momentos da minha vida. Se eu saio para me divertir, é para me divertir de verdade, sem preocupações ou tristezas rondando minha mente. Acredito que esse é um dos segredos da minha jornada, manter o foco no que importa naquele momento e esquecer as coisas ruins.

Logo cedo, eu já tinha entendido o quanto é prejudicial ficar remoendo tristezas e sofrimentos. Se você se permite afundar nesse poço escuro, a depressão te abraça, você fica de cama, doente, e sua vida vai para o brejo. Isso não era uma opção para mim. Eu sabia que a vida era muito curta para desperdiçá-la com amarguras.

Minha mãe sempre dizia que Deus não dá um fardo maior do que podemos carregar, e eu levei isso para o coração. Quando surgiam problemas ou desafios, eu não fugia deles. Pelo contrário, eu enfrentava de frente, com a certeza de que havia uma solução em algum lugar. A fé sempre foi minha companheira, e eu orava a Deus para que Ele me mostrasse o caminho.

Mas não se engane, eu também tenho meus momentos de tristeza, dúvida e cansaço. No entanto, sempre me esforcei para não deixar que esses sentimentos dominassem minha vida. Quando a tempestade chegava, eu me lembrava do meu lema: "É o meu jeito de ser". Eu não me permitia afundar, porque sabia que havia muita vida para ser vivida lá fora.

Ao longo dos anos, muitos me perguntaram como eu conseguia manter essa atitude tão positiva diante das adversidades. A resposta é simples: escolhi viver assim, e essa escolha fez toda a diferença na minha jornada. Aprendi a separar os momentos de alegria, os momentos de enfrentar desafios e os momentos de descanso, e isso me permitiu construir a vida que sempre sonhei.

Portanto, se há uma lição que eu gostaria de compartilhar com todos vocês são essas: não misturem as coisas. Se saírem para se divertir, divirtam-se de verdade. Se tiverem problemas para resolver, enfrentem-nos com determinação. E quando a vida parecer difícil, lembrem-se de que é o seu jeito de ser que define a sua jornada. Eu sou assim, sempre fui assim, e é desse jeito que escolhi viver minha vida.

Alegrias e Tristezas

Quando criança, a minha tristeza foi que passei muita necessidade. Eu não passava fome, porque eu tinha um pai que foi um guerreiro, um trabalhador incansável. Ele lutou muito pela gente. Ele não deixava faltar nada para a gente. Não deixava faltar o pão, o arroz, o feijão. Minha mãe tinha criação de galinha, pato e até um cabrito, e a gente tinha plantação de frutas no quintal. Meus pais se viravam para garantir que não faltasse comida na mesa. Lembro-me de comer ovo de manhã, meu pai fazendo omelete, arroz e feijão com farinha e ovo frito, e às vezes só arroz e feijão puro. Às vezes, comíamos farinha com açúcar ou mingau. Essa foi a minha tristeza, a tristeza de presenciar a luta dos meus pais. Não tínhamos televisão em casa, e eu assistia na casa do vizinho. Às vezes, ia para a escola sem comer nada.

A partir dos 14 anos, quando comecei a trabalhar, comecei a achar que eu era feliz. Eu conseguia meu dinheirinho e podia comprar minhas coisinhas, como maquiagens e roupinhas. Foi aí que comecei a acreditar que minha vida estava mudando e que algo de bom estava para acontecer. Eu ia à feira comprar as coisas que gostava de comer e trazia para casa. Todos em casa se beneficiavam disso, meus irmãos também.

Mas a tristeza persistia na minha infância. A gente vivia doente, com dor de barriga, muitas vezes por conta de vermes. Meu pai corria com a gente para o hospital, e minha mãe fazia de tudo para nos ajudar, dando chá e cuidando com carinho. Essa foi a parte mais triste da minha vida.

Lembro-me de um ditado que diz: "Lutar sempre, desistir jamais." E essa frase foi um lema para mim durante esses tempos difíceis.

A coisa mais triste aconteceu quando perdi meu pai. Foi a coisa mais devastadora da minha vida, pois eu estava ao lado dele, tentando socorrê-lo, quando ele faleceu nos meus braços. Essa foi, sem dúvida, a experiência mais dolorosa que já vivi.

Por outro lado, a coisa mais feliz aconteceu quando tive minhas filhas. Foi o momento mais incrível e abençoado da minha vida. Ser mãe trouxe uma alegria indescritível.

No entanto, a vida tem um jeito de nos testar, e a mais triste foi a descoberta do câncer da minha filha. Foi um golpe muito duro. Mas a mais feliz veio quando Deus salvou a vida dela. Foi um milagre e uma bênção ver minha filha superar essa doença terrível. Além disso, o nascimento do meu neto, nas condições em que ele foi gerado, trouxe uma alegria que não pode ser medida. Até hoje, minha filha está curada, e agradeço a Deus todos os dias por isso. Em nome de Jesus, essa é a parte mais feliz da minha vida.

O Futuro que Almejo

Bom, depois que me aposentei, muitas coisas passaram a ocupar meus pensamentos. A vida havia me presenteado com uma carreira incrível, e experiências emocionantes, mas agora, era hora de olhar adiante. Meus olhos se voltaram para o horizonte do futuro, e o que eu desejava para ele era bem claro.

No meu futuro, eu almejava algo simples, mas profundamente significativo: ter minha casa. Eu sabia que a casa em que morava não era realmente minha, era da minha mãe, e eu a tinha por consideração. No entanto, eu sonhava com um lugar que fosse verdadeiramente meu, onde pudesse criar memórias com minha família. Não queria uma casa só para mim, mas sim um lar onde meu marido, meus netos, minha filha e eu pudéssemos compartilhar momentos especiais.

A ideia de ter meu próprio espaço era mais do que apenas uma realização material. Era a expressão do meu desejo de autonomia e pertencimento, de ter um lugar para chamar de nosso, onde pudéssemos ser felizes juntos. Mas essa jornada tinha um objetivo ainda mais profundo: eu queria viver para ver meus netos crescerem.

Lembro-me de quando pedia a Deus todos os dias para me conceder esse privilégio. Ver meus netos crescerem, guiá-los com meu amor e sabedoria, era um sonho que aquecia meu coração. Eu queria estar lá para celebrar cada conquista, para enxugar suas lágrimas nos momentos difíceis e para ser a avó que sempre sonhei em ser.

Minha mãe, que Deus a tenha em paz, viveu até os impressionantes 94 anos. Eu não podia deixar de pensar nela e em como queria seguir seus passos. Queria viver pelo menos mais 40 anos, não apenas os 30 que já tinha completado aos 64. Queria aproveitar cada momento da minha jornada, porque sabia que a vida é preciosa.

No fundo, meu futuro era sobre saúde, amor e felicidade. Queria continuar a ser alegre, algo que nem sempre experimentei na infância e na adolescência. A felicidade já estava presente em minha vida, mas eu desejava senti-la ainda mais intensamente no futuro. Queria que minha casa fosse um refúgio de alegria, onde o riso ecoaria pelos corredores e os abraços seriam a moeda de troca mais valiosa.

No entanto, havia uma verdade fundamental que moldava meu futuro: minha vida girava em torno da minha família. Meus netos, minha filha, meu marido - eram o alicerce da minha existência. Eles eram a razão pela qual eu acordava todas as manhãs com um sorriso no rosto e a determinação de viver plenamente.

Este capítulo da minha vida estava escrito com amor, sonhos e esperança. E eu estava ansiosa para viver cada página desse futuro que tinha traçado. Afinal, o que poderia ser mais valioso do que uma vida repleta de amor, família e felicidade? Era isso que eu desejava para o meu futuro, e estava determinada a alcançá-lo, um dia de cada vez.

Márcia

A Partida de Dona Elza

Falar sobre minha mãe é algo que sempre me emociona, mesmo após oito anos de sua partida. Dona Elza foi muito mais do que uma mãe para mim; ela era minha melhor amiga, minha confidente e minha companheira em todas as jornadas da vida. A sintonia entre nós era tão forte que nos acompanhávamos em todos os momentos, inclusive nas idas aos médicos, onde eu estava sempre ao seu lado.

Sinto falta daquela mão pequenina que me acalentava nos momentos difíceis. A presença dela tinha o poder de dissipar qualquer dor e fazer com que tudo melhorasse. Hoje, ao recordar esses momentos, percebo o quanto é difícil lidar com a saudade de alguém tão especial.

Dona Elza, se estivesse entre nós, completaria 85 anos. No entanto, a cruel realidade é que ela nos deixou, vítima das complicações do Alzheimer. Chegou um momento em que meu pai, enfrentando dificuldades para cuidar dela, tomou a difícil decisão de colocá-la em uma clínica. Eu, vivendo em São Paulo e dedicada ao trabalho, senti profundamente a distância física nesse período desafiador.

Nossa relação era marcada por uma cumplicidade única. Sempre fui uma filha obediente, e nunca houve qualquer problema entre nós. Dona Elza era uma pessoa adorável, conhecida por todos no bairro como a habilidosa costureira do Jardim Maringá. Por não cobrar altos valores por seu trabalho, não acumulou grandes riquezas. Na minha infância, testemunhei sua generosidade ao ajudar incansavelmente as pessoas ao seu redor, fazendo o possível e o impossível.

Assim, Dona Elzinha permanece em minha memória como a costureira querida do Jardim Maringá

O Caminho de Meu Pai

Falar sobre meu pai é uma tarefa desafiadora. Atualmente com 88 anos, ele é uma figura complexa, marcada por traços machistas que limitavam o reconhecimento de valores além dos próprios filhos. Em sua rotina, a pontualidade era essencial, e ao chegarmos em casa antes dele, tínhamos que correr, já banhados, para evitar a ardência da "varinha de amora" em nossas pernas. Sua rigidez era evidente, especialmente na relação com meus irmãos mais velhos, aos quais dedicava grande paixão.

Eu, a "Marcinha", cresci sob os cuidados da minha avó, enquanto meu pai estabeleceu residência em Maringá, no Paraná, ao lado do meu irmão mais velho. Apesar da severidade, ele sempre foi um pai ajudador e prestativo, características que carregou ao longo de sua vida. Nos tempos passados, meu relacionamento com ele diferia do que tinha com meus irmãos mais velhos, mas com o tempo, as dinâmicas evoluíram.

Nascido na Bahia, meu pai veio para São Paulo ainda pequeno, onde trabalhou arduamente, passando pela Philco e se aposentando na Eletropaulo. Posteriormente, mudou-se para o Paraná, atraído pelo clima e pelas pessoas da região. Já havia vivido em algumas cidades do interior de São Paulo antes dessa mudança.

A viuvez o alcançou, e desde então, ele optou por permanecer solteiro. Vive sozinho, próximo aos filhos, alternando entre períodos comigo e com meu irmão. Seu caráter é notável: honesto, correto e dedicado ao trabalho, sem nenhum vício. Este é o retrato do homem que é meu pai, uma figura cuja complexidade é moldada por uma vida repleta de desafios e experiências diversas.

Meu relacionamento com meu irmão Eudes

Meu relacionamento com Eudes já foi um tanto complicado. Atualmente com 67 anos, nunca conseguimos estabelecer uma conexão harmoniosa. Ele acumula três casamentos ao longo de sua vida. No primeiro, teve uma filha chamada Patrícia, hoje com 40 anos. No segundo casamento, nasceu Carol, que hoje conta com 35 anos. Em seguida, casou-se novamente, dessa vez com uma mulher do Paraná, e juntos tiveram um filho, que completou 19 anos recentemente. Além disso, Eudes é avô de duas netas.

Não é fácil lidar com ele, pois não é uma pessoa que cultiva muitas amizades. Foi um filho que deu muito trabalho para os meus pais, no entanto, Eudes sempre demonstrou ser um filho prestativo quando se tratava dos pais. Se precisassem que ele os levasse ao médico, ele levava; se fosse necessário auxílio para dar banho, ele prontamente atendia.

Apesar das complexidades em nosso relacionamento, reconheço os gestos de cuidado e apoio que Eudes dedicou aos nossos pais. A vida nos reserva desafios na construção das relações familiares, e, mesmo que nem tudo tenha sido fácil entre nós, é importante valorizar os laços que se mantêm ao longo do tempo.

Ritter, Meu Segundo Irmão

Ritter é o meu segundo irmão. Somos três, sendo eu a caçula. Sempre tivemos uma relação muito boa, marcada pela harmonia. Ele sempre foi brincalhão, especialmente na infância, quando suas travessuras eram notáveis. Lembro-me dele pegando amoras e esfregando no rosto das crianças, criando a ilusão de um machucado, só para vê-las correr chorando até suas mães. Era um menino levado, sempre com um estilingue na mão.

Hoje, Ritter é uma pessoa tranquila, e quando você conversa com ele, é difícil não notar seu sorriso constante. Ele é a paixão da minha vida. Há 22 anos, ele partiu sozinho para Portugal em busca de novas oportunidades. Depois de um ano de esforço e trabalho, mandou as passagens para trazer sua esposa e os dois filhos. Ele tem um filho, Diego, de 40 anos, casado, e uma netinha, a Maria Eduarda. O outro filho, Marcos, tem 33 anos.

Ritter só retornou ao Brasil uma vez, quando nossa mãe ainda estava viva. Nesse período, enfrentou alguns problemas de saúde, incluindo questões cardíacas que o levaram a realizar uma cirurgia para a colocação de um Stent. Isso o fez abandonar o hábito de fumar. Sempre que ele liga, é contagiante sua risada, e carinhosamente me chama de Mana.

É um irmão que eu adoraria ter por perto, mas respeito a escolha dele de construir uma vida em Portugal. Mesmo à distância, nossa ligação permanece forte, e sua alegria de viver é uma inspiração constante em minha vida.

José, Uma Parte do Passado

José, meu ex-marido, é um português natural da Ilha da Madeira. Nosso encontro se deu no campo do Cruzeirinho, durante um jogo da Polícia Feminina. Naquele momento, conheci e me apaixonei por Branquinho, dono de olhos verdes irresistíveis. Começamos a namorar firme. Na época, eu trabalhava no Parque Dom Pedro, próximo ao Mercadão, em uma pequena agência do Bradesco.

Ao longo desse ano de namoro, construímos juntos nossa história. Ele, um rapaz simples e feirante, revelava-se um trabalhador incansável. Nosso relacionamento evoluiu para um casamento que perdurou por 20 anos, nos quais tivemos três filhos. Infelizmente, uma gestação foi interrompida, mas tenho a bênção de ter um casal de filhos com ele.

Durante essas duas décadas, José foi um homem sempre dedicado ao trabalho e me tratou com grande carinho. Vivemos bons momentos, viajamos e desfrutamos de uma vida confortável. Dada a minha condição de saúde, sempre contei com a ajuda de uma empregada para cuidar da casa.

Entretanto, após nossa separação, não o reconheci mais. Ele sumiu, abandonou completamente nossos filhos, nunca mais os visitou, nem conheceu os netos. A vida tomou caminhos distintos para ambos, e as marcas dessa separação permanecem, mas também trouxeram lições valiosas sobre resiliência e reconstrução.

Thiago

Meu filho Thiago, 36 anos é pai de dois meninos adoráveis, Cauã e Caleb. Thiago é um filho exemplar. Sempre que preciso, ele está ao meu lado, disposto a ajudar em qualquer situação. Além disso, mantém uma relação muito saudável com sua esposa, sendo extremamente prestativo e dedicado.

Sua natureza colaborativa é notável. Thiago não hesita em contribuir nas tarefas domésticas, seja ajudando na limpeza da casa, recolhendo roupas do varal ou até mesmo preparando refeições. Sua disposição para auxiliar não se limita apenas às obrigações em casa, pois, por um período, ele estava cursando protética pela manhã, demonstrando seu empenho em ampliar seus conhecimentos.

Embora não tenha concluído o curso, Thiago leva uma vida digna e honesta. Seu comprometimento com as responsabilidades familiares e seu esforço em buscar crescimento pessoal são aspectos que admiro profundamente. Thiago é um filho que amo muito, e seu papel na família é inestimável.

Thamires

Minha filha Thamires, 33 anos, é casada e mãe de um jovem de 14 anos. Agradeço imensamente pela presença do meu genro, que sempre foi muito bom para mim e para ela. Ele deve ter cerca de 45 anos, e sua contribuição para a família é algo que valorizo profundamente.

Thamires passou por momentos difíceis durante minha separação, quando meu marido partiu próximo ao Natal. Apesar dos desafios, ela mostrou-se batalhadora e trabalhadora. Com um curso de administração, atuou na área da saúde cuidando de convênios médicos. No entanto, optou por seguir os passos de seu pai e tornou-se feirante.

Essa escolha revela sua força e determinação, características que sempre admirei nela. Thamires é uma mulher que enfrenta as adversidades com coragem, construindo seu caminho com base em sua própria jornada. Estou orgulhosa da mulher que ela se tornou e da família que está construindo ao lado de seu esposo e filho.

Superando Desafios para a Maternidade

Engravidar não foi fácil para mim. Após passar por tratamentos, finalmente concebi durante o Carnaval, mas a alegria foi efêmera, pois perdi o bebê na Páscoa. Um dos medicamentos que eu tomava, conforme alerta do médico, poderia causar defeitos no feto ou até mesmo interromper a gestação. O episódio aconteceu durante um almoço na casa dos meus avós, quando comecei a sentir dores e fui levada às pressas para o hospital.

A perda foi devastadora, ocorrendo em 1985, marcando um momento de profunda tristeza em minha vida. Entretanto, o destino me reservou uma nova oportunidade. No ano seguinte, em 1986, engravidei novamente, e dessa vez deu certo. Em 1987, nasceu meu filho, trazendo luz e alegria após o período sombrio da perda anterior. Essa experiência foi um capítulo difícil, mas também um catalisador para apreciar ainda mais a dádiva da maternidade que viria a seguir.

Minha Avó, Minha Segunda Mãe

Minha avó foi como uma segunda mãe para mim. Sendo uma criança doente e com dois irmãos um tanto levados, optei por morar na casa dela, que ficava apenas duas ruas acima da nossa. A simplicidade caracterizava sua moradia: não havia sofá, mas quatro cadeirinhas eram dispostas com um edredom para que eu pudesse descansar. Sem televisão, eu passava meu tempo ouvindo músicas caipiras com meu avô.

Ela era uma mulher paciente, superando até mesmo minha própria mãe nesse aspecto. Se relacionava muito bem com as pessoas. Se alguma tristeza nos acometesse por conta de alguém, ela prontamente aconselhava a não guardar mágoas nem ódio. Filha de italianos, ela era incrivelmente amável. Amava ficar na casa dela, onde reinava uma paz reconfortante. Além disso, era habilidosa na costura. Descíamos à casa da minha mãe para ajudá-la, passando roupa, recolhendo roupas do varal, lavando e, se necessário, fazendo a louça.

Quando tudo terminava, as duas ficavam conversando, enquanto eu puxava o braço da minha avó, ansiosa para voltar para sua casa. Ela faleceu em 1985, aos 79 anos, vítima de uma esclerose. Estava vivendo uma velhice avançada quando, após um tombo, nunca mais conseguiu se levantar. Exames revelaram um tumor no cérebro, não cancerígeno, mas que cresceu, afetando sua fala e locomoção. No início, ela arrastava a perna, mas, com o tempo, perdeu completamente a capacidade de andar.

Minha avó tinha uma maneira peculiar de lidar com as palavras duras ou desagradáveis. Quando alguém a machucava, ela se recolhia ao quarto, pegava o terço e orava a Deus. Em momentos extremos de raiva, ela chegava a se ferir, mordendo os próprios braços. No entanto, nunca respondia com maldade a ninguém. Sua serenidade e fé continuam a inspirar minha vida.

Meu Avô, Um Homem de História Rica

Meu avô era descendente de pernambucanos e paulistas. Conheceu minha avó, namoraram, mas o pai dela não aprovou o relacionamento por causa da cor morena dele. Mesmo assim, persistiram e construíram uma vida juntos.

Seu percurso profissional foi marcado por trabalhos como eletricista, e lembro-me especialmente do tempo em que atuou no Unileste e no mercado Nishida, ambos no Jardim Maringá. Em um período anterior ao meu conhecimento, viveram nos interiores de São Paulo, especificamente em Osvaldo Cruz. Seu trabalho envolvia a derrubada de árvores, e, quando as coisas não iam bem em um lugar, ele buscava oportunidades em outras regiões. Essa instabilidade tornou a vida deles bastante desafiadora.

Infelizmente, meu avô também enfrentou a adversidade de uma doença, chamada na época de "caduquice". Com o conhecimento atual, acredito que possa ter sido um caso de Alzheimer. A memória dele se perdeu, mas as lembranças que guardo destacam um homem que enfrentou desafios com coragem e perseverança. Seu legado é uma recordação valiosa de força e resiliência.

Desafios Iniciais: Rumo à Estabilidade

Eu fui a única filha que nasceu no hospital Celso Garcia, em São Paulo. Por ter vindo ao mundo muito pequena, minha mãe costumava dizer que eu nem parecia ser sua filha, e eu cresci com a sensação de que talvez não fosse realmente filha deles.

Desde cedo, enfrentei desafios relacionados à minha saúde frágil. Aos dois anos, precisei passar por uma cirurgia de amígdalas e, talvez devido à falta de cuidados intensivos, enfrentei complicações pós-operatórias. Segundo o que me contaram, fui deixada em uma posição incorreta, resultando em coagulação sanguínea na cabeça. Minha mãe percebeu que eu estava tendo uma convulsão ao ver-me toda roxa e imediatamente buscou socorro.

Até os oito anos, mantive uma constituição muito magra, mas não enfrentava grandes problemas de saúde. A partir desse ponto, entretanto, as sequelas da doença começaram a se manifestar. Experimentei convulsões e uma espécie de "Déjà Vu", aquela sensação de já ter estado em determinado lugar ou vivido uma situação. Foi nesse momento que iniciei um tratamento, envolvendo a ingestão diária de nove comprimidos, que frequentemente resultava em sonolência intensa.

Essa sonolência causou impactos negativos em minha vida acadêmica e cotidiano. Eu passava mal e em fração de segundos já estava bem, sem recordar o que havia dito ou acontecido.

Apesar disso, durante minha infância, eu era uma criança mais tranquila, calma e sossegada, graças aos medicamentos. No entanto, paradoxalmente, tornava-me uma pessoa nervosa. E isso me trazia muito problema de relacionamento na escola.

Desafios e Alegrias nos Anos de Escola

Na infância, eu era uma criança mais tranquila, calma e sossegada, em grande parte devido aos remédios que tomava. No entanto, também era alguém um tanto nervosa, e as meninas às vezes provocavam bastante. Recordo-me de uma situação em que estava fazendo lição, e uma colega começou a apagar e acender a luz, o que me irritou. Ao reclamar, ela me xingou, e eu respondi: "acende aí, espigão". Isso resultou em uma briga, pois ela reuniu sua turma e me bateram.

Durante o período do ginásio, emagreci bastante devido à intensa prática de educação física, algo que eu adorava. Participava ativamente nas aulas com a professora Iraima, envolvendo-me em teatro e dança. Sempre fui uma criança dinâmica e participativa, disposta a explorar as oportunidades que a escola proporcionava. Apesar de repetir a quinta e sexta séries, o que me levou a fazer amizades renovadas a cada ano, nunca me incomodei com isso. O importante era persistir na escola, e minha teimosia, uma característica que carrego até hoje, sempre esteve presente. A cada repetição, novas amizades se formavam, mantendo meu círculo social sempre renovado, mas repleto de conexões valiosas.

Os Primeiros Passos no Mundo do Trabalho

Comecei a trabalhar cedo e minha estreia no mercado de trabalho foi em um salão de cabeleireira, onde iniciei fazendo pedicure aos 15 anos. Observava as meninas indo para os bailinhos no sábado, enquanto eu estava lá, dedicada ao trabalho. Lembro-me de pensar: "Nunca que, quando crescer e atingir a maioridade, vou querer continuar trabalhando em comércio aos sábados, até tarde da noite, não vou querer mais"

Aos 17 anos, ingressei no mundo profissional ao começar a trabalhar em um escritório de contabilidade na cidade. Posteriormente, consegui uma oportunidade em outro escritório no Largo São Francisco, onde entrei praticamente de um dia para o outro. Foi nesse período que conquistei uma vaga para fazer o teste na agência do Bradesco, na Senador Queiroz, e assim iniciei minha trajetória profissional no banco.

Essa fase inicial da minha carreira foi marcada por experiências que moldaram minha perspectiva em relação ao trabalho e à independência. O contraste entre o desejo de aproveitar a juventude e a responsabilidade do emprego aos finais de semana delineou meu comprometimento com a busca por um equilíbrio entre vida profissional e pessoal ao longo dos anos.

Lembranças de uma Infância

Cresci na mesma rua que a Merci, o que proporcionou uma infância muito agradável e repleta de boas lembranças. Apesar das circunstâncias, tive a oportunidade de brincar bastante na rua, construindo uma forte amizade com a Merci e sua irmã. A Ivete morava nas proximidades, virando na esquina da rua onde eu morava, mas nossa amizade não era tão próxima.

Meu círculo de amizade na época era concentrado principalmente entre mim, a Merci, sua irmã, a Mara, vizinha da rua, e a Wilma, que meus avos moravam no quintal dos pais dela. Conforme o tempo passava, fui estendendo minha amizade para outras vizinhas, como a Catalina e a Laís, todas próximas da região. A convivência com essas meninas foi fundamental durante minha infância.

Lembro-me vividamente de momentos especiais, como quando a Merci ganhou dois carrinhos de boneca da mãe para colocar a bonequinha de sua irmã, e nós pegávamos seu irmãozinho pequeno e o colocávamos nos carrinhos. Nossa rua, inicialmente sem asfalto, depois ganhou esse benefício. Apesar de enfrentar alguns problemas de saúde, sempre me vi envolvida nas brincadeiras com as crianças. Em alguns momentos, quando não me sentia bem, elas me levavam até minha casa e falavam com minha mãe, e eu ficava descansando. Essa era a dinâmica da minha vida na época, cheia de brincadeiras, momentos de mal-estar e descanso, mas sempre seguindo em frente.

Desafios Invisíveis e a Força para Seguir

Durante anos, minha vida foi marcada por consultas médicas frequentes, sempre enfrentando os mesmos desafios, passando por neurocirurgiões, realizando eletroencefalogramas, controlando a condição com medicamentos, uma troca incessante de um para outro. Inclusive, até no banco, onde os clientes como o Carlos passavam. Recordo-me vividamente do Carlos Pinheiro, amigo do Fábio Júnior, com quem comecei a desenvolver uma amizade ao ouvir suas histórias sobre o cantor, suas experiências no Brooklyn e as interações diárias no banco.

Mesmo diante das dificuldades e dos olhares curiosos, nunca desisti do meu emprego. Lembro-me de como o Carlos, ao perceber que algo não estava bem, comunicava às meninas na frente: "Acho que a Márcia não está bem." Rapidamente, elas vinham me verificar, e eu permanecia ali, firme.

Ao longo dos anos, enfrentei desafios com minha saúde, alternando entre ganho e perda de peso, praticando educação física e conquistando medalhas no vôlei. Lembranças marcantes surgem, como a vitória na quadra, com meu uniforme marrom e mostarda, que destacava a beleza das minhas pernas e meu corpo.

O diagnóstico final só veio anos mais tarde, após meu casamento aos 21 anos, quando minha mãe se lembrou de detalhes cruciais e compartilhou com o neurocirurgião. A falta de oxigênio no cérebro foi a explicação que até então permanecia desconhecida, sendo eu um verdadeiro milagre de Deus na Terra, capaz de integrar-me à sociedade, caminhar e trabalhar com determinação.

Resiliência e Amizades na Juventude

Aquela época da juventude foi marcada por desafios, mas também por momentos de alegria e amizade. Mesmo que eu tenha enfrentado bullying, algo que desconhecia naquela fase, encontrei apoio e camaradagem nas amizades sinceras que construí.

Durante os anos da quinta série, desenvolvi amizades significativas com a Carmem e Margarete. Juntas, explorávamos a Chacrinha e organizávamos piqueniques animados. Essas amizades foram como bálsamos em meio às adversidades que enfrentava.

Apesar das dificuldades e do sofrimento, vivi uma infância e adolescência felizes. Os remédios, que antes faziam parte constante da minha rotina, foram aos poucos diminuindo, indicando um avanço positivo em minha saúde.

Essa fase foi um capítulo importante de resiliência e superação, marcado pela força das amizades que, mesmo em meio às tribulações, trouxeram momentos de alegria e companheirismo.

A Maternidade e a Misericórdia Divina

Ao dar início à jornada da maternidade, deparei-me com desafios que pareciam intransponíveis. Inicialmente, meu diagnóstico médico indicava que a estrutura do meu ovário era delicada, requerendo uma cirurgia para remover uma espécie de "capa" que impedia a ovulação natural. A intervenção ocorreu em 1984, e no ano seguinte, após algumas tentativas, engravidei pela primeira vez.

Infelizmente, a primeira gestação terminou em perda devido a um dos medicamentos que eu tomava. Entretanto, perseverando com fé, mais tarde, fui abençoada com a graça de ser mãe de filhos saudáveis. Meu filho, fruto de uma gestação sem complicações, veio ao mundo após eu interromper temporariamente o uso de medicamentos.

Contudo, quando decidi engravidar novamente, após três anos, meu médico alertou sobre os riscos que os medicamentos poderiam trazer à saúde da minha filha. Houve a preocupação de malformações labiais, mas, graças à minha promessa e à misericórdia divina, minha filha nasceu perfeita e saudável.

Durante esse período, enfrentei a pressão para realizar uma cirurgia no Hospital das Clínicas, mas, movida pela fé, busquei conforto numa igreja. A palavra de Deus me guiou, proporcionando uma convicção inabalável de que a intervenção cirúrgica não era o caminho certo para mim. Anos mais tarde, um neurologista revelou que, caso tivesse optado pela cirurgia, poderia ter perdido a visão periférica e movimentos essenciais.

Com uma rotina de medicamentos disciplinada, seguindo fielmente o tratamento prescrito, enfrentei os desafios com coragem, confiança e, principalmente, a convicção de que a misericórdia divina esteve sempre ao meu lado.

Desafios e Resiliência

Minha trajetória sempre foi marcada por altos e baixos, mas procurei levar uma vida boa, cheia de experiências pessoais singulares. Durante a juventude, não era muito fã de baladas, preferindo a companhia da minha mãe. Meus irmãos, mais animados, se aventuravam nas festas, enquanto eu raramente participava. Mentirinha básica para meu pai, dizendo que ia ao cinema quando, na verdade, dava uma escapada para algum baile. A relação com meus filhos seguiu uma normalidade, mas vale ressaltar que enfrentei situações de bullying tanto na escola quanto em encontros sociais.

Em um determinado momento da vida, busquei a palavra de Deus, especialmente quando minha filha nasceu. Apesar das dores de cabeça persistentes, senti que Deus estava promovendo minha libertação de enfermidades. No entanto, meu médico alertou sobre a necessidade contínua dos medicamentos, seguindo a máxima de "time que está ganhando não se mexe". Assim, mantenho minha rotina disciplinada, tomando os remédios nos horários certos e garantindo um sono adequado de 7 a 8 horas diárias.

Mesmo diante de desafios, mantenho minha resiliência, pois compreendo que a vida é uma jornada repleta de aprendizados e superações.

A Jornada Escolar

Minha trajetória escolar começou no Olga, onde cursei da primeira até a sétima série. Lembro-me claramente da minha mãe me levando ao escadão, na época chamado de morrinho, para alcançar a escola nos dias de chuva. Minha mãe, uma costureira dedicada, aguardava do outro lado enquanto eu subia os degraus até a escola.

Na quarta série, um episódio desagradável marcou minha memória. Uma professora de matemática gritava comigo na tentativa de fazer-me compreender um problema. O incidente resultou em um trauma, tornando a matemática uma disciplina difícil para mim. A experiência me afetou profundamente, e recordo-me vividamente de ter minha face esfregada na lousa.

A quinta série trouxe desafios adicionais, principalmente em matemática. Meu desinteresse pela disciplina e o trauma passado tornaram-me péssima em cálculos. Recordo-me de tirar zero em uma prova, marcando um momento difícil. Apesar disso, terminei o ginásio no Olga, até que o Penna ficou pronto e as aulas mudaram para a parte da noite.

A transição para o Penna ocorreu na oitava série, onde uma professora solicitou que eu e outras colegas não frequentássemos a turma noturna devido à sua complexidade. Minha mãe prontamente nos transferiu para a turma matutina, proporcionando um ambiente mais propício ao aprendizado.

Ao longo do ginásio, participei ativamente de eventos e atividades, destacando-me na Feira das Nações e em danças espanholas. Entretanto, ao concluir o ginásio, iniciei uma nova fase trabalhando no Bradesco e cursando o ensino médio à noite.

Minha vida escolar foi interrompida temporariamente após o casamento e a chegada dos filhos. Problemas de saúde relacionados à gravidez exigiram intervenções cirúrgicas, e durante os 20 anos de casamento, meu foco esteve na família e nas responsabilidades domésticas. O retorno aos estudos aguardava seu momento, enquanto eu enfrentava os desafios e as alegrias da vida adulta.

Caminhos Profissionais e as Crianças

Ao longo da minha vida, residimos em diferentes lugares, desde a casa no Dalila até a mudança para o interior do Paraná. Nessa fase, enfrentei desafios com a saúde de meu filho, que sofria de bronquite crônica.

Primeiramente, trabalhei em um escritório, onde contratava uma cuidadora para meu filho, aliviando a carga para minha mãe. Posteriormente, ingressei na Telesp, onde permaneci por um tempo. Contudo, circunstâncias pessoais me levaram a uma pausa profissional, e decidimos retornar a São Paulo.

De volta à cidade, aproveitei a ascensão da internet para realizar cursos, incluindo um de educador popular. Essa formação abriu caminho para atividades recreativas com crianças carentes de comunidades locais. Trabalhei em escolas, associações, e no CEU Aricanduva, descobrindo minha afinidade e paixão por lidar com crianças.

Embora tenha trabalhado em diversas áreas, não cursei uma faculdade devido às responsabilidades com meus filhos. Fui acumulando cursos na área de estética, como depilação, design de sobrancelha, e manicure, buscando oportunidades para complementar a renda.

Com o passar dos anos, meus filhos seguiram seus caminhos, casaram-se e começaram suas próprias famílias. Refletindo sobre minhas escolhas, reconheço que poderia ter dedicado mais tempo a minha formação acadêmica. No entanto, acredito que a falta de um diploma não me faz inferior, pois sempre carreguei em meu coração o amor pelas crianças.

Atualmente, trabalho para complementar a aposentadoria, realizando pequenos serviços de estética. Enfrento os desafios financeiros do país, onde as aposentadorias são limitadas e os impostos são altos. Valorizo cada oportunidade de contribuir para minha renda e ajudo minha nora e filho, sendo remunerada para cuidar do meu neto.

Ao longo da vida, percebi a importância de amar e cuidar das crianças, e isso se tornou um ponto central em minha jornada. Acredito que o amor e a dedicação superam qualquer formação acadêmica, e continuo a encontrar satisfação em minha conexão com as crianças, mesmo quando o mundo ao redor delas está em constante mudança e desafio.

Margareth

Minha Mãe

Minha mãe era uma daquelas almas que iluminavam qualquer ambiente. Extrovertida, alegre e apaixonada pela dança, ela tinha o dom de conquistar todos ao seu redor. Seus risos ecoavam pela vizinhança, e sua habilidade para fazer amizades era algo admirável. No entanto, quando se tratava de nossa relação mãe-filha, a história era diferente. Éramos como estranhas, distantes, e essa distância marcou minha infância de maneira profunda.

Os primeiros anos da minha vida foram passados sob o teto acolhedor da minha avó. No entanto, aos cinco anos e meio, minha mãe decidiu me retirar desse ambiente. Os anos seguintes foram marcados por mudanças constantes. Dos 8 aos 19 anos, morei com minha tia, uma figura que se tornou mais materna para mim do que minha própria mãe. A ausência dela moldou a forma como eu via o mundo e os relacionamentos.

Eventualmente, voltei a morar com ela, mas o elo entre nós permaneceu frio e distante. Foi somente quando ela se mudou para Santa Catarina e eu assumi a responsabilidade de cuidar dela que experimentamos uma breve comunhão. Infelizmente, esse período de proximidade foi interrompido por desentendimentos com meu padrasto, cujas atitudes eu não podia aceitar. Optei por voltar a São Paulo para evitar conflitos.

Na tristeza de minha partida, na terça-feira em que deixei sua presença, não podia prever que, na quinta-feira seguinte, ela nos deixaria para sempre. Não tive a oportunidade de me despedir, e a culpa pela minha ausência naquele momento ainda pesa sobre mim.

Apesar de nossas complexidades, minha mãe era uma pessoa extraordinária. Seu temperamento era um farol de felicidade, e mesmo em seus últimos momentos, ela escolheu viver intensamente. Participou de um retiro da terceira idade, dançou, brincou e sorriu. Naquela noite, enquanto compartilhava seu testemunho na igreja, ela pediu um copo d'água e, em um instante, partiu desta vida, deixando memórias de alegria e uma saudade que ecoa em meu coração.

A Época com Minha Avó

Com a minha avó, eu compartilhei os primeiros capítulos da minha infância, um período que moldou muitos aspectos da minha personalidade. Do primeiro aos 5 anos e meio de idade, morei sob o teto acolhedor da casa que ela transformou em lar para mim.

Naqueles dias, não havia muito do que reclamar, pelo menos não do ponto de vista de uma criança travessa como eu. Lembro-me vividamente das minhas travessuras, das brincadeiras que fazia os dias passarem como uma suave brisa. Minha avó, com sua sabedoria adquirida ao longo dos anos, tentava me educar com a paciência que só uma avó pode ter.

Recordo-me de suas tentativas de impor ordem quando eu, cheia de energia, corria pela casa como um furacão. Sua arma secreta, a chinela na mão, era suficiente para me fazer parar e refletir sobre minhas ações. Era um ritual quase cômico, um equilíbrio entre disciplina e amor.

Chamava-a carinhosamente de "Mãe Velha", um apelido que ecoava nosso vínculo especial. Ela, por sua vez, sempre me assegurava que minha mãe estava a caminho quando, na verdade, eu insistia que a figura que se aproximava era um "bicho feio". Escondia-me atrás das cortinas, criando um suspense infantil que só aumentava a diversão.

Contudo, o cenário começou a mudar quando um primo veio morar conosco. A dinâmica da casa se transformou, e toda a atenção que eu costumava receber da minha avó foi direcionada ao novo membro da família. Sentimentos de exclusão começaram a se infiltrar no meu mundo infantil, e eu aprendi a me virar sozinha.

Fui gradualmente perdendo meu lugar central na vida da minha avó, pois cada gesto e cada palavra eram agora destinados ao tal primo. Tornou-se evidente que eu não era mais o foco, e essa mudança desencadeou um sentimento de rejeição que perdurou por muito tempo.

Embora minha avó fosse uma boa vizinha e se esforçasse para ser uma pessoa generosa para os outros, seus próprios filhos frequentemente reclamavam dela. A dualidade entre a avó amorosa e a mãe criticada criou uma complexidade que só mais tarde eu entenderia completamente.

Os anos com minha avó foram uma mistura de risos, aprendizado e, eventualmente, de um sentimento de solidão que deixou uma marca indelével na minha jornada. Cada capítulo da vida é uma peça no quebra-cabeça da nossa história, e esses anos formaram a base do que eu seria no futuro.

Tia Otília - A Minha Mãe Postiça

Vivi com a minha tia dos 8 aos 18 anos. Minha tia Otília, uma mulher excepcional que desempenhou o papel de mãe postiça de uma forma que transcende qualquer conceito pré-estabelecido. Ao longo desses anos, ela não só me proporcionou um lar, mas também me revelou detalhes dolorosos do meu passado, detalhes que envolviam minha verdadeira mãe.

Era difícil imaginar o que minha tia Otília passou ao me contar sobre os momentos difíceis da minha infância. Eu descobri que, quando era pequena, apanhava todos os dias. Não havia um único dia que se passasse sem que eu fosse castigada de alguma forma. Mas, ao invés de cultivar ressentimento, minha tia optou por ser a âncora que eu precisava.

Minha tia Otília foi mais do que uma guardiã; ela foi uma mãe para mim. Nos momentos em que eu buscava escapar, principalmente nas tardes em que desejava participar dos bailes nas casas das minhas amigas, ela estava lá para me apoiar. Com seu apoio incondicional, cobertura e até mesmo com algum dinheiro extra, ela tornava possível aquilo que parecia proibido.

Além de desempenhar o papel de mãe, Tia Otília era uma excelente vizinha e uma amiga verdadeira. Nossas conversas eram frequentes, e, principalmente após a partida do meu pai, nosso vínculo se fortaleceu ainda mais. A perda dele foi um golpe difícil, mas ela estava lá para preencher o vazio com seu amor e compreensão.

Sempre fui independente, relutante em depender emocionalmente de alguém. Essa característica persiste até hoje. Minha sobrinha frequentemente comenta que pareço preferir as pessoas de fora da família. É verdade. Sempre me senti excluída entre meus parentes, mas, paradoxalmente, sempre encontrei acolhimento nas famílias das minhas amigas.

Tia Otília foi minha rocha durante esses anos tumultuados. Ela não apenas cuidou de mim, mas também me ensinou o verdadeiro significado de família e amor. Se hoje sou independente, é graças à base que ela construiu para mim. Tia Otília, minha mãe postiça, uma figura que merece ser eternamente celebrada por sua generosidade e amor inabalável.

Família

Ao mergulhar nas memórias que compõem minha jornada, é impossível não dedicar um capítulo especial à complexidade e singularidade da minha família. Este não é um conto convencional de laços sanguíneos, mas sim uma teia intricada de relações que moldaram minha identidade de maneiras inesperadas.

Tudo começou em uma pequena cidade chamada Caçador, onde meu pai, então namorado de minha tia Otília, dividia seu coração entre ela e a filha de ambos, a Linda. Enquanto isso, minha mãe, Lídia, residia em Campos Novos, vivendo sua própria história distante desse triângulo familiar.

O destino, como costuma fazer, entrelaçou os caminhos de meus pais, e minha mãe cruzou o caminho do meu pai. Uma faísca de amor fez com que ele tomasse a difícil decisão de se separar de minha tia e se mudar para estar com minha mãe. Desse encontro, nasci, uma testemunha involuntária da complexidade dos relacionamentos adultos.

Contudo, o destino ainda reservava surpresas. A jornada de meus pais não seguiu um rumo linear, e após um período, eles se separaram, levando meu pai de volta aos braços de minha tia Otília. Nesse contexto, minha tia e minha mãe, apesar de compartilharem um passado complicado, encontraram uma maneira de se entender e até mesmo construir uma relação peculiar.

Descobri os detalhes dessa trama intricada aos 17 anos, após o falecimento de meu pai. Até então, eu vivia na inocência, chamando meu pai de tio e considerando minha irmã como prima. A verdade trouxe consigo uma revelação: eu era uma filha bastarda, nascida de um capítulo tumultuado na vida de meus pais.

No entanto, minha tia, apesar de não ter um vínculo de sangue comigo, sempre foi uma presença carinhosa em minha vida. Ela desafiou as convenções e me considerou como sua própria filha. Nossa relação não se limitava apenas aos laços familiares, mas se estendia a uma parceria cotidiana. Juntas, fazíamos o mercado, íamos à feira, e eu a acompanhava em suas idas ao médico.

Essa complexidade familiar, que poderia ter sido motivo de desarmonia, transformou-se em uma tapeçaria única de afeto e compreensão. Minha tia e minha mãe, apesar das circunstâncias, aprenderam a conviver e a apreciar a presença uma da outra, criando um trisal inusitado, mas funcional.

Minha vida, olhada sob essa lente, revela uma história de frustrações e felicidades efêmeras, especialmente nos momentos de maluquice que compartilhei com aqueles que, de maneiras imprevisíveis me relacionei. Cada capítulo desse enredo colorido moldou a pessoa que sou hoje, uma mistura única de experiências e relações fora do comum.

Tio/ Pai - Entre o Caos e a Sobriedade

Até meus 17 anos, meu pai era apenas meu tio aos olhos da sociedade. Uma figura complexa que oscilava entre dois extremos: o doce e afetuoso, quando sóbrio, e o tempestuoso, quando submergido nas profundezas da bebida. Lembro-me das noites em que o álcool transformava a calmaria de seu ser em um furacão de caos. Minha irmã, sempre inclinada a pregar peças, provocava situações que resultavam em conflitos entre nós. Infelizmente, eu era frequentemente a vítima de sua rebeldia.

Houve uma vez em que eu e meu pai nos envolvemos em uma briga intensa, uma luta no chão motivada por algo que minha irmã havia aprontado. Em um momento de fúria, ele descontou em mim, deixando-me com o pescoço marcado pelo impacto de um pontapé. Era uma realidade sombria, mas, paradoxalmente, na sobriedade, ele se transformava em uma boa pessoa - pelo menos aos olhos dos outros.

Minha tia, esposa dele, tinha uma influência firme sobre ele, o que amenizava suas explosões de temperamento. Seu relacionamento era como um cabo de guerra, onde ela mantinha controle quando ele ameaçava sair do eixo. Infelizmente, eu muitas vezes acabava sendo o alvo de suas frustrações, assumindo a culpa por travessuras que não eram minhas.

O amor paterno, algo que deveria ser incondicional, parecia pertencer exclusivamente à minha irmã. Eu, na percepção dele, era apenas a sobrinha. Quando ele estava sóbrio, eu experimentava breves lampejos de carinho, mas logo voltávamos ao status quo, onde minhas ações eram ofuscadas pelas peripécias da minha irmã.

A relação se desdobrava em um ritual de ciúmes exacerbados. Não podíamos pintar as unhas, cuidar das sobrancelhas, ou expressar nossa individualidade de qualquer forma. Era um controle sufocante, sob o pretexto de ser um pai zeloso, mas eu questionava se era direcionado a mim como filha ou se ele aproveitava a oportunidade por causa de minha irmã.

Em 1977, a tragédia se abateu sobre nós. Num episódio desolador, ele, embriagado, colidiu frontalmente com um caminhão. A vida dele se extinguiu ali mesmo, e todas as oscilações entre o amor e a tempestade tornaram-se efêmeras. Seu nome era José, um homem marcado por seus demônios internos e sua batalha perdida contra a dependência.

No final das contas, eram todas coisas passageiras, como a efemeridade de sua própria existência. A única certeza que me restou foi a de que, no meio do caos e da sobriedade, eu vivi à sombra de um homem que, por momentos, foi meu tio e, em outros, um pai que nunca soube ser.

Minha Irmã

Eu e minha irmã éramos como o Sol e a Lua. Ela se achava mais bonita, mais gostosa, a mais inteligente. E, na verdade, ela sempre foi mais agraciada com as coisas. Naquela época, fez curso de datilografia, tirou a carta de motorista, e até se formou em enfermagem. Um casamento esplêndido foi organizado para ela. Nossa relação sempre foi conturbada. Desde pequenas, quando compartilhávamos o mesmo teto, ela, com 9 anos, me chantageava para realizar as tarefas. Se eu relutasse, beliscões e batidas na cabeça com a frigideira eram o preço a pagar. E eu, com 8 anos, revidava, e brigávamos por causa dessas coisas.

O casamento só intensificou a prepotência dela. Não demorou muito para meu pai falecer. Minha tia deixou nossa casa, e eu fiquei apenas com minha mãe. Engravidei e tive meu primeiro filho, sozinha. O marido da minha irmã desaprovou veementemente, proclamando que sua irmã jamais teria feito tal coisa. Mais tarde, eu também me casei e tive outro filho. No entanto, minha irmã traiu seu marido, separou-se, e curiosamente, foi nesse momento que nos tornamos amigas. A prepotência persistiu, mas uma ponte de compreensão começou a ser construída.

Ela se casou novamente, mas a viuvez a assolou logo depois, desencadeando a síndrome do pânico. Eu me tornei sua companhia constante, acompanhando-a para cima e para baixo. Hoje, ela se preocupa comigo, sempre querendo saber quando vou para São Paulo. Minha história não é de princesa, é esquisita. Deus, de alguma forma, sabe o porquê de passarmos por certas experiências.

Eu costumava me dar melhor nas casas das mães de minhas amigas. Dona Vivinha, mãe da Susete, me tratava como filha. Na casa da Vó da Tania, a Dona Pureza, fui acolhida com carinho. A mãe da Rosana, a Dona Marilda... era espetacular, A Dona Maria, mãe da Carmem também me tratava muito bem. Dona Jurema, mãe da Joanita, igualmente me acolhia. Enfim, o que não encontrava em casa, buscava fora. Minhas amigas eram minhas irmãs e suas mães eram as minhas também.

Entre Amores e Desilusões

Tive uma grande paixão que me arrebatou, com quem compartilhei a dádiva da vida e um filho. Contudo, ele não assumiu nem a mim nem ao nosso filho. A vida, contudo, é um fluxo constante, e aos 21 anos, enquanto trabalhava no Supermercado Signos, da Avenida Rio das Pedras, meu caminho cruzou-se com o de Jose Carlos, um colega do tempo do Olga. O destino quis que, ao cobrir a ausência de um colega, começássemos a caminhar juntos de volta para casa.

O que era uma amizade casual evoluiu, e após cerca de um ano, começamos a namorar. Ele, com seu jeito intenso, logo quis dar um passo adiante e falar de noivado. No entanto, nossas personalidades colidiam: eu, uma mulher decidida, e ele, com um gênio forte e ciumento ao extremo. Apesar disso, nos casamos em abril de 1980 na Umbanda e, posteriormente, em junho, no cartório, um dia que marcaria o início de um ciclo de altos e baixos.

Na verdade, eu não queria me casar, mas pressões externas e a vontade de experimentar me levaram a aceitar. Um conselho sábio de minha madrinha de casamento na igreja me alertou, mas eu ignorei. Casamo-nos no dia do meu aniversário, e a festa não tardou a dar lugar a episódios de violência. O que parecia ser a construção de uma família feliz tornou-se um pesadelo de abusos físicos e emocionais.

A cada dia, a situação piorava. Se eu ousasse expressar admiração por alguém na televisão, ele se tornava violento. No aniversário do meu filho mais velho, ele protagonizou uma cena humilhante ao jogar cerveja em meu rosto. Esse episódio foi apenas um entre tantos. As agressões se intensificavam, tornando minha vida um ciclo de dor.

Em novembro de 1993, finalmente, tive coragem e me divorciei. Durante esse tempo, ele teve outras mulheres e traições explícitas. Meu padrasto, sempre crítico, chegou a dizer que ele parecia mais um amante do que um marido. A verdade é que ele só aparecia para satisfazer seus desejos e depois sumia.

Após se tornar evangélico, retomamos o contato, mas o estrago já estava feito. Recentemente, soube que ele enfrenta o Alzheimer e vive uma existência decadente. Sua condição atual faz questionar se todo ciúme e violência valeram a pena.

Após esse capítulo sombrio, conheci outra pessoa. Não nos casamos, não vivemos juntos, mas compartilhamos três filhos. Ele não era violento, mas infelizmente, mergulhou no mundo das drogas e partiu quando eu estava grávida do meu filho caçula. Assim, criei meus filhos sozinha.

Hoje estou sozinha, mas feliz com meus filhos e netos. A vida, repleta de altos e baixos, trouxe lições e aprendizados. Cada experiência moldou a mulher que sou hoje, e apesar dos desafios, mantenho-me firme na busca pela felicidade, consciente de que o amor-próprio é o alicerce de uma vida plena.

Gesse

Gesse, meu filho mais velho, sempre foi a alegria da casa. Ele é um doce de pessoa, o exemplo vivo do ditado "O bom filho é um bom marido e um bom pai". Aos 44 anos, ele é um homem trabalhador, ótimo dono de casa, excelente cozinheiro e motorista habilidoso. Sua vida é repleta de responsabilidades, principalmente por ser casado e pai de três filhos: Ian Rafael, de 16 anos, Victória, de 13 anos, e Joaquim, de apenas 1 ano.

Em 2016, enfrentamos um momento delicado quando teve um infarto no baço, o que exigiu uma cirurgia para a remoção do órgão. Esse episódio foi um divisor de águas para ele, que começou a repensar suas prioridades e reduzir suas atividades profissionais para garantir uma vida mais equilibrada.

Dois anos mais tarde, a vida nos surpreendeu novamente quando ele sofreu um acidente vascular cerebral (AVC) enquanto dirigia. Graças a Deus, o incidente não resultou em consequências graves, e ele ficou praticamente sem sequelas. Mesmo após esse susto, ele continua a enfrentar desafios de saúde e faz um tratamento regular com um hematologista para lidar com um problema sanguíneo.

Gesse é conhecido por sua personalidade única e, às vezes, teimosa. Ele é incrivelmente cabeça dura, nem sempre seguindo os conselhos médicos como deveria. No entanto, é essa teimosia que o torna um lutador incansável, determinado a aproveitar ao máximo a vida.

Apesar de suas responsabilidades e desafios de saúde, Gesse mantém um espírito jovem e brincalhão. Ele é como uma criança grande, sempre disposto a fazer piadas e pregar peças. Lembro-me de tantas vezes em que ele me surpreendeu com suas travessuras, mostrando que a alegria de viver é uma escolha que ele faz todos os dias.

Não importa o quão séria a situação, ele sempre encontra uma maneira de trazer leveza para nossas vidas. Seja pintando quadros inusitados ou fazendo palhaçadas para entreter as crianças, ele é verdadeiramente uma criatura feliz.

Gesse é mais do que apenas meu filho mais velho; ele é o artista da família, trazendo cor e humor aos nossos dias. Mesmo diante dos desafios da vida, ele continua a nos lembrar da importância de sorrir e encontrar alegria nas pequenas coisas.

Mike

Mike, meu segundo filho, sempre foi um homem de poucas palavras. Aos 41 anos, casado e com uma família própria, ele trilhou um caminho peculiar desde sua mudança para o sul, ao lado de minha mãe. Seu casamento com uma mulher da mesma idade trouxe a dinâmica única de uma família mista, com um enteado de 26 anos, Wesley, e a adorável Alice, que com seus 8 anos, iluminou a vida de todos.

Lembro-me da partida de minha mãe para o sul e da pergunta que fiz a Mike naquele dia crucial. "Você tem certeza de que quer ir?" Ele respondeu afirmativamente, mas as adversidades que enfrentou nas mãos do meu padrasto foram além do que eu poderia imaginar. Meu padrasto, uma figura complicada, não facilitou as coisas para Mike. Aos 18 anos, meu filho decidiu voltar para São Paulo em busca de uma vida mais independente e acolhedora.

De volta ao convívio familiar, ele trouxe consigo a narrativa de que eu era, de alguma forma, responsável por sua decisão de mudar para o sul. Muitos que o conheciam ouviram essa história, mas Mike encontrou seu próprio caminho na vida, longe das sombras do passado. Ele se tornou um pai dedicado e um homem trabalhador.

Houve tempos difíceis, marcados por hábitos prejudiciais, como beber e fumar. No entanto, sua esposa, uma mulher forte e decidida, o confrontou. Ela o colocou contra a parede, e Mike, mostrando sua força interior, conseguiu superar esses desafios. Minha nora se revelou não apenas como uma parceira de vida, mas também como uma mulher corajosa, capaz de guiar sua família na direção certa.

Embora nem tudo seja perfeito, a visita deles à minha casa é rara. A minha nora, com seu coração urbano, não se sente à vontade em ambientes rurais, e por isso, desde que se conheceram, eles estiveram em minha casa apenas uma vez. No entanto, isso não diminui a força do vínculo familiar que compartilhamos.

A vida de Mike segue uma rotina estável e focada na família. Com uma folga no trabalho apenas uma vez por mês, ele aproveita ao máximo esse tempo. Quando vou a São Paulo, costumo ficar na casa da minha irmã, e é aí que Mike entra em cena. Ele me pega na casa dela, me leva para sua casa à noite, onde durmo com minha neta e passo o dia brincando com ela. Ao anoitecer, ele me traz de volta para a casa da minha irmã.

É um ciclo simples, mas é o único meio que temos de nos ver regularmente. Mike é, sem dúvida, um bom homem, um trabalhador incansável e um pai exemplar. Entre meus cinco filhos, ele se destaca como o mais responsável, dedicando-se incansavelmente a proporcionar o melhor para sua família. Sua jornada é uma mistura de desafios superados, amor familiar e o constante desejo de construir um futuro sólido para aqueles que ama.

Lucas

Meu filho Lucas, aos seus 28 anos, continua a ser a luz da minha vida. Ele é um jovem solteiro e, para minha alegria, ainda mora comigo. Descrevê-lo é uma tarefa que me enche de orgulho e carinho, pois, mesmo sendo um adulto, ele mantém viva a chama da infância em seu coração.

Lucas é um espírito livre, um tanto desgarrado da vida, como se a responsabilidade ainda não o tivesse abraçado completamente. Às vezes, é como se eu convivesse com duas crianças: ele e o Gesse, o mais velho entre os dois, formam uma dupla que é capaz de me tirar risadas nos momentos mais inesperados.

A relação que temos é repleta de altos e baixos, como a maré que vem e vai. Apesar disso, somos inseparáveis, companheiros de jornada. Em certos momentos, nos encontramos em meio a brigas que parecem surgir do nada. Às vezes, sequer sabemos qual é o motivo da discussão, mas a verdade é que, no final do dia, tudo se resolve de maneira harmoniosa.

Há momentos em que Lucas me deixa de cabelos em pé. A casa cheia de cachorros e gatos, objetos espalhados por todos os cantos, e ele, meio desajeitado, parecendo não perceber a bagunça que deixa pelo caminho. Eu, então, começo a brigar, reclamar sobre a desordem e a falta de organização. Parece que ele está em seu próprio mundo, e eu, em uma tentativa de trazer um pouco de ordem ao caos, acabo por iniciar nossas pequenas discussões.

No entanto, no fundo do meu coração, sei que essas brigas são apenas parte do nosso peculiar relacionamento mãe e filho. São as notas discordantes que, de alguma forma, tornam a melodia da nossa convivência ainda mais rica. Pois, no final, não importa o quão distantes possamos parecer em determinados momentos, sempre encontramos o caminho de volta um para o outro.

Lucas é, acima de tudo, um ótimo filho. Sua presença é como um bálsamo para as adversidades da vida. É meu companheiro nas alegrias e tristezas, alguém com quem posso contar em todas as situações. E assim seguimos, juntos, nesse caminho chamado vida, com suas brigas passageiras e um amor que transcende qualquer desordem.

Minha Princesa

Minha única filha, Fernanda, é a joia preciosa que a vida me presenteou. Aos 26 anos, ela encontrou o seu par, Diego, filho de uma mistura encantadora entre japonês e brasileiro. Juntos, formaram uma família que enche meu coração de alegria.

O casal deu vida à minha netinha adorável, Esther, uma menina de 7 anos que encanta a todos com sua beleza e graça. A descrição carinhosa que fazemos dela é de uma "japinha bonitinha", uma expressão que resume toda a doçura e charme dessa pequena. E não podemos esquecer do Benício, o caçula da família, com seus 2 anos de idade. Este pequeno travesso é capaz de fazer mais arte sozinho do que dez crianças juntas, tornando-se meu gordinho encantador.

Fernanda, além de ser uma mãe exemplar, dedica-se ao seu trabalho como bombeira civil, exercendo suas funções com zelo e responsabilidade. Seu local de trabalho é uma creche da prefeitura, onde seu coração se enche de amor ao cuidar das crianças. No entanto, sua dedicação ao trabalho muitas vezes a torna ausente, algo que, como mãe, eu compreendo, mas nem sempre aceito de bom grado.

Nossas diferenças de temperamento são evidentes quando estamos estressadas, momento em que podemos protagonizar brigas intensas. Fernanda, uma mulher forte e determinada, compartilha com seu marido, Diego, algumas dessas contendas acaloradas. Mas, no fundo, sei que é apenas uma manifestação do amor e da paixão que eles têm um pelo outro.

Fernanda é uma pessoa incrível, responsável e uma mãe dedicada. Ainda que sua estatura seja modesta, com seus 1,57 metros, ela é o pilar que sustenta nossa família. Em contraste, seus irmãos são todos mais altos, com uma estatura que ultrapassa os 1,70 metros.

Quando decidimos nos reunir, a diversão é garantida. A casa se transforma em palco para momentos inesquecíveis. Pode-se dizer que, nesses instantes, a estrutura da casa parece prestes a desabar, mas é nesse caos controlado que encontramos a verdadeira essência da nossa família. Dançamos, rimos, rebolamos e, assim, fortalecemos os laços que nos unem.

Minha princesa, Fernanda, é a joia que brilha no centro dessa divertida e amorosa constelação familiar.

Eduardo

Meu caçula, Eduardo, sempre foi o espírito livre da família. Aos 24 anos, ele já havia construído sua própria vida ao lado de uma jovem incrível. No entanto, essa história tem suas peculiaridades.

Eduardo sempre foi um rapaz trabalhador e responsável. Desde cedo, demonstrou um senso de comprometimento que me enchia de orgulho. Até mesmo na escolha da sua companheira, mostrou maturidade. Ele vive com uma garota maravilhosa, cujos pais aceitaram a relação de braços abertos, embora nenhum dos dois jovens tivesse planos de oficializar a união.

A jovem em questão é uma excelente pessoa. Sua família, no entanto, carrega consigo um histórico de consumo excessivo de álcool. Infelizmente, meu filho entrou nesse embalo. O ritual do final de semana deles consiste em festinhas, churrascos e muita cerveja. É como se a vida deles fosse uma eterna celebração, regada a risadas e descontração.

Apesar do hábito de beber todo final de semana, Eduardo continua sendo um excelente menino. Seu trabalho e responsabilidade são inabaláveis, o que me tranquiliza enquanto mãe. A questão do álcool, porém, me preocupa de vez em quando. Eu tento entender que faz parte da fase, mas é difícil não se inquietar.

O casal, até o momento, optou por não ter filhos. Letícia ainda está no terceiro ano da faculdade, focada em seus estudos e no desenvolvimento de seu próprio caminho. A decisão consciente de adiar a chegada dos filhos é algo que respeito, mas não posso deixar de me perguntar como o estilo de vida deles vai se ajustar quando decidirem dar esse próximo passo.

O que me conforta é saber que eles compartilham uma conexão profunda e que, apesar das diferenças, eles se apoiam mutuamente. O futuro reserva muitas surpresas, e estou ansiosa para ver como essa história se desenrola. Afinal, o caçula sempre reserva algumas reviravoltas surpreendentes.

Meu Primeiro Emprego

Naquela época, eu estava ansiosa para entrar no mundo do trabalho, ansiosa para ganhar meu próprio dinheiro e experimentar a independência que ele trazia consigo. O primeiro emprego, no entanto, foi uma experiência que marcava tanto pelos desafios quanto pelas lições aprendidas.

Foi na Fernandes Porto Alegre que tive minha primeira experiência profissional, ao lado de Ariovaldo. Ele era o artista por trás dos desenhos que decoravam camisetas, e eu, entusiasmada, ofereci minha ajuda. Os primeiros meses foram empolgantes, aprendendo os meandros da estamparia e contribuindo para o processo criativo. Contudo, como tantas histórias da vida real, a situação tomou um rumo inesperado.

Um dia, Ariovaldo me chamou até a cozinha, longe dos olhares curiosos. Fiquei surpresa quando ele fez uma proposta inusitada, uma que estava longe de ser profissional. Ele queria que eu fosse sua amante, prometendo-me o mundo em troca. Percebi que, infelizmente, a linha entre o trabalho e a vida pessoal estava prestes a se desfazer.

Sem hesitar, pedi minhas contas. Não podia comprometer minha integridade e valores por um emprego. Essa decisão, embora difícil, lançou-me em um caminho de autodescoberta e respeito próprio.

Minha busca por estabilidade me levou a uma loja de roupas na rua direita, mas a dualidade entre trabalho e estudo mostrou-se esmagadora. Após dois meses, percebi que precisava fazer escolhas difíceis. Optei por me demitir para priorizar minha educação.

O Supermercado Signos tornou-se minha próxima parada, onde desempenhei o papel de operadora de caixa por um longo período. O ambiente desafiador moldou-me profissionalmente e pessoalmente. No entanto, a vida é feita de capítulos, e minha jornada continuou.

O Laboratório de Homeopatia na Praça da Sé foi uma experiência marcante, especialmente porque coincidiu com meu casamento e a chegada do meu primeiro filho. O equilíbrio entre maternidade e carreira mostrou-se um desafio, mas persisti por dois anos antes de decidir que era hora de buscar novos horizontes.

A incursão na costura com Dona Luzia e depois no Nishida foi um período de aprendizado e crescimento. Desempenhar diferentes funções no Nishida me proporcionou uma perspectiva mais ampla do ambiente de trabalho.

A volta à costura com Dona Luzia foi como um retorno às raízes. Enquanto costurava, procurava por oportunidades registradas. Durante esse tempo, trabalhar com Dona Nainha como costureira proporcionou-me estabilidade financeira.

Finalmente, minha busca incessante levou-me ao Supermercado Nishitani, seguido pelo Supermercado D'Avo, onde permaneci por três anos, interrompendo minha jornada para dar à luz meu segundo filho, Lucas. Este período de pausa foi preenchido com a agulha e a linha enquanto costurava por conta própria.

A vida, imprevisível como sempre, trouxe-me para o Mundo Novo - Depósito de Materiais para Construção. Os longos horários me desafiaram, mas quando engravidei de Fernanda, percebi que precisava ajustar o equilíbrio entre trabalho e família.

De volta à costura, agora por cerca de 15 anos, aprendi a valorizar cada ponto e costura da minha jornada. Mesmo sem registro, as experiências moldaram-me, tornando-me mais forte, resiliente e grata pelas oportunidades que a vida e o trabalho trouxeram ao meu caminho.

Lembranças do Tempo de Escola

Ah, a escola, meu tempo mais feliz, não é mesmo? Comecei lá em Curitiba, mas desde cedo eu aprontava, acredite. Não fazia lição, era uma verdadeira pestinha. Lembro de uma vez que, no meu primeiro ano, pedi para ir ao banheiro e, como a professora não deixou, acabei fazendo xixi em pé na frente dela, perto da mesa. Era levada desde pequenininha.

Quando me mudei para São Paulo em 68, comecei a estudar no Olga, em 69. Ah, o primário era muito bom, mas confesso que não lembro muito, só o nome de uma colega chamada Vilma e da professora Cremilda, acho que era esse o nome dela. Minha memória às vezes prega peças.

Mas o ginásio, ah, o ginásio foi a melhor fase da minha vida. Principalmente a quinta F, famosa por ser "quente da pá virada". Não tinha quem não conhecesse. Foi lá que acabei reprovando na sexta D, mas isso não me impediu de aproveitar ao máximo.

Me lembro do seu Pedro, que guardava nosso material para cabular aula. A professora Cleide, que levava a gente para o cinema na Penha. Ah, as aventuras noturnas eram as melhores. Luzes acabando e a gente aprontando, especialmente com a Rosana e a Polly. É, vocês sumiram depois.

Lembro da Susete, que mesmo depois de casar-se, ainda mantivemos contato. Tânia deu uma virada no mundo depois de casar-se, e a Elaine, que até apareceu comigo no programa do Silvio Santos uma vez. Que época boa!

Ah, e as festinhas de aniversário na casa da Rita eram incríveis. Tinha uma doida que de vez em quando dizia que o santo baixava nela e saía furando todo mundo com faca. Não lembro o nome dela, mas era uma figura.

Quanto aos estudos, parei na oitava, engravidei do Gesse e não concluí. Não voltei a estudar depois disso. Mas aprendi muito na escola, não só com livros, mas com as experiências próprias. Sei me virar em qualquer ambiente, seja numa festa chique ou no meio das favelas. A vida me ensinou, e eu agradeço por todas essas experiências.

Lembro de tantos rostos e nomes, seu Zé Luiz, dona Célia, dona Ivone com aquele batom vermelho, e tantos outros. Cada um deixou sua marca na minha trajetória. E, mesmo que não tenha voltado a estudar formalmente, acredito que a vida me proporcionou lições valiosas. Que saudades daquela época!

Ah, como eu adorava aqueles anos, repletos de risadas, amizades e, é claro, o meu primeiro beijo com Gilberto.

Foi na calçada, um lugar simples, mas que se tornou mágico naquele momento. Eu estava lá com Rosana, uma amiga divertida e sempre cheia de histórias engraçadas. Rosana, a menina da cara marcante, havia comprado um brilho labial na época, algo como o "lipo x", se não me engano. Ela estava radiante e, com seu espírito brincalhão, insistiu para que eu experimentasse também.

Gilberto, o garoto intrigante que apareceu do nada, quis participar da brincadeira. Rosana, sem hesitar, ofereceu seu batom improvisado. Foi quando, em um momento de pura diversão, sugeri que ele beijasse Rosana primeiro. Afinal, eu não estava planejando beijar ninguém naquele dia. Mas, como o destino adora pregar peças, ele beijou Rosana primeiro e, em seguida, veio até mim.

Ah, aquele foi o meu primeiro beijo, um momento único que guardo com carinho até hoje. Gilberto, meu amigo da escola, sempre estava lá para alegrar nossos dias, mesmo quando estávamos na temida recuperação no final do ano. Acredite, eu e Rosana éramos frequentadoras assíduas desse período.

A escola era cheia de diversão e desafios. Lembro-me das saias curtas e das regras rígidas, como a da Dona Beralda, que proibia passar pelo palco com saias acima do joelho. Era uma época de inventar moda, literalmente. Lembro-me das artimanhas para encurtar as saias, como cortar a barra para conquistar aquele visual desejado.

O corredor da escola era o cenário de muitas travessuras, como jogar giz e, inevitavelmente, levar alguns castigos. Onze anos maravilhosos, cheios de risos e aprendizados.

Hoje, ao recordar esses tempos, sinto uma saudade gostosa. Aqueles anos moldaram quem sou hoje. Se pudesse voltar no tempo, faria tudo de novo, mas talvez com um pouco mais de apreço pelas pessoas especiais que cruzaram o meu caminho.

Pessoas como Susete, Ania, Rosana, você, Djanira, e outros que, mesmo que não tenhamos tido tanta intimidade na época, foram parte fundamental daqueles momentos. Lembro-me de um episódio curioso quando o irmão da Márcia me levou para casa, e penso em como a vida era repleta de pequenos detalhes e surpresas.

O tempo de escola foi maravilhoso, mesmo que cada um tenha seguido seu caminho. Agora, deitada na cama, observo a natureza lá fora, talvez um tucano preto e vermelho, enquanto as lembranças flutuam na minha mente. Depois desses anos, não estudei mais, mas o que ficou foram as lembranças e a saudade que aquele tempo especial deixou em mim. Agora é tempo de reviver essas memórias que aquecem o coração.

Minha Infância na casa da vovó

Eu nasci em Curitibanos, Santa Catarina, onde minha avó também morava. Guardo lembranças dessa época, uma infância sapeca, especialmente por gostar de brincar com os meninos, caçando passarinhos. Lembro das vezes em que depenávamos os pássaros, fazíamos fogueiras e os comíamos.

Certa vez, quando eu ainda era pequena e morávamos em Fraiburgo, havia um olho d'água no sítio. Minha avó me pediu para buscar água, e enquanto estava na mata, ouvi um barulho. Naquele local, havia caminhos para Palmeirinha do Rio, onde se fazia biju em um monjolo. Essas memórias são vívidas, como a vez em que gritei por ajuda ao escutar um barulho, e minha avó saiu correndo, até perdendo o chinelo.

Desde criança, tenho essa peculiaridade de ver coisas, quase como se estivesse assistindo a um filme. Minha avó lembrava disso, assim como minha tia. Recordações de quando cortávamos porcos, matávamos vacas, e ela fazia isso com maestria, inclusive matando uma leitoa grávida. Essas experiências, por mais brutais que pareçam, são parte da minha história.

Lembro-me vividamente da casa da minha avó, com o pé de Araucária, o tradicional pinhão do sul. O Natal era especial, com uma árvore enorme enfeitada, velas feitas por ela mesma, e presentes no meio da sala. A casa, de madeira, tinha um porão onde ela preparava linguiças e copa, além de um forno a lenha no lado de fora.

Minha avó guardava milhos no paiol, onde também me balançava em uma enorme balança. As lembranças incluem tomar banho de gamela, uma espécie de tronco esculpido, e roubava sal grosso das vacas. Provocava até mesmo os touros do vizinho, subindo na porteira para escapar de suas investidas.

No entanto, o tempo com minha avó foi interrompido quando meus pais decidiram me levar para Curitibanos. Lá, morávamos com meu pai, minha tia e minha irmã. Frequentei a escola, onde até faltávamos aulas para ir ao cinema de forma clandestina. Essa fase foi marcada por aventuras e traquinagens típicas da infância.

Mais tarde, nos mudamos para Curitiba, onde continuei morando com minha mãe, que vivia separada de meu pai. Recordo-me da época em que íamos à escola, passando por um acampamento cigano. As reminiscências incluem viagens de carroça, cavalgadas e até momentos de travessuras como provocar uma senhora local.

Essas são apenas algumas das muitas lembranças que carrego, desde os tempos de infância até as mudanças para diferentes lugares. Cada capítulo dessa jornada contribuiu para moldar quem sou hoje.

Minha vida no Olga

Minha infância foi marcada por traquinagens desde o primário. Desde o primeiro ano, já era perceptível minha inclinação para arteirices, algo que sempre carreguei comigo. Agora, ao relembrar minha adolescência, destaco um segredo especial: meu primeiro beijo. Curiosamente, sempre acontecia em dupla, como na vez com Gilberto e Rosana. No entanto, o primeiro beijo de fato foi com Márcia, em plena luz do dia, perto da esquina de Fernandes Porto Alegre, em Lupionópolis. Recordo-me vividamente da vergonha que senti na ocasião, a ponto de usar uma sombrinha como escudo. Encontros furtivos com esse rapaz me renderam até uma bronca severa da minha mãe, após uma noite de escapadas.

Um episódio marcante desse período foi quando Márcia confessou gostar do mesmo rapaz. Decidi, então, abrir mão dele, evidenciando minha postura desapegada em relação a relacionamentos. A vida juvenil, contudo, foi repleta de namoro. Um desses relacionamentos duradouros foi com Valtinho, primo do Vadinho, algo que Ivan talvez se recorde. A última lembrança desse namoro remonta a uma festa na casa da Regina, embora eu não recorde o aniversariante. Uma discussão acalorada resultou na nossa separação, após cerca de três meses juntos.

É interessante notar que, apesar de minha tendência a não namorar colegas de escola, eu sempre arranjava confusão com os meninos da instituição. Essa peculiaridade caracterizou boa parte da minha juventude, revelando uma faceta mais aventureira e descompromissada em relação aos relacionamentos amorosos.

Minhas travessuras na escola eram algo notório. Lembro-me de Rosana, que sempre trazia um batom vermelho, e nós, garotas, beijávamos os meninos. Era um tanto cruel, considerando que eles eram mais novos, inclusive do que eu. Brincadeiras com beijos na bochecha de Roberto, um japonês bastante tímido, eram comuns. Às vezes, até mesmo roubar o primeiro beijo de alguns garotos que desejavam beijar-nos. Refletindo agora, percebo como podíamos agir de forma insensível com os sentimentos dos meninos.

Certa vez, a Rosana mencionou ter beijado Gilberto, irmão de Ivan. Na época, eu estava envolvida com outro Gilberto. São memórias de uma juventude cheia de travessuras, como o beijo em um tal Guto durante uma Festa Junina. Nos bailinhos, organizados pelo Kalil da Tape e da Jet Music, beijava várias pessoas em uma única noite. Minha juventude foi agitada, mas não tenho arrependimentos. Recordo-me com tranquilidade e até conto abertamente aos meus filhos sobre essas experiências, principalmente sobre assuntos delicados como sexo.

Ah, os tempos da escola, uma verdadeira aventura. Lembro-me de como gostava de dar umas escapadas. Às vezes, íamos até o cemitério, brincávamos de esconde-esconde e, entre risos, trocávamos beijos, abraços e apertos de mão como se fosse uma grande brincadeira. No entanto, sempre preferi a adrenalina de tampar o olho e escolher quem ia beijar. A emoção de desafiar as expectativas sempre me atraiu. Um dos lugares onde costumávamos aprontar era o cemitério da Vila Formosa, percorrendo-o de ponta a ponta. Para a biblioteca, íamos pedir cigarros na rua, e lá, na quinta série, conhecemos Solange. Às vezes, íamos acompanhados por Dona Tata, mãe da Sandra, que nos levava até lá. O único detalhe é que ela sempre estava conosco, observando cada passo.

Lembro-me também da época em que brincávamos com os garotos de fora, nunca nos envolvendo com os da escola. Minha juventude foi marcada por boas lembranças, sem muitos arrependimentos. Sempre digo que, se fosse para morrer, seria sem arrependimentos. Minha sobrinha, vez ou outra, cutuca essas histórias por causa de minha irmã. Como já te contei, ela teve seus relacionamentos, casou-se duas vezes, e ambos os maridos faleceram. Sem falsas pudicícias, respondo que sempre fui desinibida. Se há algo do qual me orgulho, é de viver intensamente. Quando minhas sobrinhas dizem que eu era sem vergonha, apenas rio. Eu era mais ousada do que se possa imaginar, mas não me arrependo. Se fosse para morrer, ao menos eu morreria feliz, sem pendências. Ah, os segredos da Vila... se eu começar a contar, vou acabar corando de tanta malandragem que aprontei. Eu sei que vocês, todas tão direitas, se casaram certinho, mas eu... bem, fui a que ousou ir além.

Mãe Solo

Criar meus cinco filhos sem a presença do pai sempre foi um desafio. Eu era mãe e pai para todos eles. Essa responsabilidade muitas vezes incluía lidar com a puberdade e questões difíceis de explicar. Sempre tive uma relação aberta com meus gerentes no trabalho, recorrendo a eles para orientação e compartilhando com meus filhos as explicações que recebia. Essa abertura nas conversas sempre foi uma parte essencial do meu jeito de criar meus filhos.

Minha natureza extrovertida e desinibida facilitava a comunicação franca com meus filhos. Mesmo quando os dois mais velhos entraram na puberdade e eu não estava presente em casa, a relação aberta com amigos e gerentes permitiu que eu continuasse a orientá-los. Sempre encontrei apoio e orientação fora do círculo familiar, criando um senso de comunidade com pessoas que, muitas vezes, se tornaram mais familiares para mim do que meus parentes de sangue.

Gostava, sobretudo, de namorar meninos que não eram da escola, buscando apenas diversão e causando alguma agitação. Nunca me preocupei em saber se os meninos da escola gostavam de mim. A única exceção foi Tomaz, que, no último dia em que frequentou a escola antes de mudar, confessou que gostava de mim. Embora não me lembre da minha resposta na época, ele era o único que sempre aparecia no meu aniversário, trazendo uma lembrança singela. O tempo passa e as lembranças se transformam, mas guardo tudo com uma certa nostalgia.

Traumas e mágoas

Bom, essa colega foi à minha casa e soltou uma frase marcante. Sem citar nomes, ela disse que, quando éramos mais jovens, eu tinha uma "estrela na cabeça" e atraía os meninos bonitos. No entanto, todas as outras colegas se casaram, e eu, até hoje, não. Essa conversa me traumatizou, tanto que desde então nunca mais me envolvi com ninguém. Após me separar do meu segundo marido, não encontrei mais ninguém. Fiquei marcada por esse evento.

Antes, eu tinha um corpo, era magrela, mas tinha forma. Agora, estou com a barriga saliente, mais gorda, com seios grandes e caídos. A idade chega para todos, não é? Agora, só resta encarar a realidade. Enfim, sei lá, de repente, falar sobre isso me fez perceber que perdi a graça. A vida parece que passou voando, e a pessoa tinha razão. Sempre vivi intensamente, como se não houvesse amanhã. A cabeça da gente é uma caixinha de segredos, né? Guardamos coisas sem perceber, tentamos fazer algo e não conseguimos. O que passou, passou. Enfim, aproveitei o que pude, e não me envergonho de admitir que busquei a felicidade da maneira que achava certa. Infelizmente, nem tudo saiu como planejado, mas pelo menos me diverti bastante.

Depois, eu me casei. Em 10 anos de casada, se vivi um ano junto com meu marido, foi muito. Então, nos separamos, e aí, eu tinha meus namoradinhos e ele tinha as namoradinhas dele. Depois de um bom tempo, arrumei o pai dos meus 3 filhos caçula. Fiquei um tempão com ele, mas também não deu certo. Então, virei evangélica cristã e me dediquei à religião. Vim para o sul e sou missionária da igreja de São Paulo, mas as igrejas daqui não chamaram minha atenção. Peço a Deus para me mostrar uma, mas por enquanto, nada.

A sogra do meu filho caçula gosta de tomar uma cervejinha, e eu acabei embarcando nessa onda. Agora, de vez em quando, tomo uma cervejinha, um drink, um vinho, e por aí vai. A única coisa que não retomei foi o hábito de dar e fumar.

Meus sonhos

Meu sonho daqui para a frente é continuar sendo o que sou. Considero-me uma pessoa boa, não má ou maldosa. Há diferença entre ser má e maldosa, e eu me vejo como uma pessoa boa. Um sonho que tenho é ver meus filhos felizes. Gostaria muito de vê-los todos felizes. E quando todos já estiverem vivendo as próprias vidas, perto ou longe daqui, e eu estiver sozinha nessa casa de sete cômodos, as vezes penso em ter alguém para me fazer companhia na minha melhor idade. Porém, também não quero me prender nem ter compromisso com ninguém. Quando quero viajar, eu viajo. Ninguém me impede. Vou trabalhar, vou para a praia com minha irmã e minha sobrinha, me divirto, tomo minha cervejinha, fico o tempo que quiser sem precisar me preocupar com nada e nem com ninguém.

Antes, eu não arrumava ninguém por medo, especialmente pela segurança dos meus filhos, principalmente da Fernanda, que era a única menina. E toda essa onda de pedofilia, eu nunca quis correr o risco.

Falei para minha filha que quero viajar em dezembro, ficar para janeiro, quando você vai vir. Quero ver o lançamento do nosso livro, até estou guardando dinheiro para comprar um, autografado pela dona Emiliana. Esse é meu sonho.

Merci

Mãe

Minha mãe é uma mulher extraordinária, uma verdadeira joia rara. Com seus 87 anos, está prestes a celebrar seu aniversário no dia 24 de dezembro, na véspera de Natal. É como se ela fosse um presente especial enviado por Deus para iluminar nossas vidas.

A personalidade dela é como um furacão suave, uma força da natureza que moldou não apenas a sua própria jornada, mas também a trajetória de cada membro da nossa família. Crescemos sob sua orientação firme e amorosa, aprendendo os valores essenciais da educação e do trabalho árduo. Minha mãe é a personificação da perseverança, e é isso que mais admiro nela.

Ela é uma guerreira, uma mulher que enfrentou batalhas árduas e emergiu vitoriosa. Lembro-me vividamente do momento em que ela foi diagnosticada com câncer de reto, um desafio que fez meu coração tremer. Os médicos, em certo momento, chegaram a desacreditar na possibilidade de recuperação, mas ela não se deixou abater. Com uma força interior que parecia inesgotável, minha mãe encarou o tratamento com coragem, acreditando na sua capacidade de vencer.

Os dias eram difíceis, as noites pareciam intermináveis, mas ela não desistiu. Testemunhar sua determinação inspirou-me de uma maneira que palavras não podem expressar. Ela não só superou o câncer, mas também emergiu mais forte e resiliente do que nunca.

Houve outro momento desafiador em sua vida, não faz muito tempo. Uma nova batalha de saúde que colocou à prova sua resistência. Contudo, minha mãe, teimosa e valente como sempre, enfrentou esse desafio com a mesma dedicação. Mais uma vez, a vi superar as adversidades, demonstrando que a sua vontade de viver é mais forte do que qualquer obstáculo.

Hoje, compartilhamos a vida na cidade que ela ama, São José do Rio Preto, no interior de São Paulo. Aqui, entre risos e histórias compartilhadas, criamos memórias que se entrelaçam com as lembranças de uma vida bem vivida.

Pai

Meu pai, José, foi a figura mais marcante e influente da minha vida. Ele não era apenas um pai, mas também meu herói e amigo. O nome "paizão" se encaixava perfeitamente nele. O rosto sempre iluminado por um sorriso, ele tinha a habilidade de tornar cada situação leve e positiva. Sua filosofia de vida era simples e profunda ao mesmo tempo: "o pouco com Deus é bastante, vamos vencer". Essa mentalidade otimista moldou minha perspectiva desde a infância.

Na infância, meu pai era um menino brincalhão. Não havia ninguém que pudesse competir com ele nas brincadeiras. Lembro-me das risadas, dos momentos em que saíamos de braços dados, e ele me surpreendia com perguntas como: "filha, você quer um churrasquinho? Um espetinho? Qual doce você quer?" Era um pai que sabia aproveitar os momentos felizes.

No entanto, meu pai não era apenas diversão. Ele era um homem batalhador, alguém que enfrentava os desafios da vida com coragem e determinação. Os exemplos que ele me deu durante esses anos continuam sendo guias que sigo até hoje. Mas havia algo especial na forma como ele sorria diante das adversidades. Era como se ele dissesse: "Vamos superar isso juntos."

Meu pai era também o confidente nos momentos difíceis. Lembro-me de muitas noites em que ele se sentava à beira da minha cama, preocupado comigo. "O que você está sentindo? Você não está bem?" - ele perguntava. E, em muitas ocasiões, ele já estava planejando providenciar o médico ou o que fosse necessário para me ajudar. Essa preocupação genuína e o apoio incondicional me fizeram sentir segura em seus braços.

Infelizmente, a vida nos trouxe uma despedida precoce. Naquele fatídico dia 31 de dezembro, meu pai partiu aos 50 anos, deixando um vazio que nenhum sorriso ou brincadeira poderia preencher. Eu tinha apenas 16 anos na época, prestes a completar 17. A dor da perda foi intensa, especialmente porque eu tinha o hábito de dar-lhe um beijo todas as manhãs antes de ir trabalhar. Naquele dia, ele estava dormindo, e nunca mais acordei com seu sorriso.

Seu falecimento foi resultado de um acidente ocorrido em 17 de novembro, e a dor se intensificou ao saber que ele seria sepultado naquele Dia de Ano-Novo. A lembrança daquele momento é marcante e triste, mas o que ficou para mim foi o legado que ele deixou.

Aos 50 anos, ele tinha feito 25 anos de casado, e ainda caminhava de braços dados com a minha mãe. Ele não apenas proporcionou momentos felizes, mas deixou-me uma base sólida. Lembro-me das palavras sábias que ele compartilhou sobre a importância da educação. "O estudo ninguém tira de você. Ninguém rouba de você o que você aprender. O que você se informar será o seu futuro." Essas palavras tornaram-se o alicerce do meu compromisso com os estudos.

Assim, meu pai se tornou "O meu herói", uma presença eterna em minha vida, mesmo que fisicamente ausente. Seu legado continua a me inspirar, motivando-me a buscar conhecimento e enfrentar os desafios com a mesma coragem que ele demonstrava diariamente.

Irmão

Meu irmão, Odair, é a personificação da palavra maravilhoso. Com seus 56 anos, ele traz consigo uma serenidade que parece ser esculpida pelo tempo. Odair escolheu São Paulo como lar, uma cidade de ritmo acelerado que contrasta com a calma que ele emana.

Desde sempre, construímos uma ligação sólida, um vínculo que se fortalece a cada risada compartilhada e a cada conselho sábio que trocamos. Odair é mais do que um irmão; é um amigo fiel, um confidente que conhece os meandros da minha vida e compartilha os seus comigo.

É impressionante como conseguimos falar sobre qualquer assunto. Desde os desafios diários até os sonhos mais profundos, Odair é alguém em quem confio plenamente. A distância física entre nós é minimizada pela proximidade emocional que cultivamos ao longo dos anos.

Ele, como eu, é parte dessa família linda que temos o privilégio de chamar de nossa. Odair é um pai exemplar, um esposo dedicado, e suas atitudes são a manifestação do amor em forma de gestos cotidianos. Sua paciência é um exemplo a ser seguido, e sua personalidade tranquila é como uma brisa suave que acalma qualquer tempestade.

Desde jovem, Odair compreendeu o valor do trabalho e começou sua jornada profissional cedo. Sua determinação e ética profissional são admiráveis, transformando-o em um exemplo de homem para todos nós. Ele provou que é possível equilibrar responsabilidades familiares e profissionais sem comprometer a qualidade em ambas as áreas.

Odair encontrou sua parceira de vida em Rosicleide, uma mulher igualmente incrível. Juntos, construíram uma vida repleta de amor e comprometimento. Talita Angel, a filha deles, é a luz de seus olhos, e a família que formaram é uma fonte constante de inspiração para todos nós.

Sempre que Odair decide visitar a mamãe, parece que a casa se enche de calor e alegria. A família toda se reúne, compartilhamos risos, histórias e criamos memórias preciosas. Esses momentos são como bálsamos para a alma, reafirmando a importância de laços familiares fortes.

O casamento duradouro de Odair e Rosicleide é um testemunho vivo do poder do amor e do compromisso. Ao longo dos anos, eles enfrentaram desafios juntos e cresceram como indivíduos e como casal. É um exemplo claro de que, com dedicação e compreensão mútua, o amor pode superar qualquer obstáculo.

Agradeço todos os dias por ter um irmão como Odair. Ele não apenas enriquece minha vida, mas também ilumina o caminho da nossa família com sua presença constante e amor inabalável. Estou ansiosa para ver o que o futuro reserva para ele, para nós e para essa família maravilhosa que construímos ao longo dos anos.

Irmã Maria

Minha irmã Maria é um raio de sol constante na minha vida. Com seus 64 anos, ela reside na agitada São Paulo, mas a distância geográfica não diminui em nada a proximidade do nosso vínculo. Maria é mais do que uma irmã; ela é uma amiga fiel, uma confidente e, acima de tudo, uma presença reconfortante.

É incrível como ela se assemelha à nossa querida mãe. Os traços familiares percorrem cada expressão, cada sorriso, e quando a vejo, é como se um pedaço do passado ganhasse vida diante dos meus olhos. Ela não é apenas uma parte da minha história, mas também uma extensão dos valores e amor que nossos pais nos transmitiram.

Maria não é só uma visitante em nossas vidas; ela é uma constante. Sempre que posso sentir a necessidade de sua presença, ela está lá, pronta para compartilhar risadas, lágrimas e todas as nuances da jornada que é a vida. Sua dedicação à família é algo que sempre me comove. Quando a vida se torna um desafio, posso contar com Maria para estar ao meu lado, pronta para enfrentar qualquer tempestade.

Uma das coisas que mais admiro nela é a maneira como se tornou uma extensão dos cuidados com nossa mãe. Sempre que Maria está na cidade em que moramos, ela se envolve de corpo e alma nos cuidados, aliviando meu fardo e permitindo que eu tire um merecido tempo para descansar. É uma dança perfeita de apoio mútuo que só irmãs podem compartilhar.

Quando Maria vem para uma temporada, traz consigo não apenas seu amor e carinho, mas também a oportunidade para mim de recarregar as energias. Ela é meu porto seguro, permitindo que eu respire um pouco mais fundo antes de voltar às responsabilidades do dia a dia.

Além de sua generosidade como irmã, Maria é uma pessoa fascinante por si só. Aposentada, ela passa boa parte do seu tempo na casa de praia, onde a tranquilidade do mar se torna seu refúgio. Seu marido, meu cunhado, é uma pessoa tão extraordinária quanto ela. Juntos, formam uma equipe inseparável, irradiando amor e estabilidade para seus três filhos, todos homens, todos já casados.

Maria é mais do que uma irmã; ela é a âncora da nossa família. Sua presença constante, seu sorriso acolhedor e sua capacidade de trazer luz aos momentos sombrios são tesouros que valorizo profundamente. Podemos conversar sobre os mais variados assuntos, rir de piadas antigas e simplesmente desfrutar da sintonia maravilhosa que compartilhamos.

E assim, a história da minha vida se entrelaça com a dela, formando um capítulo especial chamado "Irma", onde o amor fraternal é o fio condutor que une nossas vidas de maneira indissolúvel. Maria é uma bênção que a vida me deu, e por ela, sou eternamente grata.

Filha Michelle

Minha filha mais velha, Michelle, é a personificação de um presente divino na minha jornada. Planejada com todo amor e cuidado, ela chegou à minha vida como um verdadeiro milagre de Deus. Corri riscos, superei desafios, mas, ao segurá-la nos braços pela primeira vez, soube que cada obstáculo valeu a pena.

Com seus 38 anos, Michelle é mais do que uma filha para mim; é uma amiga leal, uma companheira incansável e uma presença constante ao meu lado. Sua personalidade é um reflexo da minha própria maneira de ser: expansiva, brincalhona e pronta para enfrentar as adversidades com um sorriso nos lábios. Ela é uma verdadeira guerreira, uma batalhadora incansável, uma trabalhadora dedicada.

O curioso é que, embora sua essência seja um eco da minha, na aparência, Michelle é a própria imagem de seu pai. Cada traço, cada expressão, é uma homenagem à família dele. É como se, ao olhar para ela, eu visse não apenas minha filha, mas também um reflexo do homem que foi parte fundamental na criação dela.

Michelle encontrou o amor ao lado de Anderson, formando uma família linda que se completa com a presença de sua filha, Ana Gabriele. A harmonia que compartilham é inspiradora, e é evidente que o amor que os une é o alicerce de sua felicidade. Além disso, Michelle é uma mãe exemplar, não apenas para sua própria filha, mas também para Isaac, seu sobrinho de 6 anos, a quem ela cria como se fosse seu próprio filho.

Essa dedicação materna se manifesta em cada gesto, em cada momento compartilhado com as crianças. Michelle é uma verdadeira mãezona, sempre pronta para cuidar, orientar e, acima de tudo, amar. Sua influência positiva se estende também para Gabriele, uma talentosa jovem de 16 anos que, seguindo os passos da mãe, encanta a todos com sua paixão pelo violino e pela música. O som melodioso do violino de Gabriele tornou-se uma trilha sonora constante em nossa casa, algo que une ainda mais essa família incrível.

Ao observar Michelle desempenhando o papel de mãe e esposa, percebo que ela não apenas herdou os melhores traços de minha personalidade, mas também os amplificou, tornando-se uma mulher admirável em todos os sentidos. Estou imensamente grata por ter Michelle ao meu lado, compartilhando risos, superando desafios e construindo, juntas, as memórias que tornam a vida verdadeiramente especial.

Filha Talita

Minha segunda filha, Talita, ocupa um lugar especial nas páginas da minha vida. Com seus 36 anos ela demonstra uma notável habilidade para enfrentar desafios com coragem e graça. Optou por cursar Administração na faculdade, uma escolha que refletia não apenas sua paixão pelo mundo dos negócios, mas também sua vontade de se destacar no que fazia. Ao longo dos anos, testemunhei sua dedicação incansável aos estudos e ao trabalho, uma característica que sempre admirei nela.

Talita encontrou seu parceiro de vida, Tiago, com quem compartilha não apenas o teto, mas também sonhos, risos e desafios. Juntos, eles construíram um alicerce sólido para uma família amorosa, onde a compreensão mútua é a base de cada conquista.

Nicole, a adorável filha de sete anos de Talita, trouxe uma nova dimensão à nossa família. Como avó, experimentei a alegria de ver uma nova geração florescer, trazendo consigo risos infantis e a inocência que só as crianças possuem. A presença de Nicole enche nossos dias de luz, enchendo nossos corações de uma alegria que só os netos podem proporcionar.

A vida de Talita é uma tapeçaria de realizações profissionais e pessoais. Seu percurso até aqui é marcado por uma ética de trabalho impecável, uma persistência admirável e uma resiliência que enfrentou os desafios de frente. Como mãe, esposa e profissional, ela equilibra cada papel com maestria, demonstrando que a verdadeira força reside na capacidade de se reinventar e se adaptar.

A distância geográfica não diminuiu a proximidade do nosso vínculo familiar. Ainda que esteja a quilômetros de distância, a presença de Talita em minha vida é constante. Suas ligações regulares e visitas eventuais são elos que mantêm nossa família unida, mesmo quando a vida nos conduz por diferentes caminhos.

Talita é mais do que uma filha; ela é uma inspiração para todos nós, um lembrete de que a determinação e o amor podem moldar um futuro brilhante, mesmo diante das adversidades. Que sua jornada continue a ser tão vibrante e significativa quanto tem sido até agora, e que cada novo capítulo traga consigo realizações ainda mais grandiosas.

Filha Eleanai

Minha jornada na vida foi marcada por amores, desafios e muitas descobertas. E entre as páginas da minha história, um capítulo especial é dedicado à minha filha caçula, Eleanai. Seu nome, escolhido com carinho, representa a força e a beleza que ela trouxe para a minha vida.

Eleanai, aos 26 anos, já é uma mulher extraordinária. Vive em São Paulo, uma cidade vibrante e cheia de oportunidades, refletindo a intensidade que sempre caracterizou a sua personalidade. Solteira, ela trilha seu próprio caminho, desbravando os desafios que a vida adulta apresenta com uma coragem que eu admiro profundamente.

Assim como um reflexo no espelho do tempo, Eleanai carrega em si traços marcantes do seu pai, meu segundo marido. Cada expressão, cada gesto, é uma lembrança viva daquilo que um dia compartilhamos. Ver o rosto dele em nosso precioso fruto é uma bênção que me enche de gratidão, uma ligação eterna que transcende as circunstâncias da vida.

Eleanai é a única filha do meu segundo casamento, um elo que fortaleceu nossa família de maneira única. Desde cedo, ela demonstrou uma independência admirável, uma característica que se tornou sua marca registrada. Essa autonomia, misturada com a doçura que a define, cria uma combinação única, fazendo com que todos ao seu redor se encantem com sua presença.

Ela traz consigo a essência do pai, mas também carrega consigo o melhor de mim. É como se a vida, em sua sabedoria peculiar, tivesse unido em Eleanai o melhor de ambos os mundos. Sua personalidade forte é equilibrada por um coração generoso, sua independência complementada por uma lealdade inabalável.

Morando em São Paulo, Eleanai mergulha nas oportunidades que a metrópole oferece. Seu espírito audacioso a impulsiona a explorar novos horizontes, a perseguir seus sonhos com determinação. A cidade, com toda a sua diversidade e ritmo acelerado, parece ser o cenário perfeito para a trajetória de minha filha.

Eleanai é uma filha maravilhosa, uma fonte constante de alegria em minha vida. Cada capítulo da nossa jornada, desde os primeiros passos dela até os desafios mais recentes, é uma página repleta de amor, aprendizado e gratidão. Ao olhar para trás, percebo que a maternidade é um presente que continua a se desdobrar, revelando a cada dia novas nuances da beleza que é criar, nutrir e amar uma filha como Eleanai.

Djalma

Djalma foi o capítulo inaugural da minha vida conjugal. Tínhamos apenas 17 anos quando decidimos unir nossos destinos, movidos por uma juventude impetuosa e por sonhos compartilhados. Juntos, construímos uma história que, por uma década, foi marcada por altos e baixos, risos e lágrimas, mas, acima de tudo, pelo amor que nos unia.

Com o passar dos anos, percebemos que, assim como dois rios que correm em direções opostas, nossos caminhos estavam se distanciando. Após longas reflexões e conversas sinceras, tomamos a difícil decisão de nos separar. Naquela época, o divórcio direto não era uma opção, então optamos pelo desquite. Foi um processo doloroso, mas acreditávamos que era a escolha certa.

A incompatibilidade de gênios que antes podia ser ignorada ou superada se tornou um divisor de águas. Decidimos que não era saudável continuar juntos, sacrificando nossa felicidade individual. O desquite foi o ponto final em nossa jornada matrimonial, mas não significou o fim de nossa relação como pais.

A guarda das nossas duas filhas ficou comigo, uma responsabilidade que assumi com amor e dedicação. A separação foi difícil, mas conseguimos transformar esse momento delicado em algo amigável e respeitoso. Nosso compromisso principal era preservar o bem-estar das nossas filhas, garantindo que elas não sofressem as consequências dos nossos desafios conjugais.

A vida seguiu seu curso, e Djalma e eu trilhamos novos caminhos. No entanto, ao contrário de muitas histórias de separação, conseguimos construir uma amizade sólida. Hoje, olhamos para trás e reconhecemos que essa amizade é o resultado de aceitação mútua, maturidade e respeito pelos caminhos escolhidos por cada um.

Djalma não foi apenas meu primeiro marido; ele se tornou um amigo confiável, alguém com quem posso compartilhar experiências e contar nos momentos importantes. As nossas filhas cresceram conhecendo o valor da amizade e do respeito mútuo, elementos que cultivamos mesmo após o fim do nosso casamento.

A vida de Djalma também seguiu adiante. Ele encontrou uma nova parceira, construiu uma nova família e teve mais duas filhas. É reconfortante ver que, apesar da nossa separação, ambos conseguimos encontrar a felicidade em novos capítulos das nossas vidas.

Essa experiência com Djalma moldou minha visão sobre relacionamentos, ensinando-me que, mesmo quando os caminhos se separam, é possível cultivar laços de amizade e respeito. O capítulo do nosso casamento pode ter terminado, mas o vínculo que construímos transcendeu as fronteiras do matrimônio, transformando-se em uma amizade duradoura.

Francisco

Francisco foi meu segundo marido, uma presença marcante em uma fase significativa da minha vida. Juntos, compartilhamos 18 anos repletos de altos e baixos, risos e lágrimas. Dessa união, nasceu nossa filha, um elo que permanecerá para sempre.

Os anos que passamos juntos foram intensos, repletos de aprendizados e desafios. Francisco era um homem de personalidade forte, com quem construímos uma história única. Ele era apaixonado pela vida, sempre buscando novas aventuras, e essa energia contagiante fez com que nossa jornada fosse inesquecível.

No entanto, como muitas histórias de amor, a nossa também teve seu fim. Após 18 anos de casamento, decidimos seguir caminhos distintos, embarcando na jornada dolorosa do divórcio. Apesar da separação, buscamos manter uma relação civilizada, especialmente por nossa filha.

A decisão de nos divorciarmos não trouxe grandes problemas para nossa filha, felizmente. Ela continuou a ter a presença amorosa de ambos os pais em sua vida. Mesmo diante da nova dinâmica familiar, cultivamos um ambiente saudável para que ela pudesse crescer com o apoio de ambos os progenitores.

Após a separação, Francisco seguiu sua própria jornada e encontrou um novo amor. Ele embarcou em um segundo casamento, construindo novas memórias e experiências. Apesar de estarmos em caminhos diferentes, mantivemos o compromisso de sermos bons pais para nossa filha.

A vida, porém, nos reservava mais uma reviravolta. Há cerca de quatro anos, recebi a notícia do falecimento de Francisco. Sua partida trouxe à tona uma mistura de emoções. Recordações dos momentos felizes que compartilhamos e uma reflexão sobre a finitude da vida.

A morte de Francisco trouxe consigo uma sensação de perda e saudade, mas também a gratidão por termos compartilhado uma parte significativa de nossas vidas. A tristeza da despedida não apaga as lembranças dos dias felizes, e guardo com carinho as recordações de um homem que deixou sua marca em minha história.

Assim, o capítulo "Francisco" encerra-se com a lembrança de um capítulo, mas que permanece vivo em nossas memórias e na vida da nossa filha, um testemunho do complexo tecido de relacionamentos que moldam nossas vidas.

Valdir

Meu terceiro casamento foi com Valdir. Quando penso nos três anos que compartilhamos juntos, vejo um capítulo cheio de vivacidade e alegria na minha história. Foi mais do que uma união, foi uma experiência de vida estável e enriquecedora.

Valdir era uma pessoa extraordinariamente liberal, alguém que sabia apreciar a dança da vida. Seus passos de pagode eram uma trilha sonora constante nos nossos dias. Era um trabalhador incansável, dedicado não apenas ao seu ofício, mas também ao cultivo de momentos especiais.

A alegria que Valdir trouxe para a minha vida nesses três anos é algo que guardo com carinho. Ele tinha a habilidade de transformar cada dia comum em algo extraordinário. Nossos fins de semana muitas vezes eram dedicados à visita à minha mãe, uma tradição que fortaleceu nossos laços familiares.

Viajar com Valdir foi como explorar novos horizontes não apenas geográficos, mas também emocionais. Conhecemos lugares incríveis e compartilhamos risadas, histórias e experiências inesquecíveis. Cada viagem era uma oportunidade de renovar nossa conexão e aproveitar a vida ao máximo.

Valdir não era apenas meu parceiro; ele era um amigo leal e um amante apaixonado. Sua energia contagiante e otimismo moldaram aqueles três anos em uma época de plenitude e realizações. Juntos, construímos memórias que são tesouros em minha jornada.

No entanto, como todas as coisas na vida, essa fase também chegou ao fim. A decisão de seguir caminhos separados foi difícil, mas necessária para ambos. Guardo nossas lembranças com gratidão, reconhecendo que esses três anos foram um presente valioso que a vida me ofereceu.

Valdir deixou um legado de alegria, dança e trabalho árduo em minha história. Seu impacto na minha vida é indelével, e guardo nosso capítulo com carinho, sabendo que, mesmo que nossos caminhos tenham se separado, a dança da vida continua trazendo novas experiências e aprendizados.

Osvaldinho

Ou como eu carinhosamente o chamava, Osvaldinho, foi uma presença marcante em minha vida. Nos encontramos quando ele já tinha 67 anos, uma época em que muitos acreditariam que a vida já teria dado todas as cartas. No entanto, para nós, era apenas o começo de uma jornada extraordinária.

Nosso relacionamento não tardou a se transformar em casamento. Vivemos a intensidade dessa união, compartilhando risos, sorvetes e o dia a dia que se tornou repleto de amor. Osvaldinho era mais do que um marido; ele era meu apoio, meu confidente e um verdadeiro companheiro. Mesmo após decidirmos por caminhos separados, o destino nos uniu novamente em uma união estável que transcendeu os papéis formais.

Sua presença foi crucial para o meu bem-estar emocional. Osvaldinho, um policial aposentado do IML, trouxe consigo não apenas a experiência da vida, mas também uma disposição incrível para fazer os dias mais leves. Ele era uma fonte constante de força e conforto.

No dia 24 de setembro, celebramos seu aniversário. No entanto, a sombra da COVID pairava sobre nós. Determinada a tornar o momento especial, antecipei a comemoração para o dia seguinte. O dia 25 de setembro marcou seus 71 anos, e apesar dos desafios impostos pela doença, celebramos juntos, selando mais um ano de vida com a esperança de tempos melhores.

Infelizmente, a vida nos surpreendeu com a partida prematura de Osvaldinho em fevereiro, quando completava 71 anos. Sua ausência deixou um vazio imensurável em meu coração. Perdi não apenas um parceiro, mas alguém que tornou cada dia especial, alguém que coloriu a vida com seu dinamismo e alegria contagiante.

Recordo com carinho os dias que compartilhamos, os sorvetes saboreados em tardes quentes, as risadas que ecoam em minha memória. Osvaldinho foi mais do que um capítulo na minha vida; ele foi a essência de uma história de amor e felicidade que tive a honra de viver. Sua dinâmica e alegria continuam a inspirar-me, mesmo na sua ausência física.

Nossa jornada foi interrompida pela inevitabilidade da morte, mas o legado de Osvaldinho persiste em cada lembrança e em cada pedaço do meu coração. A saudade é profunda, mas a gratidão por tê-lo tido em minha vida é eterna. Que sua alma descanse em paz, e que as lembranças dos dias felizes vividos ao seu lado sejam uma fonte de conforto perene.

Avós Maternos

Os avós maternos sempre foram figuras misteriosas e distantes em minha vida, principalmente meu avô, Joaquim, cujo nome ecoava como um sussurro na memória familiar. Infelizmente, não tive a oportunidade de conhecê-lo pessoalmente, pois ele partiu deste mundo prematuramente aos 42 anos. Mamãe, no entanto, compartilhou histórias que o retratavam como um homem forte e amoroso, cuja ausência ainda reverberava na família.

Por outro lado, a Vovó Mariana, mãe da minha querida mãe, foi uma presença mais tangível, embora as circunstâncias tenham limitado nossa convivência. Ela residia em uma cidade distante, um lugar que se tornava o destino das nossas viagens de férias em família. As lembranças dessas jornadas permanecem vivas em minha mente, as estradas sinuosas que levavam a um reencontro afetuoso.

Foi apenas em nossas viagens anuais que tive a oportunidade de conhecê-la mais de perto. Seu lar era cheio de histórias, fotografias antigas e objetos que testemunhavam uma vida longa e plena. Ela sempre nos acolhia com sorrisos calorosos, apesar da distância que nos separava durante a maior parte do ano.

A última vez que a vi foi pouco antes de seu falecimento, aos impressionantes 86 anos. Sua presença em nossa casa trouxe consigo um senso de continuidade, uma conexão com as raízes que moldaram minha família. Seus conselhos e anedotas eram como pérolas de sabedoria, transmitidas de geração em geração.

Embora não tenha compartilhado todos os dias com meus avós maternos, a herança que recebi através deles é inestimável. Suas histórias, valores e a força que emanavam moldaram indiretamente a pessoa que me tornei. É uma bênção carregar consigo as raízes de uma linhagem tão resiliente e amorosa.

Avós Paternos

Neste capítulo, vou compartilhar memórias preciosas sobre meus avós paternos, o Vovô Agnelo e a Vovó Benedita, figuras fundamentais na minha infância.

Minha avó, Vovó Benedita, estava presente no momento do meu nascimento. Minha mãe sempre contava a história de como, ao me ver pela primeira vez, ela exclamou que queria me ter como sua neta para toda a vida. Eu era uma recém-nascida pequenina, e ela imediatamente começou a cuidar de mim com todo o amor e carinho.

Ela me presenteou com um brinco para colocar na orelha logo após meu nascimento. Ela tinha um jeito especial de demonstrar seu afeto, e aquele gesto simples simbolizou o início de uma conexão única entre nós.

Durante as férias escolares, minha avó fazia questão de viajar quase 500 km para me buscar. Era um ritual que repetíamos a cada período de descanso. Ela queria que eu passasse a maioria das férias na casa dela, no sítio. Para mim, aquelas eram as férias mais esperadas do ano, pois minha avó transformava cada momento em algo especial.

Lembro-me de resistir em voltar para casa da minha mãe após essas temporadas no sítio. A Vovó Benedita tinha o dom de transformar o lugar em um paraíso para uma criança. Ela me tratava como uma verdadeira princesinha, e cada momento era repleto de amor, cuidado e memórias que carrego comigo até hoje.

A Mudança para São Paulo e a Despedida

Quando eu tinha 11 anos, minha avó tomou a decisão de se mudar para São Paulo, ficando muito próxima de nossa casa. Infelizmente, essa proximidade foi breve, pois, após alguns meses, ela nos deixou de forma inesperada. A perda foi dolorosa, e a saudade da presença acolhedora da Vovó Benedita ficou marcada em nossos corações.

Em seguida, meu avô, Vovô Agnelo, também nos deixou, já em uma idade mais avançada. A perda dos dois foi um golpe difícil de superar

As palavras proféticas da Vovó Benedita, quando eu era ainda uma criança de 10 anos, ecoam na minha mente. Muitas das coisas que ela dizia naquela época tornaram-se realidade ao longo da minha vida. Ela foi mais do que uma avó; foi uma confidente, uma sábia conselheira e uma presença constante que moldou quem sou hoje.

A falta física é real, mas seu legado de amor, carinho e sabedoria vive em cada escolha que faço. Minha avó, a mulher maravilhosa que foi, continua a ser uma luz orientadora, inspirando-me a cada passo do meu caminho.

Tio Sebastião e Tia Jorgina - Anos de Alegria

Ah, os dias de sol na represa de Guarapiranga eram como páginas douradas na minha infância. Tudo ficava mais especial quando Tio Sebastião estava por perto com seu inseparável fusquinha, e a Tia Jorgina sempre com seu sorriso caloroso. Eles eram como os guardiões da felicidade na minha vida.

Meu tio, o eterno militar de coração valente, era o tipo de homem que transmitia segurança e proteção. Suas quatro filhas, minhas primas, eram a prova viva de que sua natureza protetora ia além das fronteiras. Lembro-me de como ele sempre nos levava para passear juntas, suas "quatro princesas" como ele nos chamava carinhosamente.

O fusquinha, pequeno e acolhedor, tornou-se nosso veículo mágico para aventuras inesquecíveis. Havia um lugar especial para mim, no banco traseiro, onde eu me sentia a rainha daquele pequeno reino sobre rodas. Tio Sebastião dirigia com maestria, e a cada curva, risadas ecoavam no interior do carro, misturadas com músicas alegres que tocavam no rádio.

A represa de Guarapiranga era o destino predileto. Tio Sebastião e Tia Jorgina, como dois mestres na arte de aproveitar a vida, nos ensinavam a pescar, soltar pipas e simplesmente saborear a beleza do momento presente. O fusquinha, estacionado estrategicamente à beira da água, era nosso refúgio depois de um dia repleto de brincadeiras.

Tia Jorgina, com seu jeito amoroso, sempre tinha uma lancheira cheia de quitutes deliciosos. Seu carinho transbordava em cada sanduíche cuidadosamente preparado. Ela era a guardiã da paciência, ouvindo nossas histórias empolgadas do dia e distribuindo conselhos sábios.

Os anos se desenrolaram com a constância da presença de Tio Sebastião e Tia Jorgina.

E assim, entre risos e histórias à beira da represa, aprendi que o verdadeiro luxo da vida está nos laços que construímos e nas pessoas que escolhemos manter por perto. Tio Sebastião e Tia Jorgina eram as estrelas desse capítulo da minha história, iluminando meu caminho com amor, aventuras e muita, muita alegria.

Tia Hilda - Uma Doce Lembrança

Tia Hilda, um capítulo repleto de doces memórias em minha infância, foi uma presença marcante na minha vida desde os primeiros anos.

172

Lembro-me vividamente dos dias em que a Vovó preparava um doce de leite divino, um manjar celestial que ela carinhosamente deixava na casa da Tia Hilda.

Os primos também eram peças fundamentais dessa história encantadora. Principalmente Iraíde e Toninho, os primogênitos da Tia Hilda, eram como irmãos mais velhos para mim. Juntos, explorávamos o mundo ao nosso redor, mergulhando nas aventuras que só a infância pode proporcionar. Aquele sítio da Vovó, um refúgio onde a natureza e a imaginação se encontravam, tornava-se o cenário perfeito para nossas brincadeiras intermináveis.

A presença dela era um farol de carinho que iluminava os momentos mais simples e os transformava em lembranças preciosas.

Neste capítulo, repleto de afeto e saudade, homenageio Tia Hilda, a guardiã das memórias que ainda ressoam em cada doce momento da minha trajetória.

Tio Baiano e Tia Nica – Meus Raios de Sol

Tio Baiano e Tia Nica, ou melhor, os "Anjos Sorridentes" como eu gostava de chamá-los na minha infância, eram presenças constantes e indispensáveis na minha jornada de crescimento. Eles eram tios por parte de pai, mas na prática, eram como segundos pais para mim.

Tio Baiano, com sua risada contagiante e cabelos grisalhos que contavam histórias de vida, era o mestre das piadas engraçadas e das lições sábias. Ele tinha um jeito único de transformar até os momentos mais simples em aventuras inesquecíveis. Seus olhos brilhavam de sabedoria, e eu sempre sentia que cada palavra sua era um conselho valioso para a vida.

Já Tia Nica, a doce guardiã dos abraços aconchegantes, possuía o dom de transformar qualquer lugar em lar. Sua cozinha era o coração da casa, onde os aromas mágicos de suas receitas se misturavam com o amor que ela temperava em cada prato. Seus olhos expressivos transmitiam carinho e compreensão, criando um refúgio seguro para todos nós.

Lembro-me das tardes preguiçosas passadas na varanda, onde Tio Baiano contava suas histórias de juventude enquanto Tia Nica nos brindava com quitutes que pareciam pequenas porções de felicidade. Juntos, eles formavam uma dupla imbatível, trazendo risadas à nossa casa e calor aos nossos corações.

Era comum encontrar Tio Baiano na frente da televisão, assistindo a algum programa de comédia e soltando gargalhadas que ecoavam pela casa. Tia Nica, por sua vez, sempre tinha um sorriso acolhedor, pronto para nos receber, independentemente das circunstâncias.

Se há algo que aprendi com Tio Baiano e Tia Nica, é que a família vai muito além dos laços de sangue.

Tio Baiano e Tia Nica foram, e sempre serão, os raios de sol que iluminaram minha infância, deixando um legado de amor, risadas e memórias que guardo com carinho em cada página da minha história.

Tio Lázaro - O Sol que Brilha na Família

Lembro-me do Tio Lazaro como um espelho do meu pai, seu irmão. O mesmo sorriso acolhedor, a alegria contagiosa que parecia penetrar em todos os cantos de nossa casa.

Nascido do mesmo sangue que corria nas veias do meu pai, ele era uma extensão da nossa própria essência familiar.

O verão na casa dos meus pais ganhava um brilho especial quando ele aparecia. Suas histórias eram como fábulas encantadoras que nos transportavam para mundos distantes e mágicos. Sentados ao seu redor, éramos cativados por sua habilidade de transformar simples acontecimentos do cotidiano em narrativas fascinantes.

Lembro-me das tardes preguiçosas no quintal, onde Tio Lázaro se tornava o maestro de nossas brincadeiras.

Mas ele era mais do que apenas um contador de histórias e um animador de brincadeiras. Ele era um pilar de apoio, um farol orientador em nossas vidas.

O tempo passou, como sempre faz, mas as lembranças de Tio Lázaro permanecem imortais em minha mente.

Assim, neste capítulo dedicado a Tio Lázaro, celebro não apenas um parente, mas um herói anônimo que coloriu os capítulos da minha vida com tons vibrantes de alegria e bondade. Seu legado continua a inspirar-me, lembrando-me de que, em cada família, há um Tio Lázaro – uma fonte de luz que ilumina o caminho, mesmo nos dias mais sombrios.

Tia Nica e Tio Antônio - Doce Sabor de Jabuticaba

Os Tios Nica e Antônio, irmãos da minha mãe, desempenharam papéis especiais na minha infância. Nascidos e criados na pacata cidade de Jales, eles eram como guardiões de um pedaço precioso da nossa história familiar. A casa deles, um refúgio acolhedor, era palco de muitas aventuras e memórias que ainda hoje aquecem meu coração.

Sempre que a estrada me conduzia a Jales, sentia uma antecipação alegre, pois sabia que ao chegar lá, seria recebida com sorrisos calorosos e abraços afetuosos. Mas havia algo ainda mais especial na visita à casa dos Tios Nica e Antônio: a temporada da jabuticaba.

Não sei se existe algo mais mágico do que chegar àquela casa e ser saudada pelo doce aroma das jabuticabeiras. Era como se a própria natureza estivesse tecendo uma boas-vindas perfumada, e eu mal podia esperar para correr e me perder sob as sombras generosas daquelas árvores frutíferas.

Tia Nica, com seu jeito gentil e sorriso acolhedor, sempre nos incentivava a explorar o quintal. Eu e meus primos, Regina e Marcos, éramos como pequenos exploradores

Lembro-me vividamente dos dias de colheita, quando as árvores pareciam estar vestidas com pérolas negras. A sensação de pegar uma jabuticaba madura, ainda quente do sol, e saborear aquele néctar doce que explodia na boca é algo que permanece marcado em minha memória como um tesouro inestimável.

Nossas risadas ressoavam sob as jabuticabeiras, misturando-se ao som das folhas balançadas pela brisa suave. Tio Antônio, com sua habilidade culinária única, transformava parte da colheita em compotas e geleias que se tornavam verdadeiras obras de arte gastronômicas.

Essas visitas não eram apenas sobre frutas suculentas e doces momentos. Elas eram uma celebração da família, um recordar constante de quem somos e de onde viemos.

Tia Ezumeria e as Lembranças Infantis

Ah, Tia Ezumeria, a irmã animada da mamãe que sempre trouxe um toque especial às nossas vidas. Lembro-me de nossos dias de infância, quando Celia, Sergio, Cezinha e eu passávamos horas a fio brincando na casa dela.

A casa de Tia Ezumeria era como um refúgio mágico, cheio de segredos e risadas. Às vezes, ela nos surpreendia com histórias encantadoras antes de dormir, outras vezes organizava caças ao tesouro emocionantes pelo quintal. Era uma verdadeira fada madrinha em nossa vida cotidiana.

Os primos éramos inseparáveis, criando memórias que resistiriam ao teste do tempo. A cozinha de Tia Ezumeria era o coração da casa, onde ela nos ensinava seus truques culinários e nos mimava com iguarias deliciosas. Não posso esquecer o aroma de biscoitos recém assados que pairava no ar, enquanto compartilhávamos histórias e sonhos em torno da mesa.

É incrível como a presença de Tia Ezumeria deixou uma marca em nossas vidas. Seja nas festas de aniversário, nos feriados ou em simples fins de semana, sua influência carinhosa perdura. E assim, este capítulo na minha jornada de vida é dedicado à tia que trouxe luz e calor aos dias comuns, transformando-os em lembranças preciosas.

Tio Olício e Tia Elza - A Magia nos Parques da Vida

Na sinfonia da minha juventude, Tio Olício ocupou um lugar especial, um vínculo que transcendia o parentesco. Ele, o irmão caçula da minha mãe, já descansava nos braços da eternidade, mas sua presença vibrante ecoava nas memórias mais queridas da minha infância.

Lembro-me vividamente dos dias em que a expectativa pairava no ar sempre que Tio Olício e Tia Elza decidiam nos visitar em São Paulo. Era uma promessa de diversão e aventuras, como uma paleta de cores pintando nossas vidas em tons vibrantes. Tio Olício, com seus olhos brilhantes e sorriso contagiante, era o mestre de cerimônias dessa jornada emocionante.

"Vamos ao parque!" era a senha que despertava nossa animação. Uma sinfonia de risos, brincadeiras e promessas de emoções esperava por nós. Tio Olício liderava o caminho, uma figura paternal que exalava alegria e entusiasmo. Os altos e baixos das montanhas-russas eram metaforicamente espelhados nos altos e baixos das nossas risadas, cada curva representando uma nova descoberta na viagem que chamamos de vida.

Tia Elza, a companheira inseparável de Tio Olício, acrescentava uma dose extra de amor e cuidado a cada momento.

O som das músicas do parque ainda ressoa nos recessos da minha memória, uma trilha sonora que transcende o tempo. Tio Olício, com sua energia contagiante, transformava cada visita em um capítulo inesquecível da minha história. A sensação do vento nos cabelos enquanto girávamos nas rodas-gigantes, as gargalhadas compartilhadas nas barracas de tiro ao alvo, tudo isso era um testemunho da magia que ele trazia consigo.

Mas, como todas as atrações emocionantes, as visitas de Tio Olício eram efêmeras. Cada despedida era um suspiro, um momento em que a realidade voltava a se impor sobre a fantasia. No entanto, as lições que ele nos deixou ecoavam além das luzes piscantes dos parques.

Tio Olício e Tia Elza não foram apenas visitantes passageiros em nossas vidas, mas construtores de memórias eternas que continuam a colorir o quadro da minha existência.

Tio Tino e Tia Neusa - Anjos Adotivos

No pequeno universo que era a minha infância, Tio Tino e Tia Neusa brilhavam como estrelas cintilantes, trazendo consigo uma luz calorosa e acolhedora. Tio Tino, irmão adotivo do meu pai, era como um elo mágico que ligava o passado ao presente, uma ponte entre os tempos que se cruzavam na trama da nossa história familiar.

Tudo começou quando Tio Tino era apenas um menino, pequeno e frágil, mas com olhos cheios de curiosidade e um coração que transbordava de amor. A vovó, com sua alma generosa, decidiu adotá-lo, transformando-o em parte integrante da nossa jornada.

Na infância, chamávamos Tio Tino carinhosamente de "Tio Maravilhoso", um título que ele ostentava com um sorriso modesto. Ele se tornou mais do que um tio; era um amigo, um mentor e, acima de tudo, um membro inseparável da nossa família.

Tia Neusa, com sua doçura e habilidade culinária, transformava simples refeições em banquetes memoráveis.

Lembro-me das tardes preguiçosas passadas no sítio da vovó, onde Tio Tino liderava aventuras imaginárias e Tia Neusa nos presenteava com iguarias que faziam nossos paladares dançarem de felicidade. Eram tempos mágicos, e eles eram os arquitetos dessa magia.

A presença constante de Tio Tino e Tia Neusa em nossas vidas era um testemunho do poder da família escolhida. Não importava se compartilhávamos o mesmo sangue; o que importava era o vínculo que criamos ao longo dos anos, uma teia de amor e apoio que nos envolvia e nos mantinha unidos.

Assim, neste capítulo da minha vida, Tio Tino e Tia Neusa permanecem como figuras fundamentais, pintando as páginas da minha história com cores vivas e calorosas. Eles são os anjos adotivos que abraçamos de coração aberto, enchendo nossas vidas com o dom precioso do amor familiar.

Tia Esmeria e Tio José

Tia Esmeria e Tio José sempre desempenharam papéis fundamentais na minha vida. Esmeria é irmã da minha mãe, e desde criança, eu tinha uma conexão especial com ela. A casa deles, na pacata Vila Nova, tornou-se um refúgio para mim ao longo dos anos.

Lembro-me vividamente do cheiro do bolo de chocolate saindo do forno, anunciando que uma tarde repleta de afeto e sabor estava prestes a começar.

Tio José, por sua vez, era um homem de poucas palavras, mas de gestos gentis. Sempre com um sorriso amigável no rosto, ele me ensinou a pescar no pequeno lago nos fundos da casa deles. Esses momentos tranquilos de pescaria se tornaram preciosos para mim, não apenas pela habilidade que adquiri, mas pela conexão silenciosa que compartilhávamos.

A proximidade geográfica facilitava minha visita frequente à casa de Tia Esmeria e Tio José. A Vila Nova, com suas ruas tranquilas e charme acolhedor, era um contraste reconfortante em relação à agitação da minha vida cotidiana. Mesmo agora, enquanto escrevo estas linhas, posso fechar os olhos e sentir a atmosfera serena da casa deles.

A influência deles em minha vida vai além da geografia. A maneira como enfrentaram as adversidades com dignidade e mantiveram a fé nas dificuldades inspirou-me a superar meus próprios obstáculos. A casa de Tia Esmeria e Tio José era um lugar de aceitação incondicional, onde eu podia ser eu mesmo sem julgamentos.

Mesmo agora, com o passar dos anos, a casa na Vila Nova permanece como um refúgio acolhedor. Tia Esmeria, com seu abraço caloroso, e Tio José, com seu olhar tranquilizador, continuam a ser pilares essenciais em minha jornada. A cidade pode mudar, as estações podem passar, mas a presença constante deles na minha vida é um elo que transcende o tempo.

Essa relação com Tia Esmeria e Tio José é mais do que um laço familiar; é um tesouro de amor e sabedoria que moldou a pessoa que sou hoje. Sou eternamente grato por ter a bênção de tê-los como parte integrante da minha história.

Tio Alimedio e Tia Nair

No pequeno universo que moldou minha infância, Tio Alimedio e Tia Nair eram figuras centrais e essenciais. Localizada a poucos passos da nossa casa, a residência de Tio Alimedio era um refúgio familiar onde as histórias ganhavam vida e os laços eram fortalecidos.

Tio Alimedio, irmão da minha mãe, era um homem de coração caloroso e sorriso acolhedor. Sua casa era como uma extensão da nossa própria, e a proximidade geográfica só ecoava o que já existia em nossos corações. Passávamos horas a fio compartilhando risadas, segredos e aconchego sob o teto acolhedor da casa do tio.

Tia Nair, que partiu deste mundo, permanece viva em nossas lembranças.

Recordo-me dos dias de verão passados no quintal da casa do tio, sob a sombra acolhedora das árvores. As histórias de infância, os jogos intermináveis e as festas improvisadas eram a essência da nossa felicidade compartilhada.

Em cada capítulo da minha vida, a história de Tio Alimedio e Tia Nair desempenhou um papel vital.

Mesmo enquanto escrevo estas palavras, posso sentir a presença calorosa de Tio Alimedio e Tia Nair a orientar-me. Suas histórias, ensinamentos e amor incondicional continuam a ser uma força impulsionadora em minha jornada. No palco da minha vida, eles ocupam um lugar especial, iluminando cada cena com a luz eterna da família e da amizade verdadeira.

Tio Alimerio e Tia Neusa - Pilares da Família em Mirassolândia

Tio Alimerio e Tia Neusa são figuras essenciais na trama da minha vida, entrelaçadas na teia afetiva da família que se estende por Mirassolândia
. Tio Alimerio, com seu sorriso caloroso e olhos que contam histórias, e Tia Neusa, a força silenciosa que moldou muitos destinos, são pilares que sustentam a estrutura da nossa família.

Crescendo, os verões em Mirassolândia eram sinônimos de aventuras compartilhadas com Tio Alimerio. Lembro-me vividamente de tardes passadas explorando os campos e rios próximos, absorvendo as lições de vida que só ele poderia ensinar.

Tia Neusa, por sua vez, era a guardiã tranquila que observava com olhos atentos cada capítulo da minha história

As festas de família eram verdadeiros espetáculos quando Tio Alimerio e Tia Neusa estavam presentes.

Ao longo dos anos, testemunhei como Tio Alimerio e Tia Neusa enfrentaram desafios com uma resiliência admirável.

Mirassolândia, em sua simplicidade encantadora, é muito mais do que um local geográfico para mim. É o palco de memórias compartilhadas com Tio Alimerio e Tia Neusa. Em sua presença, sinto-me enraizado em algo maior do que eu mesmo, parte de uma narrativa que continua a se desenrolar sob o céu acolhedor de Mirassolândia.

Prima Regina - A Jornada de Uma Amizade Inquebrável

Minha prima Regina, ou como gosto de chamá-la carinhosamente, Prima Regina BFF (Best Friends Forever), sempre ocupou um lugar especial na trama da minha vida. Ela é mais do que uma prima; é minha irmã de coração, minha confidente e a pessoa com quem compartilho as alegrias e desafios desta jornada chamada vida.

Desde a infância, nossos destinos estavam entrelaçados. Crescemos juntas, partilhando não apenas o sangue que nos conecta como primas, mas também uma cumplicidade que transcende qualquer laço sanguíneo. Regina sempre foi aquela com quem eu podia contar, não importando a situação.

Nossas conversas eram verdadeiras terapias. Desabafávamos nossos medos, sonhos e alegrias. Nas tardes preguiçosas de verão ou nas noites frias de inverno, lá estávamos nós, envolvidas em conversas intermináveis que iam desde os segredos mais profundos até os devaneios mais surreais.

Rir com Regina é uma sinfonia de felicidade. Seja lembrando das travessuras da infância ou compartilhando piadas internas que só nós entendemos, as risadas que ecoam quando estamos juntas são uma melodia que embala nossas memórias. E quando as lágrimas caem, encontramos consolo uma na outra, pois sabemos que, no final, sempre teremos uma amiga para secá-las.

Ao longo dos anos, enfrentamos juntas os altos e baixos da vida. Celebramos conquistas e apoiámo-nos nos momentos difíceis.

Reconheço que minha prima Regina é muito mais do que uma parente. Ela é uma extensão de mim, uma presença constante que ilumina meu caminho. E quando nos encontramos, é como se a própria vida celebrasse. As festas que compartilhamos são cheias de risos contagiantes, memórias que criamos juntas e a certeza de que, não importa o que aconteça, sempre teremos uma à outra.

Assim, Regina não é apenas minha prima; ela é a Prima Regina BFF, uma amiga para todas as estações da vida. Nossa jornada continua, e estou grata por ter uma companheira tão incrível ao meu lado. A história da minha vida é inegavelmente enriquecida pela presença dela, e sei que a amizade entre nós é eterna, como as estrelas que brilham no céu da noite.

Sobrinho Victor

Sobrinho Victor, o primogênito da minha irmã, veio ao mundo trazendo consigo uma alegria indescritível. Seu nascimento foi celebrado como a chegada do primeiro neto, um momento marcante que preencheu nossos corações com um amor que só os pequenos seres podem proporcionar.

Lembro-me vividamente do dia em que ele chegou, enchendo a casa com um novo sentido de propósito e alegria. O berço, carinhosamente preparado no quarto da mamãe, aguardava sua chegada como um santuário de sonhos e risos. Era o início de uma nova era para a família, onde a geração mais jovem traria consigo uma nova perspectiva de vida.

Victor, desde o primeiro momento, revelou-se um bebê notável. Nasceu com uma estatura que desafiava as expectativas e uma esperteza que cativava a todos ao seu redor. Sua inteligência era surpreendente, mesmo nos primeiros dias de vida, como se ele trouxesse consigo uma sabedoria além de sua tenra idade.

O papel de tia assumiu um significado especial para mim na presença de Victor. Ele não era apenas um sobrinho, mas um companheiro constante em nossas vidas. Seu sorriso iluminava os dias mais nublados, e suas travessuras enchiam a casa de risos e brincadeiras. Victor tornou-se não apenas o primeiro sobrinho, mas o sobrinho mais próximo, compartilhando uma ligação especial que só crescia com o tempo.

Na infância, vivemos lado a lado, explorando o mundo juntos e construindo memórias que seriam tesouros para toda a vida. Suas conquistas eram celebradas como vitórias da família, e seus desafios eram enfrentados com o apoio incondicional de todos nós. Era como se o destino tivesse traçado um caminho único para nós, entrelaçando nossas vidas de uma maneira que transcendia os laços familiares.

Victor, o sobrinho que nasceu grande em estatura e coração, moldou a dinâmica familiar de maneiras inimagináveis. Ele não era apenas um parente, mas um amigo próximo, um confidente e um raio de luz que continuava a iluminar nossos dias. Seu impacto na nossa vida era profundo e duradouro, marcando o início de uma jornada compartilhada que prometia aventuras e crescimento mútuo.

Ao longo dos anos, acompanhar o desenvolvimento de Victor foi uma bênção. Sua inteligência continuou a surpreender, sua bondade a inspirar, e sua presença a enriquecer nossas vidas de maneiras que palavras mal conseguem capturar. Este sobrinho, o primeiro de muitos, permaneceu não apenas na história da família, mas no coração de cada um de nós, como um lembrete constante do poder transformador do amor e da conexão familiar.

Neta Ana Gabriele

Gabriele, uma jovem de 16 anos com um talento musical que transcende gerações. Sua paixão pelo violino é como uma trilha sonora que ecoa em nosso lar, preenchendo cada canto com notas de harmonia. A música, que corre em suas veias, é mais do que uma simples expressão artística para ela; é uma parte fundamental de sua identidade.

Gabriele não se contenta apenas com o violino. Ela explora as teclas de um teclado com maestria, e recentemente iniciou sua jornada com o violão. Sua curiosidade musical é inspiradora, demonstrando uma sede de conhecimento e uma vontade constante de desafiar seus próprios limites. É evidente que a música não é apenas um hobby para Gabriele; é uma linguagem pela qual ela se expressa, uma forma de se comunicar com o mundo ao seu redor.

A conquista de uma bolsa de estudo para estudar violino foi um marco em sua jornada musical. Ver sua dedicação reconhecida dessa maneira trouxe um brilho de orgulho aos olhos de toda a família. Afinal, não é todo dia que testemunhamos o florescimento de um talento tão promissor. Gabriele mergulha nas partituras com paixão, dedicando horas para aprimorar sua técnica e dar vida a cada composição.

A festa de 15 anos de Gabriele permanece viva em nossas memórias como um evento verdadeiramente inesquecível. Foi mais do que uma celebração; foi um concerto de afeto, onde quatro gerações se reuniram para testemunhar o crescimento de uma jovem notável. O ambiente estava impregnado com o amor de avós, pais, tios e primos, todos compartilhando um momento único.

A música, claro, desempenhou um papel central nessa celebração. Gabriele não apenas encantou os convidados com suas habilidades no violino, mas também colaborou com outros músicos da família para criar uma sinfonia que ecoará por gerações. Foi um tributo ao passado, um presente vibrante e uma antecipação do futuro que ela moldará com suas melodias.

Gabriele é mais do que uma neta; ela é uma presença constante em minha vida. Sua curiosidade, sua paixão pela música e seu carinho moldam os dias com uma doçura única. Nosso relacionamento transcende a barreira de avó e neta; somos cúmplices na criação de uma sinfonia familiar que se desdobra a cada compasso.

E assim, enquanto Gabriele continua a trilhar seu caminho musical, sei que cada nota que ela toca é um reflexo de seu espírito resiliente e de sua essência encantadora. Neta Ana Gabriele, a guardiã de melodias que ecoarão eternamente em nossos corações.

O Brilho de Neto Isaac

No coração da minha jornada, um capítulo se destaca como uma pérola preciosa entre as memórias que o tempo semeou. Esse capítulo é dedicado ao raio de luz que iluminou meus dias e trouxe uma alegria indescritível à minha vida: meu neto Isaac, o encanto da família.

Isaac, com seus seis anos de idade, era o menino da casa, o adorável príncipe que preenchia nosso lar com risos e travessuras. Em um mundo que já tinha sido agraciado com a presença de três lindas meninas e duas netas, Isaac emergiu como uma bênção única, um tesouro que trouxe consigo um novo significado para a palavra amor.

Sua presença na minha vida era como um abraço constante, um lembrete vívido da beleza e da pureza da infância. Seus olhos curiosos brilhavam com a inocência peculiar da juventude, enquanto sua risada contagiante ecoava pelos corredores da casa, trazendo uma alegria que só as crianças conseguem proporcionar.

Isaac era mais do que um simples neto; ele era meu companheiro constante. Sempre próximo a mim, seja em minhas tarefas diárias ou em momentos tranquilos de reflexão, ele se tornou um elo especial na cadeia de gerações que compõe nossa família. Seus pequenos braços envolviam meu coração de uma maneira única, criando uma conexão que transcende o tempo.

Lembro-me das tardes preguiçosas passadas juntos, quando Isaac sentava-se ao meu lado, fascinado pelas histórias que eu compartilhava sobre tempos passados e experiências vividas. Cada conto era uma janela para um mundo que ele estava apenas começando a descobrir, e sua expressão curiosa refletia um desejo insaciável por conhecimento.

Mas, além da curiosidade intelectual, Isaac também trazia consigo uma ternura notável. Sua capacidade de perceber emoções, mesmo nas entrelinhas de conversas adultas, era surpreendente. Ele se tornou meu confidente silencioso, um ouvinte atento que oferecia abraços afetuosos nos momentos em que as palavras falhavam.

Isaac não era apenas importante em minha vida; ele era a personificação da continuidade, um elo entre o passado e o futuro. Sua presença era um lembrete constante de que a vida é uma jornada compartilhada, um ciclo que se desenrola através das gerações, deixando ricas histórias, amor e aprendizado.

Meu querido neto Isaac, o menino que trouxe consigo a promessa do amanhã e a magia do presente, é mais do que uma página na minha história; ele é um capítulo que continua a se desdobrar, trazendo alegria e significado a cada virar de página na grande autobiografia da vida.

Neta Nicole

Desde que me mudei de São Paulo, a distância física entre minha neta Nicole e eu aumentou consideravelmente. A correria do dia a dia na cidade grande nos impedia de nos encontrarmos com a frequência que gostaríamos. No entanto, cada reencontro era um bálsamo para a alma, uma oportunidade de reconectar laços e fortalecer os vínculos familiares.

Nicole sempre foi uma presença especial em minha vida. Sua residência na movimentada São Paulo a mantinha ocupada com seus estudos e responsabilidades cotidianas, mas sempre reservava um tempo para estar com a família. Era uma neta querida, abençoada pela vida, e sua inteligência sempre me deixava maravilhada.

Em uma tarde ensolarada de domingo, decidi surpreender Nicole com uma visita. A saudade apertava meu coração, e a ideia de passar algum tempo juntas era irresistível. Liguei para ela, combinamos um local e horário, e logo me vi a caminho da agitada metrópole.

Ao chegar à sua residência, fui recebida com um sorriso caloroso e um abraço apertado. O apartamento refletia a personalidade de Nicole: organizado, repleto de livros e com um toque de modernidade. Sentamo-nos na acolhedora sala de estar, prontas para compartilhar histórias e risadas.

Nicole começou a falar sobre seus estudos e projetos na faculdade. Seu entusiasmo pela aprendizagem era contagiante, e eu absorvia cada palavra com orgulho. Ela mencionou suas conquistas acadêmicas e os desafios superados, revelando não apenas sua inteligência, mas também sua determinação.

Entre uma xícara de chá e algumas guloseimas, compartilhamos nossas experiências de vida. Nicole falou sobre as nuances da vida na cidade grande, enquanto eu recordava histórias de um tempo mais tranquilo. Era uma troca enriquecedora, onde o passado e o presente se entrelaçavam, formando uma teia de memórias familiares.

À medida que a tarde avançava, percebi como minha neta havia se tornado uma mulher forte e independente. Sua paixão pelos estudos era inspiradora, e sua capacidade de equilibrar as demandas da vida moderna com a essência dos valores familiares era notável.

Antes de me despedir, olhei nos olhos de Nicole e agradeci a tarde memorável. A distância geográfica não tinha o poder de enfraquecer nosso vínculo afetivo. Pelo contrário, cada encontro reforçava a importância da família em nossas vidas.

Ao deixar São Paulo naquela noite, carreguei comigo não apenas a alegria do reencontro, mas também a certeza de que, apesar das diferentes trajetórias e geografias, a família permanece como a base sólida que nos sustenta ao longo da vida. Nicole, minha neta amada, continuaria a ser uma parte fundamental da minha história, independentemente das distâncias que o tempo e o espaço pudessem impor.

Memórias de Infância

Minha infância foi uma verdadeira jornada repleta de momentos mágicos e cheios de cores. Desde os primeiros anos, meu coração já estava tomado pelo desejo de explorar o mundo, uma paixão que herdava do meu querido pai. Lembro-me vividamente da vez em que, com apenas cinco anos, meu pai partiu numa viagem e meu espírito aventureiro não hesitou em segui-lo, na medida em que corria pelo quintal com nosso fiel cachorrinho ao meu lado.

"Vou lá onde o papai foi viajar," eu anunciava à minha mãe, alimentando desde cedo o sonho de viajar que se tornaria uma constante em minha vida. Essa ansiedade por descobertas e novas paisagens permanece até hoje, pois, afinal, amo viajar.

Uma das memórias mais preciosas da minha infância foi uma viagem de trem. Mesmo com meu pai impossibilitado de tirar férias, ele encontrava uma maneira de nos levar, a mim e à minha mãe, nessa emocionante jornada sobre trilhos. O trem parecia pequeno demais para mim, uma curiosa observadora que desejava absorver cada detalhe dos vagões. Cada parada era uma aventura em uma nova cidade, com vendedores ambulantes oferecendo doces, pipocas e biscoitos salgados.

Recordo-me também de um período em que meu pai enfrentou desemprego, mas, em vez de se entregar às dificuldades, ele ergueu um carrinho de pipoca em frente ao Cine Caboclo. Ao lado do carrinho, eu assumia o papel de vendedora entusiasmada: "Pipoca quentinha, vamos comprar!"

Minha infância foi recheada de alegrias e saúde, marcada por visitas à casa da tia em charretes, para confeccionar vestidinhos de chita adornados com desenhos florais. Acreditava piamente no encanto do Natal, imaginando que o Papai Noel deixava presentes mágicos no meu quarto durante a noite.

Eu era aquela menina que amava os cadernos, a escola, e que desde muito pequena se dedicava com paixão aos estudos. Minha inquietação e vontade de interagir rendiam algumas travessuras na escola, mas sempre com um sorriso no rosto. Minha infância foi uma era de sonhos e realizações, um capítulo inesquecível e maravilhoso que moldou quem eu sou hoje.

Adolescência

Na fase da adolescência, minha vida na escola se tornou um verdadeiro palco, onde eu participava de tudo o que acontecia. O teatro era minha paixão, os desfiles eram meu orgulho, e a Festa das Nações era uma experiência enriquecedora. Me entregava de corpo e alma, principalmente na fanfarra. Aqueles instrumentos tinham um magnetismo sobre mim, e eu os aprendia um a um com entusiasmo. Os desfiles de 7 de setembro eram eventos que eu esperava ansiosamente, vibrando a cada acorde, a cada passo coordenado.

Lembro-me com carinho da turma que fez parte da minha adolescência, uma turma que, graças a Deus, superou os desafios e cresceu junto. Eram amigos incríveis, companheiros de uma época que marcou nossas vidas para sempre, desde a infância até a adolescência. Recordo-me das brincadeiras inocentes, dos jogos de beijo, abraço e aperto de mão, gestos que pareciam tremendos em nossa perspectiva juvenil.

Era incrível como não víamos a hora de chegar o dia do piquenique. Planejávamos com entusiasmo, levando nossas comidas preferidas para a Pracinha local, que se tornava o cenário perfeito para nosso encontro. Sob a sombra de uma árvore, o piquenique se desdobrava em um dia mágico. Recordações desses momentos são como tesouros guardados na minha memória, repletos de alegria, risos, abraços, e conversas que selavam amizades inesquecíveis.

Minha adolescência foi marcada por uma participação ativa, onde eu me envolvia de corpo e alma nas atividades escolares e nos laços de amizade que construí. Cada capítulo dessa fase da vida foi uma lição de crescimento, e olhando para trás, sinto gratidão pelas experiências vividas e pelos amigos que fizeram parte dessa jornada

Namorei/ Casei

Quando tinha 15 anos, uma família vinda do Nordeste se instalou na nossa cidade. Eles vieram em busca de uma vida melhor, e um dos filhos dessa família tornou-se uma figura fundamental na minha adolescência. Esse jovem dava aula particular de matemática para sustentar sua família, e foi através dessas aulas que nossa história começou.

Minha família o conhecia bem, o que me permitia frequentar as aulas sem maiores preocupações. Era o único lugar que meu pai permitia que eu fosse fora da escola, e a confiança que ele depositava na família do professor era algo que eu valorizava profundamente.

As aulas de matemática, no entanto, foram apenas o começo de algo muito especial. À noite, eu costumava ir dançar em um forró local que acontecia na região. O ambiente era incrível, e eu adorava me perder na dança. Foi lá que o meu professor de matemática se transformou no meu primeiro namorado.

A paixão que sentíamos um pelo outro era como uma trilha sonora que embalava os passos da nossa juventude. Dançávamos juntos, sonhávamos juntos e vivíamos aquele amor intenso e ingênuo que só a adolescência pode proporcionar.

No entanto, a vida nos leva por caminhos inesperados, e o destino me apresentou a outra pessoa que se tornaria fundamental na minha jornada. Conheci o pai das minhas filhas, meu primeiro marido, em um momento em que a vida começava a tomar rumos diferentes.

O tempo foi curto entre o namoro e o casamento. A perda do meu pai na adolescência deixou marcas profundas, e a responsabilidade de cuidar da minha própria família começou muito cedo. Me vi mergulhada em uma vida adulta, com as obrigações de uma casa e a alegria da maternidade.

Assim, minha adolescência foi marcada não apenas pelo primeiro amor no forró, mas também pela transição rápida para a vida adulta, carregando nos braços não apenas sonhos românticos, mas também a responsabilidade de ser mãe e esposa. Cada capítulo dessa fase da minha vida contribuiu para moldar a mulher que me tornei.

Primeiro Marido

Era uma noite festiva, repleta de luzes e risos, quando conheci aquele que se tornaria meu primeiro marido. O som da música preenchia o ambiente, e ele, o organizador da festa, destacava-se no meio da animação. Meu segundo namorado, que mais tarde se transformaria em meu esposo, estava celebrando seu aniversário com um baile memorável.

Decidi comparecer à festa, e ao chegar, percebi que o local de dança estava cheio demais para o meu gosto naquele momento. Optei por ficar perto do som, onde a batida da música ecoava com menos intensidade. Foi ali que ele me viu, e com um sorriso acolhedor, me convidou para dançar. Aceitei prontamente, e assim começou nossa jornada juntos.

Ele era encantador, cheio de vida e energia. Enquanto dançávamos, começamos a conversar, a compartilhar risadas e histórias. Era evidente que havia uma conexão especial entre nós. A festa continuou, mas aquela noite marcaria o início de algo mais profundo.

Em um outro dia, a vizinha de casa estava celebrando seu aniversário, e minha mãe me levou para participar da comemoração. Ele estava lá novamente, e desta vez, não apenas como o anfitrião da festa, mas como alguém que estava genuinamente interessado em me conhecer melhor. Ele visitou minha casa, querendo entender a pessoa por trás do sorriso que dançou com ele naquela noite especial.

Uma amizade floresceu a partir desse encontro fortuito. Eu costumava ir à casa dele nos domingos para ouvir música, compartilhar conversas e risadas. A amizade evoluiu, e, gradualmente, a família dele passou a me acolher como uma parte querida de suas vidas. Sentia-me amada e apreciada por aqueles que eram importantes para ele.

E então, em um momento que selou nosso destino, decidimos nos casar. Eu era jovem, acredito que tinha 17 anos na época. As circunstâncias da vida nos uniram, e acreditava-se que estávamos prontos para enfrentar juntos o que quer que viesse pela frente.

Assim começou a jornada do meu primeiro casamento, um capítulo que moldaria quem eu era e quem viria a ser. O destino havia tecido nossas histórias de maneira intricada naquele baile animado, e agora estávamos prontos para embarcar juntos na aventura da vida conjugal.

Vida Escolar

Minha jornada acadêmica foi marcada por diferentes escolas, desafios e conquistas. Os corredores da escola Olga testemunharam meus primeiros anos de aprendizado, desde a primeira até a sexta série. Lá, construí minhas bases, fiz amigos e comecei a trilhar os primeiros passos rumo ao conhecimento.

Contudo, na transição para o ensino médio, mudei-me para a escola Penna. Dali, da sétima série até o primeiro ano, vivenciei uma nova atmosfera educacional. O Penna trouxe desafios distintos, mas também oportunidades de crescimento pessoal e acadêmico.

A vida estudantil é um constante aprendizado, e a minha não foi exceção. Reprovei na quarta série, um obstáculo que, ao invés de me deter, serviu como impulso para meu amadurecimento. Nas séries seguintes, enfrentei novos desafios, superando obstáculos ao reprovar na sexta série e aprendendo valiosas lições no processo.

A diversidade de cursos que escolhi ao longo dos anos reflete minha busca incessante pelo conhecimento. A datilografia proporcionou-me habilidades essenciais na era da informação, enquanto a programação de computador abriu portas para o mundo digital em constante evolução.

Os cursos de administração e recursos humanos expandiram minha compreensão sobre o funcionamento das organizações, preparando-me para desafios futuros. Cada curso era uma peça no quebra-cabeça da minha formação, moldando-me para as exigências do mundo profissional.

Na maturidade, decidi me aprofundar em áreas que despertavam minha paixão. Optei por um Curso Técnico em Massoterapia e outro em Estética Corporal. Essa escolha não apenas enriqueceu meu repertório profissional, mas também refletiu meu comprometimento em buscar satisfação e realização pessoal em cada fase da vida.

Minha trajetória educacional é marcada por altos e baixos, mas cada desafio contribuiu para minha formação. A educação é um caminho sinuoso, e minha história escolar é uma parte integral do meu desenvolvimento como pessoa. Cada escola, cada reprovação e cada curso moldaram-me, preparando-me para os capítulos seguintes da minha vida.

Vida Profissional

Minha trajetória profissional tem sido uma jornada de descobertas, desafios e aprendizados. Cada passo moldou a profissional que sou hoje, e cada experiência contribuiu para meu crescimento pessoal e profissional.

Minha primeira incursão no mundo do trabalho foi como arquivista na Vicunha, uma renomada tecelagem. Apesar de ter durado apenas alguns meses, essa experiência me proporcionou uma visão inicial do ambiente corporativo e estabeleceu as bases para meu futuro profissional.

Na sequência, ingressei na Guten Gráfica como auxiliar de escritório, onde fui introduzida ao universo dinâmico e desafiador da produção gráfica. Posteriormente, dei mais um passo na minha carreira ao trabalhar como auxiliar de departamento pessoal no escritório Irmãos Mussolini, especializado em contabilidade para a construção civil. Lá, tive a oportunidade de atuar também como auxiliar de Recursos Humanos, ampliando minha bagagem de conhecimentos.

Minha jornada continuou na STATUS, uma empresa de contabilidade, onde retornei ao departamento de Recursos Humanos, consolidando minha expertise na área. Logo em seguida, mudei de rumo ao entrar na Telefônica Speed, desta vez na área de vendas. Foi uma experiência enriquecedora, explorando um lado mais dinâmico e orientado para resultados do mundo empresarial.

A transição para a LBV marcou uma mudança na minha carreira, assumindo o papel de telefonista. Essa posição me proporcionou habilidades interpessoais valiosas e aprimorou minha capacidade de comunicação. Em seguida, abracei o desafio de trabalhar na Sky, no departamento de vendas, onde pude aprofundar meu entendimento sobre o mercado de serviços de telecomunicações.

Minha trajetória profissional também incluiu uma experiência como massoterapeuta na Rodobens, uma oportunidade única que me permitiu combinar minhas habilidades terapêuticas com o ambiente corporativo. Hoje, mantenho um contrato como massoterapeuta no Sesc de São José do Rio Preto, onde continuo aprimorando minhas técnicas e oferecendo bem-estar aos clientes.

Atualmente, exerço minha profissão como massoterapeuta em diversos eventos e empresas, compartilhando os benefícios da massoterapia com um público diversificado. Cada capítulo da minha vida profissional contribuiu para a profissional versátil e dedicada que sou hoje, pronta para enfrentar novos desafios e continuar crescendo nesse fascinante caminho profissional.

Rafael Erlan

Naquele momento da minha vida, a tristeza era uma sombra persistente, uma nuvem escura que pairava sobre mim devido à difícil situação pela qual minha mãe estava passando. O câncer é uma palavra assustadora, e ver alguém que amamos enfrentando essa batalha é uma experiência avassaladora. Estávamos no meio dessa tempestade quando surgiu uma luz improvável: Rafael Erlan.

Eu estava trabalhando como garçonete, tentando manter a normalidade em meio ao caos. O restaurante era meu refúgio temporário, um lugar onde podia me distrair, pelo menos por algumas horas, das preocupações com a saúde da minha mãe. Foi nesse contexto que surgiu a oportunidade de assistir ao show de Rafael Erlan.

O local era simples, um cantinho modesto com uma mesinha e um violão. Rafael Erlan, um cantor iniciante na época, trouxe consigo uma energia incrível. Ele não apenas cantava; ele transmitia emoções, tocando os corações daqueles que o ouviam. Eu me vi incapaz de resistir ao chamado da música, mesmo estando ali para trabalhar.

Enquanto servia as mesas, as notas musicais preenchiam o ambiente, e algo mágico aconteceu. A música de Rafael Erlan se tornou mais do que uma trilha sonora para aquela noite; tornou-se um bálsamo para minha alma ferida. Em um impulso, comecei a dançar enquanto continuava a servir. Aquela noite, que começou como uma tentativa de distração, transformou-se em um momento de cura.

Rafael Erlan não era apenas um cantor naquele palco improvisado; ele se tornou um amigo, um confidente em meio ao turbilhão da minha vida. Ele compreendia a dor, a tristeza e a necessidade de escapar por um breve momento. Aquela noite de música e dança marcou o início de uma amizade que perdura até hoje.

Rafael Elan, o verdadeiro nome por trás do artista Rafael Erlan, e sua família se tornaram uma parte essencial da minha vida. Maurão, o pai caloroso, e a irmã incrível fizeram parte dessa jornada de superação. Eles não eram apenas conhecidos do palco; tornaram-se uma extensão da minha família escolhida.

Ao longo dos anos, Rafael Erlan continuou a ser mais do que um cantor de sucesso. Ele foi meu amigo, meu companheiro e meu parceiro em diversas fases da vida. Ele foi o impulso que me levou a experiências incríveis, como o rancho em São Paulo, o rancho que se tornou um marco simbólico para mim.

Ele não se limitou a ser uma presença nos palcos; Rafael Erlan me proporcionou momentos de alegria genuína e descompromissada. Ele é o tipo de amigo, que ilumina os dias mais sombrios e faz com que as preocupações pareçam menos esmagadoras.

Hoje, como assessora desse talentoso artista, vejo não apenas o profissional brilhante que ele se tornou, mas o amigo constante que ele sempre foi para mim. Rafael Erlan é uma pessoa de uma áurea tão linda que sua presença transformou minha vida de maneiras que eu jamais poderia ter imaginado.

Ele é mais do que um cantor na minha história; ele é uma peça vital do quebra-cabeça da minha vida. E, por isso, sou eternamente grata pela noite em que sua música e sua amizade entraram na minha vida, trazendo luz para os dias mais sombrios.

Ivete

É, tive. É amiga, eu não posso deixar de mencionar a Ivete, jamais. Amiga de infância, amiga de brincar de queima na rua, amiga de catecismo na época amiga, a Ivete assim me achou de novo, embora a mamãe tenha casa lá em São Paulo, mas a Ivete foi uma amiga sensacional. Que é até hoje. Ela me deu maior força nesse livro.

Roberto

Roberto era um vizinho muito especial. Morava em frente à nossa casa, do outro lado da rua, e desde cedo tornou-se meu grande amigo de infância. Lembro-me vividamente dos dias ensolarados em que ele me ajudava a dar as primeiras pedaladas em seu triciclo. Aquele triciclo peculiar tinha um pequeno banquinho atrás, perfeito para acomodar a minha pequena e magrinha figura enquanto explorávamos juntos os recantos do nosso bairro.

Naquela época, meu pai estava passando por dificuldades financeiras, e a bicicleta que tanto sonhava parecia um luxo distante. Foi então que Roberto, sempre generoso e atencioso, compartilhou seu triciclo comigo. Rodávamos pelas ruas estreitas, o vento bagunçando meus cabelos, enquanto eu sorria de orelha a orelha. Aprendi as primeiras lições sobre equilíbrio e liberdade naquele triciclo, com Roberto sempre ao meu lado, incentivando-me.

Passado algum tempo, meu pai conseguiu superar as dificuldades e, como um presente da vida, comprou uma bicicleta de duas rodas para mim e meu irmão. No entanto, confesso que fui a privilegiada a desfrutar mais desse presente. Roberto continuou sendo meu companheiro de aventuras, mesmo agora em duas rodas. Juntos explorávamos novos lugares, descobríamos segredos escondidos nas ruas que percorríamos e compartilhávamos risadas que ecoavam pelas esquinas.

Além das pedaladas, Roberto tinha um talento único: a música. Ele aprendeu a tocar piano, e eu adorava passar horas sentada, simplesmente ouvindo suas habilidades musicais. As notas melodiosas enchiam o ar e criavam uma trilha sonora para nossos dias de brincadeiras. Foi com ele que descobri o poder emocionante da música e como ela podia transformar até os momentos mais simples em memórias eternas.

A família de Roberto também foi pioneira em ter uma televisão em casa. Era um objeto mágico que fascinava a todos nós na vizinhança. Recordo-me vividamente de atravessar a rua diversas vezes para me juntar à família dele e assistir novelas emocionantes. A sala deles tornou-se nosso próprio teatro improvisado, onde vivíamos intensamente as tramas que se desenrolavam na telinha.

Esses momentos ao lado de Roberto e sua família são tesouros preciosos em minha memória. Suas generosidades, desde o triciclo aos acordes do piano e as noites de novela, tornaram a infância ainda mais colorida. Roberto foi não apenas um amigo, mas um personagem fundamental nos capítulos iniciais da minha vida, que moldaram minhas experiências e me encheram de gratidão pela riqueza dos relacionamentos verdadeiros.

Merci, a Busca pela Própria Identidade

Hoje, ao escrever estas palavras finais, sinto-me completa. Encontrei-me em um labirinto de identidades que a vida me presenteou. Inicialmente chamada Mércia por meu pai, uma homenagem à minha prima professora, eu me tornei Merci ao abrir uma pizzaria que, curiosamente, revelou minhas raízes francesas. Mas, ao longo dos anos, percebi que Merci era mais do que um nome, era a expressão de gratidão que eu não sabia como oferecer a mim mesma.

Mércia, a mulher que sofreu, que enfrentou decepções e superou momentos difíceis, finalmente se reencontrou em Merci. Abrir uma pizzaria foi mais do que uma jogada comercial; foi o ponto de virada para minha própria jornada de autodescoberta. A revelação de minha ascendência francesa não foi apenas uma curiosidade genealógica, mas uma chama que acendeu em mim uma nova persona, uma Merci inspirada em Paris.

Contudo, essa jornada não foi fácil. Anulei-me por anos, sempre dizendo sim, buscando agradar a todos, até que minha filha, com uma sabedoria infantil, questionou se eu havia esquecido de mim mesma. Aquelas palavras foram como um despertar, um choque que me fez perceber que era hora de assumir meu próprio papel na vida.

"Você existe, agora é a sua vez", ressoou em minha mente como um mantra libertador. Desde aquele dia, passei a vestir-me como eu gosto, a sorrir autenticamente e a viver intensamente, apenas por hoje. Encontrei equilíbrio, aprendi a dizer não e a enfrentar as dificuldades com uma confiança renovada.

Hoje, olho-me no espelho e vejo uma pessoa única. Abraço minha individualidade, consciente de que os problemas estão nas mãos de Deus, enquanto eu caminho firme e forte, como se estivesse armada com uma espada. Sinto-me blindada, não por ser melhor que alguém, mas por ser sincera, humilde e verdadeira.

A energia positiva que flui do divino me impulsiona a espalhar confiança, a encarar cada desafio com coragem. Não há mais medo de ser feliz. E assim, eu danço, mesmo que seja sozinha, pois aprendi que a verdadeira celebração começa dentro de mim.

Portanto, receba o seu próprio aplauso, a sua própria gratidão, o seu próprio presente. No dia do seu aniversário, vá até uma loja e compre algo especial para você mesma, envie um ramalhete de flores para a pessoa mais importante: você, a Merci que se descobriu e que continua a florescer a cada dia. Afinal, a busca pela própria identidade é um presente contínuo que merece celebração constante.

Depoimento - Realizando Sonhos com as Mãos e a Alma.

Na jornada da vida, somos guiados por sonhos que moldam nossos caminhos, tornando-se bússolas internas que nos conduzem à realização pessoal e profissional. Minha história é um testemunho vivo de como acreditar, lutar e idealizar podem transformar simples visões em conquistas extraordinárias.

Lembro-me vividamente do início dessa jornada, quando o sonho de curar através das mãos começou a tomar forma durante meus dias como estagiária na profissão de massoterapeuta. À medida que avançava em minha formação, sabia que estava prestes a trilhar um caminho único e inovador, onde as mãos se tornariam instrumentos de cura, aliviando não apenas o corpo, mas também o estresse e as dores da alma.

Minha paixão por essa arte começou na juventude, observando as rápidas sessões de massagem em cadeiras especializadas. A experiência pessoal de sentir a liberação de tensões e dores durante esses momentos foi o gatilho que incendiou meu desejo de proporcionar alívio semelhante aos outros.

Anos se passaram, e meu sonho evoluiu. Agora, não era apenas sobre a prática da massagem, mas sim sobre criar um ambiente de cura, compartilhando energias positivas e inspirando mudanças positivas na vida das pessoas, algo como o poderoso Reiki.

Ao longo dessa jornada, enfrentei desafios, mas a crença inabalável na minha missão me impulsionou. Acreditar, lutar e vencer tornaram-se meu mantra diário. Cada passo dado em direção à realização do meu sonho era uma vitória conquistada com esforço e dedicação.

Hoje, me vejo como uma pessoa realizada, não apenas profissionalmente, mas também pessoalmente. Encontrei um equilíbrio emocional que reflete em cada aspecto da minha vida. As vitórias se tornaram parte integrante do meu caminho diário, reforçando a convicção de que acreditar nos sonhos é o primeiro passo para torná-los realidade.

Participar deste livro é uma conquista especial, pois escrever sempre foi um sonho acalentado. Vislumbrei, ao longo da minha vida, a possibilidade de compartilhar minha jornada com o mundo, e agora esse sonho está se materializando. Esta não será a única história que compartilharei, pois ainda acredito em futuros capítulos dedicados à minha própria biografia.

Mila, obrigada por ser a luz que iluminou o caminho dos meus sonhos. Este livro é mais do que palavras impressas; é a essência de vidas que sonharam e agora têm um espaço para contar suas histórias. Como o sonho de tocar na Torre Eiffel, vejo este livro ultrapassando fronteiras, inspirando aqueles que perderam a esperança de realizar seus próprios sonhos.

Agradeço a Deus por cada passo dessa jornada e expresso minha gratidão a Mila, cuja iniciativa tornou possível compartilhar minha história com o mundo. Este livro será um sucesso, alcançando corações e mentes ao redor do globo, porque é mais do que uma narrativa; é um testemunho de que, quando sonhamos com o coração, o universo conspira para tornar esses sonhos realidade.

Obrigada, Mila, por ser a arquiteta deste projeto que está dando voz aos sonhadores e realizadores como eu. Que este livro inspire muitos a trilharem seus próprios caminhos de sonhos, acreditando que, no final, cada esforço vale a pena.

Regina

O Porão

Quando eu não tinha mais que 4 anos, lembro-me vividamente da casa da minha avó materna. Éramos apenas eu e Flora, minha irmã, que era um ano mais velha que eu. Naquela época, minha mãe ainda estava viva, e nossa vida girava em torno daquela casa de assoalho de madeira, onde cada passo que dávamos ecoava como um sussurro do passado.

A casa da vovó tinha uma atmosfera peculiar, um daqueles lugares que ficam gravados na memória de crianças para sempre. O assoalho de madeira rangia sob nossos pés descalços enquanto explorávamos cada canto e recanto. Mas havia um local que me intrigava mais do que qualquer outro: o porão.

Embaixo do assoalho, escondido da vista de todos, o porão era um mundo desconhecido. Era lá que meu tio Alípio guardava sua bicicleta e uma infinidade de ferramentas e tralhas relacionadas ao seu trabalho. Eu tinha uma curiosidade incessante de entrar lá, de desvendar os segredos que ele escondia nas sombras, mas ao mesmo tempo, sentia um medo profundo. O porão era escuro, misterioso e parecia abrigar segredos que eu não estava pronta para descobrir.

Enquanto eu e Flora brincávamos e explorávamos a casa da vovó, o porão permanecia intocado. Era como se um véu de mistério o cercasse, mantendo-me afastada daquelas escadas que levavam às profundezas escuras.

Mas, como dizem, o tempo é implacável. Logo após essa época, nossa família passou por mudanças drásticas. Fomos morar de favor no quintal de um tio, enquanto meu pai trabalhava arduamente na extinta Light para garantir nosso sustento. Foi um período difícil para todos nós, marcado por desafios e incertezas.

À medida que o tempo avançava, percebo que apaguei muitas das memórias dessa fase da minha vida. Talvez tenha sido uma forma de proteção, uma maneira de lidar com as dificuldades que enfrentamos naqueles tempos difíceis. Mas, mesmo que eu tenha esquecido muitos detalhes, o porão da casa da vovó permanece como um enigma não resolvido em minha mente, um lugar que eu nunca ousei explorar, mas que continua a me intrigar até hoje.

Nova Era

Quando eu tinha aproximadamente 6 anos de idade, teve início uma Nova Era na nossa família. Foi quando meu pai comprou a nossa casa. Esta é a leitura de uma criança de 6 anos, com olhos cheios de admiração e um coração repleto de emoção.

O meu pai, Afonso, meu tio João e alguns colegas deles embarcaram em uma jornada incrível. Eles decidiram construir a nossa casa com as próprias mãos.

Lembro-me das risadas e dos sons das ferramentas ecoando pelo ar enquanto eles transformavam tijolos e madeira em nosso lar.

A casa que eles construíram era como um castelo para mim. Tinha um quarto grande, que era o meu reino particular, onde os sonhos e brincadeiras ganhavam vida. Uma cozinha com um chão de cimento rústico, onde minha mãe preparava suas deliciosas refeições e onde eu experimentei o sabor da comida caseira que aquecia o coração. O banheiro era acoplado à casa, mas era do lado de fora, um lugar misterioso aonde eu ia com um pouco de medo à noite, mas que logo se tornou familiar e comum.

Hoje, me pergunto se aquela casa ainda está de pé. Sei que ao longo dos anos, ela passou por muitas mudanças e reformas, como tudo na vida. No entanto, se eu fechar os olhos e me transportar de volta no tempo, ainda consigo visualizar os móveis exatamente onde estavam. A cama onde eu sonhava os sonhos mais doces, a mesa onde a família se reunia para as refeições e a cadeira de balanço onde minha avó me contava histórias antes de dormir.

Minha mãe tinha um jeito todo especial de decorar o quarto. Ela tinha imagens de Santos penduradas nas paredes, aqueles de gesso que pareciam olhar diretamente para nós. À noite, ela acendia uma vela diante dos Santos e rezava. Aquela luz fraca iluminava o quarto e criava uma sensação de paz que me fazia sentir protegida.

A Nova Era que começou com a construção da nossa casa trouxe consigo muitas memórias felizes. Foi nesse lugar que aprendi sobre amor, família e fé. E, embora o tempo tenha passado e muitas coisas tenham mudado, as lembranças desse capítulo da minha infância permanecerão vivas para sempre em meu coração.

Dona Genny, Minha Mãe

Minha mãe, Dona Genny, era uma mulher notável. Na época que vou relatar, ela tinha apenas 24 anos de idade, uma jovem cheia de sonhos e aspirações. Mal sabia ela que sua vida seria marcada por desafios e, ao mesmo tempo, por uma imensa capacidade de amor e dedicação.

Dona Genny faleceu aos 45 anos, vítima de um AVC, uma partida que nos deixou todos desolados. Mas puxando pela memória, e graças às informações contidas neste livro, pude constatar algo que me fez admirá-la ainda mais: durante o pouco tempo que viveu, ela esteve grávida a maior parte do tempo. Isso mesmo, somos sete irmãos, e ela passou praticamente toda a sua vida adulta grávida.

Dos 19 aos 45 anos, foram 26 anos dedicados à maternidade, um feito que demonstra a sua incrível força e coragem. Imagine passar a maior parte de sua vida cuidando de filhos, enfrentando todas as adversidades que a vida lhe impôs, e ainda assim mantendo-se firme em seu propósito de ser a melhor mãe possível para todos nós.

Minha mãe era uma mulher hipertensa, uma condição de saúde que a acompanhou por toda a vida adulta. Ela sabia que não poderia parar com a medicação, pois sua Pressão Arterial era muito elevada. Foram inúmeras as vezes em que ela precisou ser internada devido a complicações relacionadas à hipertensão. Esses momentos de fragilidade física eram difíceis para todos nós, mas ela sempre demonstrou uma incrível resiliência e determinação para superá-los.

Lembro-me das noites em que ela ficava acordada, cuidando de um bebê recém-nascido, enquanto outros filhos pequenos dormiam ao seu lado. Ela fazia isso com um amor incondicional, sem queixas, apenas com o desejo profundo de nos ver crescer saudáveis e felizes.

Dona Genny deixou um legado de amor, perseverança e dedicação que nunca será esquecido. Sua vida foi um exemplo para todos nós, seus filhos, e sua partida deixou um vazio que nunca será preenchido. Ela pode ter vivido pouco tempo, mas o tempo que teve foi dedicado a cuidar de sua família com um amor que transcendeu todas as dificuldades.

Assim, Dona Genny minha mãe, é uma parte fundamental da minha história, e este capítulo é uma homenagem a uma mulher extraordinária que sempre será lembrada com carinho e gratidão.

Religião e Fé

A segunda gravidez da minha mãe foi um momento difícil e doloroso para nossa família. O destino nos pregou uma peça cruel, e meu irmão nasceu sem vida. A tristeza que se abateu sobre nossa casa foi imensa, e a perda de um ente querido é algo que deixa cicatrizes profundas em nossos corações.

Logo após essa trágica experiência, minha mãe engravidou de mim. E, diante das dificuldades que havia enfrentado, ela fez promessas a São Judas Tadeu, o santo das causas impossíveis, para que tudo corresse bem com a gestação e meu nascimento. Era como se estivéssemos depositando nossa fé nas mãos do santo, acreditando que ele nos protegeria.

A medalhinha de São Judas Tadeu tornou-se um amuleto para mim desde o meu nascimento. Ela estava pendurada em uma correntinha ao redor do meu pescoço, sempre presente como símbolo de esperança e proteção.

Em nossa casa, não faltavam imagens sagradas que simbolizavam nossa fé na religião Católica Apostólica Romana. Tínhamos um altar com estátuas de diversos santos, incluindo Santa Rita de Cássia, a padroeira das causas impossíveis, São Sebastião, Nossa Senhora Aparecida, Jesus Cristo e tantos outros. Era como se essas imagens divinas fizessem parte integrante da nossa família, sempre a nos observar, nos guiar e nos confortar nos momentos difíceis.

Minha infância foi permeada pelos rituais e ensinamentos da fé católica. Fui batizada, crismada e fiz a minha primeira comunhão, seguindo os passos da tradição religiosa que era tão importante para minha família. A igreja era o local onde encontrávamos paz e consolo, onde buscávamos forças nos momentos de tribulação e onde celebrávamos a alegria nos momentos de felicidade.

A religião e a fé foram uma parte fundamental da minha jornada de vida, moldando minha moral, meus valores e minha compreensão do mundo. Através das orações, das missas e dos ensinamentos, aprendi sobre o amor, a compaixão e a importância de ajudar o próximo.

Ao longo dos anos, minha relação com a religião e a fé se aprofundou e evoluiu, mas sempre carreguei comigo as lembranças daquela medalhinha de São Judas Tadeu, das imagens dos santos em nossa casa e dos ensinamentos da igreja que foram parte essencial da minha formação.

Essa base religiosa e espiritual me acompanhou ao longo de toda a minha vida, influenciando minhas escolhas, minhas ações e minha maneira de enxergar o mundo. E, mesmo diante dos desafios que a vida me reservou, a minha fé continuou a ser uma fonte de força e esperança, como a luz que brilha mesmo nas noites mais escuras.

Chupeta

Eu me lembro que eu chupei chupeta escondido até os 10 anos de idade. Era um segredo guardado com tanto cuidado que parecia fazer parte de uma vida dupla que eu levava. Minha mãe, com todo o amor e preocupação, sempre jogava fora minhas chupetas, mas a minha determinação em tê-las era maior do que qualquer proibição.

Eu tinha uma estratégia infalível para manter esse hábito escondido dos olhos atentos da minha mãe. Eu esperava até que meus irmãos pequenos fossem dormir, e então, sorrateiramente, pegava a chupeta deles para eu poder dormir. Era como um ritual noturno que me trazia uma sensação de conforto e segurança, mesmo que eu já estivesse crescida demais para isso.

Minha irmã e irmão mais novos eram cúmplices involuntários nessa empreitada. Eles nem desconfiavam que suas chupetas misteriosamente desapareciam todas as noites. Era uma verdadeira operação clandestina, e eu era a mestre na arte de ocultar meu pequeno vício.

Claro, para manter esse hábito, era necessário encontrar maneiras de financiá-lo. Afinal, eu não poderia contar com a paciência de meus irmãos indefinidamente. Então, como qualquer criança esperta, eu e meus amigos começamos a ganhar dinheiro para comprar doces no bar da esquina. Lá, havia sempre uma variedade de guloseimas tentadoras, mas meu olhar estava sempre fixo em uma coisa: chupetas novas e brilhantes.

Cada moeda ganha era um passo mais perto de saciar minha ânsia. E, apesar de todas as chupetas que consegui comprar e esconder sob o travesseiro, eu sabia que isso não era saudável. Era um hábito que me confortava, mas também me afastava do que era apropriado para minha idade.

Hoje, ao refletir sobre aquela época, reconheço o quanto esse pequeno segredo fez mal para a minha arcada dentária. Minha mãe estava certa em tentar me fazer parar, mas a teimosia infantil era mais forte do que qualquer conselho sensato. A chupeta, que deveria ser um objeto de conforto para bebês, tornou-se um símbolo da minha infância rebelde.

Ainda assim, esses pequenos segredos e pecados da infância moldaram minha personalidade e ensinaram-me valiosas lições sobre responsabilidade e autocontrole. Por mais que a chupeta tenha sido minha companheira noturna por muito tempo, ela também representou a necessidade de crescer e abandonar as alegrias da infância para abraçar o futuro com maturidade.

Brincadeira de Criança

Porém, eu tive uma segunda infância. Deliciosa. Brinquei muito, aprendi a fazer minhas pipas e Capucheta de jornal. Empinava, pulei muita mão na mula, ajudei a construir carrinhos de rolimã e jogava bolinha de gude. Só não fui boa para jogar pião, mas isso não me desanimava. Jogar taco na rua era minha especialidade, e a calçada se transformava em nosso campo de batalha diariamente.

Lembro-me das tardes quentes em que o asfalto fervia sob nossos pés descalços, e o som da bolinha de gude batendo nas outras criava uma sinfonia de diversão. Havia rivalidades intensas e apostas modestas, mas o mais importante era a camaradagem que se desenvolvia entre nós.

Construir carrinhos de rolimã era uma arte que todos dominávamos. Com restos de madeira e rodinhas improvisadas, nossos "bondinhos de carrinhos de rolimã" desciam as ladeiras da vizinhança em velocidades incríveis. Os gritos de alegria ecoavam pelas ruas enquanto competíamos para ver quem tinha o carrinho mais rápido.

E que dizer das pipas? O processo de criação era quase tão emocionante quanto o voo. Com jornal, cola e varetas de bambu, eu e meus amigos passávamos horas criando nossas obras de arte multicoloridas. O céu se enchia de pipas em todas as cores e formatos imagináveis, e a sensação de vê-las flutuar nas correntes de ar era mágica.

Os jogos tradicionais como mão na mula e pião faziam parte do nosso repertório cotidiano. Mesmo que eu não fosse a melhor no pião, eu estava disposta a aprender e me divertir. A competição era uma parte saudável da nossa infância, e cada derrota nos ensinava algo valioso sobre a vida.

Outra paixão era construir nossos próprios brinquedos com materiais reciclados. Latas de óleo se transformavam em caminhões imaginários, e as patas de cavalo eram feitas com as latas de leite em pó que conseguíamos. A criatividade fluía livremente, e a simplicidade desses brinquedos os tornava especiais. Eles eram o reflexo de nossa imaginação ilimitada.

Essa segunda infância, repleta de brincadeiras e risadas, moldou quem eu sou hoje. Aprendi lições valiosas sobre amizade, criatividade e resiliência nas ruas poeirentas da minha infância. E, enquanto o tempo avançava, carreguei essas lembranças comigo, lembrando-me sempre de que mesmo as brincadeiras mais simples podem criar memórias que duram para toda a vida.

Milagre Vivo

Aos 19 anos, minha vida deu um giro de 180 graus que jamais poderia ter previsto. Eu era uma jovem cheia de sonhos e expectativas, mas o destino tinha outros planos para mim. Foi nesse momento crucial que meu filho Carlos Henrique veio ao mundo e mudou minha vida para sempre.

Carlos Henrique, nasceu com uma condição médica rara e desafiadora: hidrocefalia congênita. Enquanto segurava meu pequeno milagre nos braços pela primeira vez, mal podia acreditar na jornada que tínhamos pela frente. A alegria de ser mãe misturou-se com o medo do desconhecido.

A hidrocefalia, uma acumulação excessiva de líquido no cérebro, era uma batalha constante para o meu filho desde o início. Ele era tão pequeno, tão vulnerável, mas seu espírito era inquebrável. O choro constante dele, muitas vezes devido às dores de cabeça intensas, era um som que eu jamais esqueceria.

Aos 2 anos de idade, enfrentamos um dos momentos mais cruciais de nossa jornada. Carlos precisava passar por uma cirurgia para colocar sua primeira válvula peritoneal. Era um procedimento assustador, mas também era a única esperança de proporcionar a ele algum alívio e uma chance de uma vida mais próxima do normal.

A ansiedade me consumia enquanto esperava no corredor do hospital. As horas pareciam intermináveis, e minhas lágrimas caíram silenciosamente enquanto eu rezava por um resultado positivo. Finalmente, o cirurgião saiu da sala de operações com um sorriso no rosto e disse que tudo tinha corrido bem. Foi um suspiro de alívio que encheu meu coração de esperança.

Aquela pequena válvula peritoneal tornou-se a conexão entre a vida e a hidrocefalia para o meu filho. Era a chave para aliviar a pressão em seu cérebro e permitir que ele vivesse uma vida melhor. Cada vez que eu olhava para meu filho, via um verdadeiro milagre. Um garoto que enfrentou inúmeras batalhas e superou desafios que a maioria de nós nunca poderia imaginar.

Hoje, ele é um jovem incrível, cheio de energia e curiosidade pelo mundo. Ele atingiu marcos que pareciam inatingíveis quando o segurei pela primeira vez. A hidrocefalia pode ter sido um desafio constante, mas não definiria seu destino. Ele me ensinou a força da resiliência e o poder do amor incondicional.

Meu filho é o meu milagre vivo. Cada dia ao lado dele é um lembrete de que a vida pode nos desafiar de maneiras inimagináveis, mas também nos presenteia com uma beleza que transcende todas as dificuldades. Agradeço a Deus todos os dias pela oportunidade de ser mãe de um verdadeiro milagre vivo, meu amado Carlos Henrique.

Abandonados

Quando Carlos estava com apenas um mês de vida, nossa vida deu uma guinada que marcaria nossa história para sempre. Era uma manhã de domingo ensolarada, o tipo de dia que deveria ser repleto de alegria e tranquilidade, mas que se tornou o começo de uma jornada difícil.

Minha mãe, aos 45 anos de idade, sofreu um AVC fatal. Foi um golpe devastador para todos nós. Ainda me lembro da sensação de choque e desespero que tomou conta da casa naquele dia. Ouvir o diagnóstico dos médicos foi como um pesadelo do qual não podíamos acordar.

Com a partida de nossa mãe, nosso mundo desmoronou. O que tornou tudo ainda mais difícil foi o fato de que meu pai, em vez de nos dar o apoio de que tanto precisávamos, nos abandonou. Ele nos trocou por outra família e sua companheira não aceitou receber os filhos pequenos, como se fôssemos um fardo indesejado.

Eu era a filha número 2, e minha irmã mais velha e eu nos vimos de repente na posição de responsáveis por quatro crianças menores. Era um fardo pesado para nossos jovens ombros, mas não tínhamos escolha a não ser assumir a responsabilidade. A vida nos lançou nessa situação, e era nosso dever cuidar uns dos outros.

A perda de nossa mãe e o abandono de nosso pai nos deixaram cicatrizes profundas que carregaríamos pelo resto de nossas vidas. Mas também nos ensinaram lições valiosas sobre a resiliência, o amor fraternal e a importância de enfrentar as adversidades de frente.

Neste capítulo da minha vida, quero compartilhar como enfrentamos os desafios dessa época sombria de nossas vidas e como, juntos, encontramos forças para seguir em frente. É uma história de luta, superação e, acima de tudo, a importância da família quando tudo parece perdido.

Perseguindo um Sonho

Aos 21 anos, ingressei no estado como inspetora de alunos. Aquela era uma fase da minha vida repleta de responsabilidades, e minha jornada estava apenas começando. Mas, ao mesmo tempo, eu carregava comigo um sonho que havia alimentado desde a oitava série: o sonho de ser professora.

Desde criança, a escola havia sido o meu refúgio, o lugar onde eu me sentia viva e inspirada. Lembro-me de admirar meus professores e de como eles moldavam mentes jovens, ensinando, orientando e inspirando. Era um chamado profundo que eu sentia desde muito cedo, e eu sabia que ser professora era o que eu queria mais do que qualquer outra coisa.

No entanto, o caminho para realizar esse sonho estava repleto de obstáculos. Aos 21 anos, tentei por três vezes cursar o magistério. Iniciava e desistia, não por falta de vontade ou paixão pelo ensino, mas por conta das demandas do trabalho e dos cuidados que eu precisava ter com o meu filho e meus irmãos.

Minha vida era um verdadeiro malabarismo, equilibrando meu papel como inspetora de alunos com as tarefas de mãe e irmã mais velha. Cada tentativa de cursar o magistério era interrompida por algum desafio inesperado que surgia em minha vida. Por mais difícil que fosse, eu não desistia do meu sonho.

A determinação era a minha maior aliada. Eu sabia que, de alguma forma, eu conseguiria superar todas as barreiras que se interpunham entre mim e a sala de aula. Mesmo nos momentos de frustração, eu me lembrava do impacto que um professor pode ter na vida de um aluno, e isso me motivava a persistir.

Ao longo dos anos, aprendi a conciliar minhas responsabilidades familiares e profissionais da melhor maneira possível. Cada desafio se tornou um degrau em minha jornada rumo ao meu sonho de ser professora. E, como diz o ditado, a persistência é a chave para o sucesso.

Este capítulo da minha vida foi marcado por altos e baixos, mas também por uma determinação inabalável. Aos 21 anos, eu já tinha uma visão clara do que queria e estava disposta a lutar por isso, não importasse o que viesse pela frente. E o que viria a seguir na minha jornada rumo à realização desse sonho estava prestes a se tornar uma parte essencial da minha história.

Minha Princesa

Agora, já com 25 anos e ainda ligada ao João, pai do meu filho e acreditando que o casamento iria acontecer, fiquei grávida novamente. Tudo aconteceu sem qualquer planejamento, como se o destino estivesse determinado a nos surpreender mais uma vez. Nasceu a minha linda princesa Ariadni, uma pequena grande guerreira, em meio a um turbilhão de emoções e incertezas.

Ariadni veio ao mundo de forma prematura, com apenas oito meses de gestação e pesando míseros 2 kg. Seu nascimento foi um susto, uma experiência que jamais esquecerei. O momento em que a vi pela primeira vez, tão frágil e pequenina na incubadora, deixou meu coração cheio de preocupação e amor incondicional.

O hospital se tornou nosso segundo lar, onde vivemos dias de ansiedade, esperança e medo. As visitas diárias à UTI neonatal eram acompanhadas de uma montanha-russa emocional. Ver minha pequena princesa lutando pela vida, cercada por fios e máquinas, era uma prova de que o amor de mãe pode superar qualquer adversidade.

Os médicos e enfermeiros se tornaram nossos anjos da guarda, cuidando com carinho e dedicação da minha menina. Cada ganho de peso, cada avanço nos seus exames, era motivo de celebração. Ariadni demonstrou desde cedo sua força interior, sua vontade de viver. Ela enfrentou desafios que muitos adultos jamais poderiam imaginar.

Enquanto isso, minha vida se dividia entre o hospital e a casa. Eu tinha que cuidar do meu filho mais velho, que ainda era uma criança, e ao mesmo tempo, estar presente para minha princesa. João, o pai das crianças, também estava ao nosso lado, apoiando-nos nesse momento difícil. A maternidade e a paternidade nos uniram de uma maneira única, mesmo que nosso relacionamento como casal estivesse longe de ser perfeito.

Ariadni, com sua determinação, superou todas as expectativas médicas. Ela cresceu saudável e forte, transformando-se em um verdadeiro raio de sol nas nossas vidas. Sua risada era música para os nossos ouvidos, e cada conquista dela nos enchia de orgulho.

Essa experiência, apesar de desafiadora, fortaleceu ainda mais o vínculo entre nós. A chegada de Ariadni nos ensinou que a vida é repleta de surpresas, e que o amor, a esperança e a determinação podem nos ajudar a superar os obstáculos mais difíceis.

Minha princesa, com seu sorriso radiante e olhos cheios de curiosidade, nos mostrou que o amor de uma mãe pode mover montanhas, e que a família é o nosso refúgio nas tempestades da vida. Ariadni, você é a minha pequena grande guerreira, e eu sou eternamente grata por ter você em minha vida.

Anjos no Caminho

Eu já era funcionária pública e trabalhava como inspetora de alunos numa pequena escola do nosso bairro. Minha rotina consistia em garantir que os estudantes estivessem seguros e que as regras da escola fossem cumpridas. Era um trabalho modesto, mas honesto, e eu o desempenhava com dedicação e orgulho.

Minha filha, Ariadni, nasceu durante esses anos de serviço público. A maternidade trouxe um novo significado à minha vida, mas também apresentou desafios inesperados. Como mãe solteira, a responsabilidade de cuidar da minha filha recaía inteiramente sobre mim, e a vida estava longe de ser fácil.

Nesse momento delicado da minha vida, Deus decidiu enviar um anjo para me auxiliar. Minha comadre, uma mulher incrivelmente gentil e generosa, trabalhava como merendeira na mesma escola onde eu era inspetora. Ela se chamava Eunice, mas eu a chamava carinhosamente de "comadre." Juntas, compartilhávamos não apenas laços familiares, mas também uma profunda amizade.

Eunice sabia o quanto eu precisava de ajuda para cuidar de Ariadni enquanto eu estava no trabalho. Ela se ofereceu para cuidar da minha filha durante o dia, garantindo que ela estivesse segura e bem alimentada. Foi um gesto de bondade que me emocionou profundamente. Assim, minha filha cresceu me acompanhando no meu trabalho, passando seus primeiros anos na escola, onde a alegria da aprendizagem cercava seu pequeno mundo.

Lembro-me vividamente de Ariadni dando seus primeiros passinhos no pátio da escola, com seus olhos curiosos explorando cada canto e seu sorriso iluminando o dia de todos que a conheciam. Ela se tornou a mascote da escola, sempre rodeada por alunos e professores carinhosos que se encantavam com sua inocência.

Deus sempre colocou vários anjos no meu caminho, e Eunice, minha comadre, foi um desses anjos. Sua amizade e apoio inabaláveis me deram forças nos momentos mais difíceis. Ela não apenas cuidava de Ariadni, mas também oferecia palavras de sabedoria e conforto quando eu mais precisava. Sua presença na minha vida era um lembrete constante de que, mesmo nas situações mais desafiadoras, sempre podemos encontrar apoio e amor inesperados.

À medida que Ariadni crescia, nossa situação começou a melhorar gradualmente. Surgiu uma vaga na creche da escola, permitindo que ela começasse sua jornada educacional formal. Com o tempo, Ariadni começou a trilhar seu próprio caminho, e eu sabia que minha comadre e eu tínhamos proporcionado um início seguro e amoroso para sua vida.

Este capítulo da minha vida foi marcado por esses anjos que Deus colocou no meu caminho, especialmente minha querida comadre Eunice. Ela não era apenas a merendeira da escola, mas também a guardiã da minha família e uma amiga que sempre estará gravada em minha história com muito carinho e gratidão.

Eduardo e Mônica

Então, já separada definitivamente do pai das minhas crianças e tentando levar a vida e acertar da melhor forma possível, eu tinha 28 anos e estava em um momento de transição. As responsabilidades da maternidade pesavam sobre os meus ombros, mas eu sabia que precisava encontrar um equilíbrio entre ser mãe e ser eu mesma. Foi nesse contexto que algo inesperado aconteceu, algo que mudaria o rumo da minha história.

Havia um amigo que, há anos, tinha se mudado para o Rio de Janeiro para morar com o seu pai. O nome dele era Antônio, carinhosamente chamado de Japão e nós tínhamos compartilhado momentos divertidos e memórias preciosas durante a nossa juventude. O tempo e a distância tinham nos separado, mas o destino parecia ter outros planos para nós.

Um dia, recebi uma mensagem dele. Ele estava de volta à cidade e queria me encontrar. Marcamos de ir a um bar com música ao vivo na Vila Formosa. Decidi ir com um grupo de amigos, como uma medida para evitar qualquer mal-entendido. Afinal, eu estava determinada a focar na minha vida e nos meus filhos.

No bar, a atmosfera estava carregada de energia. A música preenchia o espaço, e as conversas fluíam animadamente. Japão estava lá, e nossos olhares se cruzaram em meio à multidão. À medida que a noite avançava, a distância entre nós diminuía. Conversamos, rimos e compartilhamos histórias como nos velhos tempos.

Foi durante uma música que sempre nos fazia sorrir que algo mágico aconteceu. Enquanto a melodia envolvia a todos, nossas mãos se tocaram e nossos olhos se encontraram. Aquele clima romântico que há muito tempo não sentia estava de volta. De repente, nos vimos envoltos em um beijo apaixonado, como se o tempo não tivesse passado.

No dia seguinte, acordei com um peso na consciência. Afinal, eu ainda estava me recuperando de um relacionamento desgastante e tinha a responsabilidade de cuidar dos meus filhos. O beijo com Japão tinha sido impulsivo, alimentado pela emoção daquela noite e, talvez, pela influência da cerveja que havíamos bebido. Eu sinceramente achei que não passaria de um rompante, uma escapada da minha realidade.

Mas à medida que os dias se transformavam em semanas, e nossos encontros se tornavam mais frequentes, percebi que Japão estava se tornando uma parte cada vez mais significativa da minha vida. Ele era a pessoa que me fazia sorrir, que me ouvia quando eu precisava desabafar e que me lembrava de que eu merecia ser feliz, mesmo com todas as responsabilidades que carregava.

A história de Eduardo e Mônica estava apenas começando, e eu não tinha ideia de como essa jornada de amor, redescoberta e autodescoberta mudaria minha vida para sempre.

"Eduardo e Mônica: Uma História Que Não Era a Nossa"

E não é que durante a semana ele apareceu no meu trabalho? Era como se o destino tivesse traçado um caminho que eu não podia evitar, um capítulo inesperado na minha vida. A princípio, não sabia o que esperar, mas a familiaridade de sua presença trouxe à tona uma série de memórias e sentimentos que estavam adormecidos há muito tempo.

Então passamos. A nos ver com frequência? Sim, e isso foi o suficiente para que a chama daquela atração mútua reacendesse. Como nas letras daquela música famosa que sempre nos lembrávamos, Eduardo e Mônica eram em nada parecidos. Ela tinha 28 anos e ele só 18, uma diferença que muitos considerariam significativa. No entanto, o tempo e a experiência não são as únicas medidas do amor, e nós dois sabíamos disso.

Nos separamos muitas vezes. Às vezes, o medo e a incerteza se intrometiam em nosso relacionamento. Ele tinha medo de se entregar completamente, de enfrentar as responsabilidades de um relacionamento adulto. Enquanto isso, eu já havia mergulhado de cabeça, pronta para viver intensamente cada momento que a vida nos oferecesse.

Nossa jornada não foi um conto de fadas. Houve altos e baixos, momentos de alegria e desafios que nos testaram. Mas havia algo mágico na maneira como nossas vidas se entrelaçaram, como se estivéssemos destinados a percorrer esse caminho juntos, apesar de todas as diferenças e obstáculos que enfrentamos.

Às vezes, olhando para trás, percebo que Eduardo e Mônica foram apenas uma referência, uma canção que descrevia um relacionamento diferente do nosso. Mas nossa história era única, com suas próprias trilhas e reviravoltas. Era uma história de amor que desafiava as expectativas e os estereótipos, uma história que nos ensinou que a idade e as diferenças não importam quando o amor é verdadeiro.

Nossa jornada continuou, e cada capítulo nos trouxe novas aventuras e descobertas. Eduardo e Mônica podem ter sido personagens de uma música, mas nós éramos os protagonistas de nossa própria história de amor, uma história que estava longe de terminar.

Paixão

Voltei à adolescência, aquele período mágico da vida em que tudo parece possível e o coração está sempre à beira da explosão. As lembranças daquela época ainda aquecem minha alma e fazem-me sorrir como se o tempo tivesse congelado.

Lembro-me de como escrevia bilhetes apaixonados em papéis de carta cuidadosamente escolhidos. Cada palavra que eu rabiscava era um pedaço do meu coração, entregue nas mãos da pessoa que havia conquistado todo o meu ser. E ele, oh, ele respondia com desenhos feitos especialmente para mim. Cada traço era uma promessa de amor e carinho, e aquelas imagens ganhavam vida nas páginas dos meus sonhos.

As nossas conversas eram como segredos compartilhados, sussurros de cumplicidade que apenas nós entendíamos. Os dias passavam voando enquanto trocávamos mensagens cheias de risos, sonhos e confidências. Aquelas palavras escritas à mão eram um elo que nos unia, mesmo quando a distância tentava nos separar.

E os presentes! Ah, os presentes que ele me dava. Bombons embrulhados com carinho, cada mordida era um doce beijo. Bichos de pelúcia que se tornavam meus companheiros de todas as noites, guardiões dos meus sonhos e testemunhas silenciosas do nosso amor.

Era tudo tão simples e, ao mesmo tempo, tão intenso. Cada gesto, por menor que fosse, era uma declaração de amor. Era como se o mundo inteiro desaparecesse quando estávamos juntos, e tudo o que importava era o que sentíamos um pelo outro.

A paixão nos consumia, e aqueles momentos eram como uma chama que queimava mais brilhante a cada dia. Era uma época de descobertas, de emoções avassaladoras, de sonhos que pareciam inatingíveis. E o mais incrível de tudo era que a paixão só crescia, tornando-se mais profunda e madura a cada dia que passava.

Hoje, olhando para trás, vejo como aquela paixão adolescente nos moldou, nos ensinou a amar, a sonhar e a cuidar um do outro. Mesmo que o tempo tenha avançado e a vida nos tenha levado por caminhos diferentes, aquelas memórias continuam vivas em meu coração, lembrando-me sempre do poder transformador do amor e da paixão que um dia compartilhamos.

As Críticas

Ele era um príncipe de verdade, ao menos aos meus olhos. Cada momento que passávamos juntos, eu sentia como se estivesse vivendo em um conto de fadas. No entanto, nem tudo eram rosas e corações. Enquanto eu me encantava com seu sorriso, sua gentileza e sua forma de me fazer sentir especial, minhas preocupações cresciam à medida que ouvia as críticas de meus irmãos ecoando em minha mente.

Meus irmãos, com a melhor das intenções, alertaram-me repetidamente sobre as reais intenções dele. "Jamais, este rapaz tão jovem vai querer algo sério contigo. Acorda, Regina. Você tem dois filhos", diziam eles em tom de advertência. "Ele só quer sexo", acrescentavam, como se a mensagem precisasse ser ainda mais clara.

Aquelas palavras pesavam sobre mim como uma nuvem escura em um dia de sol. Por um lado, eu queria acreditar que o que tínhamos era real, que ele era diferente dos outros, que suas palavras doces e atitudes carinhosas eram genuínas. Mas por outro lado, o medo da decepção, o medo de ser usada, o medo de arriscar meu coração e o futuro dos meus filhos eram fantasmas que rondavam meus pensamentos.

Foi nesse momento de conflito interno que eu comecei a entender a importância de ouvir não apenas meu coração, mas também minha mente. Eu precisava encontrar um equilíbrio entre a paixão avassaladora que sentia por ele e a lógica que me dizia para ser cautelosa. Era como se eu estivesse em uma encruzilhada, tentando decidir qual caminho seguir.

As críticas dos meus irmãos me faziam refletir sobre as escolhas que estava fazendo. Eu não queria ignorá-los, afinal, eles só queriam o melhor para mim e para meus filhos. Mas, ao mesmo tempo, eu não queria desistir do que sentia, da possibilidade de um amor verdadeiro. Era um dilema que me deixava em constante conflito.

Ao longo dos próximos meses, eu continuaria a viver esse drama interno, tentando navegar entre a paixão que ardia em meu coração e as vozes da cautela que ecoavam em minha mente. Às vezes, o amor pode ser uma montanha-russa de emoções, e eu estava prestes a embarcar na mais intensa de todas as minhas aventuras amorosas.

Vai e Vem

Bom, este efeito sanfona no nosso relacionamento durou até 1993. Paramos de nos ver. Soube então em 1994 que ele estava namorando. Eu pirei. Pensei que iria enlouquecer, literalmente. Parei, respirei e pensei, preciso fazer algo por mim.

Aqueles anos de altos e baixos, de idas e vindas, deixaram marcas profundas em mim. Era como se estivéssemos presos em um ciclo interminável de atração e repulsa, amor e raiva. Era exaustivo, emocionalmente desgastante, mas também viciante. Por mais que tentássemos seguir em frente, parecia que sempre acabávamos voltando um para o outro.

Mas quando soube que ele estava namorando, algo dentro de mim se quebrou. A sensação de perda foi avassaladora. Todas as vezes anteriores em que nos afastamos pareciam brincadeiras de criança comparadas a isso. Eu não conseguia acreditar que ele estava seguindo em frente enquanto eu ainda estava presa a esse ciclo de emoções conflitantes.

Foi um momento de profunda reflexão. Eu sabia que não podia continuar assim, à mercê dos caprichos desse relacionamento tumultuado. Era hora de priorizar a minha própria saúde emocional e mental. Eu precisava fazer algo por mim.

Primeiro Passo

Com essa decisão, decidi retomar os meus estudos. Era um momento de virada em minha vida, um momento em que escolhi trilhar um caminho de autodescoberta e crescimento. A oportunidade de retomar os estudos se apresentou a mim como um farol em meio à escuridão, uma chance de me reinventar e buscar novos horizontes.

Decidi começar pelo básico, afinal, era um longo caminho a percorrer. A televisão tornou-se minha aliada nessa jornada. Sintonizei a TV Cultura todas as manhãs, ansiosa para mergulhar nas lições do Telecurso Segundo Grau. Aquelas aulas transmitidas para todo o Brasil eram a minha ponte de acesso ao conhecimento que tanto desejava adquirir. A cada aula, a cada página virada no caderno, eu sentia que estava construindo o alicerce para o meu futuro.

O Telecurso, com seus professores carismáticos e didática envolvente, tornou-se meu guia nessa jornada. A matemática deixou de ser um enigma indecifrável, a história ganhou vida, e a química, que antes parecia um mundo distante, passou a fazer parte do meu dia a dia. Cada disciplina era um desafio, mas também uma oportunidade de crescimento.

Enquanto mergulhava nos estudos, uma meta começou a se delinear em minha mente: o vestibular. A ideia de ingressar em uma universidade era, ao mesmo tempo, empolgante e assustadora. Mas eu estava determinada a enfrentar esse desafio de cabeça erguida. Não seria fácil, eu sabia, mas a recompensa de conquistar meu lugar em uma instituição de ensino superior valeria cada esforço.

Dias se transformaram em semanas, semanas em meses, e minha preparação continuou trabalhando intensamente. Eu me apegava aos meus livros, às aulas na televisão, e buscava a compreensão de cada tópico com afinco. As noites eram longas e repletas de revisões, exercícios e anotações.

Finalmente, o grande dia chegou. O dia do vestibular, um marco em minha jornada de superação e autodescoberta. Sentada na sala de aula, com a caneta na mão e os nervos à flor da pele, fiz o exame que testaria todo o conhecimento que havia adquirido nos últimos meses.

A espera pelo resultado foi angustiante, mas quando finalmente recebi a notícia, meu coração transbordou de alegria e alívio. Eu havia sido aprovada. O sorriso que se formou em meu rosto naquele momento era um reflexo de todas as horas de estudo e dedicação que investi nessa conquista.

A aprovação no vestibular foi o primeiro passo em direção a um futuro repleto de possibilidades. Era o resultado de minha determinação, coragem e vontade de recomeçar. Mal sabia eu que essa jornada estava apenas começando, e que muitos outros desafios e triunfos estariam à minha espera.

Assim, com a aprovação no vestibular, dei o meu primeiro passo rumo a um futuro que eu mesma estava moldando. Estava pronta para enfrentar os desafios que surgiriam pela frente, sabendo que cada obstáculo seria uma oportunidade de crescimento. A história da minha vida estava apenas começando a ser escrita, e eu estava determinada a fazer dela uma história de superação, aprendizado e realizações.

Voto de Confiança

Em 1995, no primeiro ano do meu curso de Geografia, uma reviravolta inesperada aguardava-me. Tudo começou quando fui surpreendentemente convidada por uma amiga especial, uma espécie de Fada Madrinha da minha jornada acadêmica, chamada Nádia.

Nádia era uma presença luminosa na minha vida desde os tempos de escola, alguém que sempre acreditou no meu potencial, mesmo quando eu mesma duvidava dele. Ela havia se tornado diretora de uma escola local, e uma vaga inesperada de professora de história estava prestes a abrir-se. Sem hesitar, Nádia me fez uma proposta que, naquele momento, parecia quase mágica: ministrar aulas de história na escola onde ela era diretora.

A ideia de deixar meu cargo de inspetora de alunos, que até então era a minha ocupação, para me tornar uma professora de história e Geografia, era tão tentadora quanto assustadora. Afinal, eu estava confortável na minha posição anterior, mas algo dentro de mim sussurrava que essa era a oportunidade que eu esperava.

Foi nesse momento crucial que Nádia depositou em mim o seu voto de confiança. Ela enxergou em mim a capacidade de inspirar e educar jovens mentes. Ela acreditou que eu poderia fazer a diferença na vida dos alunos daquela escola, e isso fez toda a diferença para mim.

Assim, com o coração cheio de gratidão e um pouco de ansiedade, tomei a decisão de aceitar o desafio. No dia seguinte, eu me despedi do meu antigo cargo de inspetora de aluno e dei as boas-vindas a uma nova jornada como professora de história e Geografia na escola onde Nádia era diretora.

Nada poderia ter me preparado completamente para o que estava por vir, mas eu sabia que tinha recebido o maior presente que alguém poderia dar a outro: a confiança. A partir daquele momento, estava determinada a honrar essa confiança e a fazer o meu melhor para deixar uma marca positiva na vida dos alunos que cruzariam o meu caminho. Afinal, foi o voto de confiança de Nádia que me deu a coragem de seguir meu coração e abraçar uma nova carreira que acabaria por moldar o meu futuro de maneira inimaginável.

Surpresa: Reencontro com Japão

Eu sentia falta dele. Sim, eu sentia saudades, mas não procurei mais. Tinha que exercitar o meu amor-próprio. E numa noite qualquer de 1995, o inspetor de alunos me chamou na porta da sala de aula dizendo: "Tem um rapaz querendo falar com a senhora. Pode ir atendê-lo que eu fico aqui na sala para senhora." Fiquei preocupada, pensei nos meus filhos, achei que fosse um dos meus irmãos. Fiquei nervosa e desci para atender o tal rapaz. E quem era? Sim, era o meu Japão.

Na hora, uma avalanche de sentimentos me invadiu. Eu queria abraçá-lo, beijá-lo, bater nele, xingá-lo. Foi um misto de sensações e desejos, mas ali era o meu local de trabalho, e eu sabia que precisava me conter. Respirando fundo, me controlei e começamos a conversar.

Ele me disse que estava ali para me parabenizar pela minha conquista na faculdade e expressar o quanto estava orgulhoso e feliz por mim. Meu coração se encheu de gratidão e alegria ao ouvir suas palavras sinceras. O tempo havia passado desde o nosso último encontro, e eu podia notar as mudanças em seu rosto, as marcas do tempo que também haviam deixado suas marcas em mim. Combinamos de sair em um dia qualquer para comemorar a minha conquista. Aquele reencontro inesperado tinha mexido comigo de uma forma que eu não imaginava. Era como se o passado e o presente estivessem se entrelaçando de uma maneira que eu não podia ignorar. Estava ansiosa para nosso encontro, mas também ciente dos desafios que ele poderia trazer. A vida nos reserva surpresas, e o reencontro com Japão era uma delas. Mal podia esperar para ver como essa nova página se desdobraria em minha história.

Uma Decisão por Amor

Em 1997, eu percebia que não o teria para mim, pois ele ainda estava namorando. Nossas vidas estavam separadas por circunstâncias que pareciam intransponíveis, mas o coração tem suas próprias vontades, e o meu batia incessantemente por ele. Não podia simplesmente apagar aqueles sentimentos que cresciam em mim a cada dia. Foi então que tomei uma decisão que mudaria o rumo da minha vida para sempre: eu queria ter um filho dele.

Pode parecer uma escolha ousada e até mesmo egoísta à primeira vista, mas para mim, era a única maneira de mantê-lo na minha vida de alguma forma. A ideia de ter um filho juntos era mais do que um simples desejo; era uma promessa de que ele estaria sempre presente, através daquele serzinho que seria o fruto do nosso amor.

Decidi dar o primeiro passo e marquei uma consulta com a minha ginecologista de confiança. A médica me conhecia bem, e eu sabia que poderia contar com sua orientação durante essa jornada. Quando entrei em seu consultório, respirei fundo e disse a ela, com toda a sinceridade do mundo, que eu queria engravidar.

A partir desse momento, começamos um processo que envolveu consultas regulares, exames e tratamentos para aumentar as minhas chances de engravidar. Cada etapa da jornada era vivida com a intensidade de quem busca realizar um sonho. As injeções, os hormônios, as visitas ao médico - tudo se tornou parte do caminho que eu estava trilhando em busca do nosso amor materializado.

208

E então, em uma daquelas saídas despretensiosas que a vida nos reserva, aconteceu. O teste de gravidez mostrou aquelas duas linhas que mudariam tudo. Eu estava grávida. A felicidade que tomou conta de mim naquele momento foi indescritível. Saber que uma vida estava crescendo dentro de mim, uma vida que carregaria parte dele, era a confirmação de que minha decisão por amor estava no caminho certo.

A partir desse momento, nossa história estava entrelaçada de uma maneira que nenhuma outra poderia replicar. A jornada estava apenas começando, mas eu estava disposta a enfrentar todos os desafios, incertezas e obstáculos que surgissem no caminho. Tudo pelo amor que sentia e pela promessa de que ele estaria sempre presente, através do nosso filho.

Aquela decisão, tomada por amor e coragem, moldou o destino de todos nós. Não importava o que o futuro reservasse; eu estava determinada a manter esse amor vivo e forte, custasse o que custasse. Era uma jornada de amor incondicional, que agora se desdobraria em capítulos emocionantes e desafiadores, mas sempre guiada pela força da decisão que tomei por amor.

Tarde de Revelações

Aquele dia estava nublado, com um frio que parecia penetrar os ossos. Eu estava em minha pequena casa em São Paulo, envolta em um moletom confortável, tentando me aquecer com uma xícara de chá. A inquietação me corroía por dentro, pois já fazia algum tempo desde a última vez que ouvira notícias dele. As cartas pararam de chegar, as ligações cessaram e a incerteza pairava sobre mim como uma sombra constante.

Ele precisou voltar para o Rio de Janeiro por algum motivo urgente, e seu retorno a São Paulo estava se aproximando. Então, aconteceu algo que nunca poderíamos ter previsto. Em um dia que parecia ser como outro qualquer, ele saiu a trabalho com seu pai. Mas o destino tinha outros planos, e uma bala perdida cruzou o caminho deles. Uma bala que mudaria tudo. Eu não sabia de nada disso na época. Apenas percebia o silêncio e a ausência, enquanto meu bebê crescia dentro de mim. Cada dia que passava, a incerteza se tornava mais insuportável. Eu me perguntava se ele estava bem, se estava pensando em nós, em nossa história que havia sido interrompida de forma tão abrupta. Foi em uma tarde sombria, quando o sol mal ousava espreitar por entre as nuvens carregadas, que alguém bateu à minha porta. O som ecoou no silêncio, fazendo meu coração disparar de ansiedade. Eu me levantei rapidamente e fui até a porta. Ao abrir, o choque e a emoção me invadiram de uma só vez. Era ele. O homem que havia ocupado meus pensamentos e sonhos por todos aqueles meses. Seu rosto carregava marcas do que ele havia passado, mas ele estava vivo. Eu não sabia se chorava de alívio ou de felicidade, então simplesmente o convidei a entrar.

Sentamos juntos na sala, e ele começou a contar a história de como havia sido atingido pela bala perdida. Fiquei chocada e assustada, mas ao mesmo tempo grata por tê-lo de volta, mesmo que ferido. Aquele momento, no entanto, não era apenas sobre suas experiências; era também sobre as revelações que eu precisava fazer.

Respirei fundo e reuni coragem para compartilhar minha própria revelação. Aproximei-me dele, segurei suas mãos e, olhando em seus olhos, disse: "Você precisa saber de algo, algo que aconteceu enquanto você estava longe." Ele me olhou com curiosidade e preocupação, e foi então que eu disse as palavras que estavam guardadas em meu coração durante tanto tempo.

"Estou grávida," sussurrei, com lágrimas nos olhos. "Nosso bebê está a caminho."

Final Feliz: Uma Vida de Amor e Cumplicidade

E assim, a história da minha vida chega a um outro nível. Um capítulo que é puro amor e felicidade. No dia 4 de novembro de 1998, fui abençoada com o presente mais incrível que a vida poderia me dar: o nascimento da nossa filha Analise. Ela era simplesmente perfeita, uma linda mistura de nós dois, mas com a doçura e a inteligência do seu pai.

Ver Analise crescer ao longo dos anos foi uma experiência indescritível. Ela se tornou uma jovem incrível, cheia de sonhos e ambições. Sempre incentivamos seu espírito curioso e a apoiamos em todas as suas escolhas. Vê-la se tornar a pessoa incrível que é hoje enche nossos corações de orgulho e alegria.

E em 12 de outubro de 2001, em um dia que nunca esqueceremos, demos o passo mais importante das nossas vidas. Nos casamos. O casamento foi um reflexo do nosso amor e compromisso um com o outro, cercado por amigos e familiares que testemunharam a nossa união. Aquele foi um dia mágico, cheio de risos, lágrimas e promessas sinceras de amor eterno.

Agora, enquanto escrevo estas palavras, estamos prestes a celebrar 23 anos de casados. A jornada foi repleta de altos e baixos, desafios e conquistas, mas o que nos manteve firmes foi o amor que compartilhamos. Passamos por momentos difíceis juntos, enfrentamos adversidades e celebramos vitórias, sempre de mãos dadas. Nossa história é um testemunho de que o amor verdadeiro pode superar qualquer obstáculo. Encontramos força um no outro, apoio nas horas difíceis e alegria nos momentos felizes. Construímos uma família maravilhosa, criando nossos filhos com amor e cuidado, e assistindo-os crescer e prosperar. Hoje, nossa casa é preenchida com risadas, amor e harmonia. Olhamos para trás com gratidão por cada momento que compartilhamos e para frente com entusiasmo pelo que o futuro reserva. O amor está vivo e mais forte do que nunca, e sei que continuará a nos guiar em todas as aventuras que ainda estão por vir.

Portanto, este é o capítulo final, mas não é o fim da nossa história. É apenas o começo de uma nova fase, cheia de mais amor, alegria e realizações. Obrigada, vida, por me conceder uma jornada tão incrível, e obrigada, Analise, por ser a luz das nossas vidas. Com o amor como nosso guia, sei que teremos muitos capítulos felizes pela frente.

Rita

Geralda

Minha mãe, Geralda, é a heroína da minha história de vida. Nascida há 87 anos, completados recentemente em junho, ela é uma mulher de força inigualável. Ao longo dos anos, minha mãe demonstrou ser uma guerreira em todos os aspectos da vida.

Desde jovem, ela trabalhou em diversos serviços como copeira, desempenhando suas funções com dedicação e amor. Além disso, foi a principal cuidadora da nossa família, enfrentando os desafios do casamento precoce com meu pai. Ela sempre lutou incansavelmente para garantir o bem-estar dos filhos.

Minha mãe é verdadeiramente maravilhosa, uma pessoa compreensiva e meiga. Sua generosidade e disposição para ajudar os outros são admiráveis. Ela é a personificação da compaixão, sempre pronta para estender a mão a quem precisa.

Durante mais de 20 anos, ela trabalhou como copeira, desempenhando suas funções com dedicação e responsabilidade. No entanto, um novo capítulo se abriu em sua vida quando uma amiga sugeriu que ela participasse de um concurso na Secretaria da Fazenda. Com determinação e esforço, minha mãe enfrentou a competição acirrada, destacando-se entre mais de mil candidatos e conquistando o 20º lugar. Esse foi o ponto de virada que transformou sua jornada profissional.

Ao ingressar na Secretaria da Fazenda como auxiliar de serviço, ela encontrou um ambiente mais tranquilo e estabilidade. Foram 15 anos de dedicação ao serviço público, período em que ela finalmente pôde desfrutar de um merecido descanso. Aposentou-se com honra, celebrando uma vida de trabalho árduo e conquistas.

Hoje, a vida da minha mãe é estável e tranquila, contrastando com os desafios que enfrentou ao longo dos anos. Ela superou adversidades, construiu uma carreira sólida e, acima de tudo, manteve sua essência de mulher guerreira e dedicada à família. Sua passagem pela Secretaria da Fazenda não apenas marcou sua aposentadoria, mas também simbolizou a vitória de uma vida de sacrifícios e perseverança.

Minha mãe, Geralda, é o alicerce da nossa família, a luz que sempre iluminou nosso caminho, e é com imenso orgulho e gratidão que dedico este capítulo a ela.

Antônio

Meu pai, Antônio, foi uma presença marcante em nossas vidas, apesar do tempo limitado que passou conosco. Seu nome ecoa nas memórias como um homem trabalhador e carinhoso, cuja partida prematura deixou um vazio que o tempo nunca preencheu completamente.

Antônio partiu aos 46 anos, vítima de uma trombose que o levou embora de forma rápida e inesperada. Era um homem que, apesar de seus demônios pessoais, sabia como amar intensamente. A bebida era uma sombra constante em sua vida, mas também havia um lado dele que se entregava à família com ternura e dedicação.

Lembro-me das noites em que ele voltava para casa depois de um longo dia de trabalho. Seu rosto, marcado pela fadiga, se iluminava ao ver minha mãe e nós, seus filhos. Aqueles eram os momentos em que sua verdadeira essência emergia, e víamos um homem que, apesar das lutas, encontrava força naqueles que amava.

A bebida, porém, era um desafio constante. Era como se ele tentasse afogar as dores da vida em um copo, em uma busca desesperada por alívio. E, por um tempo, talvez tenha funcionado. Mas quando a doença se manifestou na forma de uma dor persistente na perna, a realidade cruel se impôs.

No dia em que ele foi para o hospital, lembro-me vividamente de suas palavras. "Não volto mais", disse ele, enfrentando a dura verdade que sua condição apresentava. A trombose, silenciosa e traiçoeira, tornou-se o capítulo final de sua jornada.

Trinta longos dias de internação se seguiram, cada momento uma batalha entre a vida e a inevitabilidade. Assistimos, impotentes, enquanto ele enfrentava sua última luta. A bebida já não era mais a protagonista, mas sim a fragilidade de um corpo que havia suportado tanto.

Há 42 anos desde sua partida, e Antônio permanece presente em nossas memórias. Se ele estivesse aqui hoje, teria celebrado seu 89° aniversário, uma idade que o tempo não permitiu que alcançasse. A saudade persiste, mas também perdura o legado de um homem que, apesar de suas imperfeições, soube amar intensamente.

Minha Filha Luciane

A minha Luciane, 43 anos. Parece que foi ontem que eu vivi uma gravidez tão agitada, aos 18 anos, como mãe solteira. Foi um período desafiador, pois o pai, um homem que eu amava profundamente, não assumiu a responsabilidade. Ele até ajudou um pouco, mas nunca contribuiu financeiramente. Eu enfrentei essa jornada sozinha, segurando as rédeas da maternidade com determinação.

Luciane nasceu em um 14 de agosto, e desde então, a nossa trajetória tem sido marcada por superações. Lembro-me de como batalhamos juntas, eu fazendo o melhor que podia como mãe, ela enfrentando os desafios da vida com uma resiliência surpreendente. Mesmo sem o suporte financeiro que muitas mães recebem, construímos algo especial.

Hoje, aos 43 anos, Luciane é uma enfermeira dedicada, mergulhada em sua carreira. Ela conquistou um pequeno apartamento, fruto de seu esforço e dedicação. A vida nem sempre foi fácil para nós, mas enfrentamos tudo com dignidade. Não houve pensão do pai, mas nunca nos faltou coragem para seguir em frente.

Luciane tem um jeito forte, uma personalidade marcante. Ela carrega a força que a vida nos ensinou, mas por trás desse exterior há uma pessoa incrivelmente bondosa. Mesmo enfrentando dificuldades, ela é capaz de estender a mão a todos ao seu redor.

Hoje, quando olho para a minha filha, vejo uma mulher admirável, alguém que não apenas superou as adversidades, mas também escolheu ser uma força positiva na vida de outras pessoas. Luciane, um nome que ressoa com determinação e compaixão.

E assim, nossa história continua a se desenrolar, cheia de desafios superados e triunfos conquistados. A jornada de mãe e filha, entrelaçadas por laços de amor e persistência, é um testemunho da força que reside em cada um de nós quando enfrentamos a vida de frente.

Pai da Minha Filha Luciane

Falar sobre o pai de Luciane é relembrar uma parte da minha vida marcada por desafios, superações e, acima de tudo, pelo amor que deu origem à nossa preciosa filha. Quando conheci aquele homem, ele era tudo o que eu gostava, mas, como sempre acontece, havia desafios à frente.

A sociedade impôs suas barreiras quando ficou claro que ele era negro. Meu pai, influenciado por preconceitos enraizados e visões antigas, não conseguia aceitar que eu estivesse envolvida com alguém que não se encaixasse nos padrões que ele estava acostumado. Essa situação gerou tensões familiares, mas, apesar de tudo, eu estava determinada a seguir meu coração.

A vida nos apresentou um caminho difícil. Enfrentamos desafios, discordâncias familiares e, eventualmente, nos separamos. Ele seguiu em frente, encontrou uma nova namorada, construiu uma nova família e, no final, casou-se novamente. Eu não estive presente em seu casamento, pois as circunstâncias nos levaram a trilhar caminhos diferentes.

Ao longo dos anos, soube que ele progrediu em sua carreira, trabalhando no tribunal de justiça. Minha mãe, com sua sabedoria, havia sugerido que ele, sendo jovem e com uma filha, deveria fazer o concurso. Ele passou, construiu uma vida de sucesso e tornou-se chefe de seção. Era, sem dúvida, uma pessoa notável.

No entanto, como muitas histórias, a vida dele também teve suas reviravoltas. Cerca de dez anos atrás, fiquei sabendo que ele enfrentava uma batalha contra o câncer de próstata e drogas. A doença o levou embora precocemente.

Ele era uma pessoa incrivelmente talentosa, dominando o piano e muitas outras habilidades. Mas, infelizmente, esses talentos não foram suficientes para enfrentar os desafios que a vida lhe trouxe. Seu caminho foi interrompido, e, mesmo que nosso relacionamento não tenha resistido ao teste do tempo, guardo as lembranças dos momentos felizes que compartilhamos, da filha que trouxemos ao mundo e das lições aprendidas ao longo dessa jornada tumultuada.

Minha Filha Gislaine

Minha filha Gislaine, 34 anos é a personificação da força e determinação. Uma contadora dedicada, estudante incansável e trabalhadora incansável, Gislaine embarcou em uma jornada única, construindo sua vida com base em seus próprios esforços e sacrifícios.

Desde tenra idade, Gislaine demonstrou uma sede insaciável por conhecimento. Com um espírito inquebrável, mergulhou de cabeça nos estudos, desbravando as complexidades do mundo da contabilidade. Sua paixão pelo aprendizado não conheceu limites, e logo ela se viu cursando um mestrado, expandindo suas fronteiras acadêmicas.

A trajetória de Gislaine na maternidade começou cedo, quando ela decidiu seguir em frente com a gravidez, mesmo diante das adversidades. Um relacionamento que não se transformou em uma jornada compartilhada, mas que deixou uma semente preciosa - seu filho, um jovem de 18 anos com um futuro brilhante pela frente.

A determinação de Gislaine em proporcionar o melhor para seu filho foi inspiradora. Como mãe solo, ela desafiou os estereótipos, enfrentando as responsabilidades com uma coragem notável. Mesmo que o relacionamento com o pai de seu filho tenha tomado rumos distintos, a amizade entre eles perdura, uma prova viva de maturidade e respeito mútuo.

Uma parte vital da vida de Gislaine é a extensão da família do pai de seu filho, que, de maneira calorosa e acolhedora, integrou-se à sua própria família. Uma rede de apoio emocional e financeiro foi tecida ao longo dos anos, fortalecendo os laços familiares e proporcionando um ambiente seguro e solidário para todos.

O filho de Gislaine, um jovem estudante de mecatrônica, é a personificação do orgulho materno. Inteligente, carismático e dedicado aos estudos, ele não só é um reflexo do esforço de Gislaine como mãe, mas também um testemunho da influência positiva da comunidade que os envolve.

A convivência harmoniosa entre todas as partes envolvidas, a despeito dos desafios enfrentados no passado, é um testemunho da força de caráter de Gislaine. Ela não apenas construiu uma vida repleta de realizações pessoais e profissionais, mas também estabeleceu um ambiente familiar onde o amor, o respeito e a colaboração são os alicerces.

À medida que testemunho o crescimento de minha filha e o sucesso de sua família, não posso deixar de me encher de gratidão e admiração. Gislaine é a personificação viva da resiliência, e sua jornada é uma inspiração para todos nós que, em face das adversidades, buscamos construir algo significativo e duradouro.

214

Meu Filho Marcos Vinicius

Na trajetória da minha vida, há um capítulo especial dedicado ao meu amado filho, Marcus Vinicius. Com seus 33 anos, ele traz consigo uma jornada única, repleta de desafios e conquistas que moldaram o homem extraordinário que se tornou.

Marcus Vinicius entrou nas nossas vidas como uma bênção, mas desde cedo, enfrentamos adversidades que moldaram nosso caminho de uma maneira única. Aos 8 anos, ele experimentou sua primeira convulsão, um momento que ficou gravado em nossa memória como pais. Foi a partir desse episódio que começamos uma jornada incansável, enfrentando os desafios impostos pela epilepsia que se manifestava em sua vida.

Os primeiros anos foram marcados por tratamentos constantes, visitas médicas e uma busca incessante por soluções que pudessem proporcionar alívio ao nosso filho. As convulsões, por vezes assustadoras, eram enfrentadas com a coragem de um garoto que, mesmo tão jovem, demonstrava uma força interior impressionante.

Hoje, após anos de tratamento contínuo, posso olhar para trás e testemunhar o progresso notável que Marcus Vinicius alcançou. Embora ainda enfrente ocasionais ausências, a estabilidade proporcionada pelo tratamento é evidente. Ele aprendeu a conviver com a epilepsia e, com o tempo, ela deixou de ser uma sombra constante em sua vida.

Outro desafio surgiu quando Marcus Vinicius, já adulto, enfrentou um acidente no local de trabalho. Essa situação delicada levou suas irmãs e eu a tomar uma decisão conjunta: mantê-lo longe de perigos desnecessários, cuidando dele com todo o amor e dedicação que uma família pode oferecer. A vida, muitas vezes imprevisível, exigia que tomássemos medidas para garantir seu bem-estar.

Com o tempo, ele encontrou uma forma de contribuir para o sustento da família e ganhar algum dinheirinho extra. Tornou-se um vendedor autônomo, trabalhando com catálogos de marcas renomadas como Avon, Natura e D'Millus. Essa jornada não apenas trouxe um sustento financeiro, mas também uma sensação de independência e realização para Marcus Vinicius.

Apesar dos desafios, o que mais se destaca em meu filho é sua natureza carinhosa. Marcus Vinicius é um ser humano incrivelmente afetuoso, capaz de irradiar amor e compaixão para todos ao seu redor. Sua conexão com a família é uma fonte constante de alegria, e seu coração generoso estende-se para além dos laços sanguíneos, tocando a vida de todos que têm a sorte de conhecê-lo.

É verdade que, de vez em quando, as complexidades da medicação podem levá-lo a momentos de irritação e nervosismo, mas esses são apenas pequenos obstáculos em sua jornada. No geral, Marcus Vinicius é uma luz brilhante em nossas vidas, um testemunho de força, resiliência e amor incondicional. Este capítulo de sua história continua a se desenrolar, e estamos ansiosos para ver as páginas que o futuro reserva para ele.

Meu Marido Marcos

Eu me casei em dezembro de 1986 com Marcos, um homem encantador que cruzou meu caminho em um momento em que o amor se tornou inevitável. Lembro-me do brilho nos olhos dele, do jeito carinhoso como segurava minha mão e da promessa de uma vida juntos que estava escrita em cada sorriso compartilhado.

Nossos primeiros anos foram marcados pela alegria e pela expectativa. Em pouco tempo, a chegada de Gislaine trouxe ainda mais luz às nossas vidas, seguida pelo nascimento de Marcos Vinícius, que fortaleceu os laços da nossa jovem família. Marcos, além de ser meu marido, era um ótimo eletricista. Seu talento o mantinha ocupado, com uma clientela fiel e trabalhos em boas empresas. No entanto, havia uma sombra pairando sobre essa aparente estabilidade.

Marcos não gostava de trabalhar, pelo menos não da maneira constante que a vida exigia. Um mês em um local, seguido por dias de bebedeira e descuido, resultava na perda do emprego e de oportunidades valiosas. Eu trabalhava incansavelmente para sustentar nossa família enquanto ele se entregava aos prazeres momentâneos dos bares e jogos.

Ao longo de 14 anos de casamento, vi as promessas de mudança se dissiparem no ar, substituídas por um ciclo doloroso de esperança e desilusão. A responsabilidade de criar nossos filhos recaía sobre meus ombros, enquanto Marcos persistia em um padrão autodestrutivo. Foi um fardo pesado, mas por muito tempo, escolhi suportá-lo.

A decisão de mudar minha vida e a de meus filhos veio de forma gradual. Cansada das noites de preocupação e da constante incerteza, optei por uma difícil, mas necessária separação. Um dia, eu decidi que não queria mais viver naquela situação e, sem mais delongas, mandei Marcos e suas coisas de volta para a casa da mãe dele.

Viver separados tornou-se a nova realidade. Dez anos se passaram desde aquela decisão, e a mãe de Marcos frequentemente pedia para reconsiderar, para dar uma nova chance ao casamento. No entanto, eu já havia dado todas as chances que a vida permitia. Aguentei por 14 anos, ofereci oportunidades incontáveis, mas a mudança não veio.

Trabalhei duro para reconstruir minha vida e a de meus filhos, e mesmo com a persistência da mãe de Marcos, eu sabia que seguir adiante era a única opção. Ele continuou vivendo sua vida, entre bares e jogos, enquanto eu me dedicava ao sustento da família e à educação dos nossos filhos.

Marcos, no entanto, não escapou dos problemas de saúde que sua negligência lhe trouxe. A bronquite, aliada a seus hábitos pouco saudáveis, resultou em internações médicas. Mas ele resistia ao cuidado, fugindo dos hospitais sempre que podia. Foi em uma dessas fugas que a tragédia se abateu sobre nós.

Ele voltou para casa, e uma parada cardíaca levou-o embora na casa da mãe dele. Assim, tornei-me viúva há 10 anos. A dor da perda misturou-se com o peso do passado, e, aos poucos, comecei a reconstruir minha vida, desta vez com a certeza de que as escolhas que fiz eram necessárias para o bem-estar de todos nós. O capítulo de Marcos na minha história de vida se encerrou, deixando espaço para novos começos e a promessa de um futuro mais leve.

Roberto

Eu só tive um irmão, Roberto. Ele era um homem extraordinário, mesmo carregando consigo desafios que a vida lhe impôs desde cedo. Roberto, apesar de sua saúde frágil, dedicou muitos anos de sua vida ao Tribunal de Justiça. Ele não deixava que as adversidades o impedissem de seguir seus sonhos e contribuir para a sociedade.

Aos 40 anos, um capítulo especial começou na vida de Roberto. Ele conheceu uma moça incrível, e juntos decidiram construir uma vida. O namoro floresceu em um casamento que trouxe alegria à nossa família. Desse amor, nasceu um filho chamado Yuri Roberto, um rapaz de 18 anos, tão especial quanto seu pai. Yuri Roberto, assim como Roberto, enfrentava desafios diários, sendo surdo e enfrentando dificuldades na fala. No entanto, sua determinação e esforço o levaram a dominar a língua de sinais, permitindo-lhe comunicar-se de maneira brilhante.

Infelizmente, o casamento de Roberto enfrentou tempos difíceis, culminando em um doloroso divórcio que abalou profundamente seu espírito. A solidão se tornou uma sombra constante, e uma melancolia silenciosa se instalou em seu coração. Essa batalha emocional desencadeou uma série de eventos que afetaram sua saúde já delicada.

O câncer no estômago tornou-se uma batalha adicional que Roberto enfrentou com coragem. Tratamentos intensivos foram necessários para conter a progressão da doença, e por um tempo, parecia que ele poderia superar mais essa adversidade. No entanto, a vida, muitas vezes imprevisível, tinha outros planos.

Uma pneumonia severa, cruel e implacável, arrebatou Roberto de nós há 13 anos. Sua partida deixou um vazio que nenhum de nós poderia preencher. Recordamos seu sorriso resiliente, suas batalhas vencidas e sua alma gentil que, apesar de todas as tribulações, permaneceu inquebrável.

Hoje, ao olhar para trás, recordamos não apenas as lutas de Roberto, mas também as vitórias que ele alcançou, as lições que ensinou e o amor que compartilhou. Seu legado vive não apenas na memória, mas nas vidas que ele tocou e inspirou, especialmente na jornada de superação de seu amado filho, Yuri Roberto.

Roberto, sua luz continua a brilhar em nossos corações, guiando-nos através das tempestades da vida. Descanse em paz.

Vida Escolar

A escola sempre foi um desafio para mim. Desde os primeiros dias no primário, eu já sabia que não era meu lugar favorito. Talvez tenha sido o primeiro ano que deixou cicatrizes profundas, graças à professora Zenaide. Aquela mulher parecia ter uma missão pessoal de tornar a vida dos alunos um verdadeiro desafio. Ela era rigorosa, impiedosa e, para usar uma expressão popular, era "o cão".

As primeiras quatro séries foram suportáveis, mas quando cheguei à quinta, as coisas começaram a desandar. Eu simplesmente não conseguia lidar com matemática, física e química. Essas disciplinas pareciam uma língua estrangeira para mim, e a cada aula, minha aversão só crescia. Então, comecei a matar aula. Eu fugia do que considerava um verdadeiro pesadelo.

Chegar até a sétima série foi uma batalha. As notas eram baixas, as faltas eram frequentes, e eu estava prestes a desistir de tudo. Foi aí que tomei a decisão de abandonar a escola. Não era um adeus definitivo, mas parecia ser o caminho mais fácil naquele momento.

No entanto, a vida sempre tem suas reviravoltas. Algum tempo depois, percebi que não poderia escapar do sistema educacional tão facilmente. Então, decidi dar uma segunda chance a mim mesma e retornei à escola, desta vez pelo caminho do EJA (Educação de Jovens e Adultos). Era uma oportunidade de retomar o que havia abandonado.

A jornada não foi fácil. Concluir o segundo grau através do EJA exigiu esforço dobrado. As noites eram longas, os desafios eram muitos, mas eu estava determinada a superar meu passado acadêmico conturbado. A persistência começou a dar frutos, e finalmente, após altos e baixos, consegui meu diploma.

Ainda sentindo a necessidade de me aprimorar, decidi embarcar em um cursinho básico de assistente social voltado para o atendimento ao público. Foi uma escolha que me aproximou do meu propósito de ajudar os outros. Naquele curso, encontrei não apenas conhecimento prático, mas também uma nova perspectiva sobre a importância da educação e do apoio social.

Minha jornada na escola pode ter começado com desafios e dificuldades, mas cada reviravolta contribuiu para moldar quem eu sou hoje. A vida escolar não foi um período fácil, mas, ao superar esses obstáculos, aprendi lições valiosas sobre resiliência, determinação e a importância de dar uma segunda chance a si mesmo.

Trilhando Caminhos Profissionais

Ao folhear as páginas da minha vida profissional, é impossível não se deparar com capítulos repletos de desafios, aprendizados e escolhas que moldaram a minha trajetória. O primeiro desses capítulos se desenrolou numa fábrica de aquários, um lugar onde as bolhas e os reflexos da água encantavam os olhares dos apaixonados por peixes exóticos.

Meu ingresso nesse universo aquático marcou o início da minha jornada profissional. Durante aproximadamente 10 meses, me vi imersa na produção desses pequenos mundos subaquáticos. No entanto, como em toda boa história, havia um obstáculo a ser superado. O cheiro penetrante da cola, uma presença constante na rotina da fábrica, acabou se tornando insuportável para mim. Com pesar, despedi-me daquele primeiro emprego, mas não sem carregar consigo as lembranças de um convívio agradável e um trabalho satisfatório.

O segundo ato da minha carreira se desenrolou entre risos e brinquedos, na renomada fábrica de bonecas da Estrela. Ali, passei três anos dedicada a dar vida a personagens que alegravam a infância de tantas crianças. Cada costura, cada expressão nos rostos de plástico, era um pedaço do meu esforço e criatividade. Contudo, como em todo ciclo, senti a necessidade de explorar novos horizontes.

Foi assim que, com a experiência acumulada, me tornei balconista de uma loja no Bras. Cinco anos nesse ambiente dinâmico me ensinaram a lidar com a diversidade de clientes, a arte de organizar mercadorias e a importância do atendimento ao público. Era uma fase diferente, mas a cada atendimento, eu percebia que cada capítulo da minha história profissional se interligava, formando uma narrativa coesa.

O ápice da minha trajetória chegou após um curso profissionalizante que abriu as portas para a minha verdadeira paixão: o serviço social. Tornei-me assistente social no núcleo de convivência de idosos na Vila Mariana. Cuidar e compartilhar experiências com aqueles que trilharam caminhos longos e repletos de memórias tornou-se a missão mais gratificante da minha carreira.

Cinco anos nesse ambiente singular foram marcados por histórias comoventes, sorrisos enrugados e lições que ultrapassavam as fronteiras do profissionalismo. E mesmo após a minha aposentadoria, minha ligação com aquele núcleo não cessou. Até hoje, dedico parte do meu tempo como voluntária, retribuindo à comunidade que tanto me ensinou.

Assim, minha vida profissional encerra um ciclo, mas o compromisso com o bem-estar e a solidariedade transcende qualquer linha temporal. Meu último ato profissional não foi o fim, mas sim uma transição para um novo papel como voluntária, onde as experiências vividas continuam a ecoar, transformando-me a cada dia.

Montes Claros e o Refúgio Interior

Ao folhear as páginas da minha vida, deparo-me com um capítulo que traz consigo as memórias calorosas de Montes Claros, um refúgio no coração de Minas Gerais. Essa cidade, tão querida por mim, é mais do que um local de encontros familiares; é um portal para paisagens encantadoras e momentos de paz que revitalizam minha energia desgastada pelo estresse cotidiano.

A cada visita, sinto-me envolvida pela serenidade que paira no ar, como se as colinas de Montes Claros sussurrassem segredos de tranquilidade. A beleza natural da região é como um bálsamo para a alma, proporcionando uma pausa necessária na agitação do dia a dia. Os campos verdejantes e as montanhas que contornam a cidade criam um cenário pitoresco que me acolhe com braços abertos.

Durante essas escapadas, reencontro parte da minha família, criando laços ainda mais profundos com as raízes que sustentam minha história. As conversas à sombra das árvores antigas e os jantares à luz de velas nas varandas traduzem a essência acolhedora de Montes Claros, transformando cada visita em um capítulo inesquecível da minha jornada.

Apesar de não ser uma ávida admiradora de praias, de vez em quando, cedo aos apelos do oceano. Na companhia de uma amiga, embarco em breves viagens de bate-volta a praias próximas. A areia sob os pés, o som das ondas quebrando e a brisa salgada trazem um contraste revigorante à calmaria de Montes Claros. Essas escapadas costeiras, embora menos frequentes, oferecem uma diversidade bem-vinda aos capítulos predominantemente bucólicos da minha vida.

Assim, entre as colinas serenas de Montes Claros e as areias efervescentes das praias próximas, encontro um equilíbrio que enriquece a narrativa da minha existência. Cada viagem, seja aos recantos familiares ou aos destinos litorâneos, contribui para a riqueza das páginas da minha vida, moldando a pessoa em constante evolução que sou eu.

Meu Neto Gustavo

Meu coração se enche de orgulho e alegria ao falar do meu único neto, Gustavo. Ele é a joia rara que ilumina ainda mais a nossa família. Com seus 18 anos, Gustavo é um jovem notável, filho da minha amada Gislaine.

Gustavo é um menino encantador, repleto de virtudes que aquecem o coração de qualquer avó. Desde cedo, demonstrou uma educação exemplar e uma obediência que ressoam como sinfonias doces em meus ouvidos. Mas, claro, como todo jovem saudável, ele está começando a explorar os horizontes da independência.

É admirável observar como ele lida com essa fase de transição. Sempre avisa com antecedência onde estará, mantendo-nos informados e tranquilos. Essa responsabilidade é uma característica que se destaca, algo que eu não poderia esperar menos, considerando a criação dedicada que recebeu.

Gustavo é um estudante dedicado, uma fonte de inspiração para todos nós. Nos finais de semana, é comum vê-lo imerso nos estudos, priorizando seu futuro com uma maturidade surpreendente para alguém de sua idade. É uma alegria perceber que os valores que procuramos instilar nele estão refletindo em suas escolhas.

Apesar de seu comprometimento com os estudos, Gustavo também encontra tempo para desfrutar da juventude. De vez em quando, ele se permite momentos de descontração na casa de amigos, onde se entregam a partidas emocionantes de videogame. Esses momentos, tenho certeza, contribuem para a construção de amizades sólidas e inesquecíveis.

E como não mencionar a paixão compartilhada por música? Gustavo, assim como seu pai, aprecia um bom som, especialmente quando se trata de rock. É como se a melodia dessa preferência musical fosse um elo que fortalece ainda mais os laços entre pai e filho. Ver essa conexão entre gerações é um presente que preenche meu coração de gratidão.

Enquanto vejo Gustavo se transformar em um jovem adulto responsável, não posso deixar de sentir um misto de emoções. A alegria de testemunhar seu crescimento e a saudade do menino que um dia segurava minha mão para atravessar a rua. Mas a vida é feita de ciclos, e estou confiante de que o futuro reserva a ele realizações grandiosas.

Meu neto Gustavo é mais do que uma extensão da minha família; ele é a promessa de um amanhã brilhante. E enquanto ele trilha seu caminho, estarei aqui, ao seu lado, torcendo por cada passo, celebrando cada conquista e, acima de tudo, amando-o incondicionalmente. Afinal, netos são a recompensa mais doce que a vida nos oferece.

Memórias de Infância

Minha infância foi um capítulo de pura alegria, uma época em que a vida transcorria em ritmo de brincadeiras e descobertas. Eu cresci em um lugar encantador, ali perto da Carmen, onde as ruas eram o palco das nossas aventuras diárias. Era uma época em que a inocência e a diversão se entrelaçavam, transformando cada dia em uma oportunidade para explorar, rir e criar memórias que perduram até hoje.

As brincadeiras na rua eram a essência da nossa infância. Bicicletas percorriam as ruas como pequenos veículos de liberdade, e carrinhos de rolimã desciam ladeiras em corridas emocionantes. A queimada era um jogo de estratégia e agilidade, enquanto o pique esconde nos permitia explorar cada canto do bairro, transformando os lugares conhecidos em esconderijos secretos.

Nossas tardes eram preenchidas com passa anel, uma brincadeira simples que trazia consigo a alegria contagiante da infância. E, é claro, os parquinhos de diversão eram como portais mágicos que nos transportavam para universos de alegria e adrenalina. Em cada bairro, havia um parque que se tornava o centro das atenções, um local onde a felicidade se materializava nos giros dos carrosséis e nas risadas das crianças.

Mas nem todas as lembranças eram apenas risos. Havia um dia especial que ficou gravado em minha memória como um momento de desafio e superação. Ao final da rua onde eu morava, um rio fluía tranquilamente. Em um dia de brincadeiras, desci a ladeira em minha bicicleta com tanta empolgação que quase caí nas águas do rio. O susto foi imenso, mas a sorte estava ao meu lado. O que poderia ter sido um mergulho inesperado acabou sendo um encontro rápido com o asfalto.

O preço desse encontro foi um joelho rasgado, uma cicatriz que carrego até hoje como lembrança da minha coragem infantil. Foram necessários oito pontos para fechar a ferida, mas o que importa é que aquela experiência, apesar do susto, não apagou o brilho das nossas aventuras diárias. Pelo contrário, tornou-se parte integrante da narrativa da minha infância, um testemunho das cicatrizes que, literalmente, contam as histórias de nossas jornadas.

Assim, entre risos, brincadeiras e alguns arranhões, minha infância se desenrolava, marcando-me com lembranças que carregarei para sempre. A rua era nosso playground, e cada desafio era uma oportunidade de crescer, aprender e, acima de tudo, celebrar a maravilhosa simplicidade da vida de criança.

Núcleo de Idosos - Uma Jornada de Empatia e Renovação

Ao longo da minha trajetória, um capítulo especial marcou meu caminho de aprendizado e serviço à comunidade: o Núcleo de Idosos. Foi nesse espaço que descobri a riqueza de experiências e a diversidade de histórias que moldam nossa sociedade.

Ingressei no núcleo como atendente, uma posição que se tornou muito mais do que uma simples função. Era um chamado para entender e abraçar as necessidades de um grupo de pessoas extraordinárias, provenientes de diferentes partes do mundo, como Venezuela, África e diversos lugares marcados por desafios e conflitos.

A Prefeitura de São Paulo proporcionava o suporte necessário, encaminhando-nos para cursos que aprimoravam nossas habilidades de atendimento. Afinal, lidar com as complexidades da vida dos idosos e, especialmente, daqueles que eram refugiados, exigia sensibilidade, conhecimento e compreensão profunda.

A cada dia, testemunhava histórias incríveis de superação e resiliência. Cada idoso trazia consigo um universo de vivências, cores e sabedorias, revelando que a idade é apenas um número quando se trata de enriquecer a alma.

Mas, como em qualquer jornada dedicada ao serviço, enfrentamos desafios consideráveis. Alguns não tinham moradia, e, nesses casos, éramos desafiados a buscar soluções criativas e rápidas para garantir o conforto e a dignidade daqueles que precisavam de abrigo.

A nossa abordagem não se limitava apenas às dependências do núcleo. Com frequência, íamos além das paredes do centro, explorando as ruas da cidade em busca daqueles que, por diferentes razões, estavam à margem da sociedade. Era uma busca por oportunidades de reinserção, uma tentativa sincera de colaborar com a construção de pontes que os conduzissem de volta à sociedade que haviam abandonado.

Essas visitas nas ruas eram, sem dúvida, momentos intensos. Lidávamos com a realidade crua, mas também testemunhávamos o poder transformador da compaixão e da solidariedade. Aprendíamos a ouvir, a compreender e a encontrar soluções práticas para situações muitas vezes complexas.

Ao longo dos anos, o núcleo se tornou um espaço de constante renovação. Não apenas renovávamos nossos métodos de atendimento, mas também nossos recursos, adaptando-nos às necessidades sempre cambiantes daqueles a quem servíamos.

A conexão com o Núcleo de Idosos permaneceu uma constante na minha vida. Essa experiência moldou minha visão de serviço comunitário e solidificou minha identificação com aqueles que, muitas vezes, são esquecidos pela sociedade. Em cada ruga dos rostos sábios que encontrei, vi a beleza da resiliência humana, uma lição que levarei comigo para sempre. O Núcleo de Idosos não foi apenas um local de trabalho; foi um capítulo crucial na minha autobiografia, onde aprendi a verdadeira essência da empatia e da renovação constante.

Meu Orgulho

Ao olhar para trás em minha jornada, uma peça essencial da minha história se destaca, algo que se tornou o alicerce da minha identidade: meu orgulho em ser mãe. Não apenas uma mãe comum, mas uma mulher que enfrentou os desafios da maternidade com determinação inabalável.

Meu orgulho começa no fato de ter criado meus filhos, sozinha. Sim, eu tive a ajuda valiosa da minha mãe, uma presença que trouxe luz e apoio à minha vida diária. Mas, no fim das contas, era a mim que cabia enfrentar os desafios, tomar decisões difíceis e moldar o futuro dos meus preciosos filhos. Orgulho não apenas pelo ato de ser mãe, mas por abraçar essa responsabilidade com coragem.

Lembro-me dos dias em que, mesmo diante das dificuldades, eu seguia em frente. Não houve desânimo que me fizesse recuar, pois cada obstáculo era uma oportunidade de crescimento. Trabalhei incansavelmente para garantir que não faltasse nada aos meus filhos. A alimentação deles sempre foi saudável e abundante, o estudo uma prioridade inegociável, e as roupas, mesmo que simples, eram sempre impecáveis. Cada sacrifício era um investimento no futuro deles, e eu sabia que valeria a pena.

Meu orgulho se nutre da convicção de que fui uma mãe excepcional. Não digo isso de maneira arrogante, mas como um reconhecimento justo do esforço e dedicação que coloquei na criação dos meus filhos. Acredito que, em meio aos altos e baixos da vida, eu me destaquei como uma mãe forte, amorosa e capaz.

Não é apenas a ausência de reclamações que valida minha afirmação, mas a presença constante dos meus filhos em minha vida. Eles não apenas permanecem ao meu lado, mas também buscam minha orientação, compartilham suas alegrias e tristezas. Isso, para mim, é o testemunho mais sincero da qualidade da minha maternidade.

Assim, ergo minha cabeça com um sorriso de satisfação e afirmo com convicção que sou uma supermãe. O orgulho que sinto por essa realização transcende as palavras; é um sentimento profundo, moldado pelas lágrimas, risos, noites sem dormir e pelos inúmeros momentos que compartilhamos juntos. Ser mãe é a minha maior conquista, e eu me orgulho, não apenas por mim, mas pelos incríveis seres humanos que ajudei a moldar.

Minha Saúde

Minha saúde sempre foi uma prioridade em minha vida, e ao longo dos anos, aprendi a valorizar cada aspecto do meu bem-estar. Manter um controle constante da pressão arterial tornou-se uma rotina essencial, um hábito que adotei para garantir que meu coração continue a bater no ritmo certo.

A busca pela tranquilidade cardiovascular me levou a realizar um exame cardiológico abrangente recentemente, e os resultados foram motivo de alívio. Receber a confirmação de que meu coração está em pleno funcionamento, sem sinais de preocupação, trouxe uma sensação reconfortante. É fascinante como a medicina moderna pode nos oferecer insights tão detalhados sobre o motor incansável que impulsiona a vida.

Além dos exames regulares, mantenho um estilo de vida ativo, incorporando exercícios físicos e escolhas alimentares saudáveis. Acredito que a verdadeira riqueza reside na saúde, e cada passo dado em direção ao bem-estar é um investimento valioso. Os momentos de contemplação durante uma caminhada matinal e a disciplina ao escolher opções nutritivas para o meu corpo se tornaram pilares fundamentais da minha rotina diária.

Não posso deixar de mencionar a importância do equilíbrio mental. A prática da meditação e o cultivo de uma mentalidade positiva têm desempenhado um papel significativo em minha jornada para manter uma saúde integral. Acredito que o corpo e a mente estão intrinsecamente ligados, e nutrir ambos é essencial para uma vida plena.

Ao olhar para trás, percebo como a jornada pela saúde tem sido uma constante evolução. Cada escolha consciente, cada exame preventivo, representa um compromisso renovado com o meu próprio bem-estar. Neste capítulo da minha vida, posso afirmar com gratidão que minha saúde é ótima, e estou determinada a continuar investindo nesse precioso ativo que é a chave para desfrutar plenamente de tudo o que a vida tem a oferecer.

Descobrindo o Amor Próprio

É um período em que minha vida transcorre tranquila, e o amor não ocupa espaço significativo nas minhas prioridades. Não tenho um namorado, e sinceramente, não sinto falta disso. Tive um breve rolo há pouco tempo, mas por diversas razões, decidimos seguir caminhos diferentes. Não é algo que me abale profundamente, pois sempre acredito que a felicidade deve brotar de dentro, antes de depender de alguém.

Neste momento da minha jornada, a solidão não é uma inimiga, mas sim uma companheira agradável. Aprendo a desfrutar da minha própria companhia, a descobrir o que me faz feliz, independentemente de qualquer relacionamento. Não estou interessada em procurar alguém para preencher um vazio, pois não há vazio algum. Estou completa, inteira, e a solidão não é ausência, mas sim uma presença leve, quase poética.

Refletindo sobre meu estado de espírito neste tempo, percebo que estou em um relacionamento íntimo comigo mesma. A solidão não é um fardo, mas uma dádiva que me permite explorar meus desejos, sonhos e conquistas pessoais. Estou feliz do jeito que sou, sem a necessidade de validação externa.

Ao compartilhar essa parte da minha história, muitos se perguntariam se não estou renunciando a algo importante, se não estou deixando escapar oportunidades de vivenciar o amor romântico. Mas a verdade é que tenho consciência do que quero e, mais importante ainda, do que mereço. Não estou disposta a aceitar qualquer coisa só para dizer que estou em um relacionamento.

Se, porventura, aparecer alguém que me valorize, alguém que se encaixe no meu sonho de parceria, estou aberta. Mas não estou correndo atrás disso. A ideia de um relacionamento não é um objetivo em si, mas uma possibilidade que considerarei se vier de forma natural, sem forçar encontros ou criar expectativas irreais.

O que busco, acima de tudo, é a essência de um amor verdadeiro, aquele que transcende os padrões superficiais e se conecta às almas. Não quero apenas um companheiro, mas alguém que compartilhe dos mesmos valores, sonhos e respeito mútuo. Enquanto isso não acontecer, minha missão é aproveitar cada momento da minha jornada, sabendo que a felicidade plena está enraizada na aceitação e amor por mim mesma.

Assim, esta fase da minha vida é marcada por uma descoberta importante: o amor-próprio é a base de qualquer relacionamento saudável. Enquanto estou completa sozinha, qualquer adição será apenas um complemento, não uma necessidade desesperada. E assim, sigo, feliz no meu próprio caminho, aberta ao amor, mas sem depender dele para minha felicidade.

Rosana

A Determinação de Marilda

Minha mãe, ela se chamava Marilda, mas para todos, era a gorda. E, curiosamente, todo mundo gostava da gorda. Era um apelido carinhoso que traduzia a simpatia que ela conquistava por onde passava. Marilda era uma mulher forte, não apenas fisicamente, mas principalmente na determinação que carregava consigo.

Criar quatro filhos sozinha não é tarefa fácil, mas para ela, era uma missão que abraçou com coragem desde o início. Meu pai trabalhava, é verdade, mas o salário era minguado, e Marilda sabia que precisava fazer mais para garantir o futuro dos seus filhos. Assim, ela se tornou uma verdadeira empreendedora, vendendo roupas e qualquer coisa que pudesse render algum dinheiro.

Lembro-me da época em que morávamos de aluguel na Vila Alpina. Marilda, com sua persistência, convenceu meu pai a investir em um terreno na Vila Nhocuné. E foi lá que começou a saga da construção da nossa casa. Aos poucos, tijolo por tijolo, sempre com muito suor, lágrimas e a ajuda dos filhos. Ela não apenas nos dava vida, mas nos ensinava a construir nossos próprios caminhos.

A casa representava mais do que um abrigo; era um símbolo da determinação e amor de Marilda. Ela nos colocava para trabalhar, fazendo limpeza e ajudando em tudo o que fosse preciso. A educação era uma prioridade para ela, mesmo que nenhum de nós tenha sido brilhante nesse aspecto. Mas Marilda não desistia, insistia para que estudássemos até o final, porque queria o melhor para cada um de nós.

A Vila Nhocuné tornou-se o nosso lar por muito tempo, e Marilda era adorada pelos vizinhos e pela comunidade. Todos queriam a gorda por perto, pois ela era generosa, solidária e sempre disposta a ajudar. Lembro-me das idas semanais à casa da tia para buscar mantimentos, uma prática que não nos envergonhava, pois sabíamos das dificuldades que enfrentamos para conquistar aquele lar.

Foi então que Marilda decidiu se reinventar mais uma vez. Com uma barraca de bolacha nas costas, tornou-se feirante. A energia que ela tinha ao acordar para encarar o dia era inspiradora. Ela trabalhava na feira, fazia compras, chegava em casa e ainda encontrava disposição para cuidar de tudo. Limpar a casa, preparar a comida, zelar pelos filhos. Sua vida tornou-se uma dança incansável de responsabilidades, mas foi assim que as coisas começaram a dar certo.

A feira foi mais do que um ponto de venda para Marilda; era a extensão do seu lar, onde ela compartilhava não apenas seus produtos, mas também o seu sorriso e sua história. Ela não apenas vendia bolachas, mas esperança e determinação. A nossa vida melhorou, não apenas financeiramente, mas emocionalmente.

Marilda, a gorda querida, não era apenas minha mãe; ela era a força que moldou o nosso destino. Seu legado de trabalho árduo, resiliência e amor permanece vivo em cada tijolo da casa que construímos juntos e em cada memória que compartilhamos.

A Mão Firme de Mãe

Minha mãe era como uma força da natureza, uma tempestade que podia desabar sobre nós a qualquer momento. Se havia algo que aprendíamos desde cedo era a respeitar a autoridade dela, mesmo que isso significasse enfrentar a tempestade de sua fúria.

Ela era uma mulher forte, determinada e, acima de tudo, zelosa. Seu amor por nós era inquestionável, mas vinha acompanhado de uma mão firme que sabia quando usar a palmada corretiva ou uma bronca incisiva. Naqueles tempos, não existiam os malabarismos verbais ou as técnicas de educação modernas. Quando minha mãe achava que era hora de ensinar uma lição, ela simplesmente ensinava.

Lembro-me vividamente das vezes em que o "pau comia", expressão que usávamos para descrever os momentos em que éramos alvo da disciplina materna. Não importava se era um cinto, uma vassoura ou até mesmo um pedaço de madeira, ela sabia como usar esses instrumentos para deixar uma marca duradoura, tanto fisicamente quanto emocionalmente.

Meus irmãos e eu éramos todos alvos das correções de mamãe. As lembranças desses momentos ainda me fazem estremecer. Éramos crianças travessas, curiosas e, às vezes, teimosas. Mas ela, em sua sabedoria de mãe, via a necessidade de nos moldar, de nos ensinar as lições que ela acreditava serem cruciais para o nosso crescimento.

Kátia, a caçula e queridinha da família, parecia ser poupada de boa parte dessa tempestade. Talvez por sua natureza mais obediente ou por ser a benjamim, ela escapava das tempestades que assolavam o restante de nós. Enquanto meus irmãos e eu enfrentávamos os vendavais de broncas e palmadas, ela desfrutava de uma relativa calmaria.

Minha mãe não era brava por prazer. Sua severidade vinha do profundo amor que nutria por nós. Ela queria o melhor para seus filhos, e para ela, isso significava criar crianças responsáveis, éticas e capazes de enfrentar o mundo. Essa missão não era fácil, e ela sabia que, às vezes, precisava ser implacável para garantir que trilhássemos o caminho certo.

Hoje, olhando para trás, vejo que suas lições foram valiosas. Cada bronca, cada palmada, moldou-nos de alguma forma. Crescemos sabendo a diferença entre o certo e o errado, aprendemos a importância do respeito e da responsabilidade. A Gorda, como carinhosamente a chamávamos, deixou sua marca não apenas em nossos corpos, mas também em nossos corações.

Minha mãe era uma guardiã feroz, uma educadora inabalável. Seu amor, embora muitas vezes expresso de maneira rígida, era a bússola que nos guiava pelo labirinto da vida. E por isso, mesmo nos momentos em que o "pau comia", nunca duvidamos do amor incondicional que ela tinha por nós.

Mãe, a Visionária Construtora

Minha mãe sempre teve uma visão única da vida, um jeito peculiar de transformar sonhos em realidade. Um desses sonhos, que se tornou uma verdadeira empreitada, foi a compra de uma casa na praia. Já era eu, casada, quando ela decidiu embarcar nessa jornada, e quem poderia imaginar que essa decisão moldaria não apenas o litoral, mas também a nossa história familiar.

A determinação dela era palpável, e a primeira pessoa a ser conquistada por essa ideia foi meu marido. Em uma conversa franca, a Gorda – como carinhosamente a chamávamos – expôs seus planos. Surpreendentemente, ele não só compreendeu, mas também concordou em apoiá-la nessa nova empreitada.

E assim começou mais uma batalha, a luta para encontrar o local perfeito. Juntamente com o Gilberto, partiram para o litoral. Entre praias e terrenos, encontraram o lugar ideal. Havia um pequeno detalhe: o terreno estava alagado. No entanto, isso não seria impedimento para a realização do sonho.

Minha mãe, persistente como sempre, decidiu que a casa seria construída ali, mesmo com o desafio do solo encharcado. Uma solução audaciosa foi posta em prática: uma frota de caminhões carregados de entulho foi convocada para aterrar o alagado. Era uma tarefa hercúlea, mas a Gorda estava determinada a ver sua casa de praia erguida naquele pedaço de paraíso.

A construção da casinha foi um esforço conjunto, e, com o passar do tempo, as paredes foram se erguendo, desafiando as adversidades do terreno. Com a graça de Deus, como ela costumava dizer, a casa permanece até hoje, um testemunho físico de sua tenacidade.

Hoje, por um capricho do destino, moro na mesma rua da casinha que testemunhei nascer. É quase como se aquelas paredes carregassem não apenas as histórias da minha mãe, mas também as nossas, entrelaçadas com risadas, lágrimas, e muitos verões à beira-mar.

E assim, a mulher que sempre enxergou além do óbvio, que transformava desafios em oportunidades, deixou-nos um legado tangível à beira-mar. A casinha na praia não é apenas uma construção; é um símbolo da determinação de uma mãe que ousou sonhar grande e construir ainda maior.

Casa na Praia

E então, ela cismou de morar na casa da praia. Mas, para ela mudar-se para a praia, ela teria que levar a Katia, que já era casada. Era uma ideia que, aos poucos, se transformou em um projeto de família. Convencer o marido da Katia a vender tudo e alugar uma casa perto da minha mãe não foi tarefa fácil, mas quando as mulheres da família se unem, a força é imparável.

Katia, com sua determinação e habilidade persuasiva, conseguiu convencer o marido a embarcar nessa aventura marítima. Assim, a família começou a se instalar na costa, como se fossem navegadores modernos, prontos para explorar o território arenoso e salgado da vida à beira-mar.

Meu irmão, encantado com a ideia de acordar com o som das ondas quebrando suavemente na praia, decidiu seguir o exemplo. Em pouco tempo, ele encontrou uma casa na mesma rua que minha mãe escolhera para sua nova morada. A proximidade familiar naquelas areias beijadas pelo sol tornou-se uma visão comum, e o laço entre nós só se fortaleceu.

A Kátia, sempre um passo à frente, comprou uma casa na rua de trás, criando uma espécie de colônia familiar à beira-mar. E, como se a maré da sorte soprasse a nosso favor, meu outro irmão decidiu se juntar à festa, adquirindo uma casa próxima à nossa pequena comunidade costeira.

Mas eu ainda não tinha uma casa própria naquela paisagem de sonhos. Minha mãe, com seu jeito persistente e maternal, não deixava passar a oportunidade de me lembrar disso sempre que tínhamos uma conversa sobre o assunto.

"Rosana, venda sua casa aí e venha para cá. Compre uma casa aqui também!", ela insistia, com um sorriso que refletia a felicidade de estar cercada pela família naquela atmosfera marinha. E eu, com um sorriso igualmente obstinado, respondia: "Ah mãe, um dia eu compro."

Enquanto o sol mergulhava no horizonte, pintando o céu com tons de laranja e rosa, eu sabia que, de alguma forma, o mar estava escrevendo nossa história. E, mesmo que minha casa à beira-mar ainda fosse um sonho distante naquela maré de possibilidades, eu sentia que as ondas da vida estavam me guiando suavemente em direção ao meu próprio capítulo marítimo.

A Partida da Matriarca

Então, minha mãe ficou doente, e a Kátia, com seu coração generoso, assumiu a responsabilidade de cuidar dela. Foi um período desafiador para todos nós, pois minha mãe foi internada no hospital devido a um furúnculo na virilha. A complicação era ainda maior devido à diabetes, que agravava a situação. A família inteira se uniu, organizando revezamentos para garantir que ela recebesse cuidados 24 horas por dia.

Os médicos, porém, nos deram a difícil notícia de que não havia muito a ser feito. Dada a localização do furúnculo, amputar não era uma opção viável. Assim, minha mãe começou a definhar, confinada a um quarto isolado devido ao odor desagradável da infecção. No entanto, até o último suspiro, ela lutou com uma força impressionante.

Um dia, Deus decidiu que ela não poderia mais estar entre nós. Deus a levou, e o vazio que ela deixou foi imensurável. A Gorda, como carinhosamente a chamávamos, não estava mais lá para lutar por nós e conosco. Até hoje, todos sentem a falta dela. Seu espírito permanece vivo na Vila Nhocuné, onde sua presença era tão marcante que, mesmo depois de sua partida, todos ainda se referem a ela.

Foi nesse momento que meu marido e eu decidimos comprar uma casa na mesma rua da Gorda. Queríamos manter viva a lembrança dela, preservar o lugar que era tão significativo para nossa família. Mas, apesar da casa na mesma rua, algo se perdeu irremediavelmente. A Gorda era o pilar que mantinha nossa família unida.

Não posso mais falar dela sem sentir as lágrimas aflorarem. Minha mãe era assim, uma líder nata, e nenhum de nós se opunha a ela. Éramos unidos, celebrávamos juntos todas as festas, fosse um aniversário ou o Natal. Depois que a Gorda se foi, essa união começou a desaparecer gradualmente, até que se perdeu por completo. Agora, cada um segue seu caminho, e a casa que costumava ser cheia de risos e amor tornou-se silenciosa.

Ela era a cola que mantinha nossa família unida, uma agregadora inigualável. A saudade que ela deixou é palpável, e resta-nos apenas lembrar dos tempos em que éramos todos um só, guiados pelo espírito forte e acolhedor da nossa amada matriarca, a Gorda.

Seu Waldemar, o Herói da Minha Vida

Meu pai, Seu Waldemar, era um homem magro como uma vara de bambu. O vento parecia carregá-lo consigo, mas sua força residia em seu trabalho incansável. Apesar de não ter tido acesso à educação formal, ele era um trabalhador dedicado. O salário escasso exigia que buscasse ajuda onde podia encontrar. Infelizmente, um dos seus desafios era o vício da bebida, uma sombra que pairava sobre a nossa família.

A infância foi marcada por cenas dolorosas, testemunhando meu pai agredindo minha mãe. A violência era uma presença constante, e muitas vezes eles rolavam escada abaixo em confrontos acalorados. Meu pai também se envolvia com outras mulheres, trazendo-as para dentro de casa. Minha mãe, uma mulher sábia, decidiu agir estrategicamente ao esperar seu retorno do trabalho para confrontá-lo.

Com o tempo, as coisas começaram a mudar. Seu Waldemar, trabalhando incansavelmente, lutou para construir a nossa casa. Fins de semana eram dedicados à construção, uma prova do seu empenho em proporcionar uma vida melhor para sua família.

Houve um episódio marcante em que, no Dia das Mães, meu pai tentou agredir minha mãe novamente. Desta vez, decidi confrontá-lo, desafiando-o a não tocar mais nela. A resposta foi brutal; ele me jogou para fora de casa, mas isso foi o suficiente para eu tomar uma atitude. Fui à delegacia, denunciei e a polícia interveio, prendendo-o por um dia. Essa experiência pareceu surtir efeito, pois ele jurou nunca mais machucar minha mãe.

Surpreendentemente, meu pai, apesar do vício persistente em álcool, era um pai amoroso. Nunca levantou a mão para seus filhos, embora suas broncas fossem temidas. Ele trabalhou na Volkswagen, recebia a todos com bondade e era querido por todos. Sua determinação em construir nossa casa foi admirável, mesmo dormindo em condições difíceis para garantir seu progresso.

Apesar da saúde comprometida pela bebida, ele se transformou em um homem mais tranquilo ao longo dos anos. Manteve o hábito de fumar escondido, mesmo após desenvolver enfisema pulmonar. Ele era um personagem querido em sua esquina, conseguindo sempre um cigarro para fumar.

Quando a doença se instalou, e Seu Waldemar ficou esclerosado e violento, coube a Katia cuidar dele. Mesmo enfrentando momentos difíceis, ela cuidou, sabendo que, no fundo, era o nosso pai precisando de ajuda. Sua batalha incluiu dias de hemodiálise, uma fase desafiadora que enfrentou com coragem.

Seu Waldemar faleceu em São Paulo, mas a vizinhança da praia se uniu para homenageá-lo. Apesar de todos os seus defeitos, ele não conseguia ser cruel com ninguém. Perdi meu pai aos 87 anos, e, apesar de suas falhas, ele era meu herói. Nosso amor era mútuo, e ele representava tudo para mim.

Agradeço a Deus por tê-lo permitido viver até os 84 anos. Mesmo com o ciclo natural da vida, sempre vou lembrar do meu pai com carinho e gratidão. Ele foi, é, e sempre será parte fundamental da minha história.

Os Desafios e Triunfos de Oswaldo

Oswaldo, o mais velho entre nós, sempre foi uma figura marcante em nossa família. Aos 68 anos, ele carrega consigo uma vida dedicada ao trabalho em farmácia, uma paixão que o acompanhou ao longo de décadas. Sempre festeiro, era fácil nos darmos bem, talvez por influência da sábia orientação de nossa mãe, que insistia que irmãos deveriam se entender. Se por acaso surgia uma briga, lá vinha ela com seu método infalível: o pau da concórdia. Não havia espaço para desentendimentos prolongados, afinal, nossa mãe não tolerava rixas entre irmãos.

Osvaldo, e um verdadeiro lutador. Sua trajetória de vida o levou a construir uma família sólida ao lado de Cida, sua esposa, com quem teve três filhos: Leonardo, Felipe e Daniel. A descendência continuou a se multiplicar, gerando cinco netos que, de alguma forma, conectam nossas histórias.

O Leonardo, com sua filha Esther, o Felipe com três filhos – Miguel, Lucca e Valentina – e o Daniel, pai da pequena Bruna, tornaram-se o orgulho de Osvaldo e Cida. A rigidez na criação que testemunhamos na nossa infância refletiu-se na maneira como cada um deles escolheu moldar suas próprias famílias. É como se os valores e princípios que herdamos dos nossos pais continuassem a fluir através das gerações.

Viajamos juntos inúmeras vezes, formando uma equipe unida composta por mim, meu irmão, minha cunhada e meu marido. Éramos parceiros no mundo, explorando novos horizontes e compartilhando experiências inesquecíveis. No entanto, os dias de viagem foram interrompidos pela notícia devastadora da doença que se abateu sobre ele.

O câncer no fígado trouxe desafios inesperados, exigindo um transplante total para restaurar sua saúde. Com a graça de Deus, Osvaldo superou as dificuldades pós-cirúrgicas, emergindo mais forte do que nunca. Surpreendentemente, até a diabetes pareceu ceder diante de sua resiliência.

Minha amizade com meu irmão se fortaleceu ao longo dos anos. Quando ele vem para cá, sua presença é como uma extensão natural da minha casa, e o mesmo, vale quando estou em sua residência. Uma cumplicidade que transcende qualquer distância física.

Hoje, a correria da vida nos afasta um pouco, especialmente porque minha dedicação ao trabalho tem me mantido ocupada. Quando Osvaldo está aqui, por vezes, nem percebo sua presença, mas isso não afeta nossa relação. É assim que funciona entre nós, e a base sólida que construímos suporta qualquer intervalo.

O capítulo de Oswaldo é marcado por uma vida de trabalho árduo, alegrias familiares e desafios superados. Somos testemunhas do poder da família em todos os momentos.

Meu Irmão Bruno

Meu irmão Bruno sempre foi aquele tipo de pessoa que iluminava qualquer lugar com sua presença vibrante. Ele era o segundo na fila dos filhos, mas, de longe, era o mais extrovertido. Bruno era o irmão baladeiro, e, quando éramos solteiros, éramos inseparáveis. A mamãe tinha suas preocupações, e uma delas era não me deixar sair sozinha para os bailes da vida. Então, lá vinha Bruno com seu jeito convincente: "Não, mãe, ela vai comigo". E, mesmo sendo uma mentira, eu aceitava de bom grado.

Nossas escapadas começavam de casa, eu esperando ansiosa na esquina pelo Bruno chegar. Às vezes, parecia uma eternidade, mas quando ele finalmente surgia, era como se tudo estivesse no lugar certo. Juntos, éramos imparáveis, e assim convencíamos a mamãe a nos deixar sair. Era uma dança de estratégias que sempre dava certo.

Bruno, além de ser um parceiro de festas, era um trabalhador incansável. Quando a mãe comprou a barraca de feira, ele assumiu o papel de motorista, mas, como sempre, acabou assumindo muito mais. Enquanto ele corria para fazer as compras, nós aproveitávamos as noites juntos. Mais tarde, ele casou-se com a Nice, e dali surgiu uma linda família.

A Rachel, sua filha, deu à luz a Rafaela e Luís Mauricio, enquanto Roberto, meu afilhado, ainda não tinha começado sua própria jornada paterna. A família cresceu e adquiriu uma casa na praia, mantendo todos unidos e próximos. Bruno era o pilar dessa família, mas como a vida muitas vezes nos surpreende, a felicidade foi interrompida.

Minha cunhada, Cleonice, uma amiga querida, foi diagnosticada com câncer de mama em um estágio avançado. Infelizmente, a descoberta tardia resultou em metástase, e ela nos deixou, deixando um vazio irreparável.

Após a perda de Cleonice, meu irmão passou por um período difícil. Seus filhos já estavam casados, e ele se sentia sozinho. Então, como o destino muitas vezes nos reserva segundas chances, ele encontrou outra mulher. Infelizmente, as coisas não foram tão simples como gostaríamos.

Brigas surgiram entre filhos e entre nós, pois essa nova mulher parecia ter ciúmes da família. Ela o isolou, limitando seu contato conosco. As palavras se tornaram raras, e as relações se distanciaram. Até hoje, nossa comunicação é escassa, pois ele ainda está com ela, e as pontes parecem estar queimadas.

Apesar de todas as reviravoltas, quero que meu irmão Bruno saiba que o amo profundamente. Apesar das palavras não ditas e dos momentos perdidos, guardo com carinho todas as memórias que compartilhamos. Desejo sinceramente que a vida lhe traga toda a felicidade que merece. Eu o amo, meu irmão, e isso é algo que o tempo e as circunstâncias não podem apagar.

A Jornada de Kátia

Kátia, a caçula dos irmãos, sempre carregou consigo uma determinação única. Sua história se entrelaçou com a minha de maneira peculiar, uma dança entre o ciúme e a compreensão, entre a distância e a proximidade. Quando olho para trás, percebo que, apesar das diferenças, o amor sempre foi o fio condutor que uniu nossas vidas.

Ela escolheu um caminho de vida ao lado de Carlos, um homem que, apesar de não nadar em riquezas, tinha a riqueza de ser amado por Kátia. Juntos, construíram uma família à beira-mar, onde o som das ondas seria a trilha sonora de suas vidas. Camila, sua filha, tornou-se o brilho nos olhos de nossos pais, uma paixão que transcendeu gerações. E triplicou quando Camila Deu à luz a Alexandre, seu primogênito e as gêmeas Gabriela e Manuela.

No entanto, nossa relação não foi sempre suave como a brisa do mar. O ciúme, o sentimento de que tudo era "a Kátia", permeava nossos dias. Ela era o motivo para nossa mãe se ausentar de festas e eventos, a razão pela qual certas portas pareciam fechadas para mim. Uma escolha que parecia colocar uma sombra sobre nossa ligação, mas que nunca resultou em brigas profundas.

Kátia, em sua força interior, não era apenas a esposa dedicada de Carlos, mas também uma verdadeira guerreira. O marido, um açougueiro cujo salário nem sempre preenchia as necessidades, viu em Kátia uma parceira incansável. Ela não hesitava em vender suas criações para contribuir financeiramente e alçar voos mais altos, abandonando a sombra do aluguel e conquistando seu lugar sob o sol na praia.

A luta dela, uma batalha diária, estendia-se para além das ondas. Um marido alcoólatra, dificuldades financeiras, mas Kátia resistiu com coragem. O casamento, infelizmente, não resistiu às tempestades, mas Kátia emergiu mais forte, divorciada e pronta para enfrentar o que o destino reservava.

A paixão de nossos pais por Camila era evidente, uma luz que brilhava em cada canto da casa. Mesmo com os percalços, a relação de Kátia com eles era marcada por respeito e amor. A casa na praia, um sonho tornado realidade, era o símbolo de suas conquistas e do amor compartilhado entre pais e filha.

As águas mudaram quando eu também consegui adquirir minha própria casa na praia. A distância que antes existia entre nós começou a encurtar. A perda de nossos pais trouxe uma nova perspectiva, transformando-nos em confidentes e companheiras inseparáveis. Juntas, enfrentamos as adversidades da vida, encontrando força na nossa união.

Com a chegada da pandemia, nossa ligação se fortaleceu ainda mais. Trabalhar juntas, enfrentar desafios e compartilhar risadas tornou-se a essência de nossa amizade. Kátia, com seu temperamento forte, exigia compreensão, mas em seu coração, ela abrigava um amor incondicional por todos ao seu redor.

Hoje, somos não apenas irmãs, mas as melhores amigas uma da outra. A jornada de Kátia, uma história de superação, amor e resiliência, é agora parte integrante da nossa saga familiar. Quero encerrar este capítulo expressando o meu amor profundo por minha irmã, uma lutadora que moldou não apenas sua própria história, mas também a trama única que é a nossa família.

Avós Maternos

Minha avó materna, cujo nome eu não consigo lembrar, mas carinhosamente chamávamos de Tata, desempenhou um papel especial na minha infância. Ela era a madrasta da minha mãe, mas isso nunca interferiu na relação afetuosa que tínhamos com ela. O amor de vó era palpável em cada gesto e palavra dela.

Tata morava perto da casa da minha mãe, o que nos permitia passar muito tempo juntos. Lembro-me com carinho dos dias em que preparava suas famosas fofas e um feijão com bacon que permanece inigualável até hoje. Cada garfada era uma experiência única, um pedaço de afeto que transcendia o simples ato de alimentar-se.

Certa época, ela decidiu deixar a vilinha e se mudar para o Carrão, fascinada pelas casas de jogos na região. O bingo tornou-se sua paixão diária, e eu, apaixonada por ela, a acompanhava frequentemente. Ela tinha habilidades incríveis no jogo, e até me ensinava a jogar linhas, uma atividade que carrego até hoje com carinho.

Minha avó sempre foi carinhosa não só comigo, mas com minha mãe e irmãos. Ela tratava a todos nós como netos, e suas expressões de afeto eram tão intensas que podíamos sentir o amor transbordando em cada abraço.

Lembro-me especialmente do tempo em que ela cuidou do meu avô, mesmo diante de suas dificuldades de saúde. Enquanto meu avô enfrentava seus problemas, ela era uma verdadeira bênção, proporcionando apoio e carinho à família.

Quando descobri que estava grávida, corri para o hospital próximo à casa dela, e ela quis me acompanhar. Sua alegria e entusiasmo eram contagiantes, e a notícia de que seria o primeiro bisneto trouxe uma felicidade imensa não só para ela, mas para toda a família, incluindo minha mãe e até mesmo minha sogra.

A chegada do meu filho foi o ápice dessa paixão pela família. Meus avós maternos celebraram como se fosse um evento divino, afirmando que ele seria o primeiro neto deles. Essa conexão entre as gerações era algo especial e sagrado para eles.

Apesar de não termos convivido tanto quanto eu gostaria, as lembranças que guardo são preciosas. O aroma do feijão da vovó, as risadas durante as noites de bingo, e a sensação de pertencimento que ela nos proporcionava. Infelizmente, essas lembranças são poucas, mas são o suficiente para criar uma imagem de uma avó amorosa que, mesmo ausente, deixou uma marca profunda em meu coração. Eu queria ter tido mais tempo com ela, mas as lembranças são um tesouro que guardarei para sempre.

Tio Mazinho, o Taxista com um Coração de Ouro

A história de Tio Mazinho é daquelas que aquecem o coração, mesmo que brevemente presente em nossas vidas. Seu legado perdura nas memórias carinhosas que compartilhamos como uma família que sempre cultivou o amor.

Meu avô Miguel, um homem de coração tão grande quanto sua generosidade, dedicou boa parte de sua vida ao volante de um táxi. Ele já carregava nos braços minha mãe quando se uniu a minha avó Tata, formando um laço que transcenderia o tempo. Já carregava consigo a bagagem de uma paternidade que começou cedo, mas que moldou um espírito resiliente e amoroso.

Com o passar dos anos, a família cresceu, ganhando mais um membro: Tio Mazinho. Ele herdou não apenas o nome do avô, mas também a profissão e, mais importante ainda, a essência de ser um ser humano amável e solidário. Era como se o táxi que conduzia fosse, na verdade, uma extensão de seu coração, transportando histórias de vida e compartilhando sorrisos pelo caminho.

Infelizmente, nossa jornada com Tio Mazinho foi breve, interrompida por uma despedida que deixou saudades profundas. A partida dele veio logo após a da avó Tata, formando um vazio que não pode ser preenchido. A tristeza da perda é amenizada apenas pela lembrança dos momentos em que a família era uma unidade inquebrável.

Embora não tenhamos tido o privilégio de compartilhar muitos anos juntos, as lembranças de Tio Mazinho persistem, especialmente em sua generosidade. Recordo-me dos tempos em que, grávida e incapaz de andar de ônibus, ele prontamente se oferecia para me levar onde precisasse. Seu coração de ouro manifestava-se na simplicidade desses gestos, mostrando um carinho que transcendia laços sanguíneos.

A ausência física de Tio Mazinho é sentida, mas o amor que ele plantou em nossa família continua a florescer. Cada vez que vejo um táxi passando, não posso deixar de sorrir, lembrando-me do homem que tornava viagens mais do que simples deslocamentos. Ele transformava cada trajeto em uma oportunidade de espalhar calor humano e compartilhar histórias.

Hoje, enquanto olho para trás, agradeço pelos momentos que compartilhamos, mesmo que tenham sido poucos. A lição de amor e compaixão que Tio Mazinho deixou ecoa em nossos corações, e sua falta é suavizada pela certeza de que, onde quer que esteja, ele continua guiando-nos com seu coração de taxista e sua alma generosa.

Gustavo, Meu Anjo Eterno

O Gustavo, ele foi meu primeiro filho, uma luz radiante que iluminou nossas vidas desde o momento em que chegou ao mundo. Era um bebê tão querido por todos, um presente especial para os avós, a primeira alegria da minha sogra, que o via como o primeiro neto dela. Até meu sogro, que costumava ser reservado, derretia-se diante do sorriso inocente do Gustavo. Ele era um menino muito bonzinho, uma bênção que trouxe alegria e risadas para nossa casa.

Desde pequeno, Gustavo era incrivelmente saudável. Nunca teve uma gripe, nunca ficou doente a ponto de precisar ir ao hospital. Eu, como mãe, me sentia abençoada por ter um filho tão robusto e cheio de vida. Mal sabia eu que a vida poderia nos reservar desafios inimagináveis.

Lembro-me de quando engravidei do meu segundo filho, e Gustavo, com seus três anos de idade, tinha suas próprias ideias sobre nomes. Eu o chamava de Fernando, mas ele insistia que seu nome era "Digo". Era uma daquelas coisas que só uma criança poderia inventar, e eu me via rindo e ficando nervosa ao mesmo tempo. Eu queria que fosse Fernando, mas ele tinha sua própria ideia, e eu respeitava isso, mesmo que de brincadeira.

Então, em um momento de virada em nossas vidas, meu marido foi demitido, e fomos os três juntos receber o pagamento de quitação. Gustavo, com seus olhinhos curiosos, avistou um crucifixo e fez a pergunta mais inocente: "Aquele homem ficou velho?". Expliquei a ele que aquele homem foi criança, jovem, mas que, infelizmente, morreu quando era adulto. Foi então que Gustavo disse algo que ficou gravado em minha memória: "Mamãe, eu não vou ficar adulto. Eu só vou ficar menino." Eu tentei acalmar seu coraçãozinho inquieto, dizendo que ele sim, ficaria adulto e até velhinho. Mas ele insistia, com aquele sorriso puro, que não queria crescer.

No entanto, o destino tinha outros planos para nós. Seis meses depois, Gustavo teve uma convulsão que desencadeou uma série delas, levando-o embora aos três anos e meio, no dia 25 de janeiro. Naquele caminho doloroso até o enterro do meu filho, pus a mão na minha barriga e murmurei: "Digo, seja bem-vindo! Agora você é meu filho mais velho."

Perder Gustavo foi como ter uma parte do meu coração arrancado, mas, de alguma forma, eu sabia que sua presença continuaria a nos guiar. Ele se tornou nosso anjo eterno, aquele que partiu cedo demais, mas cujo espírito jamais nos deixaria. E, assim, aprendi a abraçar as memórias felizes que tivemos com ele, mantendo-o vivo em nossos corações para sempre.

Rodrigo

Hoje, Rodrigo celebra seus 42 anos de vida, uma trajetória repleta de bênçãos e realizações. Seu nascimento, ocorrido dois meses após a partida de Gustavo, foi como um raio de luz que iluminou nossas vidas. Decidi chamá-lo de Rodrigo em homenagem ao irmão mais velho, uma maneira de manter viva a memória daquele que partiu cedo demais.

Desde a infância, Rodrigo demonstrou ser uma criança extraordinariamente abençoada. Com um coração generoso, ele conquistava a amizade de todas as crianças na rua e na escola. A cada reunião escolar, eu me via constrangida pelas constantes palavras de elogio dos professores. "O Rodrigo é uma bênção", diziam eles, e eu só podia agradecer por ter um filho tão exemplar.

Nunca foi preciso me preocupar com seu desempenho acadêmico; ao contrário, eu frequentemente me surpreendia com a facilidade com que absorvia o conhecimento. Sua dedicação aos estudos o conduziu à faculdade, um momento que celebramos com gratidão a Deus. Escolheu a área de Educação Física, uma decisão que refletia sua paixão pelo movimento e pelo cuidado com o corpo.

Com notas exemplares, Rodrigo concluiu a faculdade e embarcou em uma carreira que se tornaria notável. Hoje, mantém cinco empregos na área, provando que o esforço e a paixão podem levar a conquistas extraordinárias. Sua ética de trabalho é admirável, uma qualidade que sempre valorizei e que ele carrega consigo desde os tempos de estudante.

O destino reservou para Rodrigo o encontro com Fabiana, uma mulher especial que se tornaria sua esposa. Desse amor sólido e maduro, nasceu a minha preciosa neta, Heloísa. Dizem que ser avó é ser mãe duas vezes, e posso confirmar essa afirmação. Minha neta é a luz dos meus olhos, e Rodrigo, brilha em sua paternidade.

A harmonia e a cumplicidade entre Rodrigo e Fabiana são admiráveis. Juntos, eles enfrentam os desafios da vida, apoiando-se mutuamente com amor e compreensão. Rodrigo, um homem que não se permite ser desviado por vícios, é um exemplo de retidão e responsabilidade.

Sua jornada é uma inspiração para todos nós, um testemunho de que, mesmo diante das adversidades, é possível construir uma vida plena de significado,

238

amor e realização. Que os próximos anos de sua vida sejam igualmente abençoados, repletos de conquistas e felicidade.

Rafael

Rafael, meu querido filho, foi uma criança que me deu muito trabalho, mas olhando para trás, vejo com emoção e orgulho como ele se tornou um homem maravilhoso. Lembro-me dos dias em que o Gilberto, meu marido, trabalhava à noite, e o Rafael chorava a noite toda. Eu, exausta, sem conseguir dormir, enfrentava aquelas longas noites sem ter ninguém para me ajudar. O Rodrigo, irmão mais velho, quase passava despercebido, pois toda a minha atenção estava voltada para o Rafael. Lembro-me de compartilhar com minha irmã, dizendo que carregava aquele bebê canguru 24 horas por dia. Pela manhã, ele estava pendurado na frente, e à tarde, pendurado atrás, enquanto eu tentava realizar as tarefas domésticas.

Um dia, cansada da situação, peguei o chinelo e tomei uma decisão drástica. Disse a mim mesma que, se era para chorar, que fosse por um bom motivo. Dei uma surra no Rafael, coloquei-o na cama de casal e disse que não o pegaria mais no colo. Foi um momento difícil, mas a partir daquele dia, a choradeira parou, e a vida tomou um novo rumo para nós.

Enquanto o Rafael crescia, lembro-me de deixá-lo no berço enquanto levava marmita para o Gilberto. Em um desses momentos, ele desceu do berço e me seguiu sem que eu percebesse, se perdendo no caminho. A sorte foi que a vizinha o encontrou e o acolheu até que eu fosse localizada. Uma bronca na delegacia me fez perceber o quão importante era a responsabilidade de cuidar de uma criança, mas também percebi o quão maravilhoso meu filho era.

Rafael se tornou um homem excepcional. Nunca me deu trabalho na escola, optou por estudar enfermagem, embora tenha decidido seguir a carreira de marceneiro. E que marceneiro talentoso ele se tornou, com uma carteira de clientes excepcional. Ele mora em São Paulo com o Rodolfo, outro irmão, na casa que temos na cidade. Às vezes, ele trabalha como motorista de Uber.

Olhando para trás, vejo que minha educação deu frutos. Meus pais nos ensinaram a importância do trabalho para vencer na vida e envelhecer com dignidade, e passei essa lição para meus filhos. Sinto-me satisfeita ao ver os homens admiráveis que se tornaram. Meu coração transborda de orgulho ao testemunhar as escolhas que fizeram e como estão construindo suas vidas.

Rodolfo

Em meio às complexidades da vida, algo extraordinário aconteceu: engravidei do Rodolfo. Apesar da resistência inicial, pois já havia enfrentado desafios com a perda de Gustavo, o destino decidiu nos presentear com mais uma bênção. A decisão de seguir adiante com a gravidez não foi fácil, mas nunca passou pela minha mente a ideia de desistir, de interromper a vida que se formava em mim.

Lembro-me vividamente do momento em que compartilhei a notícia com meu marido. Era um misto de surpresa e resignação. "Mais um homem", pensei, e, por mais que a ideia de um terceiro filho homem não estivesse nos meus planos, aceitei esse presente da vida.

A gravidez de Rodolfo foi única, repleta de desafios e surpresas. Desde pequenino, ele já demonstrava sua personalidade marcante. Lembro-me de chamá-lo carinhosamente de "pingente de teta", pois até os três anos de idade, não largava a minha blusa. Seu apego era notório, e a tarefa de fazê-lo desmamar revelou-se um desafio.

À medida que crescia, Rodolfo mostrava sua disposição para ajudar os outros. Desde correr para auxiliar vizinhos até empinar pipas na praia, sua vitalidade era inegável. No entanto, uma brincadeira quase resultou em incidente quando, empolgado, se perdeu enquanto empinava pipa na praia. Foi um susto, mas com a mãe por perto, tudo se resolveu.

A infância de Rodolfo não foi isenta de percalços. Um acidente ao jogar bolinha quase causou um trauma irreversível, mas, graças a Deus, superou-se apenas como mais um susto. Da mesma forma, uma queda de bicicleta trouxe preocupação, mas a inteligência e resiliência do meu filho brilharam novamente.

Rodolfo, além de suas proezas físicas, destacou-se nos estudos, graduando-se em Educação Física. Hoje, ele segue sua paixão, dando aulas e organizando corridas no Ibirapuera e em outro clube, do qual me escapa o nome. Seu talento não se limita às pistas; ele é também um habilidoso marceneiro.

A vida amorosa de Rodolfo teve seus altos e baixos. Casou-se por cinco anos, mas, infelizmente, o casamento não resistiu ao teste do tempo. Atualmente, divide seu tempo entre a minha casa em São Paulo e uma nova relação. Embora eu tenha ensinado que o casamento é para toda a vida, compreendo que nem sempre as coisas seguem o roteiro que planejamos.

Hoje, Rodolfo é um filho carinhoso, que me liga todos os dias e envia mensagens matinais, reforçando a importância de um novo dia. A vida pode ser desafiadora, mas ao olhar para Rodrigo e Rafael, percebo que cada experiência, boa ou ruim, moldou a maravilhosa pessoa que Rodolfo se tornou. E eu, como mãe, sinto-me grata por ter sido parte dessa jornada única e incrível.

Minha Infância na Vila Alpina

Na minha infância na Vila Alpina, as lembranças se misturam com a simplicidade daqueles tempos. Morávamos em uma casa no meio de um quintal compartilhado por duas famílias. Era uma casinha modesta, mas para mim, era o mundo. Lembro-me bem de uma escada que precisávamos subir para chegar à nossa casa, e isso sempre me dava a sensação de estar alcançando algo especial.

Tínhamos um cachorro chamado Duque. Quando minha mãe precisava sair, ela dizia ao Duque: "Duque, vou sair, cuide da Rosana." O cachorro ficava ao lado do berço, e ninguém ousava se aproximar, pois o Duque mordia até meu pai.

Meu pai era alcoólatra, e lembro-me vividamente das vezes em que ele agredia minha mãe. Ela nos deixava dentro de casa, e os dois rolavam escada abaixo, brigando. Minha tia, irmã do meu pai, que morava na casa ao lado, sempre apartava a briga. Ela nos pegava e nos levava para a casa dela.

No muro da casa da minha tia, havia a vizinha de cima, que cultivava morangos. Minha prima e eu não resistíamos e, escondidas, íamos roubar morangos. A mulher brigava com minha tia, mas ela sempre nos defendia, dizendo que não via nada disso acontecendo.

Com sete anos, eu brincava com os meninos da rua, que se divertiam com carrinhos de rolimã. Eu ansiava por andar nesses carrinhos engatados uns aos outros. Certa vez, eles me colocaram no meio, descemos a ladeira, e o parafuso se soltou. Ralei a perna toda no chão, rasguei a calça e a calcinha. Ao chegar em casa, além da dor física, apanhei da minha mãe por não ter "o direito de brincar com os moleques na rua e estragar a roupa."

O primeiro ano escolar começou, e para chegar à escola, tínhamos que subir uma ladeira a pé. Sem dinheiro, levávamos uma caneca e passávamos o recreio na rua, coletando tanajuras para comer. Lembro-me das meninas todas reunidas, desfrutando desse lanche peculiar. Hoje, quando compartilho essa lembrança, muitos torcem o nariz, mas naquela época, era algo delicioso.

E assim, após esse período na Vila Alpina, mudamos para a Vila Nhocuné, pois meus pais construíram nossa casa lá. Essa transição marcou o início de uma nova fase em minha infância.

Vila Nhocuné

Mudamos para lá, e no início, habitamos uma casa modesta, desprovida de acabamento, mas era o nosso lar. Minha mãe, incansável, escolheu aquele lugar para construir nossas vidas. Foi ali que ela nos matriculou na escola que ficava do outro lado do riacho; bastava atravessar a ponte e dar uma breve volta para chegar ao destino.

Lembro-me das férias, quando minha mãe nos levava à escola, participando de um programa repleto de atividades para as crianças. Dias inteiros de brincadeiras, fanfarra, esportes, leituras e, acima de tudo, refeições. A nossa condição financeira nos impelia a depender das sopas e alimentos que a escola oferecia generosamente. Após as atividades, retornávamos para casa, tomávamos banho e adormecíamos. Eu sempre fui uma criança agitada, ansiando pelas brincadeiras com os meninos.

Empinava pipas, deslizava com carrinhos de rolimã, mesmo com a perna machucada dos tombos. Brincávamos de esconde-esconde, mãe da rua, mão na mula, passar anel, e tantas outras brincadeiras que nos mantinham na rua até as oito

241

da noite. Todas as crianças, acompanhadas pelos olhares dos pais, que se reuniam ali, testemunhavam nossa alegria. Essa foi a minha infância, uma época em que uma boneca era um sonho distante.

A única boneca que tive chegou quando completei nove anos, uma Susi que minha mãe conseguiu comprar. Contudo, mesmo com esse presente, uma vizinha insistiu que a boneca era de sua filha, não minha. Lembro-me também dos dias chuvosos, quando éramos obrigados a ir para a escola. A chuva, por vezes, levava a ponte sobre o riacho, e as mães, unindo-se em uma corrente humana, garantiam que todos atravessassem em segurança para continuar nossos estudos.

São essas pequenas lembranças que permanecem vivas em minha memória. As dificuldades, as superações, as risadas compartilhadas com amigos. Como eu desejo que aquele tempo volte! Brincávamos de beijo, abraço ou aperto de mão. Eu era destemida. Assim foi a minha infância, uma época que moldou quem sou hoje.

A Época dos Amores e das Travessuras

Então fui estudar no Olga. Eu adorava ir para a escola, porque tinha que pegar um ônibus ou, às vezes, a gente ia a pé, passando na casa de um e de outro para irmos todas juntas para a escola. Passávamos no supermercado, comprávamos leite moça. Às vezes, a gente até tentava sair sem pagar, e num desses dias o gerente do mercado nos prendeu na geladeira para dar um corretivo.

Chegando na escola, encontrava o resto da turma, os meninos, e todos ficavam do lado de fora. Eles iam paquerar mesmo, e a gente também gostava de paquerar. Então ficávamos lá no escadão, comíamos pipoca com pimenta. E eu nunca esqueço. Aquele pipoqueiro levava 2 tubos de pimenta porque a gente gastava tudo. Era uma delícia aquela pipoca com pimenta.

E essas são todas as minhas amizades, desses encontros, desse livro. Eu adoro todas elas e não vou falar todas, mas apenas as que mais marcaram. A Margarete, a Regina, a Emiliana, a Carmen, a Susete, a Luciana. Éramos o grupinho que morávamos mais próximo e que se juntava para fazer os trabalhos de escola, ensaiar as apresentações nas festas e comemorações. Quando a gente cabulava, até no cemitério a gente ia.

No caminho da escola, o trio Rosana, Susete e Emiliana caminhava na Estrada de Itaquera, na época em reforma, com um maço de cigarros Continental, sem filtro, aprendendo a fumar. E então começaram as rebeldias. Eu cabulava muito, quase não entrava na aula, e por isso que eu não estudei muito. Mas todas as amizades que eu fiz foram amizades sinceras que eu amo de paixão. O Tomaz, o Fernando, esses eu também não esqueço.

A gente se apresentava com dança nas festas da escola, a gente mesmo fazia as roupas. Eu grudei chiclete no cabelo de uma menina e agora ela vai descobrir que foi. E eu era assim. Recordações boas.

Tinha um circo lá perto, e eu cabulava aula para ir para o circo. Aí eu me encantei com o palhaço e comecei a namorar com ele. E o palhaço quis falar com a minha mãe. Ela não aceitou, porque ela era racista, não gostava de preto. Então eu me encontrava com ele escondido, passeava com ele escondido. Cabulava e ia para Mogi das Cruzes, ia para todo lado com ele, sem a minha mãe saber.

Essa foi uma época de descobertas, de amizades intensas, de travessuras e amores proibidos. Cada lembrança é como uma joia preciosa, guardada no baú das memórias que moldaram a mulher que sou hoje.

Um Caminho de Amor

Aos treze anos, iniciei meu primeiro namoro com Ademar, um rapaz que morava nas redondezas. Ele frequentava os bailes da região, e foi lá que nos conhecemos. Acontece que, na época, eu era bastante levada e ele não gostou de me ver conversando com outro rapaz na escola. Os ciúmes se tornaram frequentes, gerando brigas constantes, o que eventualmente levou ao término do nosso relacionamento. Apesar das desavenças, namoramos bastante durante aquela fase da adolescência.

Após o fim desse namoro, Ademar seguiu por um caminho diferente, enfrentando alguns desafios, inclusive sendo preso. Enquanto isso, eu continuei minha jornada, frequentando os bailes da vida. Foi em um desses eventos que conheci Ailton, com quem também tive um relacionamento.

Posteriormente, Gilberto entrou em cena. Conheci-o no mesmo baile onde antes havia encontrado Ailton. Ao dançarmos, percebi uma sintonia única entre nós. Gilberto era gentil, mesmo eu mancando e ele tremendo um pouco. Parecia que estávamos destinados a ser um casal.

A relação com Gilberto se desenvolveu, e começamos a namorar. Nesse período, ele demonstrou um grande apoio, inclusive ajudando minha família em situações difíceis. Lembro-me de um episódio especial: minha mãe vendia flores na porta do cemitério em novembro, e eu comentei com Gilberto sobre a venda. Sem hesitar, ele apareceu com lanches para nós, provenientes de seu trabalho em uma lanchonete na Rua Formosa. Minha família ficou encantada com sua educação e beleza.

Meu pai, sempre atento, expressava o desejo de que eu tivesse um namorado como Gilberto. Mesmo relutante em contar a ele sobre nosso namoro, meu irmão sugeriu que eu o fizesse. A revelação trouxe alegria aos meus pais, que logo se tornaram fãs de Gilberto. Ele sempre foi carinhoso, atencioso e prestativo, características que conquistaram não só a mim, mas também minha família.

O relacionamento evoluiu, tornamo-nos noivos e, após alguns eventos especiais, decidimos nos casar. Até hoje, seguimos juntos, agradecendo a Deus pela nossa jornada de amor.

O encontro do amor

Fui a um baile novo na Vila Antonieta chamado Beverly que conheci o Gilberto. A Edilene e eu fomos para esse baile, e ela disse que ele estava olhando para ela. Eu disse: "mentira, ele está olhando para mim". Eu propus uma aposta: quem consegue sair com ele? Ela concordou. No baile, ele me chamou para dançar. Lembro que eu estava mancando porque usava uma bota, mas ele não se importou. Ele trabalhava no bar do pai, que funcionava no salão, e saiu do bar para dançar comigo, e assim começamos a conversar.

No domingo seguinte, voltei. Gostei da pessoa. Ele quis me levar para casa, mas recusei, dizendo que meus irmãos estavam lá. No entanto, começamos a namorar muito. Foi quando ele conheceu meus pais na porta do cemitério, vendendo flores. Eles gostaram dele, e assim começamos a namorar de verdade. Minha sogra inicialmente não gostava muito de mim; ela falava muito sobre a ex-namorada dele, Salete. Às vezes, quando eu visitava minha sogra, ela dizia coisas como "Salete fazia isso, fazia aquilo." Não gostei disso, afinal, agora eu era a namorada dele.

Um dia, ao entregar uma jarra para minha sogra, ela alertou sobre Salete novamente. Peguei a jarra e a joguei no chão, dizendo que agora ela não se lembraria mais dela. Fui persistente, e aos poucos, minha sogra começou a gostar de mim. Engravidamos, e a primeira pessoa para quem quis contar sobre o primeiro neto foi ela. Foi um momento especial que fez minha sogra esquecer as antigas preocupações.

Nosso namoro foi rápido, e marcamos a data do casamento em 1980. Já se passaram 43 anos desde então. Eu, sendo um pouco "bocuda", enfrentei os desafios, inclusive com minha sogra. Mudamos para Vila Rica, onde ela visitava e passamos por altos e baixos, mas sempre juntos. Cuidei dela quando ficou doente, e meu marido e eu sempre estivemos lá um para o outro, na alegria e na tristeza.

Construímos nossa casa em Tiradentes, enfrentamos dificuldades financeiras, mas conseguimos proporcionar uma vida boa para nossos filhos. Trabalhamos duro, e eu, eventualmente, entrei para o mercado de trabalho, contribuindo para o sustento da família. Com esforço, conseguimos oferecer uma boa educação para nossos filhos, comprar uma casa na praia e aproveitar a vida juntos.

Atualmente, moramos aqui, sozinhos, mas unidos. Meu marido está deitado com gripe hoje. Enquanto relembro nossa jornada, percebo que nunca brigamos a ponto de discutir. Nosso segredo é ouvir um ao outro, e assim, levamos nossas vidas por 43 anos. Rezo para que Deus nos conceda muitos mais anos juntos, pois não consigo imaginar a vida sem ele. É uma jornada bonita e cheia de amor.

Vida Profissional

Iniciei minha trajetória profissional aos 13 anos, quando me vi trabalhando na feira ao lado da minha mãe. A rotina era árdua, exigindo madrugadas e o equilíbrio entre o trabalho na feira, as compras e a manutenção da casa. Contudo, em determinado momento, decidi que aquele não era o meu caminho. Em busca de novas oportunidades, consegui um emprego no Largo São Francisco, vendendo produtos agrícolas, especialmente venenos para plantações. A exposição constante a produtos químicos, no entanto, cobrou seu preço na minha saúde, e minha mãe tomou a decisão de me tirar de lá.

Foi nesse momento que ela descobriu meu hábito de fumar, ao encontrar um maço de cigarros no meu armário de trabalho. Fui sincera, admitindo meu vício e deixando claro que, com ou sem permissão, continuaria fumando. Retornei à feira, e mais tarde, ao me casar com Gilberto, tentamos empreender com nossa própria barraca na feira, sem sucesso. Optamos, então, por trabalhar com minha mãe.

As jornadas tomaram rumos diferentes quando Gilberto seguiu para a prefeitura e farmácia, enquanto eu buscava novas oportunidades. Passei a atuar como auxiliar de laboratório, fiz um curso de auxiliar de enfermagem e trabalhei no Hospital Planalto. Posteriormente, mudei para o Santa Marcelina, onde, mesmo sendo honesta sobre minha falta de experiência em coletar sangue, fui treinada e contratada como auxiliar de laboratório. Quinze anos dedicados ao trabalho em diversos turnos, algumas vezes dobrando a carga horária para garantir horas extras e realizar o sonho da casa própria.

A aquisição de uma casa na praia trouxe novos desafios. Desejei parar de trabalhar, mas meu patrão resistia em me liberar, preferindo que eu pedisse demissão. O impasse persistiu até que, finalmente, consegui ser demitida. Mudei-me para a praia e desfrutei da aposentadoria aos 60 anos.

Entretanto, um convite inesperado para cuidar da limpeza de uma casa na praia redefiniu meu rumo profissional. Rapidamente, outras oportunidades surgiram, e em parceria com minha irmã, dedico-me à manutenção de casas de praia. Não por necessidade, mas pela paixão pelo trabalho e pelo bem-estar financeiro. Planejo encerrar essa fase no próximo ano e embarcar em uma nova jornada de descobertas. Londres está nos planos.

Expresso minha gratidão a Deus por todos os capítulos da minha vida profissional, pelos erros, acertos, escolhas, idas e vindas. Sou verdadeiramente abençoada.

Obrigada, Senhor.

Susete

Minha Mãe - A Rainha do Caos e da Generosidade

Minha mãe Odete era uma figura que desafiava qualquer tentativa de definição simples. Ela emanava uma aura de domínio, principalmente sobre meu pai, que muitas vezes parecia dançar conforme a música que ela escolhia. Era como se o mundo dela girasse de acordo com suas regras, e todos nós estávamos apenas tentando acompanhá-la.

Apesar de sua natureza dominadora, ela possuía um encanto irresistível. Sua habilidade de fazer amizades era surpreendente. Era como se ela carregasse consigo uma bagagem de histórias e uma energia contagiante que atraía as pessoas para o seu círculo. No entanto, estar dentro desse círculo não significava que a vida seria fácil.

As festas eram a marca registrada de minha mãe. Ela sabia como transformar qualquer ocasião em uma celebração, mas havia sempre um "probleminha" no caminho, uma reviravolta inesperada que tornava as coisas um tanto tumultuadas. Era quase como se o universo conspirasse para manter as coisas interessantes, mas nem sempre para o melhor.

Mas, apesar de todas as nuances, havia um lado bom nela. Ela era divertida, e até conseguia relaxar e tomar uma cervejinha com ela. Sob o véu da sua autoridade, escondia-se uma mãe que sabia apreciar os momentos descontraídos da vida.

Com os vizinhos, ela era uma incógnita. Difícil de agradar, ela mantinha suas distâncias, a menos que algo conquistasse sua aprovação. Quando isso acontecia, contudo, ela se transformava em uma pessoa encantadora, capaz de estender a mão com generosidade e simpatia.

Quando residia em Itacira (nota de rodapé, também conhecida como Ponte Nova, atualmente Wagner), minha mãe, 0 Odete - carinhosamente chamada por todos de 'Vivinha', conforme o apelido dado por minha avó devido à sua grande perspicácia, ajudava no sustento da casa adquirindo roupas em Utinga, uma cidade vizinha, para revendê-las em um cômodo transformado em loja em nossa residência.

Essa empreitada não apenas contribuía para as despesas domésticas, mas também possibilitava o pagamento das mensalidades escolares de meu irmão, uma vez que, a partir do ginásio, tornavam-se obrigatórias. Vale ressaltar que, mediante alguma influência, alguns obtinham bolsas de estudo.

A determinação e o empenho de minha mãe eram admiráveis.

Um dos mais marcantes da nossa saga familiar ocorreu quando ela decidiu intervir em nossas vidas de maneira significativa. Ela insistiu, com uma determinação inabalável, para que meu marido, Ivan, e eu comprássemos um terreno para construir nossa casa. Ofereceu ajuda financeira, seja emprestando dinheiro ou adiantando a entrada. Se não fosse por essa insistência, talvez ainda estivéssemos presos à rotina de aluguel.

Conviver com minha mãe, exigia habilidade. Era como equilibrar-se em uma corda bamba, sempre atento aos altos e baixos da sua personalidade cativante e desafiadora. Ela não era apenas minha mãe; era a mulher que, de muitas maneiras, moldou o curso de nossa história familiar, desde as festas tumultuadas até o terreno que chamamos de lar. Saber lidar com ela era uma arte que, quando dominada, revelava um tesouro de experiências e aprendizados.

Meu Pai

Meu pai, nascido no longínquo ano de 1925, foi uma presença fundamental em minha vida. Ele carregava consigo uma bondade infindável, uma gentileza que se estendia a todos ao seu redor. No entanto, como toda pessoa, ele tinha seus defeitos, e o principal deles era sua completa devoção à minha mãe. Ele era o tipo de homem que faria qualquer coisa para vê-la feliz, mesmo que isso significasse deixar de lado seus próprios desejos e vontades.

Lembro-me vividamente de como minha mãe exercia uma influência poderosa sobre ele. Era como se ele estivesse cativado por ela, incapaz de contrariá-la em qualquer aspecto. Esse traço de sua personalidade, ao mesmo tempo admirável e frustrante, moldou a dinâmica de nossa família.

Meu pai, para mim, representava a segurança e a razão de ser. Sua ausência, após seu falecimento em 1997, deixou um vazio insuperável. Sobreviver sem ele foi uma batalha diária, e por muito tempo, minha razão de viver era simplesmente agradá-lo.

Ele desempenhou o papel de um pai exemplar, e sua dedicação estendeu-se ao papel de avô quando Dinho, o primeiro a chamar de avô, que era o seu xodó, veio ao mundo. No entanto, mesmo nesse papel, ele não escapou das complexidades familiares. Minha mãe, com seu ciúme peculiar, às vezes parecia rivalizar com meu pai pela afeição do neto.

A história de meu pai começa na Bahia, onde ele nasceu. Ele tomou uma decisão corajosa ao mudar-se para São Paulo, sozinho, com o objetivo de estabelecer as bases para trazer a família consigo. Essa parte da minha história é marcada por uma mentira dolorosa da minha mãe, que alegava que meu pai estava trabalhando longe. Eu sofri profundamente com a falta dele, chorando incessantemente, brigando com todos que tentavam me consolar.

Quando finalmente descobri a verdade sobre sua mudança para São Paulo, senti como se tivesse sido atingida por um raio. A quase morte da minha alma deu lugar a uma ressurreição quando ele voltou para nos buscar. Aquela foi a primeira vez que entendi a verdadeira dimensão do amor de um pai.

Ele era uma figura igualitária em todos os aspectos de sua vida. Seja com seus filhos, minha mãe, amigos ou vizinhos, ele era alguém que nunca dizia não a ninguém. Sua generosidade e disposição para ajudar eram características marcantes, e ele era conhecido como um excelente trabalhador.

Na Bahia, ele havia trabalhado como empreiteiro de obra, contribuindo para a construção de igrejas, escolas, hospitais e fóruns em diversas cidadezinhas. Essa trajetória de mudanças e construções, típica de quem busca proporcionar uma vida melhor para a família, definiu a sua existência.

Destaco com gratidão a figura inspiradora de meu pai. Apesar das inúmeras dificuldades que enfrentamos, ele sempre se esforçou incansavelmente para garantir que não nos faltasse nada, e a mesa em nossa casa era sempre farta.

Lembro-me vividamente do gesto peculiar que meu pai teve, demonstrando seu zelo mesmo diante da inevitabilidade da vida. Sob o tapete do quarto, ele guardou cuidadosamente uma quantia, explicando que era destinada ao seu funeral. Essa precaução refletia seu temor de que, na eventualidade do seu falecimento, pudesse faltar recursos.

Essa lembrança é mais do que um simples episódio; é um testemunho do amor e dedicação que meu pai dedicou à nossa família. Em meio às incertezas da vida, ele se antecipou, mostrando sua preocupação genuína conosco, mesmo quando a sombra da finitude pairava sobre nossas vidas.

Assim, recordo com respeito e emoção a história que, com toda sua complexidade, nos uniu como família. As lições de meu pai sobre responsabilidade, previdência e amor continuam a guiar-me, iluminando meu caminho mesmo nos momentos mais desafiadores.

Assim, meu pai, nascido em 1925 e deixando este mundo em 1997, permanece como uma figura imortal em minha memória. Sua jornada de vida, marcada por sacrifícios e amor incondicional, moldou não apenas minha infância, mas também a essência da pessoa que me tornei.

Minha Primeira Infância em Itacira

A primeira parte da minha infância foi marcada por lembranças vivas de uma cidade chamada Itacira, onde meu pai desempenhava o papel de mestre de obra, construindo as estruturas mais imponentes da localidade. Uma das lembranças mais nítidas é a avenida de paralelepípedos, larga e imponente, que ele construiu, e que ao longo, pequenos caminhos iam se abrindo as margens, nos quais meu irmão me carregava em carrinhos de mão. Ele corria enquanto eu gritava, com as pernas para o alto, uma cena que eu adorava.

Naquela cidade, eu brincava de "panelada" sob as sombras das árvores, preparando comidinhas imaginárias. O rio também era parte essencial das brincadeiras, onde tomávamos banho e eu, particularmente, me aventurava na pesca. Pegava peixes em um vidro com farinha, e levava para minha avó preparar. Havia uma ladeira no caminho para o rio onde descia de carrinho de rolimã com meus irmãos. Lembro-me vividamente do rádio antigo da minha mãe, que tocava músicas que eram nossa única fonte de entretenimento na época.

Apesar de haver um cinema na cidade, a energia elétrica era desligada às 11 horas da noite, sinalizada por dois apitos. Era um ritual comum: todos corriam de volta para casa antes que as luzes se apagassem. Nossa casa era espaçosa, com muitos cômodos e um quintal repleto de plantas e árvores frutíferas. Eu tinha o costume de comer mangas verdes diretamente do pé e chupar limões, mas uma vez meu irmão exagerou nas mangas e ficou todo inchado. O médico diagnosticou o problema como uma reação ao sal, o que acabou com nossas travessuras. No entanto, continuamos a comer escondidos.

Lembro-me de buscar água no rio com as minhas irmãs usando uma pequena lata. No entanto, muitas vezes, ao chegar em casa, descobria que toda a água tinha sido derramada durante meu trajeto, enquanto eu brincava e fazia bagunça pelo caminho.

Um presente especial dessa época foi a boneca Wandeka, um presente da minha irmã mais velha que morava em São Paulo. Quando parti para São Paulo, a única coisa que trouxe comigo foi essa boneca, apesar de ter que deixar para trás os móveis e a cama de madeira que meu pai havia feito para ela. Ele insistiu que só poderia levar as roupas. Isso me entristeceu, mas dei todos os outros brinquedos para uma amiguinha.

A Mudança para Aricanduva e os Primeiros Desafios

Então viemos, o meu pai, eu, minha mãe e um sobrinho meu, que foi criado como irmão. Aí mudamos para cá, viemos embora.

Meu pai sempre tinha um jeito peculiar de anunciar as novidades. "Já estamos em São Paulo", disse ele, com aquele ar de quem carrega o peso da estrada nos ombros. Era como se o simples ato de atravessar os limites do estado fosse uma conquista colossal.

Naquele instante, meu sobrinho, sempre ávido por qualquer movimento, levantou-se de um salto, ficando de pé como se estivesse prestes a receber uma medalha de honra. Eu me juntei a ele na expectativa, ambos espiando pela janela como crianças ansiosas diante de uma surpresa.

A paisagem de São Paulo se revelava diante de nós, uma cidade que nunca dorme, repleta de prédios que desafiavam os céus. Mas, apesar da grandiosidade da metrópole, a realidade do trânsito caótico nos fazia desejar que nunca tivéssemos chegado.

De repente, meu pai apontou para o horizonte e anunciou com entusiasmo: "Aparecida do Norte!". Jesus Maria José, parecia que estávamos a quilômetros de distância da casa que nos esperava pacientemente. A espera tornou-se quase uma tortura, como se o tempo decidisse brincar conosco, prolongando cada segundo até o limite do suportável.

Olhando pela janela, víamos pessoas apressadas, carros que se moviam em um ritmo frenético e a sensação de que, naquela vastidão urbana, a nossa casa se tornava uma miragem distante. No entanto, a Aparecida do Norte nos acolhia

250

com seus mistérios e promessas, enquanto aguardávamos, esperávamos, e rezávamos para que a demora não se transformasse em uma jornada interminável até o nosso destino.

Foi quando eu cheguei naquela casa. Ali na Aricanduva. Que eu achei que nunca mais na minha vida eu ia dormir porque é perto da avenida e o barulho era terrível.

Tinha uma padaria em frente à casa e meu pai mandava eu comprar bengala, mas eu não sabia o que era bengala. Aí ele explicou que era um pão grande. Aí eu ficava com vergonha, mas em pouco eu já tinha dominado o modo de viver dos paulistas.

Lembro que brincava de queimada na rua com as meninas Rita e a Marinalva que me levaram para fazer matrícula na escola. Aí no Olga, sofri bullying com os coleguinhas falando do meu sotaque, das minhas roupas e riam muito. Eu fiquei um pouquinho chateada, mas com o tempo já estava dominando, já estava fazendo piada, já estava tirando uma com todo mundo e nada de bullying. Naquela época não estava nem aí com nada.

Então, nessa casa que nós moramos por 2 anos, era a casa da minha irmã. Enquanto isso, o meu pai trabalhava e continuou sendo mestre de obra. E aí nos finais de semana ele começou a fazer nossa casa. Ele comprou um terreno e, distraindo-se, começou a construção da nossa casa no terreno errado, da rua de baixo. E foi uma grande confusão, pois ele teve que comprar o terreno do vizinho. Lembro que eu levava marmita para ele. Mas não gostava do lugar porque eu teria que fazer amizade tudo de novo.

Todo o percurso para a escola era longo e não tinha TV, então assistia TV na casa da vizinha, Dona Maria e seu Geraldo que tinham uma filha chamada Cida. Então venderam essa casa e mudou uma família, vinda da Aclimação. A filha Celia não gostava do lugar e então iniciamos uma amizade. Levei ela para matricular na escola e íamos juntas. Como ela era muito tímida, no caminho da escola, eu contava umas histórias na qual ela fazia xixi de tanto rir.

Depois eu me casei. Ela também teve um marido e teve um filho, filho. Ficamos comadre, eu sou madrinha do Rafael. Ela faleceu uma semana depois do Encontro de 2023. Foi um momento difícil, mas nossa amizade e os momentos compartilhados ficarão para sempre na minha memória, como parte importante da minha jornada nesta nova fase da vida.

Irmãos na Jornada da Vida

Elena e eu compartilhamos uma ligação única, moldada pelos altos e baixos que a vida nos impôs. Depois de um período de separação, decorrente da sua estadia na Bahia, nossa relação floresceu quando ela finalmente retornou a São Paulo. Parecia que estávamos destinadas a compartilhar momentos significativos, inclusive planejando casar-se no mesmo dia. Imaginar meu pai conduzindo ambas ao altar era um sonho que, no entanto, não se concretizou, mas nos casamos no mesmo dia.

Elena optou por não ter filhos, uma escolha que respeitei plenamente. A vida dela a conduziu por caminhos que, eventualmente, resultaram em um divórcio. Hoje, ela vive sozinha, mas nossa ligação permanece forte, enraizada nas experiências compartilhadas ao longo dos anos.

Arnaldinho, assim como os demais, me chamava de "Nega", uma expressão que ecoa com carinho em minhas memórias. Construímos uma relação sólida ao longo dos anos, mas o tempo e as circunstâncias nos levaram a trilhar caminhos distintos. Arnaldinho tornou-se pai de um casal, Vanessa e Jardel. Apesar da distância atual, as lembranças calorosas de nossa época juntos permanecem vivas. Como por exemplo a da pimenta.

por volta dos sete anos, já me aventurava pelo universo escolar. Nessa época, meu pai costumava preparar bolinhos de comida com as próprias mãos e delicadamente me oferecia bocados, como um gesto de carinho cotidiano. Entretanto, em um desses momentos, meu irmão Arnaldinho, sempre muito travesso, resolveu pregar uma peça colocando discretamente pimenta no prato.

A princípio, tudo parecia normal. Eu, inocentemente, abri minha boca para receber o sabor familiar dos bolinhos. No entanto, rapidamente percebi que algo estava errado. Uma sensação ardente começou a se espalhar, e minha boca parecia ter sido submetida a uma intervenção de Botox improvisada. Todas as tentativas para aliviar o ardor foram ineficazes. Nem o uso de água, farinha ou leite, que sempre era suavizante e reconfortante, não valeu de nada.

O desconforto foi tamanho que, lamentavelmente, acabei perdendo um dia de aula. Aquela experiência traumática com a pimenta deixou marcas profundas, que persistem até hoje. O simples aroma da especiaria evoca memórias daquela sensação abrasadora, e, por isso, desenvolvi uma aversão à pimenta que perdura ao longo dos anos.

Odenaldo, o irmão mais velho, que teve um casal de filhos, Clayton e Cristiane, partiu desta vida, deixando um vazio imenso. Sua ausência é sentida em cada reunião familiar, mas sua memória persiste, guiando-nos através das lembranças compartilhadas.

Arnaldete, que teve um casal de filhos, o Dario e a Mona Jamile, e que cujo caminho se desviou do nosso, é agora uma presença distante em minha vida. O tempo e as escolhas nos levaram por direções opostas, e a falta de contato não diminui a importância que ela teve na formação da minha jornada.

A saga da nossa família é tecida com fios de amor, perda, e escolhas que moldaram cada um de nós de maneiras únicas. Enquanto a vida nos leva por diferentes caminhos, os laços familiares continuam a ser uma força constante, mesmo quando a geografia e as circunstâncias nos separam.

Memórias de Itacira - Uma Lição Dolorosa

Naquela época, Itacira era o nome que ecoava pelas ruas e pelas casas que se alinhavam nas larga avenidas. Hoje, a cidade responde pelo nome de Wagner, mas as lembranças de minha infância ainda estão cravadas no solo daquelas ruas, como se as marcas do passado nunca pudessem ser apagadas.

No meu primeiro ano, entre mesas e cadeiras desgastadas, conheci a professora Creuza, que ainda vive. A escola ficava próxima à minha casa, à beira da avenida que meu pai orgulhosamente pavimentou com paralelepípedos. Uma igreja erguida por suas mãos e um hospital, cuja renovação também coube as suas habilidosas mãos construtoras, pontuavam a paisagem dessa cidade que vivia entre o pó e as histórias de seus habitantes.

Lembro-me vividamente de um episódio que se tornou uma página marcante em minhas memórias. Itacira estava envolvida em uma campanha de saúde, um esforço coletivo para garantir o bem-estar da população. As crianças, incluindo eu, foram convocadas para realizar exames de fezes, sangue e urina.

Eu, porém, enfrentei um dilema peculiar. Sofria de ressecamento e, para minha aflição, não conseguia coletar as fezes necessárias para o exame. Meu irmão, mais destemido, fez sua contribuição no meio do quintal e levou-a para a escola. Ao descobrir minha hesitação, minha mãe advertiu que uma surra seria inevitável caso eu não cumprisse com a tarefa.

Assustada, fui ao quintal, reuni um pequeno montante das fezes de meu irmão e segui para a escola. O resultado dos exames foi surpreendente: o de meu irmão estava normal, enquanto o meu indicava um problema de saúde.

Fui encaminhada para uma segunda etapa do processo, em que me foi receitado um remédio. No entanto, sempre tive dificuldades em engolir comprimidos, e a pílula prescrita era colossal. Na minha mente infantil, convenci-me de que não era para mim, afinal, vermes e fezes não eram parte do meu mundo.

Nesse impasse, recebi a primeira e única surra de meu pai. Ele insistia que o remédio era crucial para minha saúde, mas minha obstinação infantil falou mais alto. Recusei-me a tomá-lo, desafiando a autoridade paterna de uma maneira que jamais havia feito.

Essa rebelião teve seu preço. A lição aprendida naquele dia não foi apenas sobre cuidar da saúde, mas também sobre respeitar a sabedoria daqueles que nos amam. Mesmo que tenha resistido àquele comprimido, as marcas dessa experiência ficaram impressas em minha memória, recordando-me da importância de ceder, mesmo quando pensamos que sabemos melhor. Itacira, com seu passado e suas lições, continua a moldar quem sou hoje, mesmo que seu nome tenha mudado com o tempo.

Seabra - Cidade Moderna dos Primeiros Amores

Ao chegarmos à segunda cidade, meu pai estava determinado a deixar sua marca. Com suas mãos habilidosas e visão empreendedora, ele construiu o fórum local e algumas casas que emolduravam o cenário urbano em desenvolvimento. Era uma cidade mais moderna, com uma vibração pulsante de progresso e novas oportunidades.

Dentre as novidades que a cidade oferecia, o cinema era um dos principais destaques. No entanto, havia uma peculiaridade: as luzes não se apagavam antes das 11 horas da noite, conferindo uma aura especial às sessões noturnas. Era fascinante testemunhar como o avanço tecnológico transformava não apenas a arquitetura, mas também os hábitos cotidianos.

Perto de minha casa e da escola, um parque de diversões se tornou meu refúgio de alegria e emoções intensas. Os risos ecoavam enquanto eu me aventurava nas rodas-gigantes, criando memórias que perdurariam para sempre.

Meu coração adolescente palpitava cada vez que me aproximava da roda-gigante. Foi lá que tive o meu primeiro namorico. Juntos, exploramos o parque e compartilhamos risos, e sonhos. Os dias eram repletos de descobertas e alegrias, mas a mudança iminente pairava sobre nossas cabeças.

Quando a notícia de que teríamos que nos despedir daquela cidade chegou, a alegria dos amores adolescentes se misturou à tristeza da despedida. Mudar de cidade novamente significava abandonar não apenas lugares familiares, mas também corações entrelaçados em histórias de romance juvenil. O circo, onde experimentei o meu primeiro beijo

A adaptação à nova cidade seria desafiadora, mas o que ficava claro era que o coração, marcado pelos amores e encantos da cidade anterior, levaria consigo as lições valiosas aprendidas naquele   de descobertas e emoções. E assim, com as bagagens cheias de lembranças, nos lançamos em mais uma jornada de mudanças e oportunidades.

Recentemente, recordando memórias da infância, lembrei-me de uma tesourinha que gostava muito. Fui até a casa da minha amiguinha, disse a ela o quanto apreciava a tesourinha e a dei de presente. Essa pequena ação acabou se tornando um vínculo de amizade

naquela fase inocente e despreocupada da minha vida em Seabra.

Lembro-me de um momento com meu avô João Castelucio. Minha tia saiu e deixou eu e minha prima para cuidar do meu avô, e não deixar ele sair

Na casa tinha uma pequena adega, vinhos naturais em barris, pois meu tio tinha um bar na cidade.

Bem, eu e minha prima começamos a tomar vinho e para acalmar meu avô que queria sair a qualquer custo, começamos a dar vinho para ele também.

Resultado, minha tia chegou, meu avô estava na rua com um só pé de chinelo e falante por demais, e eu e minha prima caímos na risada sem controle apesar de tomar uma bronca daquelas.

Desafios na Jornada Escolar

Eu tinha feito o quinto ano, ou Admissão na Bahia, mas quando cheguei aqui, as coisas tomaram um rumo inesperado. Fui desafiada a refazer a quinta série, um que se revelou mais complicado do que eu poderia imaginar. Tudo isso foi bem difícil.

As professoras eram exigentes, as aulas eram desafiadoras, e eu me vi diante de um novo ambiente escolar que parecia muito distante do que eu havia experimentado antes. A Bahia ficava para trás, e o presente era marcado pela necessidade de me adaptar a uma nova realidade.

No Olga, as séries se tornaram um ciclo que se repetia para mim. Fiz duas vezes cada uma delas, uma jornada que, de certa forma, se transformou em um desafio pessoal. Na segunda tentativa de ser aprovada na sexta série, me transferi para o Penna. E dessa forma, voltei para o Olga para seguir em frente, agora já a partir da sétima série. A oitava série chegou, mas eu já tinha dado um passo adiante, indo para a Francisca Bueno. Contudo, mesmo com essa mudança, meu vínculo com o Olga persistia, tornando-o parte integrante da minha história.

O Olga se tornou um local onde as amizades floresceram, onde eu descobri mais sobre mim mesma a cada dia. E mesmo diante das repetições, das séries que pareciam intermináveis, encontrei força para persistir. A escola, afinal, não era apenas um lugar de estudo; era um terreno fértil para o crescimento pessoal.

Então, ali permaneci até 1977, ano que marca não apenas o fim de uma fase na minha educação, mas o início de um novo na minha jornada. O Olga, com todas as suas dificuldades, se revelou um pedaço fundamental do meu caminho, e as lições aprendidas naquelas salas de aula moldaram a mulher que me tornei.

A Jornada Profissional

Meu primeiro emprego estava logo ali, a poucos passos de casa, em uma imobiliária na movimentada avenida Itaquera. Era uma experiência próxima, conveniente, mas que não durou muito. A convivência com uma colega de trabalho um tanto folgada e a observação de práticas questionáveis foram o suficiente para me fazer repensar minha permanência por lá. Eu sempre fui alguém que não hesitava em expressar minha opinião, então, naturalmente, eu dava meus pitacos sobre as situações que presenciava. No entanto, a atmosfera não era a mais saudável, e decidi que não era o lugar certo para mim.

Em seguida, a oportunidade bateu à porta de um escritório de contabilidade localizado na Patriarca, com a colaboração de um amigo do meu pai. Aceitei a oferta e mergulhei no mundo dos números por um período. Foi uma experiência interessante, mas, como a vida é cheia de reviravoltas, logo percebi que precisava de algo mais.

Decidi voltar a estudar durante o dia, buscando expandir meus horizontes e investir no meu desenvolvimento pessoal. Foi uma escolha que, no final das contas, se mostrou acertada. Com uma amiga, a Célia, comecei a trabalhar em uma loja na rua Maria Marcolina. As histórias e os desafios eram compartilhados, criando laços que permaneceriam para sempre na minha memória.

O Mappim foi o próximo   da minha trajetória profissional. Foi lá que experimentei a formalidade de um registro empregatício. Os desafios eram diferentes, mas cada um deles contribuiu para o meu crescimento e amadurecimento profissional.

Após o casamento, a noite me chamou para trabalhar na Metramec, ao lado do Ivan. Uma experiência que, apesar de breve, trouxe novos aprendizados e desafios. Entretanto, como a vida muitas vezes nos surpreende, em pouco tempo, a notícia da gravidez chegou, alterando o curso das coisas.

Com alegria e a responsabilidade crescente da maternidade, tomei a difícil decisão de deixar o trabalho na Metramec para me dedicar integralmente à minha nova jornada como mãe. Cada passo na minha carreira até então contribuiu para moldar quem eu era, mas nada se comparava à aventura que estava prestes a começar com a chegada do meu primeiro filho.

Ivan, o Começo de Uma História

Conheci o Ivan na escola, naquela classe que guardo tantas lembranças. Lembro-me vividamente do dia em que a Rosana estava sentada com ele e o João Batista. O ambiente era descontraído, e, de repente, eles me chamaram com um convite para o fundo da sala. "Vem pra cá, vem sentar aqui no fundo," disseram, e naquele momento, algo especial começou a se desenhar.

Naquele instante, decidi comigo mesma que, quando fosse o momento certo, eu me sentaria sozinha com o Ivan. Era como se o destino já estivesse traçando um caminho, e eu estava pronta para percorrê-lo. O flerte começou de maneira sutil, e, aos poucos, fomos nos aproximando.

Lembro-me do dia em que decidimos ir ao cinema juntos. Foi um passo significativo, e a nossa amiga Augusta desempenhou um papel fundamental nesse da nossa história. Ela não apenas nos encorajava, mas também fazia questão de cuidar dos detalhes práticos, como ficar com nossos materiais para que pudéssemos desfrutar de momentos a sós na tela grande.

Augusta era como a madrinha do nosso romance, sempre incentivando-nos e proporcionando oportunidades para estarmos juntos. Sua cumplicidade e apoio tornavam nossos encontros ainda mais especiais.

O cinema tornou-se o cenário de muitos momentos marcantes para nós. Ali, nas poltronas escuras, compartilhamos risos, silêncios e olhares que falavam mais do que palavras. O Ivan e eu estávamos construindo uma história única, e Augusta estava lá, nos bastidores, torcendo para que cada   fosse mais emocionante que o anterior.

Esses foram os primeiros passos do nosso relacionamento, e o inicial da nossa história de amor estava sendo escrito. Aos poucos, o flerte na sala de aula transformou-se em algo mais profundo, algo que transcenderia os limites da escola e se tornaria a base de uma jornada que estava apenas começando.

Vida de Casada

Então me casei, e ninguém me orientou sobre métodos contraceptivos. Fui embora em lua de mel e, para minha surpresa, engravidei. Meu filho nasceu exatos 9 meses depois do casamento.

Quando me casei e mudamos para a casa dos fundos da casa da minha mãe, ela combinou conosco que poderíamos morar lá o tempo que precisássemos. Porém, por dois anos, não precisaríamos pagar aluguel e que após esse período, seria cobrado um aluguel, modesto, mas obrigatório. Quando minha irmã, que morava na casa de cima, saiu, eu e Ivan decidimos subir e ocupar o espaço. E assim começou a nossa vida de casados.

Ivan deixou um emprego que não pagava muito bem e ingressou na PM, fazendo o que gostava, embora o salário ainda não fosse dos melhores. Conviver com minha mãe não era fácil, mas naquela fase, não tínhamos condições de sair de lá. Se não fosse por ela, tão controladora como era, talvez não teríamos alcançado o que temos hoje. Podemos dizer que ela nos deu um empurrão, mesmo que só depois do prazo determinado começamos a correr atrás das coisas.

Encontramos um terreno, onde hoje está nossa casa. O problema é que não tínhamos o dinheiro necessário para dar o sinal. Foi aí que minha mãe, mais uma vez, nos ajudou e emprestou o dinheiro. Para conseguir a entrada, vendemos o carro e utilizamos o fundo de garantia. Assim, firmamos o compromisso de pagar o terreno em 18 anos.

Foi um passo importante, mas desafiador. Deixamos a casa da minha mãe, eu já grávida do Rodrigo, nosso segundo filho. A mudança representava não apenas um novo lar, mas também o início de uma jornada de responsabilidades e desafios. A cada mês, enquanto esperávamos a chegada de Rodrigo, trabalhávamos arduamente para garantir o futuro da nossa família.

Gravidez e Parto - Desafios e Aprendizados

A chegada de Dinho, o primogênito, trouxe consigo uma gravidez tranquila, repleta de momentos especiais. No entanto, o dia do parto se revelou um desafio, pois foi necessário recorrer ao fórceps para auxiliar o pequeno a dar seus primeiros passos no mundo. Com seus 3.750 kg, ele resistiu, e após um esforço conjunto, finalmente, pude segurá-lo nos braços.

Lembro-me daqueles três dias antes do parto, quando as dores já indicavam a iminente chegada de Dinho. Não houve escapatória; o momento havia chegado. A gravidez do Rodrigo, por sua vez, prometia ser diferente. Optamos por um parto normal, embora a notícia de que seria um bebê grande despertasse um certo receio em meu coração. O desejo por uma cesariana pairava, mas a natureza seguiu seu curso, e o parto transcorreu sem grandes complicações. O único detalhe notável era a cabeça um pouco mais avantajada do pequeno Rodrigo.

Foi durante essas gestações que experimentei o ápice da minha saúde, um período marcado por desafios e superações. Os primeiros passos na maternidade foram repletos de incertezas, especialmente pela falta de experiência. Perguntas ecoavam em minha mente, mas muitas vezes o receio de incomodar com palpites infundados me fazia hesitar.

Nos primeiros dias, fui deixada a minha própria sorte. Contei, contudo, com a preciosa ajuda da minha irmã mais velha. Ela se instalou na casa da minha mãe e tornou-se minha aliada na arte de criar um recém-nascido. Os banhos, as mamadeiras, as primeiras papinhas - ela estava lá, oferecendo suporte e dividindo sua sabedoria.

Lembro-me das confusões típicas desse início, quando até mesmo a identificação das necessidades básicas do bebê gerava debates. Minha mãe acreditava que o choro indicava desconforto molhado, enquanto minha sogra jurava que era sinal de fome. Entre trocas de fraldas e mamadeiras, eu tentava decifrar os sinais do meu pequeno Dinho.

A jornada inicial na maternidade foi um aprendizado constante. Cada experiência, por mais desafiadora que fosse, contribuiu para o meu crescimento como mãe. A confusão inicial foi dando lugar à confiança, e, mesmo diante das incertezas, eu aprendi a confiar em meus instintos e a enfrentar cada desafio com determinação.

Desafios na Casa Nova

Então, como meu pai trabalhava incansavelmente, não conseguia contribuir rapidamente na construção da nossa casa. Tivemos que progredir aos poucos, também porque pagávamos um preço mais acessível para o meu pai, que se esforçava para realizar o sonho de termos nosso próprio lar.

O primeiro cômodo foi erguido com muita dificuldade. A escassez de recursos pesava sobre nós, com materiais a serem comprados e o pagamento do terreno a ser considerado. No entanto, cada bloco assentado era motivo de felicidade, mesmo que as condições fossem simples. A minha amiga Zana me ajudou na limpeza antes da mudança. Lavamos o chão que ainda era contrapiso e lavamos os blocos das paredes para matar o pó. E assim mudamos. A televisão preto e branco era um tesouro, a estante improvisada com caixotes, e o sofá com blocos sobrepostos, onde joguei almofadas e transformei em um refúgio acolhedor.

Enquanto a casa se materializava, eu estava grávida do Rodrigo. Minha irmã Elena, que já morava nas proximidades, tornou-se minha maior fonte de apoio. Ela ficava comigo durante o dia, ajudando em todas as tarefas, e permanecia até tarde da noite. Meu marido, Ivan, começou a buscar trabalhos noturnos e alguns bicos, o que significava que eu precisava me virar sozinha cada vez mais. Essa fase foi um período de amadurecimento constante.

Elena, mesmo sem ter filhos, compartilhava sua força e experiência limitada, mas valiosa. Quando finalmente dei à luz o Rodrigo, sua presença se tornou ainda mais vital. Ela continuava a passar o dia comigo, auxiliando em todos os aspectos da maternidade e da construção da casa. O Ivan, com seus trabalhos noturnos, se tornou um pilar na busca por uma vida melhor para nossa família.

Assim, entre desafios e alegrias, nossa casa começou a se transformar em um lar. Cada passo dado na construção simbolizava mais do que paredes erguidas; representava a construção de nossas histórias e alicerces de um futuro promissor.

Desafios na Saúde

Na trajetória da minha vida, um marcante e desafiador foi aquele dedicado à minha saúde. Tudo começou após o nascimento do meu primeiro filho, uma experiência que, apesar da alegria, desencadeou uma série de dores que persistiram ao longo dos anos.

O parto complicado, realizado com o auxílio de fórceps e anestesia raquidiana, deixou marcas profundas em minha saúde. Desde o início, senti dores intensas, principalmente na coluna, tornando qualquer atividade uma verdadeira prova de resistência. A dor era constante, tornando-se um fardo que eu carregaria nos dias que se seguiram.

Diante desse desconforto persistente, decidi buscar respostas. Iniciei uma série de exames na esperança de descobrir a origem dessa dor lancinante. Contudo, o diagnóstico não veio rapidamente, e por mais de um ano, minha vida se viu entrelaçada com a dependência de medicamentos. O processo foi árduo, e meu corpo reagiu de maneiras imprevisíveis, deixando-me inchada e debilitada.

A incerteza sobre o que realmente afligia meu corpo era desconcertante. A ansiedade permeava meu dia a dia até que, finalmente, veio o diagnóstico que lançou luz sobre meu sofrimento: uma hérnia de disco. O médico justificou que até um tombo quando ainda criança pode ter colaborado. Com apenas 25 anos, enfrentei minha primeira cirurgia, na esperança de encontrar alívio para as dores que me assombravam.

No entanto, a jornada rumo à recuperação estava longe de ser linear. Com o passar do tempo, percebi que uma cirurgia não era suficiente. Uma segunda intervenção tornou-se necessária, pois meu corpo, agora desalinhado, exigia mais cuidados. Com cinco meses depois fiz a segunda cirurgia. A persistência da dor fez-se notar, levando-me a uma terceira cirurgia. Nessa ocasião, foram inseridos 8 parafusos em minha coluna, uma medida extrema para lidar com complicações como inflamação e artrose. Até mesmo um enxerto ósseo foi realizado, uma tentativa de restaurar o equilíbrio perdido em minha estrutura vertebral.

Os desafios não eram apenas físicos, mas também emocionais. A responsabilidade de cuidar dos meus filhos, especialmente do Rodrigo, o caçula com apenas dois anos e meio na época da primeira cirurgia, era uma tarefa que eu não podia realizar. Nesse momento, a união familiar mostrou-se vital. Minha irmã assumiu os cuidados com as crianças, enquanto minha mãe dedicava-se a minha recuperação pós-cirúrgica.

Hoje, enfrento a vida com a marca indelével da dor crônica. Cada passo, cada movimento é permeado por uma sensação constante que se tornou parte de mim. A batalha contra a dor pode não ter um fim definitivo, mas carrego a força de ter superado inúmeras cirurgias e adversidades.

A saúde tornou-se uma jornada de resistência, adaptabilidade e aceitação. Mesmo não vivendo sem dor, encontrei maneiras de seguir em frente, valorizando cada momento de uma vida que, apesar dos obstáculos, continua a ser minha história de superação. Tenho uma amiga Valdomira, que chamo carinhosamente de Du, e seu esposo Valdir que me ajudaram muito em momentos difíceis.

Uso o aparelho Cpap para dormir, pois tenho apneia do sono, porém não deixo de viajar ou fazer qualquer outra atividade por causa disso. Ponho o aparelho na malinha e sigo em frente

Tenho muitos outros problemas de saúde, mas nada me impede de ser feliz.

Minha Amiga Célia

Minha amiga Célia foi uma presença extraordinária e marcante em minha jornada, um que se entrelaçou de maneira indelével com a trama da minha vida. Nossa história começou quando éramos pouco mais que crianças, e ao longo dos anos, fomos nos perdendo e nos encontrando, tecendo laços que resistiram ao teste do tempo. Foi somente quando ela se estabeleceu aqui, em meu querido bairro, que nossa amizade atingiu novas dimensões de cumplicidade e compreensão.

Com Célia, aprendi mais do que apenas os pontos e laçadas de uma profissão. Juntas, embarcamos na aventura de uma parceria inesquecível, fundando uma oficina de tricô a máquina, que não só nos trouxe sustento, mas também se transformou em um espaço de partilha de sonhos e risadas. Estudamos lado a lado, desbravando desafios acadêmicos com a coragem que só uma amizade verdadeira pode proporcionar.

A rua Maria Marcolina foi palco de mais uma etapa de nossa jornada conjunta. Juntas, enfrentamos os desafios do mundo do comércio, compartilhando não apenas o balcão da loja, mas também os triunfos e desafios que surgiam a cada dia. Célia era minha companheira, minha confidente, e cada vitória nossa era celebrada como uma conquista pessoal.

Em um que transcende a amizade, tive a honra de ser escolhida como madrinha do Rafael, um dos filhos de Célia. Ver aquela família crescer e prosperar, sabendo que eu desempenhei um papel significativo em suas vidas, enchia meu coração de alegria e gratidão.

Entretanto, a vida nos surpreende com reviravoltas inesperadas. Uma semana após nosso último encontro em 2023, recebi a notícia avassaladora do falecimento de Célia. Uma batalha feroz contra um câncer a levou embora, deixando um vazio profundo em meu coração.

Célia era mais do que uma amiga; era uma alma gentil, uma presença constante de alegria e vitalidade. Sua partida deixou um vazio que nunca poderá ser preenchido, e sua ausência será sentida a cada risada compartilhada que não mais ecoará. Guardarei as lembranças de nossos momentos juntas com carinho, e cada vez que tricotar, cada ponto se tornará um tributo à amizade que construímos.

E assim, encerro este da minha autobiografia com saudade, com a certeza de que o legado de Célia permanecerá vivo em minhas memórias, e a influência de sua amizade continuará a moldar a narrativa da minha vida, mesmo na sua ausência física.

Terra Molhada

O "Terra Molhada" começou quando despertei meu amor por plantas, algo que sempre esteve presente em minha vida. Decidi criar um Mini Jardim, um conjunto harmonioso de plantas em um único vaso. Foi quando Rodrigo, conhecido por sua perspicácia e perfeccionismo, observou que faltava algo. Com seu toque habilidoso, ajustou e aprimorou o arranjo, proporcionando uma nova perspectiva.

Logo, surgiu outro Mini Jardim, desta vez com cactos em um recipiente de vidro. Algumas pessoas chamam isso de terapia, enquanto outros o comparam a terrários, mas para mim, era um Mini Jardim, aberto e convidativo. Uma vizinha se interessou e quis adquirir um igual, o que me fez pensar que talvez pudesse vender esses arranjos.

Uma amiga de Rodrigo, ficou encantada com o Minijardim de vidro aberto com cactos e decidiu comprá-lo. Foi assim que começamos a receber encomendas, e as criações de Rodrigo conquistaram mais admiradores. À medida que novos arranjos eram feitos, mais pessoas se interessavam, e logo chegamos ao Dia das Mães, quando algumas pessoas pediram Minijardins.

A ideia ganhou força, e começamos a produzir mais, vendendo sem grandes estratégias, sem cartões ou propagandas elaboradas. Começamos a fazer bazares em empresas.

Quando participamos de nosso primeiro programa de TV na Globo, foi uma experiência marcante e o ponto de partida para aumentar a divulgação do Jardim Terra Molhada.

A repercussão foi positiva, e encomendas só aumentaram. Participamos de outros programas, como na Bandeirante e na Cultura, ampliando nossa visibilidade. Rodrigo, porém, enfrentou desafios de saúde, passando por duas cirurgias na coluna. Apesar disso, persistimos, realizando bazares e showrooms em empresas.

Hoje, as vendas diminuíram um pouco, pois Rodrigo encontrou um emprego fixo. A necessidade de migrar para o ambiente online tornou-se evidente, mas não desistimos. Continuamos a compartilhar a beleza do Jardim Terra Molhada, adaptando-nos às mudanças e superando os desafios com determinação e paixão.

Viagens

Em minha autobiografia, reflito sobre as inúmeras viagens que tive a oportunidade de realizar. Cada uma delas deixou sua marca em mim, e aqui compartilho algumas experiências notáveis.

Celebrei os meus 60tão, em um barco, com minha família, na Praia do Sancho, em Fernando de Noronha. Mais um grande sonho que se realizou.

Gosto de viajar, independentemente das condições meteorológicas. Se chovia, para mim estava tudo bem; bastava vestir uma capa e seguir em frente. Uma situação que se destacou foi quando viajei para o Peru. Enfrentar a altitude foi desafiador, especialmente ao chegar de madrugada com fome. Perdi um voo, o que exigiu que eu participasse dos passeios sem ter comido nada. Lembro-me de tomar um chá de coca para aliviar os sintomas da altitude. Mesmo passando mal, o Rodrigo insistia em tirar fotos. Foi o único contratempo da viagem, mas, felizmente, tudo se resolveu. Ao retornar ao hotel, fui bem cuidada com minhas bolachinhas de água e sal, e gradualmente me recuperei.

O restante das viagens transcorreu de maneira perfeita. Agradeço ao Rodrigo por planejar tudo com antecedência, organizando os horários para acordar cedo e retornar tarde. Em Paris, enfrentamos a correria para voltar da Disney na madrugada, só aí percebi que meu passe tinha expirado, tendo que comprar outro, e só quando cheguei ao Brasil, achei o passe novo. Esses foram desafios passageiros que não comprometeram a experiência geral.

Houve lugares, como o Peru, que marcaram meu coração. Mesmo enfrentando dificuldades, voltaria porque é um destino apaixonante, repleto de natureza. No Brasil, explorei o Rio de Janeiro, conhecendo cada canto da cidade, inclusive passando por baixo, por cima e pelo meio da ponte. Planejo repetir essa experiência e realizar um cruzeiro no Brasil, dessa vez com amigos, para explorar as belezas nacionais.

Viajar é uma paixão, e as viagens com a família foram incríveis. E as viagens e festas com os amigos do meu filho Rodrigo, sempre tem uma dose extra de diversão.

Em uma recente jornada com meu neto, vivenciei momentos especiais. Para mim, viagens não significam contratempos; tudo é divertido. Mesmo em situações culturais diferentes, eu me adapto e aproveito. Lembro-me de uma vez em Roma quando ao escolher uma comida pronta, o atendente, em italiano me perguntou se eu queria que esquentasse. Como não falo a língua, pensei que ele perguntou se eu queria mais, apenas disse que não. Quando fui comer, percebi que o prato estava frio e então o Rodrigo foi acertar o pedido adequado. E isso resultou em uma história muito engraçada.

Nos parques, o Rodrigo me desafiava, colocando-me em montanhas-russas. Mesmo querendo desistir no meio do caminho, seguia em frente, chorando e rindo ao mesmo tempo. Esses momentos, embora desafiadores, eram muito divertidos.

262

Amsterdam, um dos lugares mais lindos, a cada canto a beleza com plantas e decorações naturais. Meu único problema era ser atropelada pelas bicicletas.

Mesmo com problemas na coluna, subi os 284 degraus do Arco do Triunfo em Paris, apenas para descobrir depois que havia um elevador. Essas experiências, apesar dos desafios físicos, tornaram minhas viagens mais memoráveis.

Mudei hábitos durante as viagens, como deixar de tomar café. Aproveito ao máximo cada lugar que visito, adaptando-me a novos gostos e aproveitando cada oportunidade para explorar o Brasil ainda mais. Viajar é uma experiência enriquecedora, e pretendo continuar descobrindo as maravilhas que meu país tem a oferecer.

Ricardo (Dinho), a Alegria que Traz Vida à Família

Ricardo, nome escolhido pelo Ivan, por ter um amigo de infância, Izaias (falecido) que tinha um irmão chamado Ricardo e ele gostava muito e chamava de Caidinho. Tenho uma amiga, Zana, que pegava ele ainda bebê, levava para casa dela e dava banho e comidinhas, enquanto isso eu adiantava minhas tarefas de casa. Minha mãe não gostava muito. "Como deixa filho na casa dos outros"? Tendo como padrinhos, Epaminondas (falecido) e Valdete.

Conhecido como Dinho, ainda bem pequeno, tentava me beijar na boca, justificando que era um "beijinho de novela". Com o tempo, contudo, sua natureza extrovertida cedeu espaço a uma timidez que, curiosamente, parecia ecoar a figura do seu pai durante a juventude.

Em um episódio marcante, solicitei a Dinho que escolhesse um nome para seu irmão mais novo, sugerindo a letra 'R'. Sem hesitar, optou por Rodrigo. Esse evento tornou-se apenas um dos muitos capítulos da nossa história, que mais tarde incluiria momentos difíceis e desafiadores.

A mudança da casa dos meus pais, na qual residíamos, foi um desses desafios. Dinho, com seus quase 5 anos, enfrentou esse período com grande sofrimento, especialmente por ser o xodó do vovô. O sofrimento foi em um nível, que tanto ele quanto meu pai caíram numa tristeza que persistiu por um longo tempo.

Ainda assim, desde cedo, Dinho demonstrou ser uma fonte de inspiração. Corajoso, inteligente e esforçado, trabalhou por vários anos em um McDonald's, uma tarefa que não é para qualquer um. Posteriormente, encontrou emprego em outra empresa, onde trabalha até hoje.

Também tem problemas de coluna e já fez uma cirurgia. Herança de mãinha.

Hoje, Dinho é casado com Janaína, uma união que trouxe consigo a realização de um dos meus maiores sonhos: ser avó. Lembrando bem que tenho minha primeira netinha Janis Joplin (dog) com 9 anos. A chegada de Gabriel, a preciosidade de nossas vidas, tornou essa realização ainda mais completa.

Assumindo responsabilidades além do papel de pai, Dinho está presente na vida do Gabriel de maneira ativa.

Quando necessário, busco na escola, levo ao médico e, quando posso, desfruto da adorável companhia desse meu neto tão desejado e amado que nos proporciona momentos de alegria e cumplicidade.

Tudo com ele é divertido e prazeroso. O tempo, que parece voar, me surpreende a cada dia com as maravilhas que Gabriel traz a minha vida. Em uma de nossas últimas viagens, a diversão estava garantida, criando memórias que se entrelaçam com os sonhos que nutri ao longo da vida.

Hoje, posso afirmar com felicidade que meu sonho de ouvir a palavra "vovó" tornou-se realidade. E não é raro, em meio às nossas interações diárias, escutar inúmeras vezes o doce som de "vovó", enchendo meu coração de alegria e gratidão.

Meu Filho Rodrigo

Desde pequeno muito esperto e inteligente, nunca foi problema na escola a não ser um dia em uma reunião, a professora me falou: sem problemas, ele está muito bem, mas nasceu para ser advogado, dá palpite e defende os coleguinhas. Isso continua até hoje. Tem como padrinhos a Tia Elena e o Tio Jose e é uma presença marcante em minha vida, alguém que compreende cada expressão no meu rosto. Ele desempenha diversos papéis: pai, mãe, irmão e amigo, sempre pronto para tudo. Sua capacidade de antecipar meus pensamentos é notável, e sinto uma conexão única com ele.

Quando me deparo com situações que não consigo compreender, Rodrigo permite que eu enfrente os desafios sozinha, argumentando que isso é para o meu próprio bem. Ele incentiva o exercício mental, alegando que é essencial para o desenvolvimento da mente.

Rodrigo não hesita em me repreender quando necessário, chamando a minha atenção para pontos que preciso melhorar. Às vezes, chego a pensar que estou constantemente equivocada, mas reconheço que suas broncas são motivadas pelo desejo sincero de me ver crescer e aprender.

Seu apoio multifacetado é uma bênção em minha vida, proporcionando um equilíbrio entre orientação rigorosa e aconchego amigo. Rodrigo é, sem dúvida, uma peça fundamental na trama da minha história, tornando-a mais rica e significativa.

E como não poderia ser diferente, também herdou o problema de coluna de Mainha e já fez duas cirurgias na coluna. Afinal, somos uma família PCD.

Afilhados

Gostaria de destacar as preciosas relações que construí ao longo da vida com os meus afilhados, pessoas especiais que deixaram marcas profundas em meu coração.

Começando por Glariane, carinhosamente chamada de Gabi, ela é a minha afilhada mais próxima. Neta e criada por meu tio Didi por parte de mãe, Gabi cresceu no Paraná, onde eu costumava passar momentos significativos. Infelizmente, meus queridos tio Didi e tia Iracema já nos deixaram, mas as lembranças dos dias passados ao lado deles e de Gabi permanecem vivas em minha memória.

Outro afilhado que marcou minha trajetória foi Anderson, filho do saudoso Dema, um grande amigo que também foi meu padrinho de casamento. A perda de Anderson e do Dema deixou um vazio em nossos corações, mas as lembranças dos momentos felizes que compartilhamos servem como uma celebração de sua vida.

Rafael, afilhado proveniente da amizade com Célia, é outra figura querida em minha jornada. Seu sorriso e alegria sempre iluminaram os encontros familiares, adicionando um toque especial às nossas reuniões.

Julia, minha mais jovem afilhada, que tem todo o seu brilho da inocência para espalhar. Nossa história teve início da minha amizade com a Graça, que tive a honra de ter acompanhado o crescimento de sua mãe, a Adriana.

Infelizmente, a vida nos presenteia com desafios difíceis, e uma dessas provações foi a partida prematura de Taynara, minha afilhada, ela era neta da minha irmã mais velha, criada por ela. Sua ausência é sentida profundamente, mas sua memória continua a inspirar-nos a valorizar cada momento que compartilhamos com aqueles que amamos.

Em cada afilhado, encontrei razões para sorrir, aprendizados valiosos e a beleza das relações humanas. Estas são as histórias que moldaram a minha jornada, lembranças que guardarei com carinho ao longo de toda a vida.

A Companhia Leal de Jully

Ao longo da minha jornada, não posso deixar de mencionar a presença constante de Jully, nossa querida cachorrinha que iluminou nossos dias por incríveis 15 anos. Ela não era apenas uma mascote; era parte intrínseca da nossa família.

Desde o momento em que ela entrou em nossas vidas, percebemos que havia algo especial nela. Seus olhos expressivos transmitiam uma lealdade inabalável, uma fidelidade que só os animais podem oferecer de maneira tão genuína. Não importava o quão desafiadores fossem os momentos, Jully estava lá, pronta para oferecer conforto e alegria com sua presença calorosa.

Lembro-me vividamente dos dias em que, ao voltar da rua, abria a porta de casa e era recebida pela alegria contagiante de Jully. Seu rabo abanava freneticamente, e sua expressão era pura felicidade. Era como se ela entendesse o peso do meu dia e estivesse determinada a tornar tudo mais leve.

Jully testemunhou muitos capítulos da minha vida. Sua simples presença preenchia o vazio com uma serenidade reconfortante.

Ao longo dos anos, compartilhamos muitas aventuras juntas. Sua energia contagiante era irresistível, e sua capacidade de nos fazer sorrir era incomparável.

No entanto, o tempo não poupa ninguém, nem mesmo nossos amigos de quatro patas. À medida que Jully envelhecia, pudemos perceber as marcas do tempo em seu pelo e a diminuição de sua agilidade. Ainda assim, sua alegria e amor nunca diminuíram ou enfraqueceram. Ela continuava a ser a luz em nossas vidas, agora mais do que nunca.

E então, chegou o momento difícil que todo amante de animais de estimação enfrenta - a despedida. Foi um momento doloroso, mas sabíamos que era o melhor para ela. Jully partiu, deixando um vazio em nossos corações, mas também deixando uma infinidade de lembranças preciosas.

Não posso deixar de expressar a gratidão que sinto por ter compartilhado minha vida com Jully. Sua lealdade e amor incondicionais são tesouros que guardarei para sempre. Ela foi mais do que uma simples cachorrinha; ela foi uma amiga fiel, uma confidente silenciosa e uma fonte constante de alegria.

Este capítulo não seria completo sem honrar a memória de Jully, a pequena grande estrela que iluminou nossa jornada. Que seu espírito alegre e amoroso continue a inspirar e iluminar não apenas este capítulo da minha vida, mas todos os que estão por vir.

Tomaz

Minha origem

Ao completar 63 anos de idade, olho para trás e reflito sobre as raízes que moldaram a pessoa que me tornei. Nasci e cresci em São Paulo, uma cidade que pulsa com energia e diversidade, uma verdadeira metrópole que nunca deixa de surpreender.

Em uma família grande e unida, fui abençoado com a presença de três irmãos e quatro irmãs. Nossa casa sempre estava repleta de risadas, histórias e amor. Lembro-me de minha irmã mais velha, Iara, que já está com 69 anos, sempre cuidando de nós como uma segunda mãe. Ela foi uma figura central em minha vida, moldando meu caráter com seu exemplo de determinação e bondade.

Eliana, a irmã que vem logo em seguida com 67 anos, sempre foi a voz da razão em nossa família. Sua sabedoria e paciência foram um farol durante momentos difíceis. Rosemeire, a terceira irmã com 65 anos, infelizmente, desapareceu de nossas vidas há alguns anos. Seu desaparecimento deixou um vazio em nossos corações e uma série de perguntas sem resposta.

Katia, com seus 60 anos, é a irmã mais tranquila, sempre nos lembrando da importância de aproveitar a vida e encontrar alegria nas pequenas coisas. Cosme e Damião, os gêmeos com 57 anos, sempre foram inseparáveis e nos proporcionaram muitos momentos engraçados ao longo dos anos. E então, há Leandro, o caçula da família, com seus 47 anos, que sempre trouxe um frescor jovem para nosso clã.

Nossa infância foi repleta de aventuras e desafios. Crescer em uma família tão grande tinha suas peculiaridades, mas também criou laços indissolúveis entre nós. Lutamos juntos, rimos juntos e aprendemos juntos, moldando quem somos hoje.

Minha História

Minha vida tem sido uma jornada repleta de desafios e conquistas, marcada pela força da família e pelo desejo incessante de crescer. Me chamo Tomaz, e ao longo dos meus 63 anos de vida, enfrentei muitos obstáculos, mas também celebrei momentos de alegria e realização.

Nasci em uma época em que a vida era mais simples, e a educação formal não era garantida para todos. Concluí o segundo grau em 1981, mas não tive a oportunidade de frequentar a faculdade. Minha jornada no mundo do trabalho começou cedo, aos 12 anos, quando iniciei vendendo limões nas ruas. Fiz trabalhos diversos, desde carregar mercadorias na feira até meu primeiro emprego em carteira aos 14 anos como office boy.

Aos 18 anos, dei um passo importante ao ingressar nos Correios, onde permaneci até os 26 anos. Posteriormente, mudei meu rumo profissional e comecei a trabalhar com fotos e eventos de formatura, vendendo álbuns de formandos. Em 1999, entrei na Telefônica como técnico em telecomunicações, onde fiquei até 2004.

Minha vida deu outra guinada quando me tornei caminhoneiro, uma profissão que me levou pelas estradas do Brasil até 2017 sempre conciliando com as formaturas. Apesar dos desafios e da distância da família, essa experiência me enriqueceu de muitas maneiras.

Em 2017, dei mais um passo na minha trajetória ao entrar nos aplicativos de transporte, como Uber e 99, onde estou até hoje, levando pessoas de um lugar a outro e ouvindo histórias diferentes todos os dias. E claro, sempre conciliando com as formaturas.

A vida pessoal também teve seus altos e baixos. Casei-me em 1982 com Maria, com quem tive dois filhos maravilhosos. Nossa filha Sissi nasceu em 2 de maio de 1983 e nos presenteou com duas netas incríveis, Maria Eduarda, que hoje tem 29 anos, e Pietra, com 13 anos. Meu filho Bruno nos deu uma neta, Sofia, nascida em 30 de abril de 2005.

Infelizmente, o casamento com Maria terminou em 1993, mas o destino me apresentou a minha atual companheira, Sineide, com quem compartilho os últimos anos. Com ela, tive mais dois filhos maravilhosos: Lara, nascida em 8 de maio de 1996, e Gabriel, nascido em 23 de setembro de 1998.

Hoje, aos 63 anos, posso dizer que minha vida foi repleta de desafios, mas também de aprendizado e amor. Acompanhado por minha família, continuo a cuidar da minha saúde, fazendo caminhadas e corridas cinco vezes por semana, mantendo uma alimentação saudável baseada em frutas, verduras e legumes. Lido com algumas questões de saúde, como problemas na próstata e ansiedade, mas isso não me impede de viver a vida da melhor forma possível.

Minha jornada está longe de terminar, e estou ansioso para ver o que o futuro reserva para mim, minha família e as gerações que vierem depois de mim. Cada capítulo dessa história é precioso, e estou determinado a escrever muitos mais ao lado das pessoas que amo.

Origem do Meu Nome

Minha história começa com a união de dois jovens apaixonados, minha mãe e meu pai. Na época, ela tinha apenas 19 anos e ele, 21. O ano era 1952, e o amor deles estava prestes a criar raízes profundas. Um ano depois, em 1953, nasceu minha irmã mais velha, Yara. O lar deles estava cheio de alegria e expectativas para o futuro.

No entanto, a vida nem sempre segue o plano que traçamos. Logo após o nascimento de Yara, minha mãe passou por um momento difícil. Ela sofreu um aborto de gêmeas, uma experiência que deixou cicatrizes emocionais profundas. Os anos passaram, e em 1955, minha mãe deu à luz gêmeas novamente, Eliana e Elizete.

Infelizmente, a pequena Elizete partiu deste mundo com apenas alguns dias de vida. A dor dessa perda abalou profundamente minha família.

Em 1957, um novo capítulo se abriu em nossa história familiar com o nascimento de Rosemeire. No entanto, algo intrigante estava acontecendo. Até aquele momento, todas as crianças que haviam nascido eram meninas. Foi nesse momento de questionamento que minha mãe decidiu buscar orientação em um lugar inusitado - um centro de umbanda.

Lá, em meio às cerimônias e aos rituais, minha mãe encontrou um preto velho, uma entidade espiritual sábia e benevolente. Em uma consulta, ela compartilhou seu desejo profundo de ter um filho homem, uma bênção que traria equilíbrio ao lar após as perdas que havíamos enfrentado. A entidade escutou com compaixão e ofereceu uma orientação única.

O preto velho, em sua sabedoria ancestral, disse a minha mãe que, se ela desejasse um menino, deveria colocar o nome dele em suas preces e pensamentos. Prometeu que, se assim o fizesse, o desejo dela se realizaria. Com fé inabalável, minha mãe fez a promessa, e como uma manifestação desse compromisso com o mundo espiritual, ela decidiu nomear seu filho em homenagem à entidade que a ajudara.

E foi assim que, em 1960, nasci, trazendo luz e esperança para nossa família. Meu nome, Tomaz, era uma homenagem ao ente querido que guiara minha mãe em sua jornada espiritual, o Pai Tomaz do Congo. Minha chegada marcou o fim da série de nascimentos de meninas e trouxe consigo a promessa cumprida, um menino para dar continuidade à nossa linhagem.

Essa é a origem do meu nome, uma história de fé, perseverança e conexão com o mundo espiritual que moldou o curso da minha vida desde o início. Conforme cresci, eu aprenderia a apreciar a importância desse nome e a riqueza da herança espiritual que ele carregava.

E os Nascimentos Continuam

Vivi uma infância alegre, apesar da pobreza que rondava nossa casa. Éramos muitas bocas para meu pai alimentar, mas ele fazia o que podia para nos dar o melhor. A casa sempre estava cheia de risos e brincadeiras, e mesmo com as dificuldades financeiras, tínhamos um amor que nos unia como uma família sólida.

Após meu nascimento, minha mãe ainda tinha muita fertilidade para dar. Foi assim que vieram as gêmeas, Maria e Jussara. Lembro-me vividamente da chegada delas, dois feixes de alegria que completaram ainda mais nossa família. Elas eram tão pequeninas e frágeis, mas traziam uma luz especial para nossas vidas.

No entanto, a felicidade que sentimos com a chegada das gêmeas foi ofuscada pela tristeza que se abateu sobre nós apenas três meses depois. Jussara, a mais frágil das duas, foi levada por um tumor nas costas. Lembro-me do tumor, um monstro invisível que roubou de nós a chance de ver Jussara crescer. Mas não lembro muito da carinha dela, apenas sei que era uma menina loirinha, tão parecida com minha mãe.

A perda de Jussara foi um golpe duro para nossa família, e a dor daquela época nunca desapareceu completamente. No entanto, encontramos forças uns nos outros para seguir em frente, honrando a memória da nossa pequena anjinha.

Cosme e Damião

E a vida continuou a nos surpreender. Pouco tempo depois do meu nascimento, mamãe deu à luz aos gêmeos Cosme e Damião. Naquela época, ela trabalhava duro lavando roupa na casa de algumas famílias da nossa comunidade, e para facilitar sua rotina, ela levava consigo o pequeno Cosme, deixando Damião sob os cuidados das irmãs mais velhas.

Uma dessas famílias, generosa e solidária, ofereceu-se para ficar com o Cosme enquanto mamãe prestava seus serviços às outras casas. Essa gentileza aliviou um pouco a carga de trabalho da minha mãe, permitindo que ela se concentrasse mais em suas tarefas.

O tempo passou, e nós nos mudamos para uma região distante. Foi então que a família que acolhia o Cosme sugeriu uma mudança na dinâmica. Propuseram que mamãe deixasse Cosme na segunda-feira e o pegasse na sexta-feira, o que proporcionaria maior estabilidade à sua rotina. Aceitamos a oferta, e assim foi por algum tempo.

Contudo, conforme Cosme crescia, algo mudou. Gradualmente, ele se acostumou com a nova família e seu ambiente. Na medida em que os dias se transformavam em semanas, percebemos uma transformação no relacionamento entre Cosme e nossa casa. Ele já não desejava retornar à nossa companhia nos finais de semana.

O distanciamento entre Cosme e nossa família se acentuou, tornando-se evidente que ele se tornava mais independente. A família que o acolheu tornou-se sua segunda casa, e Cosme parecia ter encontrado uma nova pertença.

Infelizmente, isso impactou diretamente o vínculo entre Cosme e Damião. Com a separação física durante a semana, os irmãos pouco conviveram e se tornaram praticamente estranhos um para o outro. As brincadeiras compartilhadas na infância foram substituídas por diferentes vivências e experiências.

Embora a vida tenha tomado esse rumo, mantivemos o amor e o respeito pela individualidade de cada membro da família. A jornada de Cosme e Damião, agora distintas, permanecia interligada pelos laços sanguíneos que nos uniam, ainda que a proximidade física fosse limitada.

O capítulo da vida que incluía Cosme e Damião assumiu um tom diferente, mas o livro da nossa família continuou a ser escrito com as cores variadas das experiências individuais de cada um. E assim, seguimos adiante, abertos às surpresas que a vida ainda tinha reservadas para nós.

O Caçulinha

E, por último, mas não menos importante, veio o Leandro. Quando ele nasceu, eu já tinha 16 anos e me tornara uma espécie de segundo pai para meus irmãos mais novos. A chegada de Leandro trouxe uma nova dinâmica para nossa família, e eu estava determinado a protegê-lo e cuidar dele da melhor maneira possível.

Nossos dias continuaram repletos de desafios, mas também de amor incondicional. A cada novo nascimento, nossa família crescia não apenas em número, mas também em força e união. Éramos uma equipe, enfrentando juntos o que a vida nos reservava, e essa era a maior riqueza que poderíamos ter.

Minha Vida Escolar

Fiz o primeiro ano primário, e para ser sincero, não foi exatamente um sucesso. Repeti de ano. Não posso dizer que estava muito preocupado com isso na época, afinal, eu era apenas uma criança. Mas a ideia de repetir o primeiro ano não era algo que me deixava particularmente animado.

Então, passei para o segundo ano, e adivinhem só? Repeti. Parecia que a escola não era o meu lugar natural naqueles dias. Mas, na verdade, a verdadeira reviravolta aconteceu quando estava no jardim Eliane. Foi quando inauguraram a escola Brigadeiro Correia de Mello.

A escola Brigadeiro Correia de Mello tornou-se o local onde finalmente terminei o primário, com doze anos de idade. Parece que tudo estava se encaixando, afinal. O terceiro ano foi, finalmente, um sucesso.

No ano em que estava prestes a completar treze anos, entrei no Olga, uma escola que se tornaria um marco importante em minha vida. Foi lá que conheci a turma que guardo na memória e no coração até hoje. O Olga marcou o início de uma fase especial na minha vida escolar.

O que é interessante é que me lembro muito pouco dos amigos da época do primário, e mesmo daqueles do ensino médio. Exceto por um colega que chamávamos de "bananeiro", porque trabalhava em uma banca de bananas. Essa é uma daquelas lembranças que parecem estar gravadas a fogo na memória.

Quanto ao ginásio, só tenho lembranças claras dos dois anos em que estudei durante o dia, no Olga. Talvez tenha sido por causa das brincadeiras que tínhamos naquela época. Era uma turma especial, cheia de personalidades únicas e diferentes. Cada um de nós contribuía de alguma forma para tornar aqueles anos memoráveis.

A escola não era apenas um lugar de aprendizado acadêmico, mas também de crescimento pessoal e social. As amizades que fiz nessa fase da minha vida moldaram parte do que me tornei. Guardo essas lembranças com carinho, e mesmo que o tempo tenha passado, a turma do Olga permanece viva em minhas memórias e em meu coração. Afinal, são as experiências compartilhadas e as amizades duradouras que tornam a jornada da vida escolar verdadeiramente inesquecível.

Minha Vida Profissional

Trabalho desde que me conheço por gente, pois ajudava em casa. Aprendi desde cedo o valor do esforço e da dedicação para conquistar o que se deseja. Minhas primeiras experiências profissionais foram bem modestas, mas deixaram marcas importantes na minha trajetória.

Quando eu era apenas um garoto, vendia limões além disso, fazia carretos em feira livre, carregando caixas e ajudando os feirantes a transportar suas mercadorias. Aos olhos de um menino, cada centavo era valioso. Era uma forma simples de contribuir com o orçamento familiar e entender que o dinheiro não caía do céu.

Lembro-me com carinho da época em que tive uma caixa de engraxate na padaria Flor do Bairro, aqui no Jardim Maringá. Polir os sapatos dos clientes era um trabalho árduo, mas eu estava determinado a fazer o meu melhor. Afinal, cada engraxada bem-feita rendia um sorriso e uma gorjeta.

Aos 14 anos, dei um passo adiante e comecei a trabalhar como office boy. Era uma oportunidade de aprender sobre o ambiente de trabalho em escritório e ganhar um salário. Porém, a vida me reservaria um desafio maior na sequência, quando fui convocado para o serviço militar obrigatório. Infelizmente, fui dispensado do exército sem emprego, mas estava determinado a seguir em frente.

Minha sorte começou a mudar quando passei na prova dos Correios em 1979, apenas dois meses antes de completar 19 anos. Foi o meu primeiro emprego estável, e eu estava ansioso para enfrentar as responsabilidades que vinham com ele. Trabalhei nos Correios até março de 1986, um período em que aprendi muito sobre organização, responsabilidade e a importância do serviço público.

Paralelamente ao meu emprego nos Correios, me aventurei nas vendas de álbuns de recordação infantil. Era um trabalho autônomo que me permitia ganhar um dinheiro extra. Logo em seguida, entrei no emocionante mundo dos eventos de formatura. Era um trabalho intermitente, mas as ocasiões especiais tornavam cada evento memorável.

Em 1999, dei um passo ousado e comecei a prestar serviços para a Telefônica como técnico em transmissão de dados. Essa experiência de cinco anos me ensinou muito sobre tecnologia e telecomunicações. Porém, como a vida é cheia de reviravoltas, decidi retornar ao meu amor pela fotografia.

Desde 2007, tenho trabalhado para empresas de transporte por aplicativo, como Uber e 99. Essa mudança marcou uma nova fase na minha carreira, onde me tornei um motorista experiente, proporcionando serviços de transporte seguro e confiável para pessoas de todo o país.

Minha vida profissional tem sido uma jornada de aprendizado constante, onde cada experiência moldou quem eu sou hoje. Desde as tarefas mais simples até os desafios mais complexos, cada um deles contribuiu para o meu crescimento e desenvolvimento. Olhando para trás, vejo que a determinação e a vontade de aprender sempre foram os pilares da minha trajetória profissional.

Primeira Vida de Casado

Nos correios, onde eu trabalhava naquela época, minha rotina era simples, mas cheia de significados. Era lá que eu pegava o ônibus para voltar ao bairro onde havia conhecido a Soledade, minha primeira esposa, com quem eu iria compartilhar uma vida inteira. A data que selou nosso destino foi 8 de maio de 1982, um dia que carregava o peso da nostalgia e da esperança. Três meses antes, meu pai havia nos deixado, e aquele casamento era uma forma de nos apoiarmos mutuamente em meio à dor que nos abalava.

Os anos que passamos juntos foram repletos de momentos memoráveis. Éramos jovens e cheios de sonhos, e nossos amigos estavam sempre por perto para compartilhar risadas, desafios e alegrias.

Segundo Casamento

Após 11 anos de união, em 1993, tomei a difícil decisão de me separar. Essa escolha, que para muitos parecia repentina, já vinha sendo maturada em meu coração há algum tempo. No entanto, a separação trouxe consigo um fardo pesado de sofrimento, não apenas para mim, mas também para meus filhos e para Soledade, minha ex-esposa.

As consequências dessa decisão foram mais devastadoras do que eu poderia ter imaginado. Logo após a separação, minha situação financeira tornou-se insustentável. As obrigações financeiras que eu antes conseguia cumprir com facilidade tornaram-se um fardo impossível de suportar.

A vergonha de não poder cumprir minhas responsabilidades como pai foi um dos sentimentos mais avassaladores que já experimentei. Eu amava meus filhos profundamente e queria proporcionar a eles tudo o que mereciam, mas, infelizmente, as circunstâncias me impediram de fazer isso. Isso me fez tomar uma decisão dolorosa: me afastar deles.

O afastamento foi uma escolha motivada pela vergonha e pela sensação de fracasso que me assombrava constantemente. Eu não queria que meus filhos vissem o pai deles em uma situação tão difícil, incapaz de cumprir com suas responsabilidades financeiras e proporcionar-lhes um lar estável.

Os anos que se seguiram foram marcados por amargura e arrependimento. Olhando para trás, agora vejo que poderia ter procurado ajuda, ter buscado soluções alternativas, em vez de me afastar daqueles que mais amava. Mas naquele momento, a vergonha e a pressão eram esmagadoras, e tomei decisões que hoje lamento profundamente.

No entanto, a vida é uma jornada repleta de altos e baixos, e o que aconteceu naqueles anos difíceis moldou a pessoa que me tornei. Aprendi lições importantes sobre o amor, a responsabilidade e a importância de enfrentar nossos problemas de frente.

Situações

Fui morar com minha atual companheira, Sineide, que ficou ao meu lado nos piores momentos da minha vida. Sua presença foi como um farol em meio à tempestade, e por isso, sou eternamente grato a ela.

A nossa jornada juntos nos levou a atravessar desafios inimagináveis. Lembro-me da época em que fomos despejados de nossa casa, uma situação que nos deixou sem chão. Tínhamos duas crianças conosco, e o nosso filho mais novo, com apenas 2 meses de idade, dependia completamente de nós.

A incerteza pairava sobre nossas cabeças como uma nuvem escura, mas juntos, Sineide e eu enfrentamos essa situação com coragem e determinação. Não foi fácil encontrar um novo lar, e muitas noites foram passadas discutindo opções e planejando o nosso futuro.

Sineide provou ser uma parceira incrível nesses momentos difíceis. Ela era a força que eu precisava quando tudo parecia estar desmoronando ao nosso redor. Suas palavras de encorajamento, seu apoio incondicional e sua crença em nós eram como um bálsamo para minha alma.

Juntos, trabalhamos incansavelmente para reconstruir nossas vidas. Não importava quão difícil fosse a estrada, estávamos determinados a proporcionar um futuro melhor para nossos filhos. Lutamos, economizamos, e, com muito esforço, conseguimos encontrar um novo lar e recomeçar.

Essa fase difícil de nossas vidas serviu para fortalecer ainda mais nosso relacionamento. Aprendemos a confiar um no outro de maneira profunda e a valorizar as pequenas alegrias da vida. As dificuldades que enfrentamos nos uniram e nos ensinaram a importância da resiliência.

Hoje, olhando para trás, vejo como Sineide foi uma peça fundamental em minha jornada. Ela não apenas compartilhou os momentos felizes, mas também esteve ao meu lado nos momentos mais sombrios. Essa experiência nos moldou como indivíduos e como casal, tornando nossa ligação ainda mais forte.

Novos Desafios

Trabalhei muitos anos como fotógrafo de eventos de formatura, uma jornada repleta de emoções e histórias. Ao lado de Sineide, minha parceira de vida e de trabalho, capturamos momentos especiais na vida de inúmeras pessoas.

Durante seis anos, conciliei as câmeras com um volante e passei a dirigir um caminhão. Percorri as estradas desse imenso Brasil, testemunhando suas paisagens variadas e conhecendo pessoas incríveis ao longo do caminho.

Minha jornada com o caminhão estava ligada a uma empresa que vendia balcões de aprendizado para o SENAI, uma instituição fundamental na formação de profissionais em nosso país. No entanto, quando o governo federal suspendeu suas

274

verbas, a empresa se viu em uma situação insustentável. Os donos, enfrentando dificuldades financeiras, tomaram a difícil decisão de fechar as portas.

Foi um momento de incerteza em minha vida. Tinha que começar do zero mais uma vez, e isso era assustador. Mas como a vida é surpreendente, abriu-se uma nova porta.

Foi quando descobri os aplicativos de transporte, como o Uber e o 99. Decidi me aventurar nesse mundo, explorando uma maneira completamente diferente de ganhar a vida. O volante do caminhão deu lugar ao volante de um carro particular. De repente, eu estava transportando pessoas de um lugar para outro, ou fazendo entregas para aqueles que precisavam.

Essa transição não foi fácil, mas também trouxe consigo uma sensação de liberdade e flexibilidade que eu nunca tinha experimentado antes. Pude escolher meus horários, continuar com os eventos, além de passar mais tempo com minha família e, ao mesmo tempo, continuar conhecendo pessoas diferentes todos os dias.

Os seis anos que passei dirigindo para aplicativos de transporte foram recheados de histórias interessantes, algumas engraçadas, outras tocantes. Conheci pessoas de todos os cantos da cidade, de todas as idades e origens. Cada viagem era uma nova experiência, uma nova oportunidade de aprender algo novo.

À medida que seguia esse novo caminho, também comecei a me questionar sobre o que realmente queria para o meu futuro. Os desafios inesperados que enfrentei ao longo desses anos me ensinaram a adaptar, a perseverar e a buscar oportunidades mesmo nas situações mais difíceis.

A vida é repleta de reviravoltas, e eu estava determinado a enfrentar cada uma delas com coragem e determinação. Os tempos de incerteza me ensinaram que, embora as estradas que escolhemos possam ser sinuosas e cheias de obstáculos, elas também podem nos levar a destinos surpreendentes.

E assim, com a bagagem de todas essas experiências, continuei minha jornada, ansioso pelo que o futuro reservava. Afinal, a vida é uma aventura, e eu estava pronto para abraçar cada novo desafio que viesse pela frente.

No entanto, a chegada da COVID-19 representou um desafio inesperado que mudou completamente nossas vidas.

Quando a pandemia se espalhou, as formaturas foram uma das primeiras coisas a serem suspensas. Nossos clientes cancelaram os eventos e os graduandos tiveram que adiar suas celebrações. Foi um golpe duro para nós, tanto emocional quanto financeiramente. Nos vimos forçados a repensar nossa carreira e nossas prioridades.

Uma Grande Família

Hoje conquistei uma família bacana. Olhando para trás, vejo como a vida nos prega surpresas e nos presenteia com preciosos tesouros que nunca poderíamos ter imaginado. A família é um desses tesouros, e a minha se tornou verdadeiramente excepcional ao longo dos anos.

Meus filhos cresceram e formaram suas próprias famílias, e essa expansão trouxe consigo uma alegria indescritível. Lembro-me de quando minhas netas eram apenas bebês, tão pequenas e frágeis, e agora elas são jovens cheias de vida, curiosidade e amor. Ver o carinho que elas têm uns pelos outros é algo que aquece meu coração todos os dias.

Uma coisa que me faz sorrir ainda mais é ouvi-las chamarem Sineide de "Vovó". Ela é a matriarca de nossa família, a cola que nos mantém unidos. Sineide trouxe amor, sabedoria e uma paciência infinita para a nossa família, e a maneira como ela cuida das nossas netas é verdadeiramente admirável. Ela não é apenas uma avó para elas; é uma amiga, uma confidente e uma inspiração.

Meus filhos também encontraram alegria em suas próprias famílias. Eles aprenderam com os altos e baixos da vida, e essas experiências os tornaram pessoas incrivelmente fortes e solidárias. Ver como eles convivem com alegria uns com os outros é um testemunho de que os laços familiares são inquebráveis quando cultivados com amor e respeito.

Hoje, estou presente na vida de todos eles. Seja para dar conselhos, celebrar conquistas ou simplesmente compartilhar momentos de risos e lágrimas, sei que sou uma parte importante de suas vidas, assim como eles são da minha. Juntos, construímos uma rede de apoio que nos sustenta nos momentos difíceis e nos eleva nos momentos de alegria.

Minha família não é perfeita, mas é perfeitamente nossa. Cada um de nós traz sua singularidade, suas histórias e seus sonhos para o nosso círculo familiar. E é essa diversidade que torna nossa família tão especial. Hoje, posso dizer com gratidão em meu coração que conquistei uma grande família, e não há tesouro maior do que isso.

Enfrentando a Retrospectiva

Minha vida até aqui foi uma jornada repleta de desafios, uma trama complexa de frustrações e satisfações entrelaçadas. Ao chegar a este ponto de minha existência, não posso deixar de refletir sobre cada passo, cada escolha e, acima de tudo, sobre as pessoas que moldaram essa narrativa, tanto as que partiram como as que permanecem.

Equilibrar as emoções e os sentimentos que surgiram ao longo dos anos foi como caminhar sobre uma corda bamba. Foi uma dança constante entre a incerteza e a confiança, entre as lágrimas e os sorrisos. Mas se me perguntarem se faria tudo de novo, a resposta seria um inegável "sim". Cada momento, cada erro e acerto, contribuiu para a pessoa que me tornei. Minha vida é uma sinfonia, com cada nota, mesmo as mais dissonantes, contribuindo para a harmonia geral.

Lembro-me dos amigos que passaram por minha vida, cada um deixando sua marca única. Alguns partiram cedo demais, como estrelas cadentes que iluminaram brevemente o meu céu. Suas memórias continuam a brilhar em meu coração, e suas lições permanecem gravadas em minha alma.

Por outro lado, também carrego o peso daqueles que, de alguma forma, deixei de lado. Talvez tenha sido por orgulho, egoísmo ou simplesmente por não reconhecer o valor da amizade naquele momento. As marcas do arrependimento são profundas, mas servem como lembretes de que a vida é frágil, e nossas conexões merecem cuidado constante.

E então, há aqueles que caminharam ao meu lado ao longo de muitas estações da vida. São os verdadeiros tesouros, os amigos que resistiram ao teste do tempo e das adversidades. Tenho uma saudade profunda daqueles que, por um motivo ou outro, se afastaram ao longo do caminho, mas também celebro aqueles que permaneceram.

Cada pessoa que cruzou meu caminho teve um papel essencial em minha história, moldando a pessoa que sou hoje. As despedidas e os reencontros, as alegrias e as tristezas, tudo faz parte dessa jornada chamada vida. E, ao final desta narrativa, sou grato por cada capítulo, por cada personagem, por cada lição. Pois, afinal, é a diversidade de experiências e relacionamentos que torna nossa existência verdadeiramente rica e significativa.

Enfim, aqui estou eu, pronto para enfrentar o próximo capítulo, sabendo que, independentemente do que o futuro reserva, minha vida até agora foi uma jornada de aprendizado e crescimento. E com o coração cheio de gratidão, olho para trás e para frente, pronto para abraçar o que está por vir.

Wanderley

Mãe

Minha mãe, Dona Terezinha, um ser iluminado que carrega consigo a marca do tempo, completou recentemente 85 anos. Sua jornada é um testemunho de resistência e vitalidade, um exemplo que me inspira diariamente. Nosso relacionamento, ao longo dos anos, permaneceu inabalável, resistindo ao teste do tempo sem nunca enfrentar obstáculos significativos. Mesmo quando me casei e passei por um período de separação de oito anos, ao retornar, a harmonia e a compreensão entre nós se mantiveram intactas.

Hoje, celebramos uma convivência pacífica, enraizada na compreensão mútua. Contudo, é inegável que, com a idade, surgem desafios naturais. A cada dia, ela enfrenta pequenos desconfortos físicos, mas graças a Deus, ela enfrenta esses obstáculos com coragem e determinação. Seus dias são uma mistura de momentos bons e outros que exigem um pouco mais de paciência, mas no geral, ela está bem, graças a Deus.

Uma característica marcante é a sua exigência, principalmente quando se trata da cozinha. Minha mãe é uma verdadeira chef em sua própria casa, e é difícil contribuir da maneira que ela deseja. É uma peculiaridade que vem com a idade, a rigidez nas preferências e métodos. Apesar disso, sua atitude ativa é notável. Ela se mantém ocupada, saindo com amigas, jogando buraco e aproveitando a vida da melhor maneira possível.

Em sua rotina, a tarde muitas vezes é preenchida com partidas de buraco, encontros com amigas e visitas de pessoas queridas. Não é algo diário, mas umas duas ou três vezes por semana, ela se entrega a esses momentos de lazer. Sua energia e disposição são um testemunho claro de como é possível envelhecer com graça e vitalidade.

Em resumo, minha mãe é uma mulher admirável, cuja presença em minha vida é um constante lembrete da importância da resiliência e da alegria. Que sua jornada continue sendo abençoada, e que possamos compartilhar muitos mais momentos juntos.

Pai

Meu pai, Seu Waldemar, uma figura que deixou uma marca profunda em minha vida, já não está mais entre nós. Foi no último mês de fevereiro que se completaram cinco anos desde que ele nos deixou, partindo aos 82 anos de idade.

A rotina de trabalho dele era intensa, pois passou 45 anos dedicado ao Leite Paulista, incluindo mais 15 anos em Osasco, também relacionados à mesma empresa. Trabalhamos juntos por 18 anos, eu ingressando em 1978 e saindo em 1996.

Os horários de trabalho dele eram noturnos, geralmente das 22h às 8h da manhã, o que o tornava ausente nos momentos convencionais de lazer e família, como feriados, Natal e Ano Novo. A família, de certa forma, era uma ausência em sua vida, pois o horário de trabalho nunca coincidia com eventos familiares ou celebrações.

Como pai, a avaliação seria 10. Ele dedicou toda a sua vida ao trabalho, e nesse aspecto, só posso falar em favor dele. A rotina caótica, sem horários fixos, fez com que muitas vezes eu e meus irmãos nos revezássemos para cuidar dele. Nos últimos tempos quando já estava na cadeira de rodas e com problemas de mobilidade, necessitava de atenção constante. Uma cuidadora, que contratamos cerca de quatro meses antes de seu falecimento, foi uma bênção. Ela se tornou essencial nos últimos meses de vida de meu pai, proporcionando o cuidado necessário e aliviando as dificuldades que surgiam.

Meu pai, uma pessoa comunicativa e brincalhona, enfrentou seus últimos seis meses de vida de forma digna. Quando decidiu se entregar e não lutar mais contra os problemas de saúde, contratamos a cuidadora que se mostrou essencial. Quando seu estado de saúde piorou e ele foi hospitalizado, revezávamos entre irmãos para garantir que ele não estivesse sozinho.

Seu falecimento, por um lado, foi um alívio, pois poupou-o de mais sofrimento. O último momento que compartilhamos foi no hospital, onde ele, ainda consciente, partiu diante de nossa vigilância. Agradeço a Deus pela misericórdia em abreviar seu sofrimento aqui na Terra.

Meu pai foi uma pessoa excelente, um trabalhador incansável. Ele deixou um legado marcado por sua dedicação ao trabalho e pela dificuldade em conciliar sua vida profissional com a pessoal. Sua falta é sentida, mas as lembranças de sua vida e a contribuição que deu à nossa família permanecem vivas em nossos corações.

Filha

Giovana, atualmente, ela reside com minha ex-mulher, e nossa convivência é excelente, livre de quaisquer problemas. Minha filha, uma profissional dedicada, está imersa em sua jornada na área da enfermagem.

Com orgulho, posso afirmar que ela completou cinco anos de estudos na Faculdade São Camilo, culminando agora em sua residência, que agradeço a Deus por estar prestes a finalizar, em fevereiro. Esse período de dois anos de intensa dedicação ao trabalho e estudo no Hospital das Clínicas tem sido uma fase produtiva e enriquecedora.

Ao término da residência em fevereiro, ela estará pronta para alçar novos voos profissionais. Já vislumbramos a busca por oportunidades em hospitais a partir de março. As expectativas para o futuro são positivas, e confio que ela encontrará um local onde possa aplicar todo o conhecimento adquirido durante sua formação e residência.

Com 24 anos, minha filha tem planos de casar-se no próximo ano, mais especificamente em outubro. Este é um projeto que, segundo ela, acontecerá se Deus assim permitir. Acompanhar seu crescimento profissional e pessoal tem sido motivo de grande satisfação e tranquilidade para mim.

Assim, nessa jornada, agradeço a Deus por proporcionar paz e prosperidade em todos os aspectos da vida de minha filha. E é com essa gratidão que encerro este capítulo dedicado a ela.

Avós

Meus avós maternos desempenharam um papel significativo em minha vida, pois mantínhamos uma proximidade constante. Residindo no Tatuapé, eu frequentava sua casa regularmente, acompanhando minha mãe. Era um trajeto familiar, uma prática rotineira que eu apreciava. A morada dos meus avós maternos estava situada na região do Tatuapé, precisamente na Rua Emílio Marengo. Essa conexão constante proporcionou-me experiências memoráveis e laços afetivos que guardo com carinho.

O ambiente era acolhedor e positivo, repleto de momentos felizes que contribuíram para a construção das minhas lembranças mais vívidas. Através da convivência no Tatuapé, pude apreciar não apenas o lugar, mas também os valores e tradições transmitidos pelos meus avós maternos.

Na esfera paterna, contudo, a relação era menos frequente. Apesar de minha avó paterna morar nas proximidades, na Gamelinha, tive menos oportunidades de interação. Era estranho perceber a proximidade geográfica e, ao mesmo tempo, a distância nas relações familiares. A falta de proximidade física contrastava com a proximidade emocional que eu mantinha com ambos os lados da família.

Em relação aos avôs, ambos já haviam falecido quando eu era ainda muito jovem. A perda precoce de meu avô materno e, posteriormente, do avô paterno, foi marcante. Essas ausências deixaram lacunas nas narrativas familiares que, por vezes, eu buscava preencher com as histórias contadas por meus pais e parentes mais próximos.

A última a nos deixar foi minha avó paterna. O ciclo natural da vida se encarregou de conduzir cada um dos avós ao seu descanso merecido. Apesar das despedidas, o legado de ambos permanece vivo em minhas recordações e nas histórias compartilhadas pelos entes queridos.

A dualidade de experiências entre os avós maternos e paternos proporcionou-me uma visão ampla e rica das diferentes nuances familiares. Cada lado contribuiu para a construção da minha identidade, oferecendo valores distintos que se entrelaçaram harmoniosamente.

O Tatuapé, palco de tantas vivências, é mais do que um local geográfico para mim; é um ponto de convergência de afetos e memórias que moldaram minha trajetória. Assim, expresso minha gratidão por ter sido agraciado com avós amorosos de ambos os lados, cujo legado transcende as fronteiras do tempo.

Jornada Escolar

Minha primeira incursão no mundo escolar foi marcada por uma pergunta intrigante: o tempo dedicado aos estudos seria, de fato, algo que eu apreciaria? Sinceramente, a resposta inicial era negativa. Não posso dizer que sempre fui um entusiasta dos estudos. Entretanto, surpreendentemente, minha jornada escolar foi recheada de momentos memoráveis.

Ao longo dos anos, o sétimo ano se tornou uma espécie de constante na minha trajetória acadêmica. Surpreendentemente, repeti essa fase por 2 vezes. É fascinante como a vida nos presenteia com a oportunidade de conviver com diversas pessoas ao longo dessa jornada. Mais de quatro décadas se passaram desde então, e, graças a Deus, ainda mantenho contato com muitos daqueles que cruzaram meu caminho nesse período.

Dentro desse cenário, destaca-se uma matéria que se tornou meu refúgio: a educação física. O fascínio pelo futebol fez com que eu apreciasse sobremaneira essa disciplina. Recordo-me com carinho das inúmeras partidas e competições que participei, proporcionando não apenas diversão, mas também um sentimento de realização.

Outra lembrança marcante remete à contribuição que dei para a construção da Quadra de futebol de salão. Participar desse projeto não apenas me encheu de orgulho, mas também fortaleceu os laços de amizade com meus colegas. Mais do que um espaço esportivo, a quadra se tornou um símbolo das nossas realizações conjuntas.

Entretanto, nem todos os momentos eram repletos de leveza. Lembro-me claramente da dificuldade enfrentada nas aulas de matemática. A professora, que parecia não nutrir grande simpatia por mim, tornava essa disciplina um verdadeiro desafio. O mesmo acontecia com a professora de português, Dona Márcia, e a de francês, Dona Gare. Encontrar-se com educadores que não compartilham do mesmo entusiasmo pode tornar a experiência escolar menos prazerosa.

Apesar desses desafios, a escola era um lugar onde eu também cultivava amizades sólidas. A diversão não era estritamente incompatível com o aprendizado, mesmo nos momentos em que a repetição de ano se fazia presente. Não tenho razões para reclamar dessa fase da minha vida; ao contrário, guardo com carinho as boas lembranças e os aprendizados que essa jornada me proporcionou.

Jornada Profissional

No que diz respeito ao trabalho, sempre nutri uma afinidade pelo labor. Minha estreia profissional se deu em uma loja de armarinhos, cujo proprietário, hoje ausente entre nós, montara o estabelecimento e me convidou para trabalhar, juntamente com outra moça. Foi ali que dei início à minha trajetória nos armarinhos, uma experiência enriquecedora. A convivência com diversos tipos de seres humanos tornou-se uma lição valiosa, aprendendo a lidar e a servir ao próximo, proporcionando-me uma satisfação genuína.

Outra oportunidade de trabalho surgiu com o mesmo empregador, que, dessa vez, inaugurara uma lanchonete. Dediquei-me a esse novo empreendimento, e posso afirmar que, entre a loja de armarinhos e a lanchonete, totalizando quase dois anos, a experiência foi marcante. Embora o movimento fosse mais intenso na lanchonete, não me arrependo em nada, pois foi o local onde mais apreciei trabalhar.

Em meio a essas experiências, aproximei-me da idade em que seria convocado para o serviço militar. Optei por não servir no exército naquela época, quando contava com 17 para 18 anos. Em vez disso, ingressei como office boy na rua Roberto Simonsen, próxima à Praça da Sé. Foi um ano sem registro formal, mas extremamente proveitoso. O trabalho consistia em uma agência que produzia blocos, cartões, revistas e calendários. Partia logo cedo em direção ao meu local de trabalho, geralmente no Borba Gato, em Santo Amaro. Transportava os pacotes pela manhã, um trajeto que me proporcionava grande satisfação. O tempo passava rapidamente, almoçava na rua e seguia com minhas atividades. A experiência como office boy foi singular, proporcionando-me alegria e diversão diárias.

Ao final desse período, busquei novas oportunidades. Meu pai, que trabalhava há mais de 45 anos no Leite Paulista, conceituada empresa da época, conseguiu-me uma colocação lá. Durante 18 anos, atuei como auxiliar de escritório, envolvendo-me com o departamento pessoal. Trabalhar dentro de um escritório vinculado a uma oficina mecânica foi enriquecedor, pois tive contato com profissionais desde torneiros até coordenadores da empresa. Essa vivência proporcionou-me aprendizado constante e a formação de amizades sinceras, as quais perduram até hoje.

Minha rotina na empresa era das 7h às 17h20, o que me fazia esquecer a distinção entre sábado e domingo. A empresa, com seus 3.500 funcionários, operava sem cessar, proporcionando-me uma experiência intensa e gratificante. Contudo, as mudanças no ambiente corporativo levaram à terceirização e, consequentemente, à redução de postos de trabalho, inclusive na manutenção. Antes de ser dispensado, submeti-me a uma cirurgia de varizes, antecipando minha saída e garantindo minha saúde para futuras empreitadas profissionais.

A despedida da empresa foi difícil, mas guardo com carinho os 18 anos de dedicação. As amizades, as perdas e os momentos vividos tornaram essa experiência inesquecível. Agradeço às oportunidades e às lições que o Leite Paulista me proporcionou ao longo desse período.

Avanços Educacionais

Na trajetória da minha educação, é inegável que o estudo nunca foi meu grande amigo. Honestamente, nunca foi algo que me cativou, e isso ficou evidente nos anos que passei na escola Olga. Para ser preciso, repeti a sétima série 2 vezes nessa instituição. Foi um tempo considerável, mais de 10 anos, dedicados ao Olga, e particularmente à quinta série, que repeti algumas vezes.

Então, após esse período extenso, concluí o ginásio, como chamávamos na época, abrangendo da quinta à oitava série. Foram mais de 10 anos no Olga, mas consegui alcançar esse marco e concluir essa fase da minha formação.

Ao avançar para o segundo grau, optei por uma abordagem diferente. Frequentando o supletivo em um colégio no Tatuapé, hoje substituído por uma delegacia, encarei um desafio de um ano e meio para completar o segundo grau. Essa experiência foi excelente, apesar do cansaço inerente a trabalhar durante o dia e estudar à noite. Não foi fácil, mas compartilhei essa jornada com muitos colegas que, como eu, buscavam alcançar esse objetivo.

A classe que frequentei tinha uma atmosfera positiva, repleta de amizades valiosas. Concluí o segundo grau com 21 anos, e percebi que havia cumprido uma etapa importante da minha formação. Decidi dar uma pausa, prometendo a mim mesmo um merecido descanso antes de considerar novos desafios acadêmicos.

Entretanto, até hoje, esse "descanso" se tornou uma decisão permanente. Nunca retomei os estudos, pois a verdade é que nunca gostei verdadeiramente de estudar. O supletivo e a conclusão do segundo grau foram conquistas significativas, e mesmo que eu não tenha retornado aos estudos, não me arrependo dessas escolhas. Cada passo contribuiu para moldar quem sou hoje.

Valdir, o Irmão Mais Velho

No escalão familiar, o posto mais alto é ocupado por Valdir, o irmão mais velho. Com seus 66 anos, Valdir trilhou uma jornada profissional que iniciou nos corredores da Leite Paulista, um local impregnado de história familiar. Coincidentemente, foi o mesmo espaço onde eu, meu pai e até ele próprio, deram os primeiros passos no mundo do trabalho.

Valdir começou sua carreira na área de expedição da Leite Paulista, onde permaneceu por um breve período de aproximadamente três anos. A sua trajetória, no entanto, tomou novos rumos quando decidiu enveredar pelo universo dos planos de saúde. Hoje, é nesse campo que ele concentra seus esforços profissionais.

Em termos residenciais, Valdir compartilha o lar comigo e com minha mãe. No entanto, é importante destacar que, nos fundos da propriedade, ele tem sua própria morada. Essa autonomia se estende à sua família, composta pela esposa e dois filhos.

O primogênito de Valdir, Tiago, tem 33 anos e, assim como nós, reside na movimentada Avenida Paulista. Já a filha Flávia, que conta com 29 anos, se aventurou para além das fronteiras nacionais, estabelecendo-se nos Estados Unidos, onde desbrava o desafiador caminho de cuidar de crianças como babá.

Com Valdir como o mais velho, sua presença na família é uma mistura de experiência e liderança. Sua história é uma peça fundamental na trama da nossa autenticidade familiar, entrelaçando-se com os fios que tecem a narrativa de cada um de nós.

Meu Segundo Irmão, Wagner

Wagner é fisioterapeuta, uma profissão que ele desempenha com paixão e dedicação. Atualmente, compartilha o mesmo teto que eu, contribuindo para criar um ambiente familiar coeso e acolhedor.

Wagner, aos 58 anos, possui uma vasta experiência na área da fisioterapia. Seu comprometimento com essa profissão é notório, e ao longo da maior parte de sua carreira, ele esteve imerso no universo da reabilitação e cuidado com a saúde. Seu envolvimento é tão profundo que, mesmo em fases mais jovens da vida, quando trabalhou em um banco, manteve-se ligado à área administrativa, desempenhando funções que refletiam seu talento para organizar e gerir.

O percurso profissional de Wagner é pautado por uma trajetória educacional sólida. Ele dedicou anos de estudo para concluir sua graduação em fisioterapia, um esforço que se revela fundamental para sua expertise na área. Esse conhecimento acadêmico agregou valor às suas práticas diárias, permitindo-lhe oferecer cuidados de qualidade aos seus pacientes.

Além de seu compromisso profissional, Wagner também compartilha aspectos de sua vida pessoal. Ele é separado e tem um filho, Gabriel, que tem atualmente 17 anos. Gabriel reside com a mãe, e embora esteja sob outra guarda, a relação entre pai e filho é marcada por vínculos afetivos sólidos.

Wagner, trouxe uma dinâmica única à nossa família. Sua presença, além de fortalecer nossos laços, enriquece nossas vidas com sabedoria e experiência. Ao longo do tempo, temos testemunhado sua evolução pessoal e profissional, celebrando suas conquistas e aprendendo com suas experiências.

Portanto, ao contemplar a jornada de Wagner, é impossível não reconhecer a importância de sua influência positiva em nosso núcleo familiar. Sua determinação, combinada com sua gentileza, fazem dele não apenas um irmão, mas um pilar essencial em nossa trajetória de vida.

Minha Irma Walkiria

Em relação à minha irmã caçula, Valquíria, ela é casada e reside na Vila Formosa. Professora aposentada, dedicou sua carreira à educação. Seu lar é composto por ela, seu marido e a filha mais jovens, Luiza. Valquíria é mãe também de Letícia, uma mulher já casada e formada em Odontologia pela USP.

Luiza, a filha mais nova, conta com 17 anos de idade, enquanto Letícia, a primogênita, já atingiu a marca dos 30 anos. Letícia construiu sua carreira acadêmica, concluindo a graduação em Odontologia na renomada Universidade de São Paulo. Além disso, seguiu o caminho do matrimônio, embora ainda não tenha experimentado a alegria da maternidade.

A rotina na casa da Valquíria é tranquila, com a presença do casal e da jovem Luiza. Durante todo o período de estudo e trabalho, Valquíria dedicou-se integralmente à profissão de professora, não se envolvendo em outras atividades laborais. Sua dedicação e empenho a levaram à merecida aposentadoria como educadora.

Ex-Esposa

Conheci Rosângela na Vila Campo, onde ela morava na época. Hoje, reside na Patriarca. Nossa história começou há mais de 35 anos, aproximadamente 40 anos. Namoramos por cerca de 5 anos antes de decidirmos nos casar e nos estabelecermos na Cohab Um. Durante exatos 8 anos, compartilhamos nossa vida nesse bairro, praticamente vizinhos. Nosso encontro aconteceu dentro do ônibus que percorríamos diariamente, uma conversa casual que se transformou em algo mais.

Rosângela trabalhava em uma loja no Brás, uma loja que, se não me engano, não existe mais. Enquanto isso, eu estava empregado no Jardim Paulista, o mesmo ônibus, o mesmo caminho, o mesmo horário. Assim, nos conhecemos, compartilhando não apenas o ônibus, mas também interesses e aspirações. Foi o início de um relacionamento que perdurou por décadas.

Nossa convivência foi marcada por bons momentos, mas enfrentamos desafios. Dificuldades financeiras se acumularam, especialmente quando fiquei desempregado. As responsabilidades pesaram sobre ela. O momento difícil levou a uma conversa séria, e decidimos buscar ajuda na Penha, no departamento de pequenas causas.

Optamos por uma separação consensual, e graças a Deus, o processo transcorreu sem problemas. Sempre mantive um bom relacionamento com nossa filha, sem restrições de visitas. Não adotei a prática de visitas a cada 15 dias ou só nos finais de semana; nossa conexão permaneceu diária ao longo dos anos.

Após a separação, nossos caminhos tomaram rumos diferentes. Envolvimentos amorosos vieram e se foram, mas nenhum de nós encontrou uma relação duradoura. As questões financeiras continuaram sendo um desafio, como é comum em relacionamentos passados e presentes. O dinheiro, embora não seja tudo, é fundamental.

Apesar das adversidades, temos uma alegria comum: Giovana. A felicidade dela é o que mais importa para nós. Giovana, com seus estudos e esforços, conquistou diplomas em inglês, gestão hospitalar e enfermagem. Atualmente, está concluindo uma residência em enfermagem, uma pós-graduação cara que ela passou em um concurso para cursar. A perspectiva é de que, em breve, trabalhará em um hospital.

Estamos muito felizes por suas conquistas, e ela planeja casar-se no próximo ano, em outubro de 2024. Nossa esperança é que, apesar dos desafios que todos os anos nos reservam, tenhamos saúde para enfrentá-los e que as coisas continuem dando certo. Afinal, a felicidade de Giovana é o que mais valorizamos.

Em Busca da Felicidade de Minha Filha

Ao refletir sobre o futuro, encontro minha maior fonte de alegria na felicidade de minha filha. Ela se tornou o centro do meu universo, superando até mesmo a minha própria felicidade. Sinceramente, não posso afirmar ter sonhos pessoais; meu único desejo é testemunhar a realização plena dela. Acredito, com convicção, em um mundo melhor para ela, mesmo que não seja aqui na Terra.

Observar a felicidade de minha filha é um sonho que me motiva. Se esse contentamento não se manifestar neste plano terreno, acredito, profundamente, que em algum lugar ou em outra realidade, ela encontrará a plenitude que merece. Mesmo assim, mesmo sem essa certeza, a simples ideia de sua felicidade já me preenche de alegria.

Sua realização, seja acadêmica ou profissional, é motivo de orgulho para mim. Ter passado em diversos concursos e adquirido fluência no inglês são conquistas que acreditamos exigir um tempo dedicado no exterior, seja nos Estados Unidos ou na Inglaterra. Acredito firmemente que essa experiência proporcionaria a ela não apenas fluência no idioma, mas também uma compreensão aprofundada da cultura e uma habilidade aprimorada na conversação.

Minha filha, em sua jornada acadêmica, não me dá motivos para reclamações. Seu comprometimento com os estudos e suas conquistas são admiráveis. O sonho que acalenta meu coração é vê-la verdadeiramente feliz, satisfeita em todos os aspectos de sua vida.

Em relação a minha própria existência, não anseio por novos relacionamentos. Não é uma busca por algo que falta, mas sim uma apreciação do presente. Contudo, não descartaria a possibilidade de uma nova oportunidade, se o destino assim permitir. Com a bagagem de vida que acumulei, encararia qualquer novo relacionamento com maturidade e sem a ansiedade da juventude.

Atualmente, tenho encontrado conforto nas amizades do Jardim Maringá e do Olga. Em minhas folgas, reunimo-nos para compartilhar café e almoços, trocando experiências e desfrutando de momentos agradáveis. A vida, agora, é mais leve, centrada na apreciação das pequenas alegrias e na convivência com pessoas que enriquecem meu cotidiano.

Homenagens Especiais

Agostinha Moreira da Silva

(IN MEMORIAN)

Minha querida mãe, minha eterna amiga,

Hoje, enquanto escrevo estas palavras, sinto um misto de emoções que não consigo expressar completamente. A saudade aperta meu coração, mas ao mesmo tempo, sinto a imensa gratidão por ter tido você como minha mãe, minha melhor amiga, minha rainha.

Nascida em São Paulo em 21/04/1960, você começou sua jornada profissional no Itaú em 1980, onde se orgulhava em pertencer. No curso de Letras, descobriu a maior de suas alegrias: a notícia de minha chegada. Desde então, sua vida se entrelaçou com a minha, formando uma conexão indissolúvel.

Após meu nascimento, você abraçou a carreira de professora de Inglês e português, deixando um legado de conhecimento, gratidão e amor por onde passou. Não era apenas uma educadora, mas também uma filha dedicada, irmã amorosa, amiga leal, tia carinhosa e a pessoa doce, sorridente e maravilhosa que todos amavam.

Você sempre dizia que amigo é coisa para se guardar, e ao longo de suas conquistas, seus amigos de infância estavam presentes, como na canção que amávamos. E eu, privilegiada por tê-la como mãe, sentia-me rodeada por sua amizade incondicional.

Hoje, recordo-me das noites de estudo compartilhadas, das palavras de incentivo e da sua constante preocupação com meu futuro. Graças a você, segui seus passos como professora, recebendo a notícia do concurso que passei, uma conquista que é fruto da sua dedicação e amor.

"Em todo o lugar que você for, deixe sua essência", dizia você. E assim, dentro e fora da sala de aula, você deixou a marca indelével da sua essência generosa, sábia e amorosa.

Minha rainha, minha inspiração, saiba que seu legado vive em mim e em todos aqueles que tiveram a sorte de conhecê-la. Te amo eternamente, e cada passo que dou é guiado pela luz da sua memória. Descanse em paz, minha amada mãe.

Dory Iwuh

Olga Marinovic D'oro

A Patrona da Nossa Escola

Olga Marinovic D'oro, nascida em 20 de dezembro de 1939 em São Paulo, foi filha de Jacob Marinovic D'oro e Lucija Marinovic D'oro. Seu percurso educacional teve início em 1948, quando ingressou no antigo curso primário do Externato São José de Vila Matilde, concluindo-o em 1951. Posteriormente, de 1952 a 1953, cursou o antigo Curso Ginasial, e de 1956 a 1958, completou o Curso Normal na Escola Normal São Vicente de Paulo, na Penha, obtendo o diploma com modalidade de ouro.

Após concluir o ensino médio, prestou vestibular e ingressou na Pontifícia Universidade Católica de São Paulo (PUC), onde cursou Pedagogia de 1959 a 1962. Em seguida, iniciou o Curso de Orientação Educacional na mesma universidade, concluindo-o em 1964.

Sua carreira no magistério teve início em 1959, quando começou a lecionar no BEPG Dom Bernardo Rodrigues Nogueira, efetivando-se em 1966. Antes de sua efetivação, lecionou por um ano no antigo G.E. Jardim Maringá. Entre 1962 e 1968, lecionou matemática na EESG Dr. José Pereira de Queiroz e, simultaneamente, ministrou aulas de Matemática e Sociologia Educacional na Escola Normal São José da Vila Matilde.

Além de sua dedicação ao ensino, Olga tinha interesse pela música e canto, estudando violão e participando ativamente do Coral da Igreja Santo Antônio de Vila Talarico. Ela também apreciava a organização de eventos na comunidade paroquial, promovendo festas, peças teatrais e pequenos quadros humorísticos.

Engajada em movimentos religiosos, Olga participou ativamente dos grupos na Comunidade Paroquial de Vila Talarico e foi presidente de Movimentos de Apostolado Leigo. Demonstrava seu espírito esportivo ao integrar a equipe de voleibol do colégio durante seus anos de estudante.

Olga Marinovic D'oro, conhecida por seu profundo senso de humor, grande perseverança em seus objetivos, espírito colaborativo e simplicidade, tinha uma paixão pela leitura e pela reflexão do Evangelho e da vida da Virgem Maria. Infelizmente, faleceu em 27 de março de 1968, vítima de leucemia. Sua vida foi marcada por sua contribuição ao ensino, à comunidade paroquial e aos movimentos religiosos.

Professora Márcia Alux

Lembranças de uma Professora Dedicada - Professora Márcia

A imagem que persiste em nossas memórias é a da professora Márcia começando suas aulas com um sorriso no rosto, e, aos poucos, conquistando a classe com sua exigência e disciplina. Ela impunha ordem, e todos obedecíamos, pois sabíamos que, por trás da firmeza, existia um profundo compromisso com o aprendizado.

As aulas de português eram marcadas por sua paixão pelo ensino. Lembramos especialmente das lições sobre verbos, uma parte da gramática que ela tornava cativante e compreensível. Aprendemos muito com ela, e cada desafio que nos apresentava era uma oportunidade de crescimento.

Ao observarmos o percurso da professora Márcia, fica evidente o comprometimento com a educação. Sua trajetória desde a formatura em 1970 até os anos de dedicação na Escola Estadual Prof. Dr. Laerte Ramos de Carvalho, onde foi professora e diretora até sua merecida aposentadoria em 2020, é um testemunho de amor pela educação pública.

A descoberta de que a nossa reunião, após tantos anos, a deixou feliz e grata, é comovente. Sabermos que ela se recorda com carinho dos tempos de ensino, onde confiou e dedicou-se a nós, seus alunos, é um reconhecimento da imensa importância desse ofício tão nobre.

A mensagem calorosa e cheia de amor que nos enviou é um testemunho de sua paixão pelo ensino e pela troca genuína com os alunos.

"A reunião de vocês é um ato carinhoso e de amor. Parabéns. Valeu a pena ser professora de vocês!"

Suas palavras ressoam como um eco de gratidão e realização.

Professora Márcia, sua jornada educacional deixou marcas profundas em nossos corações. Obrigado por ser uma educadora tão inspiradora e dedicada. Valeu a pena, sem dúvida, termos tido a honra de ter sido seus alunos

Nota do Autor

Este foi um trabalho que exigiu muitas horas de pesquisa, entrevistas, leituras e composição de textos, durante o qual abdiquei de todas as minhas demais atividades para me dedicar integralmente a este projeto. Foi uma jornada de superação, não apenas física ou intelectual, mas principalmente emocional.

Desde o início, alguns dos entrevistados alegavam não lembrar de muita coisa e expressavam dúvidas sobre sua capacidade de recordação. Conforme eles aceitavam participar das entrevistas, adotava uma abordagem tranquila, começando com perguntas sobre suas mães. Era incrível como histórias da época quase que do ventre surgiam... risos.

Ao abordar as mães, a conversa fluía para os pais, desencadeando outra enxurrada de memórias. Depois, explorava as relações com irmãos, amigos e parentes, conseguindo extrair memórias de alguns entrevistados por mais de 10 horas. Muitas eram tristes, causando comoção, outras doloridas e algumas felizes, resultando em risos abundantes.

Além das histórias publicadas, ouvi desabafos e narrativas incrivelmente cruéis, sofridas por alguns dos entrevistados. Abusos de toda a natureza, bullying, agressões físicas, terror psicológico, dependência emocional e assim por diante.

Experimentei momentos de felicidade, tristeza e aqueles que não demonstraram a realidade em que viviam. Esta narrativa, desdobrada como uma linha do tempo, revelou memórias e sentimentos escondidos, esquecidos, não esclarecidos, camuflados, permitindo que todos nós encarássemos essas experiências de frente e, pelo menos, as ressignificássemos.

Este projeto, além de me proporcionar a oportunidade de escrever um livro - considerando que já plantei uma árvore e tive duas filhas - também proporcionou um contato íntimo com amigos de tantas décadas. Isso me permitiu compreender muitas nuances da vida das pessoas, independentemente de suas escolhas. Foi uma jornada enriquecedora, repleta de aprendizado e empatia.

Mila Xavier